بسم الله الرحمن الرحيم

نظم المعلومات الإدارية: منظور اداري
Management Information Systems
Managerial Perspective
MIS

1431هـ - 2010 م

نظم المـعلومات الإداريّة

منظور إداري

Management Information Systems
Managerial Perspective
MIS

الدكتور فـايز جمعه النجـار

دكتوراه الفلسفة في الادارة / نظم المعلومات الإداريّة

جامعـة جدارا

كلية الدراسات الاقتصادية والإدارية

قسم نظم المعلومات الإدارية

مزيدة ومُنقّحة ومحكّمة تحكيماً علمياً ومنهجياً

الطبعة الثالثة

1431هـ - 2010م

هذا الكتاب مقرر كمرجع لمادة نظم المعلومات الإدارية في جامعة البلقاء التطبيقية والكليات التابعة لها

3

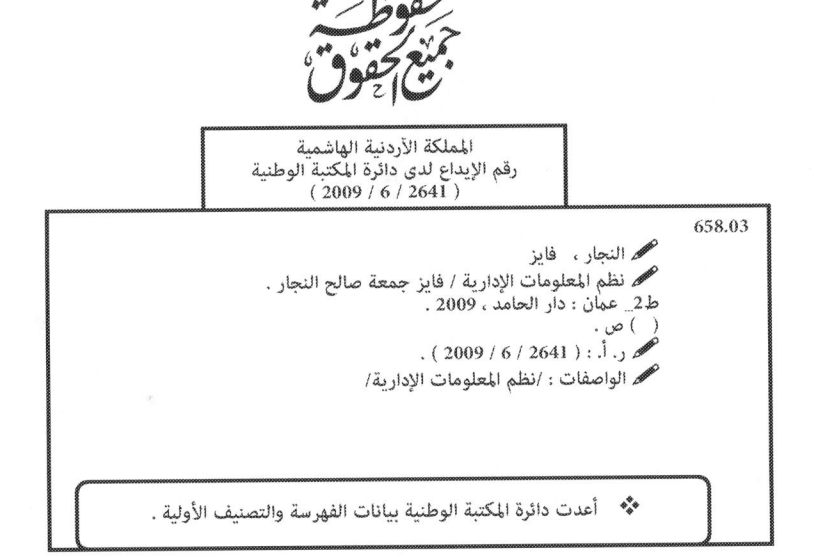

المملكة الأردنية الهاشمية
رقم الإيداع لدى دائرة المكتبة الوطنية
(2009 / 6 / 2641)

658.03

النجار ، فايز
نظم المعلومات الإدارية / فايز جمعة صالح النجار .
ط2_ عمان : دار الحامد ، 2009 .
( ) ص .
ر. أ. : (2641 / 6 / 2009) .
الواصفات : /نظم المعلومات الإدارية/

❖ أعدت دائرة المكتبة الوطنية بيانات الفهرسة والتصنيف الأولية .

* (ردمك) ISBN 978-9957-32-457-5

دار الحامد للنشر والتوزيع

شفا بدران - شارع العرب مقابل جامعة العلوم التطبيقية

هاتف: 5231081 -00962 فاكس : 5235594 -00962

ص.ب . (366) الرمز البريدي : (11941) عمان - الأردن

E-mail : info@daralhamed.net
Site : www.daralhamed.net

E-mail : dar_alhamed@hotmail.com
E-mail : daralhamed@yahoo.com

شكر وتقدير

أتقدم بالشكر والتقدير إلى الأساتذة الأفاضل الذين قاموا بمراجعة هذا الكتاب وتدقيقه، مثمناً الملاحظات القيمة التي تقدموا بها، والتي كان لها الأثر الطيب والكبير في إثراء الكتاب، والحافز القوي والمعين لإخراج الطبعة الحالية منه مزيدة ومنقحة مستجيبة لكل الاقتراحات البناءة.

كما أشكر أبنائي الطلبة في جامعتي الاسراء، وعمان الاهلية على الملاحظات القيّمة التي تقدموا بها, والتي تم دراستها بعناية وساهمت أيضاً في تطوير الطبعة الحالية من كتاب نظم المعلومات الإداريّة واخراجه بالشكل الحالي.

فلهم مني جميعاً كل الشكر والتقدير والاحترام

المؤلف
د. فايز جمعه النجار

قسم نظم المعلومات الإدارية
كلية الدراسات الاقتصادية والإدارية
جامعة جدارا
najjar_fayez @Yahoo. Com

9

بسم الله الرحمن الرحيم

الحمد لله رب العالمين الذي أعانني على إنجاز وتطوير هذا الكتاب في نظم المعلومات الإداريّة: منظور اداري، وأمدني بالقوة لإخراج الطبعة الحالية منه.

يعيش العالم اليوم عصر ـ المعلوماتيـة والتغيّر السـريع والتطّور الاقتصادي والاجتماعي الذي انعكس على المنظمات سواء بهياكلها أو طريقة اتخاذ القرار فيهـا إذ أصبحت المعلومات مورداً أساسياً من موارد المنظمة.

تعمل نظم المعلومات الإداريّة على تكامل المعلومات من مصادر عدة؛ لتقديمها للإدارة بدقـة وسرعـة، وفي الوقـت الصحيح لتسـاعدها علـى اتخـاذ القـرار في الوقـت المناسب.

لقد تم إعداد هذا الكتاب كمرجع مُحكم تحكيماً علمياً يغطي حاجة المهتمين والباحثين في نظم المعلومات الإداريّة، ومتوائمـاً مـع متطلبـات مـادة نظم المعلومات الإداريّة في الجامعات والكليات المتوسطة الأردنية، خاصة بعد أن اتجهت العديد من الجامعات إلى إقرار نظم المعلومات الإداريّة كمتطلـب اجباري لكلية العلوم الإداريّة والمالية، وبعد خبرة تدريسية للمؤلف امتدت لسنوات على مستوى الجامعـات الأردنية والكليات الجامعيّة المتوسطة في تدريس نظم المعلومات الإداريّة.

لقد تم عرض الكتاب على العديد من الأساتذة الأفاضل من أصحاب الاختصاص، وأخذت مقترحاتهم بعين الاعتبار ممّا أدى إلى إثراء الكتاب. وبعد تدريس الكتاب لعـدة فصول في عدد من الجامعات الاردنية تم استشارة عدد من الاساتذة الكرام, كما تم أخذ آراء ومقترحات أبنائنا الطلبة في تلك الجامعات سواء في الصّياغة أو المحتوى, وتم دراسة تلك المقترحات ليخرج الكتاب بثوبه الجديد مزيداً ومنقحاً ومستجيباً لتلك المقترحات، وللمتغيّرات المختلفة التي طرأت على خطط العديد من الجامعات، واستجابة لحاجة الباحثين في نظم المعلومات الإداريّة، كما تم تدعيم الكتاب بالعديد من المراجع الحديثة التي صدرت خلال العام الحالي.

وأخيراً جاء الكتاب في طبعته الجديدة في تسعة فصول شاملة، يستطيع المحاضر أن يختار منها ما يتلائم مع خطته الدراسيّة، وتوجّهاته في تدريس المادّة.

لقد تناول **الفصل الأول** منها نظم المعلومات الإداريّة مـن حيث المفهوم والطبيعة، وقد شمل أبعاد نظم المعلومات والتي تناولت بين ثناياها وظائف المنظمة، ووظائف الإدارة تمهيداً للـدخول إلى نظم المعلومات، وتنـاول وظائف وفوائد نظم المعلومات الادارية، كما شمل أنشـطة ومـوارد نظم المعلومات الإداريّة، ثم خصائص جودة المعلومات.

أما **الفصل الثاني** فقـد تنـاول نظم المعلومات والمنظمات حيث القرارات في المستويات الإداريّة المختلفة وأنواع النظم التي تساندها، والمنظمـة بتعريفها الفنـي الاقتصادي والسلوكي والاجتماعي، كما تناول التفاعل بين تكنولوجيا المعلومات والمنظمة، والخيارات الحديثة للتصميم التنظيمي. ثم نظم المعلومات الدولية وتطوير معماريّة نظم المعلومات الدوليّة، والأبعاد الرئيسة لمعمارية نظم المعلومات الدوليّة، ثم مُحرّكات الأعمال في المنظمات الإلكترونية العالميّة.

وتناول **الفصل الثالث** من الكتاب النظم مـن منظـور وظيفي، إذ تنـاول نظم المعلومات الوظيفية المختلفة، ونظم ادارة المعرفة، وتكامل وظائفية النظم.

أما **الفصل الرابع** فتناول نظم الإسناد الإداريّة في المستوى الاداري والاستراتيجي والتي تعزز اتخاذ القرارات شبه المهيكلة والمهيكلـة في المنظمـة، إذ تناول نظم دعـم القرار، نظم دعم القرار الجماعي، نظم دعم المـديرين التنفيـذيين، والـذكاء الاصطناعي والنظم الخبيرة.

كما تنـاول **الفصل الخامس** قواعد البيانـات مـن حيث المفهوم والمعمارية، ونموذج الكينونة- العلاقة، وأنواع العلاقات المختلفة ودرجاتها، وأنواع قواعد البيانات.

وفي **الفصل السادس** تناول الاتصالات والشـبكات مـن حيث المفهـوم والـدور الحيـوي، والمكوّنـات الأساسيّة في نظـام الاتصالات، وأخيـراً تنـاول الاتصالات السلـكية واللاسلكية، والطرق المختلفة في تصنيف شبكات الاتصال الإلكترونية.

وفي **الفصل السابع** تم تناول أمن ورقابة نظم المعلومات، سواءً من حيث الرقابة على نظم المعلومات، أمن المعلومات: المفهوم والعناصر، استراتيجية أمن المعلومات، واستراجية أمن الانترنت، وتناول الانواع الرئيسة المحتملة للهجوم على الشبكات. كما تناول القضايا الاخلاقية والاجتماعية والسياسية في نظم المعلومات، والابعاد الاخلاقية في عصر المعلومات.

وقد تناول **الفصل الثامن** التخطيط الاستراتيجي لنظم المعلومات الإداريّة، وضرورة التكامل بين استراتيجية الأعمال والتخطيط الاستراتيجي لنظم المعلومات.

وفي **الفصل التاسع** والاخير تناول منهجية تطوير نظم المعلومات الإداريّة، إذ تناول بدائل طرق بناء النظام المختلفة، والمراحل العامة لدورة حياة النظام سواء في مرحلة التحليل، أو التصميم، أو التنفيذ والاستخدام.

وجدير بالملاحظة أنه تم وضع بعض الحالات الدراسيّة، وأسئلة مختارة في نهاية كل فصل من فصول الكتاب، مع التركيز على أسئلة الاختيار من متعدد.

وفي نهاية الكتاب تم وضع مسرد (Glossary) مفصّل للمصطلحات المختلفة الواردة في نظم المعلومات الادارية ليكون عوناً للطّالب والباحث في نظم المعلومات يمكن الرجوع اليه عند الحاجة.

وفي الختام أقدم عذري عن أي نقص محتمل، كما أقدم شكري لكل من تقدّم ويتقدّم بالملاحظات حول هذا الكتاب؛ حتى يتسنّى أخذها بعين الاعتبار في الطبعات القادمة.

د. فايز جمعه النجار
قسم نظم المعلومات الإداريّة
كلية الدراسات الاقتصادية والإدارية
جامعة جدارا

المحتويات

قائمـة الأشكـال

الفصل الأول

نظم المعلومات الإدارية
المفهوم والطبيعة

Management Information Systems

Concept and Nature

الفصل الأول

نظم المعلومات الإداريّة - المفهوم والطبيعة

Management Information Systems: Concept and Nature

أهداف الفصل:

التعرّف إلى أبعاد نظم المعلومات.

التعرّف إلى وظائف المنظمة.

التعرّف إلى وظائف الإدارة.

التعرّف إلى مفهوم النظام ونظرية النظم.

التعرّف إلى النظرة التبادلية بين البيانات والمعلومات والمعرفة.

التعرّف إلى الأنشطة الرئيسة لنظم المعلومات الإداريّة.

التعرّف إلى موارد نظم المعلومات الإداريّة.

التعرّف إلى خصائص جودة المعلومات.

محتويات الفصل:

الفصل الأول

نظم المعلومات الإداريّة - المفهوم والطبيعة

Management Information Systems: Concept and Nature

لقد جعل تطوّر نظم المعلومات من مفهوم البيانات والمعلومات جزءاً أساسياً من موارد المنشأة، خاصة في ظل الظروف المتغيرة التي تواجهها المنشآت سواء في بيئتها الداخلية أو الخارجية ضمن الاتجاه المتسارع نحو عالمية الأسواق، وتحرير التجارة، وتراجع الحدود الإقليميّة للدول المختلفة.

لقد أدى الاعتماد على السبق في المعرفة ضمن المنافسة الحادة إلى تغيير قواعد اللعبة التنافسية فأصبحت المنافسة تعتمد على مساهمة الإنسان نفسه في نظم المعلومات والمعرفة أكثر من اعتمادها على الموارد الرأسمالية التقليدية الاخرى، مما فرض شروط آليات عمل مختلفة أكثر ارتباطاً بنظم المعلومات الإداريّة.

1.1. أبعاد نظم المعلومات [1]   Dimensions of Information Systems

تُؤمّن نظم المعلومات القيمة للمنظمة كتنظيم، كما تُؤمّن الحـل الاداري لتحـديات البيئـة المحيطـة بالمنظمـة. لـذا يتطلـب اسـتخدام نظـم المعلومـات بفعاليّـة الفهـم الكامـل لأبعـاد نظـم المعلومات وهي: المنظمة، والإدارة، وتكنولوجيا المعلومات.

الشكل 1.1. أبعاد نظم المعلومات

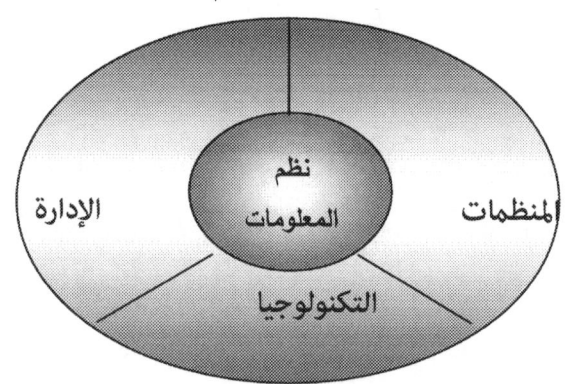

Source: Laudon, Kennth C., & Laudon, Jane P. (2006). *Management Information Systems: Managing the Digital Firm* (9th ed.). Upper Saddle River, New Jersey: Prentice-Hall International, Inc., p. 20.

يتبيّن من الشكل (1. 1.) أن أبعاد نظم المعلومات هي:

1.1.1. المنظمة Organization

تتمثّل العناصر الاساسيّة للمنظمات في الافراد، والهياكل، ومعالجة الاعمال، والسياسات، والثقافة، لذا فإن نظم المعلومات تُمثّل جزء متكامل مع المنظمات.

كما تتعاون المنظمات في الاعمال من خلال آلية الهيكل، ومعالجة الاعمال، حيث تعطي السلطة والمسؤولية من خلال الهيكل، كما تتضمّن أغلب المنظمات قوانين رسمية واجراءات مختلفة تبيّن طريقة إتمام المهام، وقد تكون هذه الاجرات رسمية مكتوبة، أو متعارف عليها وغير رسمية.

كما تحتاج المنظمات إلى مهارات متنوعة من الافراد والمديرين ومشغلي المعرفة مثل: المهندسين والعلماء. علماً أن كل منظمة تملك ثقافة فريدة أو مجموعة من الافتراضات والقيم لعمل أشياء مقبولة من قبل أغلب الاعضاء لديها، وتشكّل جزءاً من نظم معلوماتها.

وأخيراً يتم إنجاز وظائف المنظمة الاساسيّة سواء في التسويق والمبيعات، التصنيع والانتاج، والمالية والمحاسبة، والموارد البشرية داخل المنظمة، فكيف تدعم نظم المعلومات أداء هذه الانشطة؟

ولا بد لهذه الوظائف من أن تتم بشكل متكامل لتحقيق الهدف العام للمنظمة، لأن أداء أي وظيفة منها بمعزل عن الوظائف الاخرى لن يُحقق أهداف المنظمة.

وتتمثّل وظائف المنظمة في الاتي:

1.1.1.1. وظيفة التسويق Marketing Function

هي نشاط إنساني يهدف إلى اشباع الحاجات من خلال عمليات متبادلة، فهو نشاط حركي يتم فيه تدفق السلع والخدمات والبيانات.

ويلاحظ أن مفهوم التسويق قد ركز قديماً على عملية تأمين انسياب السلع والخدمات والافكار من مصادر الانتاج إلى مراكز الاستهلاك في الزمان والمكان الصحيح، مما يزيد من قيمة ومنفعة تلك السلع والخدمات والافكار.

أما مفهوم التسويق الحديث فيشمل كافة الأنشطة التي تقوم بها المنظمة لمعرفة حاجات ورغبات عملائها الحاليين، وترجمة ذلك إلى سلع وخدمات وأفكار مناسبة، وتسعير وترويج المنتجات لإرضاء العلاقات التبادلية بين المنظمة وجمهورها في بيئة تتسم بالحركة والتغيير[2].

إنه عملية يتم من خلالها حصول الافراد والجماعات على حاجتهم ورغباتهم عن طريق تأمين ومبادلة السلع والقيمة[3].

ومما سبق يتبيّن أن التسويق يعمل على تأمين المنافع المختلفة مثل: المنفعة الشكلية، والمنفعة المكانية، والمنفعة الزمانية، بل ويتعدى ذلك إلى توفير السلع والخدمات بالكميات والانواع المناسبة التي تُمكّن المستهلك من حرية الاختيار.

2.1.1.1. وظيفة الإنتاج Production Function

هي الحصول على عوامل الانتاج واستخدامها من أجل صناعة سلع أو خدمات جديدة، أما إدارة الانتاج فهي: مجموعة النظم والقواعد التي تُطبّق في قاعات الانتاج ومراكز الخدمات بقصد الحصول من الالات والمعدات والعمال والمواد المتوفرة على أعلى ناتج ممكن بالجودة المطلوبة وبأقل كلفة ممكنة[4].

3.1.1.1. إدارة الموارد البشرية Human Resource Management

هي الإدارة المسؤولة عن تعزيز الجانب الانساني للمنظمة، وهي الإدارة المسؤولة عن الاستقطاب، الاختيار والتعيين، وتحفيز العمال والحفاظ عليهم وتنمية مهاراتهم، ووضع الانظمة الفرعية والبرامج المساعدة لها وبما يتناسب مع أهداف المؤسسة وتحقيقها بأفضل كفاية اقتصادية، وتحقيق أهداف العاملين وعلى كل المستويات بأعلى درجة ممكنة، كما تراعي مصالح المجتمع وتخدمها بأعلى درجة ممكنة[5].

4.1.1.1. الوظيفة المالية Financial Function

هي الوظيفة التي ينصب اهتمامها على إدارة الاموال وطرق الحصول عليها من مصادرها المختلفة بشكل كفء وفعّال، وتمكين المنظمة من مواجهة كافة التزاماتها المالية تجاه أطراف العلاقة معها وتحقيق أهداف المنظمة.

وتنقسم الوظيفة المالية إلى:

النشاط المحاسبي: يهتم برصد وتوثيق ايرادات ومصروفات المنظمة وحساباتها وفق النظام المالي المعتمد، واعداد البيانات والكشوفات الختامية لها.

النشاط التمويلي: يعتني بإدارة أموال المنظمة واستثمارها وتحديد رأس مال الشركة، وكيفية الحصول على الاموال اللازمة لتغطية احتياجاتها، ومقارنة الوضع المالي للمنظمة بالمنظمات الاخرى من خلال الادوات المالية المستخدمة.

2.1.1. الإدارة Managemant

هي تحقيق الغايات التنظيمية بكفاءة وفاعلية من خلال التخطيط، والتنظيم، والتوجيه، ومراقبة الموارد التنظيمية[6]، إنها القدرة على تحقيق الأهداف بواسطة الآخرين.

يُؤمّن العمل الاداري الاحساس بالحلول للمشاكل التي تواجه المنظمة وطريقة اتخاذ القرارات فيها، كما يُؤمّن الخطط المختلفة التي تعمل على حل مشاكل المنظمة وتساعدها في مواجهة تحديات البيئة المختلفة، ووضع استراتيجيات المنظمة، وكذلك تخصيص الموارد المختلفة من بشرية ومالية لتحقيق أهدافها.

ويتمثّل الجزء الحقيقي من مسؤولية الإدارة في تأمين قيادة العمل بمعلومات ومعرفة جديدة، ومن هنا فإن تكنولوجيا المعلومات تلعب الدور القوي في إعادة توجيه وإعادة تصميم المنظمات.

ويختلف شكل الدور الاداري في المستويات الإداريّة المختلفة، حيث يأخذ المديرون في الإدارة العليا قرارات التخطيط الاستراتيجي، بينما يعمل مديرو الإدارة الوسطى على تنفيذ البرامج والخطط المقدمة من الإدارة العليا، كما يقوم المديرون التنفيذيون بمسؤولية مراقبة نشاطات العمل اليومي، علماً أن كل مستوى اداري يحتاج إلى معلومات ونظم مختلفة عن المستوى الآخر.

وتتمثّل وظائف الإدارة في عناصر العملية الإداريّة والتي تشمل: التخطيط، والتنظيم، والتوجيه، والرقابة.

1.2.1.1. التخطيط Planning هي عملية تحديد غايات المنظمة والوسائل التي تعمل على تحقيقها[7]، وبهذا يتضمن التخطيط، الاختيار بين مجموعة من أساليب العمل، والتي توفر المدخل المنطقي للاختيار المسبق للأهداف.

2.2.1.1. التنظيم Organizing يتضمن التنظيم العملية الفنية التي يتم من خلالها ترجمة الخطط إلى نظم تعمل على تحقيق أهداف المؤسسة. إذ يحوّل التنظيم الأهداف إلى واقع عملي قابل للتحقيق، كما يساعد التنظيم الجيد على بناء هيكل تنظيمي للمنظمة يُمكّنها من التأقلم ومواجهة متطلبات البيئة، ويساعد الإدارة العليا في كشف الانحرافات وبيان أسبابها.

3.2.1.1. التوجيه Direction وظيفة مركبة تتضمّن العديد من الأنشطة التي صُمّمت لتشجيع المرؤوسين على العمل بكفاءة في المدى القصير وطويل الأجل[8]، إنه إرشاد المرؤوسين إلى كيفية تنفيذ الأعمال الموكولة إليهم حسب لوائح العمل وتعليماته التي تحكم أعمالهم وفق سياسة المنظمة. وبذلك يعتبر القوة المحرّكة لكافة الأنشطة التي تقوم بها المنظمة خلال حياتها العملية.

ويتمثّل التوجيه في الأدوات التالية:

أ. القرارات Decisions يُمثّل القرار الاختيار القائم على الوعي والتدبير بين البدائل المتاحة في موقف معين[9]، وهو أمر شفوي أو كتابي يحدد بموجبه ما يجب عمله، أو الامتناع عنه بعد تفحص الأمر موضوع القرار. وقد يتخذ القرار في حالة التأكد Certainty، أو المخاطرة Risk، أو عدم التأكد Uncertainty، أو الغموض Ambguity[10].

ب. القيادة Leadership هي القدرة التي يملكها الشخص في التأثير على سلوك وأفكار ومشاعر العاملين من خلال حفزهم على تحقيق أهداف المنظمة[11]. وهناك العديد من نظريات القيادة التي تحاول الإجابة على تساؤل، لماذا هناك أناس أكثر قدرة على القيادة من الآخرين؟

ج. **الإتّصال Communication** يعتبر الإتصال الأداة الرئيسية للإدارة في تحقيق أهدافها فهو عملية لإرسال واستقبال الرموز بين الأشخاص[12]؛ بهدف توصيل معاني أو رموز ذات دلالة ومعنى.

أما أشكال الإتصال فقد تكون غير رسمية، أو رسمية تنفذ من خلال خطوط السلطة الرسميّة وتشمل:

- **الإتّصال النازل:** ويكون من المستويات الإداريّة العليا إلى المستويات الدنيا.
- **الإتّصال الصاعد:** ويكون من المستويات الإداريّة الدنيا إلى المستويات العليا.
- **الإتّصال الافقي:** هو تبادل المعلومات بين الافراد ضمن نفس المستوى الاداري.
- **الإتّصال القطري:** هو الإتصال بين فرد في مستوى إداري معين وفرد آخر في مستوى إداري أعلى أو أدنى منه في دائرة أو قسم آخر.

د. **الدافعية Motivation** هي الرغبات والحاجات والقوى الداخلية التي تدفع الفرد بالقيام بسلوك معين أو جهد معين في العمل، ومن هنا فإن الدافعيّة تُركّز حسب نظريات الإدارة على القوى الكامنة داخل الفرد التي تُفسّر وتُعزّز مستوى واتجاه مثابرة الجهد في العمل، إذ أن اشباع حاجات الفرد يُؤثر في سلوك العاملين ويزيد من انتاجيتهم وانتمائهم لعملهم ووظائفهم.

هـ **التنسيق Coordination** تقوم أجهزة المنظمة ونظمها المختلفة بأمور متعدّدة ومتنوّعة محققة أهداف جزئية، ولكن تحقيق تلك الاهداف الجزئية يجب أن يسهم في تحقيق الاهداف العامة للمنظمة، ويكون ذلك من خلال التنسيق، والذي يعتبر من أهم أدوات التوجيه في تسديد مسيرة أنشطة المنظمة نحو تحقيق الاهداف[13].

4.2.1.1. الرقـابة Control تتمثّل الرقابة الاداريّة في كيفيّة ضبط استخدام الموارد بفاعليّة وكفاءة، ومدى انجاز الوحدات التشغيليّة لأعمالها. فهي جميع الطرق والسياسات والاجراءات للتأكد من حماية اصول المنظمة، والتأكد من الدّقة والموثوقيّة في السجلات وتنفيذ العمليات والتأكد من أنّ كل شيء يتم وفقاً للخطة الموضوعة والتعليمات الصادرة والمبادئ المعمول بها في المنظمة. إنها القياس وتصحيح أداء نشاطات

المرؤوسين من أجل تحقيق أهداف المنظمة، واستنباط الخطط لتحقيق تلك الأهداف التي تعمل المنظمة على إنجازها[14]. إنها التأكد من أن كل شيء يتم وفقاً للخطة الموضوعة والتعليمات الصادرة والمبادئ المعمول بها في المنظمة.

3.1.1. التكنولوجيا Technology

تمثل تكنولوجيا المعلومات الأجهزة والبرمجيات والأدوات والوسائل والطرق ونظم البرمجة التي تحتاجها المنظمة لتحقيق أهدافها وتساعدها في تدوين وتسجيل وتخزين ومعالجة واستخدام واسترجاع المعلومات التي تستخدم من قبل نظم المعلومات. إنها الوسائل والادوات سواء كانت مرئية او سمعية أو مكتوبه، والبرمجيات التي يتم من خلالها جمع المعلومات وتخزينها وبثها وتناقلها واسترجاعها، والتي تعمل على تسهيل العمليات للمستفيد سواء كان منظمة أو أفراد[15].

تعتبر تكنولوجيا المعلومات واحدة من أهم الأدوات التي يستخدمها المديرون لمواجهة التحدّيات، سواء في التجهيزات الماديّة في برمجيات الحاسب (Computer Software) التي تراقب وتعمل على تعاون المكونات المادية في نظام المعلومات. علماً أن تخزين التكنولوجيا (Storage Technology) يتضمّن الوسائط المادية لتخزين البيانات.

أما تكنولوجيا الإتصالات فتتكون من وسائط ماديّة (Physical Devices) وبرمجيات تربط المكونات المادية وتنقل المعلومات من محطة إلى أخرى، فتساعد بذلك على المشاركة في البيانات أو الموارد. وقد أدى كل ذلك إلى استخدام شبكة الانترنت وبشكل واسع من قبل الافراد والمنظمات.

2.1. النظام ونظرية النظم System and Systems Theory

يستخدم الكثير من الناس مفهوم النظام بصورته المطلقة والعمومية في الوقت الذي يتوجب استخدام هذه المفاهيم في مواقفها الصحيحة والدقيقة، لذلك يتوجّب تحديد وتعريف مفهوم النظام؛ لأنه ينتشر بشكل واسع ويرتبط في مجالات الحياة المختلفة مثل: النظام الفيزيائي، النظام الاقتصادي، النظام الاجتماعي، ونظام المعلومات، فكلمة نظام متشابهة وإن اختلفت في الاستخدام.

1.2.1. النظام System

مجموعة من العناصر أو الأجزاء المترابطة التي تعمل بتنسيق تام وتفاعل، تحكمها علاقات وآلية عمل معينة في نطاق محدّد؛ لتحقيق غايات مشتركة وهدف عام، بواسطة قبول المدخلات ومعالجتها من خلال إجراء تحويلي منظم للمدخلات بهدف انتاج المخرجات مع التغذية الراجعة والرقابة وتسمى هذه العملية ديناميكية النظام[16].

2.2.1. أحكام تحديد النظام Terms That Define A System

1. **الغرض أو الهدف:** إن أي نظام يعمل لتحقيق غرض معين، وهو السبب في وجوده، والنقطة المرجعية لقياس نجاحه.

2. **العناصر:** هي وجود أكثر من عنصر في النظام، إذ يمتاز كل عنصر ـ بخصائص ذاتية تميّزه عن الآخر إلى حد ما.

3. **العلاقات:** هي وجود علاقات منطقية تكاملية بين عناصر النظام المختلفة.

4. **آلية العمل:** وجود آلية معينة متناسقة يعمل من خلالها النظام؛ ليؤدي الغرض الذي وجد من أجله، فلا بد من وجود آلية تحكم هذه العلاقات.

5. **الحدود والنطاق:** تحدد حدود النظام ما هو داخل النظام وما هو خارجه، إذ أن النظام يعمل ضمن حدود مميّزة، وإن تداخلت مع النظم الاخرى.

وأخيراً لا بد من ملاحظة بيئة النظام وهي أي شيء وثيق الصلة بالنظام ويقع خارج حدوده، مثل: الموردين، والمستهلكين، علماً أن المدخلات تعبر حدود النظام من البيئة بينما تذهب المخرجات إلى خارج حدود النظام متجهة إلى البيئة.

ويمكن تصوّر أحكام تحديد النظام من خلال الشكل (1. 2.).

الشكل 1 .2. أحكام تحديد النظام

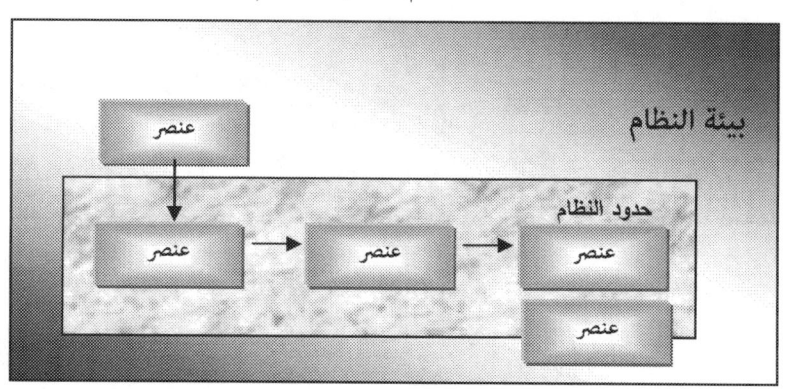

عناصر أخرى وثيقة الصلة بالنظام

3.2.1. مقومات النظام [17] :

1. **المتغيرات Variables**: بيانات كمية، أو وصفية يقوم النظام باستقبالها عـن طريـق المدخلات، ويعالجها لتعطي المخرجات.

2. **القنوات Channels**: ممر في اتجاهين يعمل على ربط بيانات أو صـوت منقـول بـين نقطتين مرسل ومستقبل في الشبكة حيث تمر عبرها حركة تفاعل النظام مع عناصره.

4.2.1. نظام المعلومات Information System

مجموعة المكونات المتداخلـة والإجـراءات النمطيـة التـي تعمـل معـاً لتجميـع وتشغيل وتخزين وتوزيع ونشر واسـترجاع المعلومـات التـي تحتاجهـا المنظمـة بهـدف تدعيم اتخاذ القرار والتعاون والتحليل والتصوّر والرقابة داخل المنظمة.

إنه مجموعة من المدخلات التي تُمثّل بيانات ومعطيات مختلفة، يتم معالجتهـا للوصول إلى مجموعة من المخرجات للحصول على نتائج أفضل مقارنة بالمعايير المحـددة لقياس الفائدة أو المردود [18] .

3.1 . نظرية النظم Systems Theory

لقـد ظهـرت فكـرة النظـم علـى يـد العـالم الألمـاني (Ludwing Von Bertalaffy) عـام (1937) **وقد سماها النظرية العامة للنظم**: وهي منهج يهدف إلى تشكيل مبادئ عامّة

يمكن تطبيقها على النظم أياً كان نوعها، وطبيعة العناصر المكوّنة لها، وأياً كانت العلاقات التي تنظم عملها، والأهداف التي ترغب في تحقيقها.

وقد قال أنه لفهم وحدة كليّة لا بد للمرء أن يفهم بدقّة أجزاءها المعتمدة على بعضها البعض، فباستخدام مدخل النظم يمكن للمديرين أن يدركوا العلاقات الاعتمادية لجزيئيات العمل في العملية ككل.

ثم تطوّرت بعد ذلك نظرية النظم على يد الاقتصادي (Keneth Boulding) عام (1956) حيث استند إلى مدى البساطة والتعقيد في عناصر أو آليات عمل النظم.

1.3.1. نموذج النظم العامة The General Systems Model

يعتبر النموذج وسيلة تمثيل مُجرّدة تُعوّض عن استخدام الشيء الأصلي وتسمى كينونة مثل: الخريطة التي تمثّل الجبال والأنهار والبحيرات. وقد ساد استخدام النماذج في مجال نظم المعلومات الإداريّة للتسهيل والمساعدة في اتخاذ القرار، إذ يستخدم المديرون النموذج لتمثيل المشاكل وأسبابها تمهيداً لحلها.

وقد قسم ميكلود (McLeod, JR.) نماذج النظم الشائعة إلى أربعة أقسام هي:[19]

1. **النماذج المادية (Physical Models)** نماذج مصممة من ثلاثة أبعاد تمثّل أبعاد الكينونة المختلفة مثل نماذج الأزياء، لعب الأطفال، السيارات، وتستخدم النماذج المادية للتصميم في عالم الأعمال.
2. **النماذج القصصيّة (Narrative Models)** نماذج تنقل الواقع بالطريقة الكتابية أو اللفظية حيث تصف الكينونات المختلفة لفظاً وكتابةً، وهي من النماذج المستخدمة يومياً في الإدارة.
3. **النماذج البيانية (Graphic Models)** نماذج تعرض الواقع بالرسوم أو الصور والخرائط والأشكال، وهي الأكثر شيوعاً في نظم المعلومات الإداريّة.
4. **النماذج الرياضية (Mathematical Models)** هي نماذج أكثر تجريداً وتعتمد على مبدأ اختصار الحقائق إلى رموز رياضية، ووصفها بصيغة رياضية معينة.

2.3.1. تصنيف النظم Classification of Systems

يمكن تصنيف النظم إلى الانواع التالية:

- **النظم الطبيعية والصناعية (Natural & Manufacturing Systems)** تُمثّل النظم الطبيعية النظم الموجودة في الطبيعة مثل: نظام دوران الأرض، والفصول الاربعة، وتسى أيضاً بالنظم الكونيّة.
أما النظم الصناعيّة فهي نظم من ابتكار الإنسان مثل: نظم الحاسوب، وأنظمة المعلومات الإداريّة.
- **النظم المغلقة والمفتوحة (Closed & Open Systems)** النظام المغلق هو النظام المفصول عن البيئة المحيطة لا يتأثر ولايؤثر بها ولا توجد بينهما أي حدود مشتركة مثل: نظام الذرة، نظام التفاعل الكيماوي المعزول.
أما النظام المفتوح فهو النظام الذي يتفاعل مع البيئة المحيطة يتأثر ويؤثر بها ويكون له علاقة مستمرة معها مثل: نظم المنظمة المختلفة.
- **النظم المحسوسة والمجردة (Tangible & Abstract Systems)** تتكون النظم المحسوسة من مجموعة من العناصر الطبيعية أو الصناعية التي يمكن لمسها مثل: نظم المباني، ونظم الري، وتسمى أيضاً بالنظم المادية.
أما النظم المجردة فهي النظم التي لا يمكن لمسها، وإنما يمكن تصورها عقلياً مثل: نظام العد، المعادلات الجبرية، النظرية النسبية.
- **النظم الثابتة والنظم المتغيرة (Fixed & Variable Systems)** النظام الثابت هو النظام الذي يعمل ضمن آليات محددة سلفاً وبشكل شبة مطلق، ويمكن التنبؤ بدقة بسلوكه مستقبلاً مثل: النظام الكوني، نظام البرنامج الحاسوبي.
أما النظام المتغير فهو النظام الذي يعمل وفق آلية معينة ثابتة وبشكل مستمر، ولا يمكن التنبؤ بسلوكه مستقبلاً بشكل حتمي مثل: النظم الإداريّة والمالية والاجتماعية.
- **النظم الفكرية والنظم الاجتماعية (Ideological & Social Systems)** تتميّز النظم الفكريّة بأن جميع عناصرها من المفاهيم ومن الامثلة عليها: النظم الفلسفية السائدة مثل: النظام الرأسمالي، النظام الاشتراكي.

أما النظم الاجتماعية فهي النظم التي تربط السلوك الانساني بالجماعة ومن أمثلتها: التجمعات الانسانية المختلفة والعادات الاجتماعية السائدة بها.

3.3.1. النظـر إلى المنظمــة كنظــام [20] Viewing Organization as System

النظام مجموعة من المكونات المتداخلة تعمل معاً لإتمام غرض ما. وبعد انتشار النظريـة العامـة للنظم، أصبح ينظر إلى المنظمـة كنظـام مُميّـز يضـاف إلى الأنظمـة المفتوحة.

لقد عُرّفت المنظمة كنظام: بأنها نظام مفتوح تتشكّل عناصره مـن مجموعـة مدخلات (موارد)، وآلية عمل في نظام التشغيل والإدارة (العمليات/ المعالجة)، من أجل تحقيق أهداف معينة (مخرجات)، وهذا يتفق مع النموذج العام للنظم المكوّن مـن ثلاث مجموعات أساسية من العناصر هي:

1. المدخلات.
2. المعالجة.
3. المخرجات.

وفي المنظمة نجد مجموعة من النظم الفرعية (Subsystems) وهي عبارة عـن نظم جزئية تُمثّل مكونات لنظام أكبر، والفهـم الـدقيق لأي نظام يتطلب فهـم النظـام الأكبر الذي يخدمه. ويبين الشكل (1. 3.) النظر إلى المنظمة كنظام.

يُمثّل الشكل (1. 3.) نموذجاً لنظام شركة صناعية يحوي على خمس نظم فرعيـة هي: تصميم المنتج، الانتاج، المبيعات، التوريد، والخدمات، علماً أن هذه النظم الفرعيـة يُمكن أن تحوي نظم فرعية أصغر منها.

كما ويبين الشكل أيضاً أن النظام يحوي خمس نظم جزئيـة تبين الحـدود بـين النظام وبيئته، حيث تمثّل البيئة أي شيء وثيق الصـلة يقـع خـارج حـدود النظام مثـل: الموردين والزبائن.

الشكل 1. 3. النظر إلى المنظمة كنظام

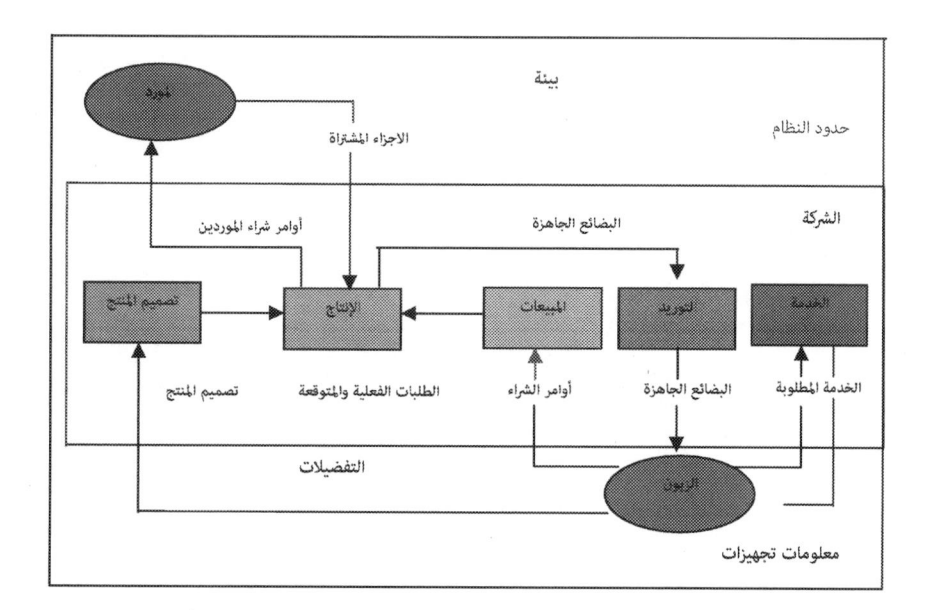

Source: Alter, Steven (2002). *Information Systems: Foundation of E-Business* (4th). Upper Saddle River, New Jeresy: Pearson Education, Inc., p. 9.

ويظهر من الشكل أيضاً أن المـوردين والزبائن يـزودون النظـام بالمـدخلات ويستقبلون المخرجات. إذ تمثّل المدخلات الأجزاء المشـتراة مـن المـوردين والمعلومـات الـواردة مـن الزبائن. أمـا المخرجات فتمثّل البضائع الجاهزة الصادرة للزبائن، والمعلومات والنصائح المقدمة لاستخدام المنتج.

ويبين الشكل أيضاً أن معالجة الأعمال ترتبط بمجموعة الخطوات والأنشطة التي تسـتخدم الأفراد، المعلومات، والموارد الاخرى لتأمين قيمـة للمسـتهلك الخـارجي والـداخلي، وهـذه الخطـوات ترتبط بالمكان والزمان، حيث تحكم البداية/ المدخلات/ والنهاية/ المخرجات.

تُؤمّن عملية تصميم المنتج التصميم للمستهلك الـداخلي لإنتاج المنتج، أمـا عملية الإنتاج فتُؤمّن المنتج النهائي لمستهلك داخلي آخر، كمـا أن عمليـة التوريـد تُـؤمّن المنتج النهائي إلى المستهلك الخارجي.

إن معالجة الأعمال هـي قواعـد مُميّـزة، ونشاطات تتضمـن معالجات جزئية كأجزاء من العملية، حيث تحوي تصحيح للخطوات في الزمان والمكـان الصحيح مـن البداية/ المدخلات، إلى النهاية/ المخرجات.

ومما سبق نلاحظ أن القيمة المضافة الناتجة عن المعالجة   (Processes (Value Added) تُمثّل مقدار القيمة التي تُؤمّن إلى المستهلك الداخلي أو الخارجي، مع ملاحظة أن القيمة المضافة الكلية تزيد عن قيمة المكونات الجزئية بالنسبة للمستهلك، والسؤال الأهم هو أي من خطوات الأعمال تُؤدّي إلى قيمة مضافة أكبر في المنتج الكلي؟ حتى يتم تعظيم القيمة الكلية المضافة الناتجة عن المعالجة.

وأخيراً نستطيع القول أن المنظمة تمثّل نظاماً ديناميكياً ومفتوحاً وموجهاً ذاتياً:

تعتبر المنظمة نظاماً ديناميكياً لأنها النظام النّشـط والمتغيّر بآن واحـد، وإن طبيعة هذا النشاط وآليته قابلتان للتغيير.

كما تعتبر المنظمة نظام مفتوح حيث تُؤثّر وتتأثّر بالبيئة المحيطـة مـن خـلال المدخلات والمخرجات التي تتعامل معها.

وهي نظاماً موجهاً ذاتياً من حيث قيام النظام بعملية الرقابة والضبط الذاتي من خلال وضع القواعد والتعليمات لمراقبة مستوى الأداء، والمحافظة على توازن النظام من خلال المعلومات المرتجعة.

4.3.1. توازن النظام [21] System Equilibrium

يُمثّـل تـوازن النظام تحقيـق التـوازن بيـن جميـع عنـاصر النظام الداخليـة والخارجية؟ إذ يحدث في بعـض الاحيـان ولأسبـاب مختلفة حالة مـن الارتبـاك وعـدم التوازن تحدث داخل النظام تسمى الاضطراب؟ وعندها لا بـد مـن إعـادة النظام إلى التوازن.

ويمكن التمييز بين نوعين من أنواع توازن النظام هما:

أ. التوازن الثّابت Stationary Equilibrium

هو عودة النظام إلى حالة التوازن السابق لحدوث الاضطراب، ويحدث مثل هذا التوازن عادة في النظم المغلقة التي تكون معرضة لحدوث الاضطراب بسبب عزلتها عن الظروف المتغيرة التي تحيط بها، إذ لا تستطيع التوازن إلا في المستوى السابق للاضطراب.

ب. التوازن الحركي Dynamic Equilibrium

هو ايجاد توازن جديد يختلف عن التوازن السابق الذي كان سائداً قبل حدوث الاضطراب، ويحدث هذا التوازن عادة في النظم المفتوحة، والتي تملك القدرة على التكيّف مع الظروف الخارجية المتغيرة.

4.1. البيانات والمعلومات والمعرفة
Data, Information and Knowledge

قبل الدخول في تفصيلات نظم المعلومات لا بد من التفريق بين العديد من المصطلحات الواردة مثل: البيانات، المعلومات، والمعرفة، والتي يزيد استخدامها في مجال النظم المختلفة، خاصة نظم المعلومات الإداريّة.
ويبين الشكل (1. 4.) البيانات، المعلومات، المعرفة.

إنه من المهم جداً أن نعرف الاختلافات بين هذه المفاهيم الثلاثة، والعلاقات التي تربطها في المحتوى التنظيمي، إذ أن كل منظمة تملك سيناريوهات جوهريّة تُضمّن من خلالها توافق البيانات والمعلومات والمعرفة.

الشكل 1. 4. البيانات، المعلومات، والمعرفة

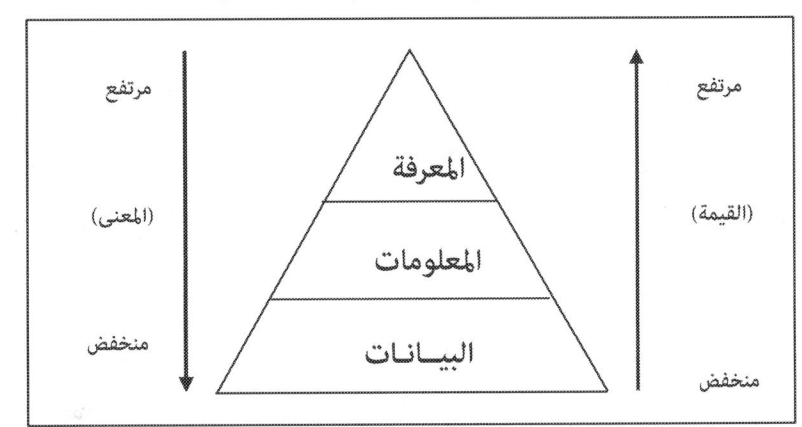

Source: Chaffey, Dave, & Wood, Steve (2005). ***Business Information Management: Improving Performance Using Information Systems***. Harlow, England: Pearson Education Limited, p. 224.

يلاحظ من الشكل (1. 4.) أن المعنى يكون أقل ما يمكن عند البيانات ويبدأ بالارتفاع حتّى بلوغ المعرفة، بينما نرى أن القيمة تزداد بدءاً من البيانات حتّى المعرفة.

1.4.1. البيانات Data هي الشكل الظاهري لمجموعة حقائق غير منظمة، قد تكون حقائق أو تصورات في شكل أرقام، كلمات، صور أو رموز لا علاقة بين بعضها البعض، ولا تعطي معنى وهي منفردة. إنها قياسات بدون محتوى أو تنظيم تجمع عن طريق الملاحظة أو المشاهدة أو الاستقصاء، ويمكن أن تخزن بأسلوب معين. إنها الوصف الأولي للأشياء والمعاملات وهي مُسجّلة ومُصنّفة ومُخزّنة، ولكن غير مُنتظمة لتعطي معنى محدد [22]. فهي المادة الأولية الخام التي تدخل كمدخلات، ليتم معالجتها لتعطي معلومات على شكل مخرجات. لذلك فإن البيانات قبل معالجتها قد لا تكون صالحة ومفيدة لاتخاذ قرار.

2.4.1. المعلومات Information هي بيانات تمت معالجتها إذ تم تصنيفها، وتحليلها، وتنظيمها، وتلخيصها بشكل يسمح باستخدامها والاستفادة منها حيث أصبحت ذات معنى [24,23]. فالمعلومات هي البيانات التي خضعت للمعالجة والتحليل والتفسير، بهدف

استخراج المقارنات، والمؤشرات، والعلاقات التي تربط الحقائق والأفكار والظواهر مع بعضها البعض[26, 25].

وتعتبر المعلومات تسجيلاً للخبرات المفيدة لمقابلة احتياجات متخذ القرار وتقليل حالات عدم التأكد، فاتخاذ القرار الإداري يحتاج إلى أن تتحول البيانات إلى معلومات[28, 27]، والتي تساعد على زيادة الترابط بين المنظمة وجمهورها.

ولا بد من التأكيد بأن المعلومات بالنسبة لشخص ما، قد تكون بيانات بالنسبة لشخص آخر، فمثلاً عدد ساعات العمل معلومات لكل عامل، بينما تعتبر بيانات بالنسبة لقسم المالية عندما يرغب في عمل جدول الرواتب للعاملين.

ومما سبق نستنتج أن التمايز بين البيانات والمعلومات يتمثّل بالآتي[29]:

1. البيانات مادة خام يصعب اتخاذ قرارات على ضوءها.
2. المعلومات مادة تمت معالجتها بما يسمح باتخاذ قرارات على ضوئها.
3. تتحوّل البيانات إلى معلومات بعد إجراء المعالجات عليها.

3.4.1. المعرفة Knowledge

هي الفهم المكتسب من خلال الخبرات والدراسة، إنها معرفة كيف؟ (Know-How)، أي كيف تعمل الاشياء التي تُمكّن الشخص من إنجاز مهمة خاصة؟ وقد تكون حقائق تراكمية، أو قواعد اجرائية، أو توجيهات[30].

تتألف المعرفة من معلومات نُظّمت وعُولجت لتحويلها إلى فهم، خبرة، تعليم متراكم، إنها توافق الموهبة، الفطرة، الأفكار، القوانين، الخبرة، والإجراءات التي تقود إلى المعرفة وتطبيقها لحل مشكلة. فتعكس بذلك المعرفة النظمية، والتي تعطي قيمة عالية للمنظمة[31]، وقد تكون المعرفة ضمنية (Tacit) أو صريحة (Explicit).

4.4.1. النظرة التبادليّة بين البيانات والمعلومات والمعرفة.

لقد قدّم سنودرن (Snowdern, 2003) وجهة نظر مختلفة إذ ركّز على مفهوم الحكمة Wisdom والذي يركز على دور المعرفة والمحتوى Context خلال تحّول البيانات إلى معلومات وما يمكن أن يتفرّع منها[32].

ويبين الشكل (1. 5.) نموذج سنودرن في النظرة التبادليّة.

الشكل 1. 5. النظرة التبادليّة بين البيانات والمعلومات والمعرفة

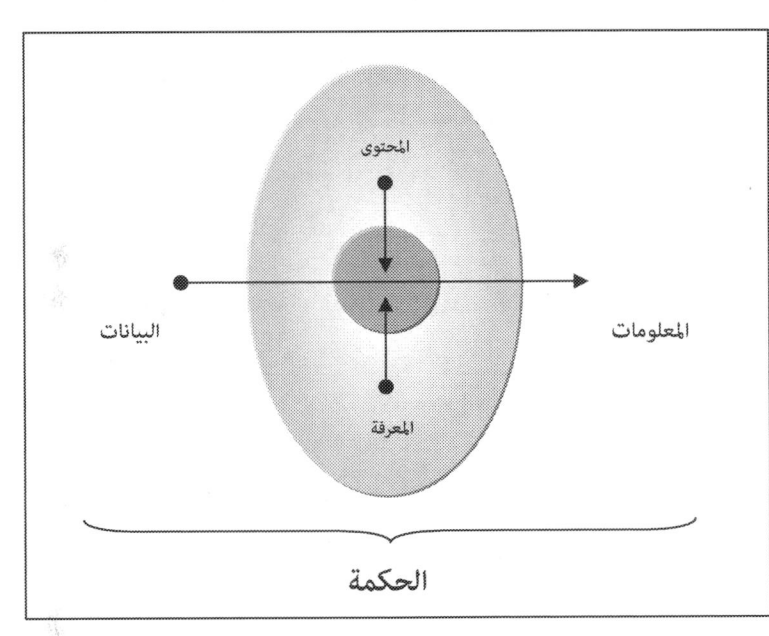

Source: Chaffey, Dave, & Wood, Steve (2005). *Business Information Management: Improving Performance Using Information Systems*. Harlow, England: Pearson Education Limited, p. 224.

تستقبل نظم المعلومات البيانات وتعمل على تحويلها إلى معلومات بمعالجتها، ووضعها في محتوى مناسب للاستخدام.

ولكن المديرون يستخدمون المعلومات للحصول على المعرفة والتي تعطي الهيكلية المناسبة في تفسير المعلومات واعطائها المعنى المناسب.

فالمعرفة ما هي إلا تحوّل البيانات الى معلومات ومزجها بالخبرة حيث الفهم البشري لحقيقة شيء ما عن طريق التعلّم والممارسة. ومن الملاحظ أن الخبرة تزيد من إمكانية الوصول إلى قرارات ونتائج سليمة، والتي تعمل على زيادة المعرفة أيضاً والتي تعود وتعمل على تعزيز فهم المعلومات والخبرة مرة أخرى، والتي تخدم أيضاً الوصول إلى النتائج والقرارات، وصناعة القرار الاستراتيجي.

أما الحكمة فهي جمع خبرات الافراد لتزويد معرفة لحل مشكلة ما. إنّها القدرة على استخدام المعرفة لتحقيق غرض معين [33]. ويمكن تحقيق الحكمة أيضاً نتيجة تراكم مجاميع من المعرفة.

إن نظم الحاسوب مثلاً يمكن أن تجمع البيانات وتنتج المعلومات وأحياناً تُؤمّن المعرفة، ولكن لا بد من إضافة حكمة الأفراد لتأمين نظم معلومات فعّالة.

وأخيراً نقول ان نموذج سنودرن يؤكّد على تعقيد العملية التنظيمية إذ تعمل مجموعة المعارف المختلفة والمحتوى على تشكيل التراكم المعرفي الذي يُؤمّن الحكمة ويعود بالفائدة على تعزيز الخبرة والفهم الأعمق للمعلومات مما يُؤمّن الوصول إلى القرارات الاستراتيجية السليمة.

5.1. الأنشطة الرئيسة لنظام المعلومات.
Primary Activities of Information System.

يُمثّل النظام المفتوح مجموعة من الأجزاء المترابطة التي تتفاعل معاً عن طريق قبول المدخلات ومعالجتها لتعطي مخرجات مع ضمان المراقبة والتقييم والتغذية الراجعة لتصحيح الانحرافات ضمن حدود النظام متفاعلاً مع الأنظمة الاخرى في البيئة المحيطة.

ويبيّن الشكل (1. 6.) الأنشطة الرئيسة لنظام المعلومات.

الشكل 1. 6. الأنشطة الرئيسة لنظام المعلومات

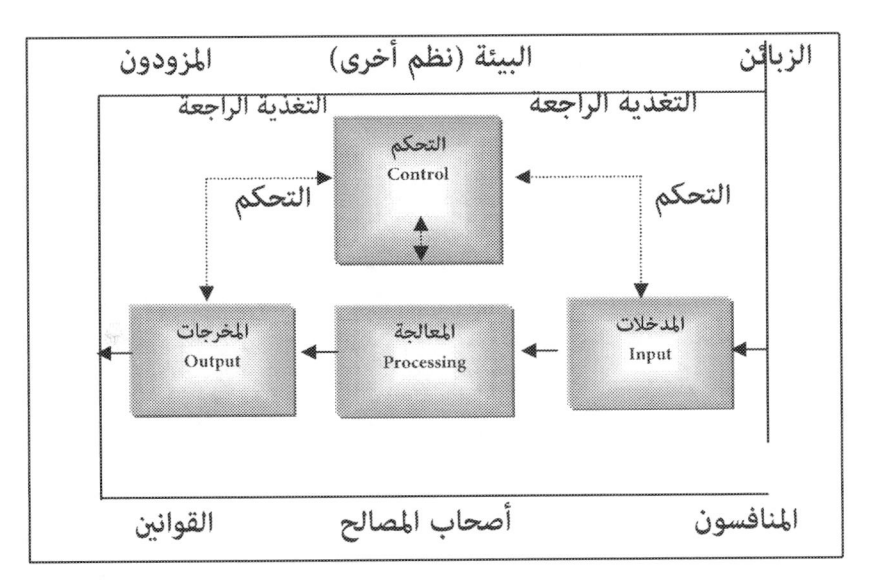

Source: O'Brien, James A. (2000). *Introduction to Information Systems: Essentials for the Internetworked Enterprise* (9th ed.). Irwin, Boston Burr Ridge: McGraw-Hill Companies, Inc., p. 22. بتصرف

يتكوّن نظام المعلومات من عدد من الأنشطة والمكونات الرئيسة هي:

1.5.1. المدخلات/ البيانات Input/ Data

تتضمّن ضم وتجميع العناصر أو الأجزاء معاً وإعدادها لكي تدخل النظام لمعالجتها ولا بـد من التأكيد على أن المدخلات قد دخلت صحيحة إلى النظام؛ لأن عـدم الدقـة فـي البيانـات الداخلـة للنظام سيؤدي إلى نتائج خاطئة في المعلومات، ولذلك لا بد من التأكّد علـى أن البيانـات خاليـة مـن الأخطاء قبل معالجتها[34].

وتتضمن البيانات في نظم المعلومات خمسة أنواع رئيسة هي[35]:

- بيانات رقمية أو هجائية Item Data
- بيانات نصية Text Data
- بيانات صوتية Audio Data
- بيانات صورية Image Data
- بيانات فيديوية Video Data

2.5.1. المعالجة Processing

هي المهمة التي يتم من خلالها تحوّل مدخلات خام إلى مخرجات ذات شكل له معنى مثل: العمليات التصنيعية والحسابات الرياضيّة. حيث تُنظّم هذه النشاطات وتُحلّل وتُعالج البيانات حتى تعمل على تحويل البيانات إلى معلومات للمستخدم. وتوجد عدة طرق لمعالجة البيانات تتراوح ما بين المعالجة البسيطة وحتى المعالجة الآلية المعقدة.

والآتي العوامل المحددة لاختيار طريقة معالجة البيانات(36):

أ. حجم البيانات: كلما ازداد حجم البيانات كلما اتجهنا إلى المعالجة الالية.

ب. درجة تعقيد وتداخل البيانات: كلما ازدادت درجة التعقيد والتداخل في البيانات أدىّ إلى ضرورة الاستعانة بطرائق آلية معقدة ومتقدمة.

ج. الوقت: كلما كان الوقت المتاح للمعالجة قصيراً؛ أدى إلى الاتجاه نحو المعالجة الآلية المعقدة.

د. العمليات الحسابية: كلما ازدادت العمليات الحسابية تعقيداً أدّت إلى الاتجاه نحو المعالجة الآلية المعقدة.

هـ. التكاليف: والتساؤل هنا، ما هي الميزانية المرصودة للمعالجة؟ إذ كلما توفرت الامكانيات الأكبر اتجهت المعالجة نحو المعالجة الآلية، خاصة إذا كان حجم البيانات كبيراً.

3.5.1. المخرجات/ المعلومات Output/ Information

تتضمن العناصر المخرجة نتيجة المعالجة؛ لتكون متوفرة للجهات التي تطلبها ومن أمثلتها: المنتجات النهائية والمعلومات الإداريّة إلى مستخدميها. علماً أن هدف نظام المعلومات هو إنتاج المعلومات المناسبة للمستخدم، والتي قد تتضمّن رسائل أو تقارير أو رسوم.

4.5.1. التغذية الراجعة والرقابة Feedback and Control

يكون مفهوم النظام أكثر فائدة عند تضمينه نشاطات التغذية الراجعة والرقابة وعندها يسمى نظام الضبط، إذ يصبح بذلك نظام مراقبة ذاتية أو نظام تنظيم ذاتي.

- **التغذية الراجعة/ العكسية Feedback** هي بيانات أو معلومات حول أداء النظام فمثلاً: البيانات حول أداء المبيعات تعتبر تغذية راجعة عن مدير المبيعات، فالمعلومات التي تخرج عن المبيعات تكون عبارة عن تغذية راجعة تدخل مرة أخرى كمدخلات للنظام. ويعتبر تحليل التغذية الراجعة من العناصر الهامة في النظام، إذ يستخدم في التقييم والعودة إلى المدخلات مرة أخرى لتعظيم القيمة المضافة للمعلومات[37].

- **الرقابة والتحكم Control** يتضمن التحكم مراقبة وتقييم التغذية الراجعة لتحديد فيما إذا كان النظام يتحرك باتجاه تحقيق الغايات أم لا، لذا فإن وظيفة الرقابة ضرورية لتعديل المدخلات أو المعالجة، ولتصحيح أي انحرافات تظهر في المخرجات، لذا تعتبر التغذية الراجعة جزء من الرقابة.

5.5.1. البيئة Environment

إن المنظمة هي نظام مفتوح وقابل للتكيّف، لذلك فهو نظام يتقاسم المدخلات والمخرجات مع الأنظمة الاخرى في البيئة، لذا يتوجب إدامة علاقات مناسبة مع النظم الاخرى الاقتصادية والسياسية والاجتماعية في بيئتها حيث يُمكن لنظام المعلومات أن يُساعد المنظمة على بناء علاقات مع هذه المجاميع. إذ أنّ لاعبي البيئة الاساسيّة من مستهلكين، وموردين، ومنافسين، وأصحاب المصالح المختلفة يتفاعلون مع المنظمة ويؤثرون فيها.

6.1. نظم المعلومات الإداريّة Management Information Systems

1.6.1. مفهوم نظم المعلومات الإداريّة.
The Concept of Management Information Systems.

هي نظام منهجي محوسب قادر على تكامل البيانات من مصادر مختلفة بقصد توفير المعلومات الضرورية للمستخدمين ذو الاحتياجات المتشابهة [38]. أما دراسة نظم المعلومات الاداريّة فتركّز على استخداماتها في الادارة والاعمال.

تتعلّق نظم المعلومات الإداريّة بالتخطيط للتطوير، وإدارة واستخدام أدوات تكنولوجيا المعلومات؛ لمساعدة الأفراد في إنجاز كافة مهامهم المرتبطة بمعالجة المعلومات وإدارتها [39]. ومن هنا فإن تقنيات المعلومات الإداريّة تشمل كافة أنواع التقنيات التي تستخدم بالعمل الإداري من أجل تحقيق أهدافها في الرقابة والتنظيم واتخاذ القرارات [40]. ويبيّن الشكل (1. 7.) نموذج نظم المعلومات الاداريّة.

الشكل 1. 7. نموذج نظم المعلومات الاداريّة

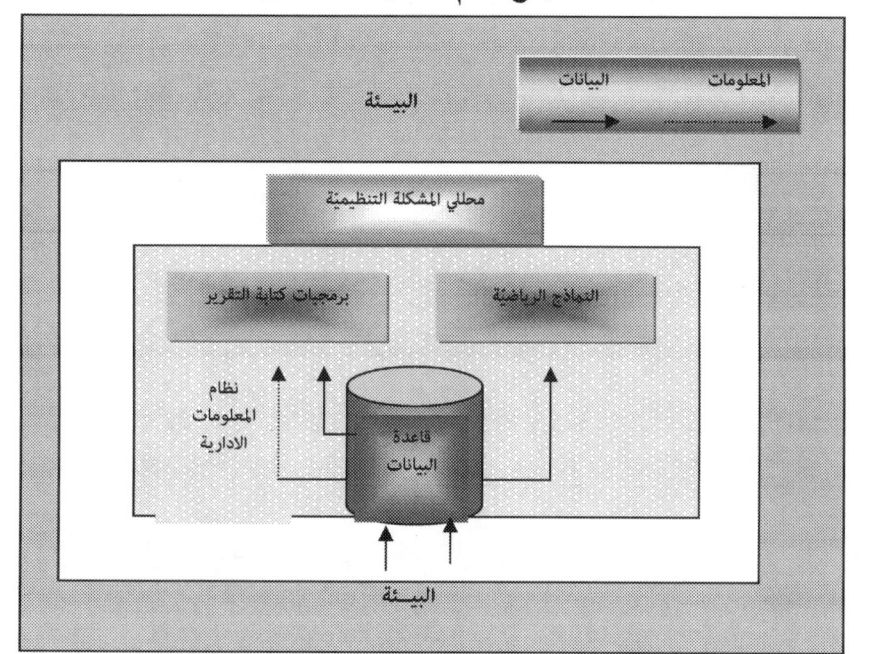

Sourcs: McLeado, Jr., Raymond, & Schell, George P. (2007). ***Management Information Systems*** (10th ed.). Upper Saddle River, New Jersey: Pearson Education, Inc., p. 11.

يتبيّن من الشكل ان مستخدمي نظام المعلومات الاداريّة يتألفون عادة من عدّة كينونات تنظيميّة رسميّة سواء من الشركة أو من الشركات التابعة، والمعلومات التي يتزود بها نظام المعلومات الاداريّة تصف ما حدث في الماضي، وما يحدث الان، أو ما هو مرغوب بإحداثه في المستقبل.

ان قاعدة البيانات في نموذج نظم المعلومات الادارية تحوي المعلومات التي تتزوّد بها سواء من نظام معالجة المعاملات، والبيانات والمعلومات التي دَخلت من البيئة عن طريق تفاعل المنظمة مع المنظمات الاخرى مثل: المزودين.

كما يزوّد نظام المعلومات الاداريّة هذه المعلومات من خلال استخدام نوعين من البرمجيات هما[41]:

1. **برمجيّة كتابة التقرير Report-Writing Software**

ان برمجية كتابة التقرير تنتج كُلاً من تقارير فتريّة أو خاصّة، والتقارير الفتريّة تُرمّز في لغة برمجة وتعتمد على الجداول. أمّا التقارير الخاصّة فغالباً ما تدعى (ad hoc reports) وتعد لتلبية احتياجات معلومات خاصّة وتساعد هذه الايّام قواعد البيانات في الاستجابة لمتطلبات البيانات والمعلومات الخاصّة.

2. **النماذج الرياضيّة Mathematical Models**

هي نماذج تنتج نتيجة لمحاكاة عمليات المنظمة، نماذج رياضيّة، تصف عمليات الشركة وتكتب في لغة برمجة، وعلى أيّ حال فإنّ لغات نمذجة خاصّة تجعل المهمّة أسهل وأسرع.

وفي النهاية فإنّ مخرجات المعلومات المتجمّعة تستخدم بواسطة من يحلّ المشكلة سواء المديرين أو المهنيين لاتخاذ قرار بحل مشكلة ما في الشركة.

وأخيراً نستطيع القول أن نظام المعلومات الإداريّة هو نظام محوسب متكامل وشبكات متناسقة من الإجراءات تقوم بمعالجة البيانات وتكاملها من مصادر مختلفة؛ لتهيئة المعلومات اللازمة لاتخاذ القرارات الإداريّة والقيام بوظائفها المختلفة من تخطيط وتنظيم وتوجبه ورقابة [42].

2.6.1. وظائف نظم المعلومات الإدارية.

يمكن تصنيف وظائف نظم المعلومات الإدارية في بيئة الأعمال المعاصرة ضمن المحاور الرئيسة التالية:

1. دعم عمليات المنظمة المختلفة.
2. دعم وظائف الإدارة المختلفة.
3. دعم اتخاذ القرارات الإدارية في المنظمة.
4. زيادة التعاون بين الإدارة العليا والفروع التابعة في المناطق المختلفة.
5. التنسيق بين المنشأة وأصحاب المصالح المختلفين من الموردين والمستهلكين والموظفين حيث تُؤمّن نظم المعلومات الإداريّة حركة الإتصال سواء في تبادل الرأي أو تنفيذ الصفقات التجارية بين الأطراف المختلفة.
6. العمل على تحقيق الفاعلية Effective بتوفير المعلومات الصحيحة اللازمة لاتخاذ القرارات، والكفاءة Efficiency بتوفير هذه المعلومات بأقل تكلفه ممكنه.
7. المساعدة في تحقيق الميزة الإستراتيجية للمنظمة.

3.6.1. فوائد نظم المعلومات الإداريّة[(43)].

Advantages of Management Information Systems.

تُقدّم نظم المعلومات الإداريّة العديد من الفوائد سواءاً على مستوى الإدارة الوسطى أو على مستوى المنظمة الكلي، وتُهيّء الظروف المناسبة التي تخدم المنظمة في وظائفها المختلفة أو مساعدة المدير عند ممارسة أنشطته المتعددة.

والآتي أهم الفوائد التي يُمكن أن تقدمها نظم المعلومات الإداريّة:

1. تقديم المعلومات إلى المستويات الإداريّة المختلفة.
2. تقديم المعلومات إلى الاقسام المختلفة؛ بغية اصدار التقارير سواء كانت تجميعية، أو تفصيلية عن نشاطات المنظمة المختلفة.
3. تجهيز المعلومات الملائمة بشكل مختصر- وفي الوقت المناسب لتهيئة الظروف المناسبة لصنع القرار.
4. تقييم النتائج والنشاطات في المنظمة؛ لتصحيح أي انحرافات محتملة.

5. المساعدة على التنبؤ بمستقبل المنظمة والاحتمالات المختلفة التي تواجهها.

6. تحديد قنوات الإتصال الافقية والعمودية لتسهيل عملية استرجاع البيانات.

7. تزويد المستفيدين والباحثين بالمعلومات التي يرغبون بها.

8. الاحاطة المستمرة بالمعلومات عن التطورات الحديثة التي تخدم المستفيدين فيما يخص نشاطات المنظمة المختلفة.

9. تسهيل التحاور بين النظام والمستفيد؛ للرد على الاستفسارات المختلفة.

10. حفظ البيانات والمعلومات المختلفة في المنظمة.

4.6.1. موارد نظم المعلومات الإداريّة.

Management Information Systems Resources.

تتكوّن نظم المعلومات الإداريّة من خمسة موارد كما في الشكل التالي، وعلى المنظمة أن تكون قادرة على تعظيم الموارد الخمسة حتى تعظّم الفائدة من نظم المعلومات الإداريّة. ويبيّن الشكل (1 .8.) موارد نظم المعلومات الإداريّة.

الشكل 1 .8. موارد نظم المعلومات الإداريّة

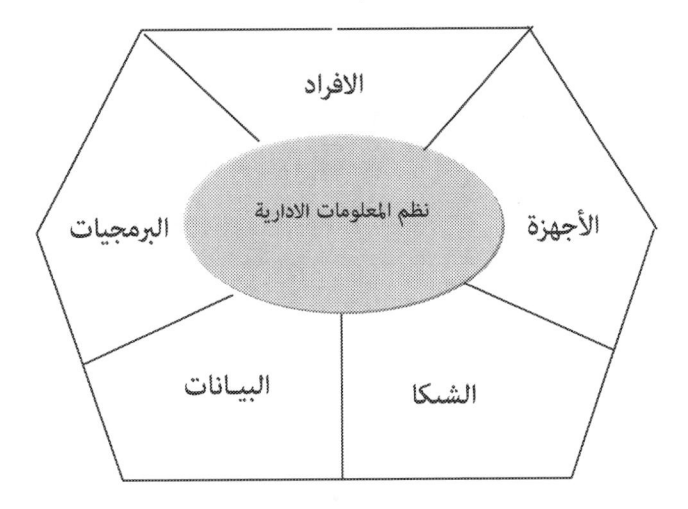

Source: O'Brien, James A. (2002). *Management Information Systems: Managing Information Technology in the E-Business Enterprise* (5th ed.). Irwin, Boston Burr Ridge: McGraw-Hill Companies, Inc., p. 8.

يتبيّن من الشكل (1. 8.) أن موارد نظم المعلومات الإداريّة تتمثّل بالآتي:

موارد نظم المعلومات الإداريّة Management Information Systems Resources

1. الموارد البشرية Human Resources

تحتاج كل منظمة تستخدم نظم المعلومات إلى الأفراد العاملين لتشغيل وادارة هذه النظم ومكوناتها[44]، لذا فإن التدريب والتطوير من الأمور الهامة جداً لمواكبة التحديث في نظم المعلومات الإداريّة. فما هي الجهود التي تبذلها المنشأة في سبيل تطوير الأفراد العاملين لديها؟

وتشمل الموارد البشرية عادة على:

- **المستخدم النهائي End User** الفرد الذي يستفيد من مخرجات نظام المعلومات وهذا يتطلب توفير وسيلة تخاطب سهلة معه مثل: المديرين والمحاسبين ورجال البيع والموظفين والكتبة والمستهلكين والمهندسين وغيرهم.

- **متخصصي نظم المعلومات Specialists of Information Systems** الاشخاص الذين يقضون وقتاً كاملاً في تطوير و/ أو تشغيل نظم المعلومات. إنهم مجموعة من الأفراد المتخصصين في تطوير وتحليل وتصميم وتشغيل نظام المعلومات.

ويشمل المتخصصين في نظم المعلومات على:

- **محللي النظم Systems Analysts** أفراد متخصّصون يدرسون مشاكل الاعمال ومتطلبات المعلومات والنظم، ويعملون مع المستخدم في تطوير وتحسين نظم المعلومات.
- **المبرمجين Programmers** متخصّصي معلومات يستخدمون الوثائق التي يقدّمها محلّلو النظم لترميزها على برامج الحاسب وجعلها على شكل برامج وحلول فنية.
- **المشغلين Operators** الأفراد الذين يقومون بإدخال البيانات والمعلومات الى الحاسب ويعملون على تشغيل النظام.

ويتم التعرّف على مدى توفر الموارد البشرية في المنشأة من خلال التعرّف على مدى اهتمام المنشأة بتوفير الدورات التدريبية الخارجية أو الداخلية للعاملين في نظم المعلومات، ومدى توفر مصممي نظم المعلومات الذين يضعون البرامج والحلول الفنية المختلفة.

2. الموارد المادية Hardware Resources

تتضمّن الأجهزة والمكونات المادية والمواد المستخدمة في معالجة البيانات إذ لا تتضمن فقط الأجهزة مثل: الحاسوب والطابعة ولوحة المفاتيح وغيرها، بل تشمل أيضاً مدى إمكانية تحديث هذه الأجهزة بشكل دوري منتظم لمواكبة التغيرات المستمرة والاحتياجات المتجددة في المنشأة؛ لأن توفر مثل هذه الأجهزة والمعدات يعني توفر مورد هام من موارد نظم المعلومات الإداريّة.

3. موارد البرمجيات Software Resources

هي الأنظمة والبرامج التي تُشغّل الأجهزة من البيانات والمعلومات والمعارف وتُحدّد العمليات التي ستؤديها الأجهزة.

وتشمل البرمجيات على الآتي:

● **برمجيات التشغيل Operating Software** هي برامج نظم تشغيل تجعل النظام قادر على تشغيل البيانات مثل: برامج التشغيل التي تراقب وتدعم ملحقات النظام وتعمل على التحكم في إدارة الجهاز.

● **برمجيات التطبيقات Application Software** هي برامج مكتوبة لتطبيقات خاصّة تُشغّل وتُعالج مباشرة بيانات المنظمة في الوظائف المختلفة عن طريق المستخدم النهائي مثل برامج تحليل المبيعات [45].

● **النصوص/ الاجراءات Statements** هي مجموعة الخطوات والتوجيهات التي يجب أن يتبعها الأفراد الذين يستخدمون المعلومات، فهي توجيهات التشغيل والارشادات التي تصف: ما الذي يجب عمله من قبل مستخدم النظام؟

4. موارد البيانات Data Resources

تعتبر البيانات جزءاً أساسياً من أصول المنشأة، لذا يجب أن ينظر إلى البيانات كمورد يجب أن ينظم ويدار بكفاءة بحيث يتضمّن جميع مكونات تكنولوجيا المعلومات اللازمة للمنشأة حتى تستطيع البيانات خدمة المستخدم النهائي في المنشأة، كما إن إدارة موارد البيانات يجب أن تكون جزءاً متكاملاً مع استراتيجية المنشأة واحتياجاتها.

أما تنظيم موارد البيانات في نظم المعلومات فقد تكون على شكل: قواعد بيانات، قواعد معرفة، قواعد نماذج، أو بنوك المعلومات التي توفّر المعلومات لإعطاء الخبرة في المواضيع المختلفة.

5. موارد الشبكات والإتصالات.

Network and Communication Resources.

تعتبر الشبكات والإتصالات جزءاً أساسياً من الموارد في جميع أنواع نظم المعلومات المُكوّنة لنظم المعلومات الإداريّة. حيث انتشرت العديد من أنظمة خزن المعلومات وتمريرها مثل: الإنترنت (Internet)، والإنترانت (Intranets)، وكذلك الاكسترانت (Extranets)، والتي أصبحت تُمثّل عوامل النجاح المعيارية في العمليات وفي المنظمات، والتي يتم من خلالها نقل البيانات والمعلومات سواء داخل المنشأة أو خارجها، إذ زاد الاعتماد على الشبكات المحلية والعالمية واسعة الانتشار.

وتتضمّن الشبكات والإتصالات الآتي:

- **وسائط الإتصالات Communication Media** هي الوسيلة التي يتم من خلالها مرور البيانات من مكان لآخر.

- **دعم الشبكات Network Support** يتضمن دعم الشبكات الأفراد والأجهزة والبرمجيات والبيانات التي تدعم مباشرة العمليات، كما ويلاحظ أن توفر الشبكات المؤسسية الداخلية ومجموعات العمل تقلّل من كلف المعلومات في المنشأة، وبالتالي تجعل الحلول للمشاكل التي يُمكن أن تواجهها المنشأة في هياكلها أكثر كفاءة [46].

يُسهّل تدفق المعلومات وانسيابها بين المستويات الإداريّة المختلفة بيسر- وسهولة ارتباط الإدارة بفروعها المختلفة، وكذلك ارتباط الفروع فيما بينها بشبكة من الإتصالات، وارتباط الإدارة مع العالم الخارجي عن طريق شبكة الإنترنت العالمية، ويمكن أن يحقق ذلك للمنشأة الفاعلية والكفاءة.

5.6.1. تكامل الموارد والأنشطة في نظم المعلومات الإداريّة.

Integration of Resourses and Activites in Management Information Systems.

إن توفر موارد نظم المعلومات الإداريّة لوحدها في المنشأة ليس كافياً ولا بد من التكامل ما بين هذه الموارد مُجتمعة حتى تحدث الأثر المتوقع، حيث التناغم بين الموارد المادية من جهة مدعومة بوسائط الإتصالات والشبكات، وبين الأفراد القادرين على التعامل مع تلك الموارد وتفعيلها من جهة أخرى؛ حتى تستطيع المنظمة أداء الأنشطة المختلفة لتلك النظم وتنتج المعلومات المناسبة.
ويبيّن الشكل (1. 9.) تكامل الموارد والأنشطة في نظم المعلومات الإداريّة.

نستنتج من الشكل (1. 9.) بأنه لا بد من تكامل مكونات نظم المعلومات المختلفة، والتي تشمل جميع نظم المعلومات التي تستخدم الموارد البشرية، الأجهزة، البرمجيات، البيانات، وموارد الشبكات لتجهيز المدخلات وإجراء المعالجة اللازمة للبيانات لتحويلها إلى معلومات والقيام بعملية الخزن اللازمة للبيانات والمعلومات مع ضمان مراقبة أداء النظام حتى تستطيع المنظمة أداء الأنشطة المختلفة وتنتج المعلومات المناسبة للإدارة.

الشكل 1. 9. تكامل الموارد والأنشطة في نظم المعلومات الإداريّة

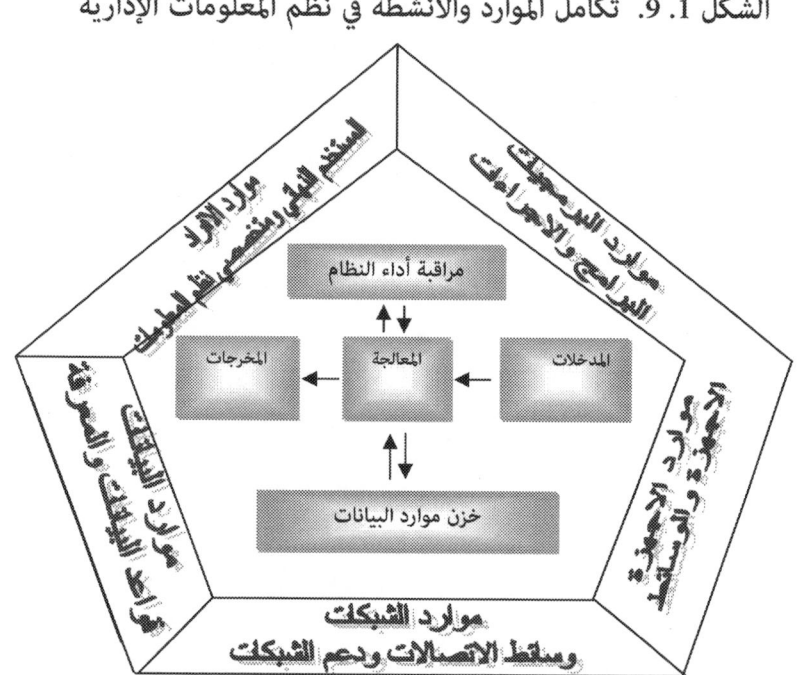

Source: O'Brien, James A. (2002). ***Management Information Systems: Managing Information Technology in the E-Business Enterprise*** (5th ed.). Irwin: McGraw-Hill Companies, Inc., p. 11.

7.1. خصائص جودة المعلومات Attributes of Information Quality

إن نظام المعلومات هو ذلك العلم الذي يبحث في شكل خصائص المعلومات العلمية، ويهدف إلى تأمين وتطوير الأساليب والوسائل المثلى في تهيئة وجمع ومعالجة وتحليل وترتيب وتخزين المعلومات[47].

أمّا جودة المعلومات فهي الدرجة التي تُقدّم بها المعلومات قيمة إلى الذين يستخدمونها وإلى المنظمة بشكل عام[48].

ويبيّن الشكل (1. 10.) خصائص جودة المعلومات.

الشكل 1. 10. خصائص جودة المعلومات

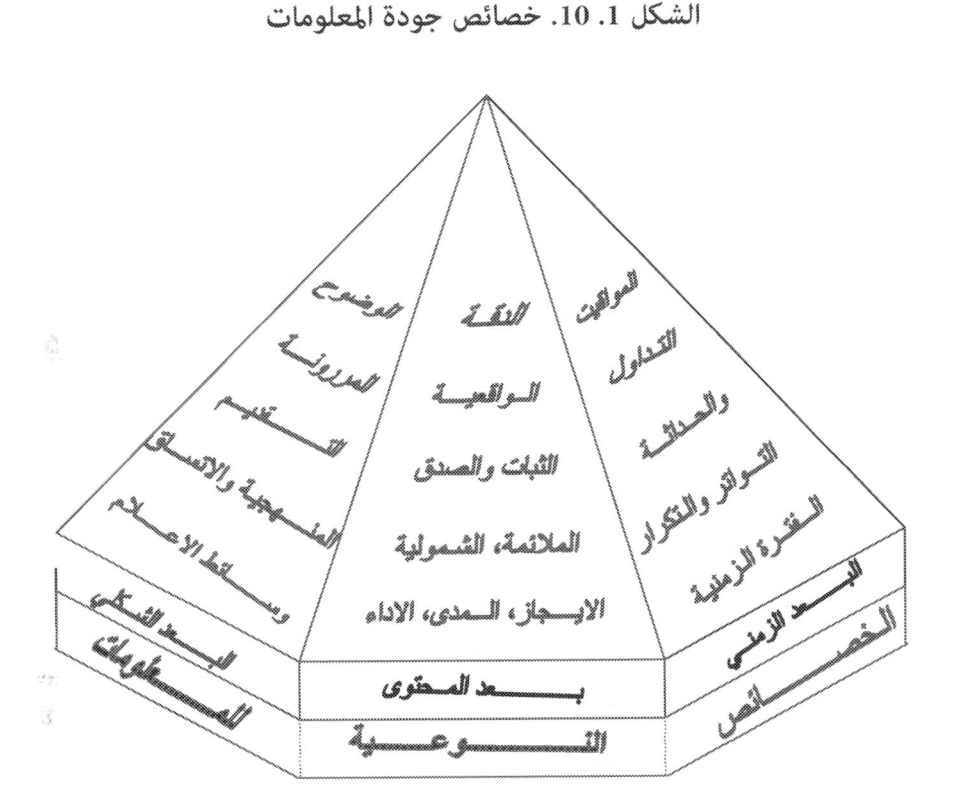

المصدر: النجار، فايز جمعه (2004). **نظم المعلومات الإداريّة وأثرها على استراتيجية المنشأة.** أطروحة دكتوراه غير منشورة، جامعة عمان العربية للدراسات العليا، عمان، الأردن، ص. 33.

تلعب المعلومات دوراً هاماً في التخطيط واتخاذ القرارات وإجراء العمليات والأنشطة داخل الشركة، ويعتمد ذلك على جودة تلك المعلومات، إذ أن عدم توفر خصائص نوعيّة في المعلومات سيؤدي إلى مخرجات عديمة الجدوى.

ويمكن تناول خصائص جودة المعلومات كما تظهر في الشكل (1. 10.) من خلال ثلاثة أبعاد رئيسة هي: البعد الزمني، وبعد المحتوى، والبعد الشّكلي.

1.7.1. البعد الزمني Time Dimension

يصف البعد الزمني الفترة الزمنية التي تتعلق بالمعلومات ومدى تكرار المعلومة التي نستقبلها كما يتعلق في زمن استخدام المعلومات مجيباً على تساؤل (متى؟)، متى تقدم المعلومة لمن يستخدمها أو يطلبها؟ ويتضمن الجوانب التالية[49، 50، 51]:

1. **التوقيت Timelines** توفر المعلومات زمانياً، لذا لا بد من الاهتمام بتوفير المعلومات في الزمن المناسب الذي نريد؛ لكي تكون المعلومة متاحة لاتخاذ القرار قبل حدوث موقف حرج أو فقدان فرصة معينة. فقد تكون المعلومة مفيدة في الزمن الحاضر وتفقد أهميتها بعد زمن قليل، لذا على المدير أن يكون قادراً على الحصول على معلومات تصف ما يحدث.

2. **التداول والحداثة Currently** أن تكون المعلومات مُجدّدة وحديثة للاستفادة منها عند تقديمها وتداولها في المنشأة، حيث تلعب الحداثة دوراً هاماً في جودة المعلومات إذ تقل قيمة المعلومة بتقادمها، لذا يجب الحفاظ عليها بأمان وفاعلية.

3. **التواتر والتكرار Frequency** مدى تكرار الحاجة إلى المعلومات المتواجدة، لأن المعلومات يجب أن تقدم طالما نحتاجها، وبطريقة تناسب المستخدم الذي يطلبها إذ أنّ المعلومات التي تطلبها مدير التسويق مثلاً تختلف في شكلها عن المعلومات التي يطلبها مدير المحاسبة، وهذا يؤكد الاهتمام بالمعلومات النشطة في قاعدة البيانات.

4. **الفترة الزمنية Time Period** هي الفترة التي تقدم بها المعلومات حيث تغطي المعلومة الفترة الزمنية الصحيحة، بحيث يستطيع المدير الحصول على المعلومات عن ما يحدث الآن، وعن ما حدث في الماضي، وعن ما هو متوقع حدوثه في المستقبل، فقوى المبيعات مثلاً قد تحتاج معرفة حجم المبيعات عن فترات سابقة وعن الاداء الحالي وعن الاداء المتوقع، أي الحاجة إلى النظر إلى الماضي والحاضر والمستقبل، كما ان التأخر في جهود معالجة البيانات إلى معلومات رغم أنها تحت الاستخدام ستسبب مشاكل عديدة وكُلف مرتفعة للإدارة.

2.7.1. بعد المحتوى Content Dimension

يصف بعد المحتوى مجال ومحتوى المعلومات ويتعلق بالإجابة على تساؤل (ماذا؟) ويتضمن الجوانب التالية[52، 53، 54]:

1. الدقة Accuracy خلو المعلومات من الأخطاء حيث تساهم دقة المعلومات في جودة القرار، كما تعمل على تجنب القرارات الخاطئة وتقلل من التكلفة وإهدار الوقت، ويختلف مدى الدقة في المعلومات المطلوبة حسب الحاجة إلى الاستخدام وطبيعة المشكلة. علماً أن دقة النظام تزيد من التكلفة إذ أن مستوى أعلى من الدقة يحتاج إلى كلف أعلى، لذا لا بد من التأكيد على العبء الكلفوي للمعلومات بحيث يكون العائد المتوقع من المعلومات أكبر من تكلفة الحصول عليها.

2. الصدق والثبات Validity & Reliability هي إعطاء المعلومات لنفس النتائج التي أعطتها التجربة السابقة، وأن تكون المعلومات المُتجمّعة صادقة وشرعية وصحيحة وتتطابق مع معطيات الواقع شكلاً ومضموناً وتوجهاً.

3. الواقعية Actuality أن تمثل المعلومات الواقع، وأن تكون مرتبطة باحتياجات المستفيدين مع التأكيد على خلو المعلومات من التحيّز للوصول إلى قرارات رشيدة، فالمعلومات غير الواقعية ستؤدي إلى قرارات خاطئة. إذ تحتاج وحدات الأعمال المختلفة في المنظمة إلى معلومات متمايزة عن بعضها البعض، فالمعلومات التي يحتاجها قسم التسويق عن البيئة الداخلية ومستوى التكنولوجيا السائدة تختلف عن المعلومات التي يحتاجها قسم البحوث والتطوير.

4. الملائمة Relevancy أن تكون المعلومات ملائمة ووثيقة الصلة ومفيدة في تحسين اتخاذ القرار، فلا بد أن تكون ملائمة للموضوع ومُوجّهه خصيصاً للمشكلة التي تُدرس ومرتبطة باحتياجات المستخدم.

5. الشمولية Completeness قدرة المعلومات على إعطاء صورة كاملة عن المشكلة أو عن حقائق الظاهرة موضوع الدراسة مع تقديم بدائل الحلول المختلفة لها حتى تتمكّن الإدارة من تأدية وظائفها المختلفة، وعلى المدير أن يُقدّر كمية التفاصيل اللازمة عن

المشكلة؛ حتى يتجنب الوقـوع في بحـر مـن المعلومـات بمـا يسـمى بالحمـل الزائـد للمعلومات، وعلى الإدارة أن تعمل على نقل المعرفة ونتائج التجربة والاختبار من وحدة إلى أخرى ومن مستوى لآخر ومن مشروع لآخر.

6. الإيجاز Conciseness تقديم المعلومات اللازمة لكل مسـتوى إداري ومـا يتناسـب مع متطلباته من المعلومات إذ لا بد من الإيجاز في المسـتوى الاسـتراتيجي دون الخـوض في كم كبير من المعلومات عـن الموضـوع، ويمكن لمحلل النظـم أن يُسـاعد المـدير علـى تحقيق هذه المهمة بطريقة منطقية.

7. المدى Scope هي كون المعلومات واسـعة أو ضـيقة، أو بتركيـز داخلـي أو خـارجي، ويتحدد مدى المعلومات بمدى شموليتها، لذا لا بد أن تُمثّل المعلومـات المـدى المطلـوب وأن تكون الحاجة إليها قائمة فعلاً وبشدة.

8. الأداء Performance قدرة المعلومات في الكشف عن الأداء، والذي يُمكن أن يكـون بواسطة قياس إتمام الأنشطة وصنع التقدم وتجميع الموارد.

3.7.1. البعد الشكلي Form Dimension
يتعلق البعد الشكلي بكيف تُقدّم المعلومـة وتكـون حـاضرة لمـن يطلبهـا، فهـي تتعلق بالإجابة على تساؤل (كيف؟) ويتضمن الجوانب التالية [55، 56]:

1. الوضوح Clarity تقديم المعلومات بطريقة وشكل يسهل فهمها من قبل المستخدم كلما أمكن ذلك، بحيث تكون المعلومات واضحة وخاليـة مـن الغمـوض حتـى يـتمَكّن المدير من الوصول إلى قرارات صائبة.

2. الترتيب Orderly تقديم المعلومات بترتيب صحيح وطريقة متناسقة ضـمن معـايير موحدة؛ كي يتم تعظيم الاستفادة منها، لذا لا بد أن تُرتّب المعلومة بقدر وسياق.
3. المرونة Flexibility قابلية المعلومات على التكيّف لأكـثر مـن مسـتخدم وأكـثر مـن تطبيق، لذلك يجب أن تكون المعلومات مُتوفّرة بشكل مرن يمكن اسـتخدامه مـن قبـل المستويات الإداريّة المختلفة بفاعلية في عملية اتخاذ القرار.

4. التقديم Presentation هي طريقة تقديم المعلومات بشكل مناسب فقد تكون بشكل مختصر أو تفصيلي، وبشكل كمي أو وصفي، فالمعلومات يُمكن أن تكون حاضرة بشكل خبر أو رقم أو رسوم أو عن طريق الرسومات والمخططات المختلفة، لذا لا بد من عرض المعلومات بالطريقة المناسبة وتطويعها ومعالجتها لجعلها قابلة للاستخدام بما يُعظّم الاستفادة منها للمستخدم.

5. التفاصيل Detail يجب أن تحوي المعلومة المستوى المناسب من التفاصيل، وبنظام لمقابلة احتياجات من يطلبها فمثلا يحتاج المديرين عادة إلى ملخص في بداية التقرير قبل الدخول في التفاصيل، علماً أن مدى التفاصيل المطلوبة يختلف باختلاف المستوى الاداري.

6. الوسائط Media الوسيلة التي يُمكن أن تُقدّم بها المعلومات، لذا لا بد من اختيار الوسائط الصحيحة لتقديم المعلومة، إذ يمكن أن تُقدّم المعلومات على ورق مطبوع أو فيديو أو أي وسيلة أخرى.

8.1. أسئلة للمراجعة/ الفصل الأول.

أولا: أجب عن الأسئلة التالية.

1. عرّف النظام، وحدد أحكام النظام؟
2. تعتبر المنظمة نظاماً ديناميكياً مفتوحاً وموجهاً ذاتياً. ناقش ذلك.
3. ما هي الأنشطة الرئيسة لنظام المعلومات؟
4. ما هي موارد نظم المعلومات الإداريّة؟
5. بيّن كيفية التكامل بين الموارد والأنشطة في نظم المعلومات الإداريّة؟
6. بيّن الابعاد الرئيسة في خصائص جودة المعلومات؟

ثانيا: أكمل الجمل التالية:

1. تتمثّل مقوّمات النظام في:

أ . ...

ب. ....

2. إن النظام المفتوح (Open System) هو النظام ....

بينما يُمثّل النظام المغلق (Closed System) ....

3. يقسّم ميكلود (McLeod, JR..) نماذج النظم الشائعة إلى أربعة أقسام هي:

أ. ....

ب. ....

ج. ....

د. ....

4. البيانات (Data) هي ....

أما المعلومات (Information) فهي ....

5. إن المعرفة (Knowledge) هي مزج كلاً من .... و ....

6. نظم المعلومات الإداريّة (MIS) هي نظام ....

....

....

....

ثالثاً: ضع دائرة حول الجواب الصحيح فيما يلي.

1. تتمثل أبعاد نظم المعلومات في:

أ. الموارد المادية، الموارد البشرية.

ب. المنظمات، التكنولوجيا، الادارة.

ج. مدخلات، معالجة، مخرجات.

د. أفراد، أجهزة، شبكات، بيانات، برمجيات.

2. النظام المغلق (Closed System) هو:

أ.   النظام المفصول عن البيئة ولا يوجد حدود مشتركة بينهما.

ب. النظام المتفاعل مع البيئة يؤثر ويتأثر بها.

ج. النظام الذي يتكون من مجموعة من العناصر الطبيعية التي يمكن لمسها.

د.   النظام الذي يعمل ضمن آليات محدّدة مسبقاً.

3. تتمثّل وظائف المنظمة في الاتي:

أ. ادارة الموارد المادية، ادارة الموارد البشرية.

ب.التخطيط، التنظيم، التوجيه، الرقابة.

ج. التسويق، الانتاج والعمليات، ادارة الموارد البشرية، والمالية والمحاسبة.

د. جميع ما ذكر.

4. تتّفق النظره الى المنظمة كنظام مع النموذج العام للنظم المكوّن من ثلاث مجموعات أساسية من العناصر هي:

أ. بيانات، معلومات، معرفة.

ب.مدخلات، معالجة، مخرجات.

ج. منظمة، تكنولوجيا، ادارة.

د. أفراد، أجهزة، شبكات، بيانات، برمجيات.

5. الأنشطة الرئيسة لنظام المعلومات هي:

Primary Activities of Information System

أ. الموارد المادية، الموارد البشرية.

ب. مدخلات، معالجة، مخرجات.

ج. مدخلات، معالجة، مخرجات، مراقبة وسيطرة، وبيئة.

د. أفراد، أجهزة، شبكات، بيانات، برمجيات.

6. يعتبر نظام المعلومات الإداريّة (MIS):

أ.   نظام صناعي Manufaturing System

ب. نظام طبيعي Natural System

ج. نظام مغلق Closed System

د. جميع ما ذُكر All of above

7. تتمثّل مقومات النظام في:

أ.   مدخلات ومخرجات Input and Output

ب. متغيرات وقنوات Variables and Channels

ج. بيانات ومعلومات Data and Information

د.   معلومات ومعرفة Information & Knowledge

8. النموذج المادي (Physical Modes) هو:

أ.   النموذج الذي يعرض الواقع بالرسوم والبيانات.

ب. النموذج الذي ينقل الواقع بالطريقة الكتابية أو اللفظية.

ج. النموذج الذي يعتمد على اختصار الحقائق إلى رموز رياضية.

د.   النموذج الذي يمثل أبعاد الكينونة الثلاثة.

9. يُمثّل البعد الزمني (Time Dimension) في خصائص جـودة المعلومـات الآتي عدا واحدة:

أ.   التوقيت Timelines

ب. التواتر والتكرار Frequency

ج. المدى Scope

د.   التداول والحداثة Currently

10. يُمثل البعد الشكلي (Form Dimension) في خصائص جودة المعلومـات الآتي عدا واحدة:

أ.   الوضوح Clarity

ب.   الترتيب Orderly

ج.   الوسائط Media

د.   الأداء Performance

9.1. مراجع الفصل الأول.

1. Laudon, Kennth C., & Laudon, Jane P. (2006). ***Management information systems: Managing the digital firm*** (9th ed.). New Jersey: Prentice-Hall International, Inc., p. 26.
2. العتيبي، صبحي جبر (2005). **تطور الفكر والأساليب في الإدارة**. الأردن، عمان: دار الحامد للنشر والتوزيع، ص. 289.
3. Kotler, Philip (1984). ***Marketing management: Analysis, planning, and control*** (5th ed.). New Jeresy: Prectice-Hall International, Inc., p. 45.
4. المغربي، كامل محمد (2000). **الأساسيات والمبادئ في الإدارة**. المملكة العربية السعودية، الرياض: دار الخريجي للنشر والتوزيع، ص. 292.
5. **المرجع السابق**، ص. 358.
6. Daft, Richard L. (2000). ***Management*** (5th ed.). Forth Worth: Harcourt College Publishers, p.7.
7. ***Ibid***, p. 206.
8. توفيق، جميل أحمد (1997). **إدارة الأعمال: مدخل وظيفي**. جمهورية مصر العربية، الإسكندرية: دار الجامعات المصرية، ص. 359.
9. Daft, Richard L. (2000). ***Op Cit.***, p. 268.
10. المبيضين، عقلة محمد، والعواودة، وليد مجلي (2004). **الإدارة الحديثة: التطور والمفاهيم والوظائف**. الأردن، المفرق: دار المسار للنشر والتوزيع، ص. 210.
11. Turban, Efraim; McLean, & Wetherbe, James (2002). ***Information technology for management: Transforming business in the digital firm*** (3rd ed.). New York: John Wiley & Sons, Inc., p. 438.
12. Schermerhorn, John, Jr. (1999). ***Management***. New York: John Wiley & Sons, Inc., p. 328.
13. العتيبي، صبحي جبر (2005). **مرجع سابق**، ص. 196.
14. Koonts, Harold, etal. (1980). ***Management*** (7th ed.). Tokyo: McGraw-Hill, p. 721.
15. الحوري، فالح عبد القادر (2004). **استراتيجيات تكنولوجيا ودورها في تعزيز الميزة التنافسيّة: تطوير نموذج في قطاع المصارف الاردنيّة**. أطروحة دكتوراه غير منشورة، جامعة عمان العربية للدراسات العليا، عمان، الأردن، ص. 35.

16. النجار، فايز جمعه (2004). **نظم المعلومات الإداريّة وأثرها على استراتيجية المنشأة**. أطروحة دكتوراه غير منشورة، جامعة عمان العربية للدراسات العليا، عمان، الأردن، ص. 35.

17. الشرمان، زياد محمد (2004). **مقدمة في نظم المعلومـات الإداريّـة**. الأردن، عـمان: دار صفا للنشر والتوزيع، ص. 60.

18. العلي، عبد الستار محمد (1985). **نظم المعلومـات والحاسـبة الإلكترونيـة**. العراق، البصرة: مطبوعات جامعة البصرة، ص. 54.

19. McLeado, Jr., Raymond (1995). *Management information systems* (6th ed.). Englewood Cliffs, New Jersey: Prentice-Hall International, Inc., p. 168.

20. Alter, Steven (1999). *Information systems: A management perspective* (3rd ed.). Massachusetts: Addison-Wesley Educational Publishers, Inc., p. 37.

21. الحميدي، نجم عبـد اللـه؛ السـامرائي، سـلوى أمـين، والعبيـد، عبـد الـرحمن (2005). **نظـم المعلومات الإدارية: مدخل معاصر**. الأردن، عمان: دار وائل للنشر والتوزيع، ص. 22.

22. Turban ,Efraim; McLean, Ephraim. & Wetherbe, James (1999). *Information technology for management: Making connections for strategic advantage* (2nd ed.). New York: John Wiley & Sons, Inc., p. 45.

23. Hicks, Jr., James O. (1993). *Management information systems - a user perspective* (3rd ed.). Paul: West Publishing Company, p. 36.

24. McLeado, Jr., Raymond, & Schell, George P. (2007). *Management information systems* (10th ed.). Upper Saddle River, New Jersey: Pearson Education, Inc., p. 9.

25. الحسنيه، سليم إبراهيم (2002). **نظم المعلومـات الإداريّـة**. الأردن، عـمان: مؤسسـة الـوراق للنشر والتوزيع، ص. 39.

26. سلطان، إبراهيم (2000). **نظم المعلومات الإداريّة - مدخل النظم**. جمهوريـة مصرـ العربيـة، الاسكندرية: الدار الجامعية للطبع والنشر والتوزيع، ص. 68.

27. Ritchie, Bob, & Brindley, Clare (2001). The Information - Risk Conundrum. *Marketing intelligence and planning*, 19(1), 29-37.

28. Kotler, Philip (2000). *Marketing management* (Millennium ed.). Upper Saddle River, New Jersey: Prentice-Hall International, Inc., p. 100.

29. النجار، نبيل جمعه، والنجار، فايز، جمعه (2004). **مهـارات الحاسـوب**. الأردن، اربد: عالم الكتب الحديث، ص. 363.

30. Awad, Elias M., & Chaziri, Hassan M. (2003). *Knowlge management*. Pearson Prentice-Hall, p.33.

31. Turban, Efraim; McLean, Ephraim, & Wetherbe, James (2002). *Op. Cit.*, p. 49.

32. Chaffey, Dave, & Wood, Steve (2005). *Business information management*: *Improving performance using information systems*. Harlow, England: Pearson Education Limited, p. 224.

33. Gordon, Judith R., & Gordon, Steven R. (1999). *Information systems*: *A management approach* (2nd ed.). Fort Worth: Harcourt Brace College Publishers, p. 7

34. O'Brien, James A. (2002). *Management information systems*: *Managing information technology in the e-business enterprise* (5th ed.). Irwin: McGraw-Hill Companies, Inc., p. 14.

35. Alter, Steven (2002). *Information systems*: *The foundation of e-business* (4th ed.). Upper Saddle River, New Jersey: Prentice-Hall, Inc., p. 136.

36. الحميدي، نجم عبد الـله؛ السامرائي، سلوى أمين، والعبيد، عبد الرحمن (2005). **مرجع سابق**، ص. 39.

37. Fulweiler, Rebecca D. (2001). The role of management information systems. *The Journal of Academic Libraianship,* 27(5), 386-390.

38. McLeado, Jr., Raymond, & Schell, George P. (2007). *Op Cit.*, p. 10.

39. Haag, Stephen; Cummings, Maeva, & Dawkins, James (2000). *Management information systems for the information age*. (2nd ed.). Boston Burr Ridge: McGraw-Hill Companies, Inc., p. 30.

40. السالمي، علاء عبد الرزاق، والدباغ، رياض حامد (2000). **تقنيات المعلومات الإداريّة**. الأردن، عمان: دار وائل للطباعة والنشر، ص. 33

41. McLeado, Jr., Raymond, & Schell, G. P. (2007). *Op. Cit.*, p.11

42. النجار، فايز جمعه (2004). **مرجع سابق**، ص. 36.

43. الحميدي، نجم عبد الـله؛ السـامرائي، سلوى أمـين، والعبيـد، عبـد الـرحمن (2005). **مرجع سابق**، ص. 75.

44. Turban, Efraim; McLean, Ephraim. & Wetherbe, James (1999). *Op. Cit.*, p. 18.

45. الصباغ، عماد عبد الوهاب (1996). **الحاسوب في إدارة الأعمال: أنظمة- تطبيقات- إدارة.** الأردن، عمان: مكتبة دار الثقافة للنشر والتوزيع، ص. 25.

46. Brynjolfsson, Erik (1993). Information systems and the organization of modern enterprise. *Journal of Organizational Computing*, December.

47. العلي، عبد الستار محمد (1985). **مرجع سابق**، ص. 23.

48. Chaffey, Dave, & Wood, Steve (2005). *Op. Cit.*, p. 511.

49. Wilson, T. D. (2002). Information management. In Feather, John, & Sturges, Paul. (Eds.). *International encyclopedia of information and library science* (2nd ed.). London, Routledge.

50. Zimmer, Michael (2000). Data conversion fundamentals .In Brown, Carol V., & Topi Heikki. (Eds.). *IS management handbook* (7th ed., pp. 339-354). London: Auerbach Publications, p. 40.

51. Bocij, Paul, Chaffey, Dave, Greasly, Andrew, & Hickie, Simon (2006). *Business information systems: Technology, development & management for the e-business* (3rd ed.). Harlow, England: Pearson Education Limited, p. 12.

52. Winterman, V.; Smith CH., & Abell, A. (1998). Impact of information on decision-making in government departments. *Library Management*, 19(2), 110-132.

53. Ashill, N. J., & Jobber, D. (2001). Defining the information needs of senior marketing executive: An exploratory study .*Quantitative Market Research: An International Journal*, 4(1), 52- 61.

54. Green, Phillip L. (2003). *Sound content management starts at the local level information today*, 20(6). Retrieved April 5, 2004, from http://www.search.epnet.com/direct.asp?an=87556286.

55. Kovach, Kenneth A., & Cathcart, Jr., Charles E. (1999). Human resource information systems: Providing business with rapid data access, information exchange and strategic advantage. *Public Personnel Management*, 28 (1), 275-283. Retrieved January 14, 2004, from http://www.search.epnet.com/direct.asp?an=2004560

56. Bocij, Paul, Chaffey, Dave, Greasly, Andrew, & Hickie, Simon (2006). *Op. Cit.*, p. 13.

الفصل الثاني

نظم المعلومات والمنظمات
Information Systems and
Organizations

الفصل الثاني
نظم المعلومات والمنظمات
Information Systems and Organizations

أهداف الفصل:

1. التعرّف إلى أنواع القرارات الإدارية، والنظم المختلفة التي تخدمها.
2. التعرّف إلى نظم المعلومات حسب المستويات التنظيميّة التي تخدمها.
3. التعرّف إلى الأنواع الأربعة الرئيسة من النظم.
4. التعرّف إلى العلاقات التبادلية بين النظم.
5. التعرّف إلى التداخل بين نظم المعلومات ونظم العمل.
6. التعرّف إلى منظور الأعمال تجاه نظم المعلومات.
7. التعرّف إلى المفاهيم المختلفة للمنظمة.
8. التعرّف إلى الاعتمادية المتبادلة بين المنظمات ونظم المعلومات.
9. التعرّف إلى الخيارات الحديثة للتصميم التنظيمي.
10. التعرّف إلى تطوير معمارية نظم المعلومات الدولية.
11. التعرّف إلى الابعاد الرئيسة لمعمارية نظم المعلومات الدولية.
12. التعرّف إلى محركات الاعمال في المنظمات الالكترونية العالمية.

محتويات الفصل:

الفصل الثاني
نظم المعلومات والمنظمات
Information Systems and Organizations

تلعب نظم المعلومات دوراً استراتيجياً في حياة المنظمات، إذ تقدم للإدارة المعلومة المناسبة بالشكل المناسب وفي المكان والزمان الصحيح لمساعدة الإدارة على القيام بوظائفها المختلفة من تخطيط وتنظيم وتوجيه ورقابة. ولمساعدة الإدارة في اتخاذ القرارات بمختلف أنواعها، وبغض النظر عن المستوى الإداري الذي يقع به متخذ القرار. وفيما يلي أنواع القرارات الإدارية في المنظمات.

1.2. أنواع القرارات الإدارية في المنظمة.

يوجد ثلاث أنواع رئيسة من القرارات حسب المستوى الاداري وهي:

1.1.2. القرارات المهيكلة Structured Decisions

هي القرارات الروتينية المتكررة التي تكون فيها إجراءات اتخاذ القرار واضحة المعالم ومُحدّدة بشكل مُسبق وفق معايير مُبرمجة، وتتعلق هذه القرارات بالمسؤولية الروتينية للسياسات المحددة في المنظمة، وغالباً ما تتخذ في المستوى التشغيلي والتي تكون قراراته ذات صفة متكررة، ومن الأمثلة عليها: إجراءات صرف الرواتب، تسجيل الفواتير، ونقطة إعادة الطلب في المخزون.

2.1.2. القرارات شبة المهيكلة Semi Structured Decisions

هي قرارات يكون فيها جزء من المشكلة واضح والإجراءات شبة مُحدّدة، إذ تكون الإجراءات مُحدّدة ولكنها غير كافية لاتخاذ القرار وتحتاج إلى جمع بعض المعلومات حول المشكلة ومن الأمثلة عليها: إجراءات تعيين الموظفين، أو التوسع في مناطق جديدة.

3.1.2. القرارات غير المهيكلة Unstructured Decisions

هي قرارات غير روتينيّة تكون فيها الإجراءات غير مُحدّدة، وتتخذ في ظروف عدم التأكد، ويتناول القرار في العادة المسائل والحالات الاستثنائية التي قد تظهر خلال تشغيل النظام، وتكون هذه المسائل في العادة مُعقّدة لعدم المعرفة المسبقة للكثير من مؤشراتها، وغالباً ما تتخذ هذه القرارات في المستويات الإدارية العليا ضمن ظروف غير مُؤكّدة مثل: فتح أسواق أوخط إنتاج جديد.

تحتاج القرارات الإدارية التي تُتّخذ في المستويات الإدارية المختلفة إلى المعلومات حتى تكون قرارات رشيدة، لذا فإن المهمة الرئيسة لنظم المعلومات على اختلاف أنواعها هي تقديم المعلومات المختلفة والنماذج والتحليلات المناسبة للإدارة حتى تستطيع اتخاذ القرار المناسب في الوقت والزمان الصحيح.

2.2. الأنواع الرئيسة من النظم في المنظمات(1).

يوجد ثلاث تصنيفات رئيسة من نظم المعلومات تخدم المستويات التنظيمية المختلفة في المنظمة وهي: نظم المستوى التشغيلي، نظم المستوى الاداري/ التكتيكي، ونظم المستوى الاستراتيجي. ويبيّن الشكل (2. 1.) الانواع الرئيسه المختلفة من النظم.

الشكل 2. 1. الأنواع المختلفة من النظم

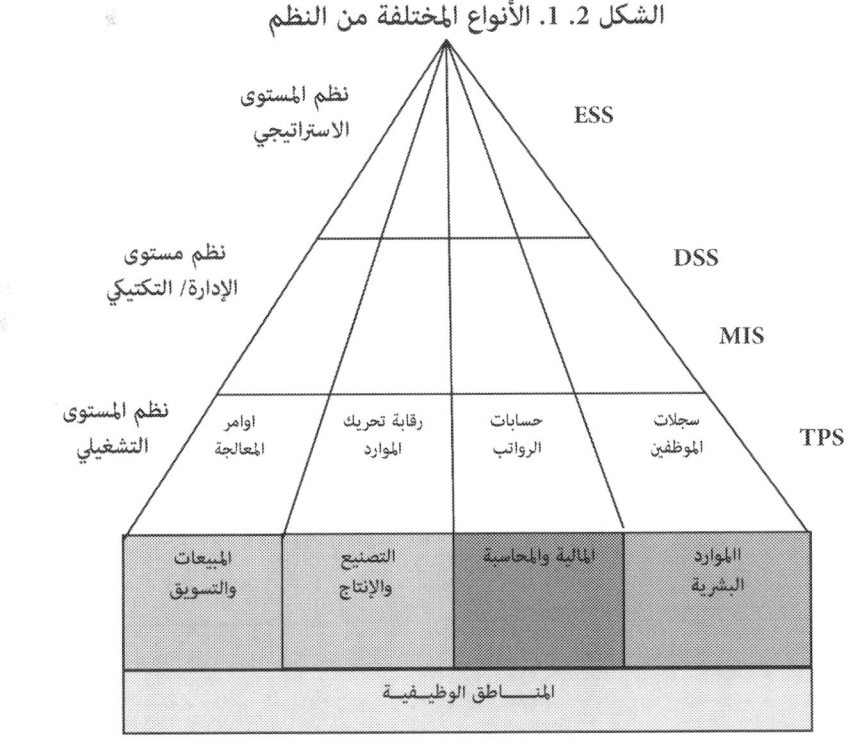

Source: Laudon, Kennth C., & Laudon, Jane P. (2006). ***Management Information Systems: Managing the Digital Firm*** (9th ed.). New Jersey: Prentice-Hall International, Inc., p. 42.

1.2.2. نظم المعلومات حسب المستويات التنظيمية التي تخدمها.

1.1.2.2. نظم المستوى التشغيلي Operational - Level Systems

نظم تشغيلية تعمل على مراقبة النشاطات المختلفة والمعاملات التجارية في المنشأة من تسويق، إنتاج وتصنيع، مالية ومحاسبة، وموارد بشرية، وما تحويه من نظم فرعية لمعالجة الحركات المختلفة المتعلقة بها. إنها نظم تشغيلية تعمل على مستوى العمليات في مراقبة النشاطات المختلفة والمعاملات التجارية في المنظمة حيث تجيب هذه النظم على الأسئلة المختلفة المنطلقة من هذه الوظائف.

2.1.2.2. نظم مستوى الإدارة/ التكتيكي Management - Level systems

نظم معلومات على مستوى مراقبة الإدارة تعمل على دعم مراقبة، ومراجعة، اتخاذ القرار، وإدارة الأنشطة في الإدارة الوسطى، وغالباً ما تدعم هذه النظم القرارات شبه المهيكلة. حيث تخدم تخطيط الوظائف والمراقبة واتخاذ القرارات عن طريق تقديم ملخص روتيني يهدف إلى السرعة في إنجاز التقارير.

3.1.2.2. نظم المستوى الاستراتيجي Strategic – Level Systems

نظم معلومات تدعم نشاطات التخطيط طويل الأجل والاستراتيجي للإدارة العليا في المنظمة، إذ تأخذ هذه النظم في الاعتبار البيئة الداخلية والخارجية للمنظمة، وتتابع التّغيرات والفرص في البيئة الخارجية مقارنة بقُدرات المنظمة الداخلية، وتتناول الإجابة على عدة تساؤلات مثل: ما هو اتجاه الكلف في الصناعة مستقبلا؟ وما هي العمالة المطلوبة في السنوات القادمة؟

2.2.2. الانواع الاربعة الرئيسة من النظم Four Major Types of Systems

يُمكن تقسيم نظم المعلومات الى أربعة أنواع رئيسة هي:

1.2.2.2. نظم معالجة المعاملات Transaction Processing Systems (TPS)

نظام معلومات محوسب يعالج ويسجل البيانات الناتجة عن أحداث مبادلات الأعمال الروتينية اليوميّة الضروريّة لادارة الاعمال، وتخدم المستوى التشغيلي في المنظمة بجعل المعلومات متوفرة للمستخدمين داخل وخارج المنظمة حين طلبها على

شكل تقارير للمستخدم، حيث تستخدم إجراءات وقواعد مُحدّدة، وتعمل على حفظ وتخزين البيانات إلى حين طلبها على شكل تقارير للمستخدم، كما تعمل على تأمين جميع المعلومات على المستوى التشغيلي والتي تخدم القرارات المهيكلة بطريقة فعّالة، وبدقة أعلى، وفي الوقت المناسب.

تُعالج نظم معالجة المعاملات الآلاف من المعاملات التي تحدث كل يوم في العديد من وظائف المنظمة سواء في المبيعات، أو المدفوعات، أو المقبوضات، أو المخزون، أو مدفوعات العمال، كما تنتج الوثائق لنتائج معالجة المعاملات مثل: إصدار الشيكات، إصدار الفواتير المختلفة، كما تستخدم لتسجيل المبيعات، وبهذا تنتج هذه النظم تقارير ملخصة ومفيدة للإدارة التشغيلية.

كما تخدم نظم معالجة المعاملات العديد من الوظائف في المنظمة من خلال برمجيات معالجة البيانات إذ تجيب نظم معالجة المعاملات على الأسئلة المختلفة المنطلقة من وظائف المنظمة مثل: التسويق والمبيعات، التصنيع والإنتاج، المالية والمحاسبة، والموارد البشرية. والتي يحتاجها المديرون لمراقبة أوضاع التشغيل الداخلي، وعلاقة المنظمة مع البيئة الخارجية، وأخيراً يعتبر نظام معالجة المعاملات المنتج الأكبر للمعلومات التي تستخدم في أنواع النظم الأخرى(2).

1.1.2.2.2. تطوّر نظم معالجة المعاملات.

Developing of Transaction Processing Systems.

لقد ظهرت عدة أجيال من النظم التي تطورت مع التحسين والابتكار التكنولوجي الذي حصل في برامج الحاسب وشبكات الاتصال، أدّت إلى تطوّر نظم معالجة المعاملات. كما يظهر في الشكل التالي(3).

ويلاحظ من الشكل (2. 2.) أنّ نظم معالجة المعاملات قد تطوّرت مع تطوّر الحاسب وقواعد البيانات بدءاً من نظم معالجة البيانات، ونظم معالجة المعاملات، ونظم المعالجة التتحليلية الفورية، ثم ظهور نظم المعالجة التحليلية الفورية العلائقية عند ظهور قواعد البيانات العلائقية، وانتهاءاً بنظم المعالجة التحليليّة الفوريّة الذكيّة عند ظهور الذكاء الاصطناعي والنظم الخبيرة.

الشكل 2. 2. تطور نظم معالجة المعاملات

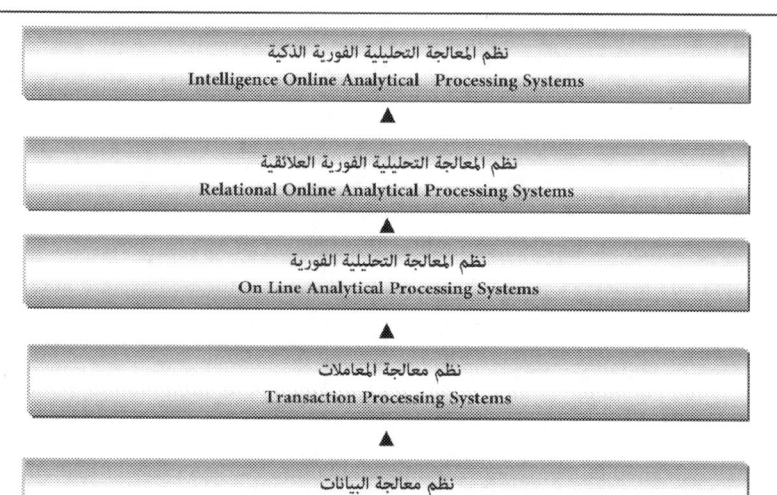

المصدر: ياسين، سعد غالب (2004). **نظم مساندة القرارات**. الأردن، عمــان: دار المناهــج للنشـر والتوزيع، ص. 127. بتصرف.

2.1.2.2.2. أهداف نظم معالجة المعاملات [4].
The Objectives of Transaction Processing Systems (TPS)

تعمل نظم معالجة المعاملات بشكل عام على تأمين جميع المعلومات التي تحتاجها المنظمة في المستوى التشغيلي للمحافظة على الأعمال بدقة وكفاءة لتحقيق أهدافها. **إذ تسعى نظم معالجة المعاملات إلى تحقيق الأهداف التالية:**

- ضمان فاعلية وكفاءة العمليات في المنظمة.
- حفظ وتخزين البيانات لحين طلبها على شكل تقارير؛ لزيادة الميزة التنافسية في المنشأة.

مراقبة أوضاع التشغيل الداخلي، وملائمة المنظمة مع البيئة الخارجية.

- تزويد البيانات الضرورية لنظم المعلومات التي تخدم المستويين المرحلي والاستراتيجي؛ للتأكد من الدقة والأمانة في البيانات والمعلومات، ولوقاية الأصول المختلفة في المنظمة، ولتأمين أمن المعلومات.

3.1.2.2.2. السّمات الرئيسة لنظم معالجة المعاملات.

Major Characteristics of Transaction Processing Systems.

تمتلك نظم معالجة المعاملات العديد من السمات الرئيسة وهي[5]:

- معالجة كمية كبيرة من البيانات.
- تكون مصادر البيانات في الغالب داخلية، وتوجه إلى جمهور داخلي.
- تكون معلومات معالجة المعاملات على قاعدة منظمة، يومياً، أسبوعياً، نصف شهرية، أو شهرية.
- تُوفّر طاقة خزن كبيرة.
- السرعة الفائقة في المعالجة.
- مراقبة وجمع بيانات تاريخية متراكمة.
- تكون المدخلات والمخرجات مهيكلة، ومعالجة البيانات ثابتة وقانونية.
- وجود مستوى عال من التفاصيل في المعلومات المُقدّمة.
- وجود عمليات رياضية وإحصائية بسيطة.
- وجود مستوى عال من الدقة، وتكامل البيانات، والأمان.
- تُوفّر موثوقية عالية.
- تُعطي نظم معالجة المعلومات القدرة للمستخدم للاستعلام عن الملفات، وقواعد البيانات عن طريق معالجة الاستعلامات.

2.2.2.2. نظم المعلومات الادارية Management Information systems (MIS)

هي نظم معلومات صُمّمت لخدمة وظائف المستوى الاداري في المنظمة عن طريق تزويد المديرين في الادارة الوسطى بالتقارير الفوريّة عن الاداء الحالي والتقارير التاريخية، كما تخدم نظم المعلومات الادارية وظائف التخطيط والمراقبة واتخاذ القرار في

المستوى الاداري، إذ تُقدّم تقارير اسبوعية، شهرية، سنوية للمهتمين من المديرين لدعم القرارات شبه المهيكلة.

3.2.2.2. نظم دعم القرار Decision Support Systems (DSS)

نظم معلومات على مستوى ادارة المنظمة تساعد مدير منفرد أو مجموعة صغيرة من المديرين لحل مشكلة نوعية، إنّه نظام يمزج البيانات ويقدم نماذج تحليلات رفيعة المستوى، كما يُمكنها دمج عدة نماذج لتكوين نموذج مُتكامل، وتقديم برامج إدارة وإنتاج الحوار للسماح لصانع القرار بالتفاعل مع النظام والتخاطب المباشر معه؛ لدعم اتخاذ القرارات شبه المهيكلة وغير المهيكلة.

يقوم هذا النظام على أساس إعطاء المستفيد النهائي أدوات مفيدة للتحليل، إذ يُمكنه دمج عدة نماذج مختلفة لتكوين نماذج متكاملة، وكذلك برامج إدارة وإنتاج الحوار التي تُمكّن المستخدم من التفاعل مع النظام، ويعمل هذا النظام على تقديم الدعم المباشر للإدارة الوسطى والعليا(6).

4.2.2.2. نظم دعم المديرين التنفيذيين Executive Support Systems (ESS)

نظام معلومات على المستوى الاستراتيجي في المنظمة مُصمّم لمساعدة الادارة العليا في اتخاذ القرارات غير المهيكلة من خلال تصاميم متقدمة.

3.2. العلاقات التبادلية بين النظم Interrelationship Among Systems

يلعب كل نوع من أنواع النظم دوراً مميزاً في خدمة مستوى إداري مُعيّن، ولكن لا بد من التأكيد بأن هناك علاقات تبادليّة وترابط بين هذه النظم لخدمة المنظمة ككل، حيث لا يعمل كل نظام منها بشكل مستقل عن الأخر، وإنما تعمل النظم المختلفة من خلال علاقات تبادلية في المنظمة، إذ يشكل نظام معالجة المعاملات والذي يقع ضمن نظم المستوى التشغيلي المصدر الرئيس لبيانات النظم الأخرى. لذا من الأفضل لكل منظمة أن تُقدّر مدى الحاجة إلى درجة التكامل بين الأنظمة المختلفة وهذا يتطلب جهود للسيطرة على نظم متكاملة كبيرة(7).

ويبيّن الشكل (2. 3.) العلاقات التبادلية بين النظم.

الشكل 2. 3. العلاقات التبادلية بين النظم

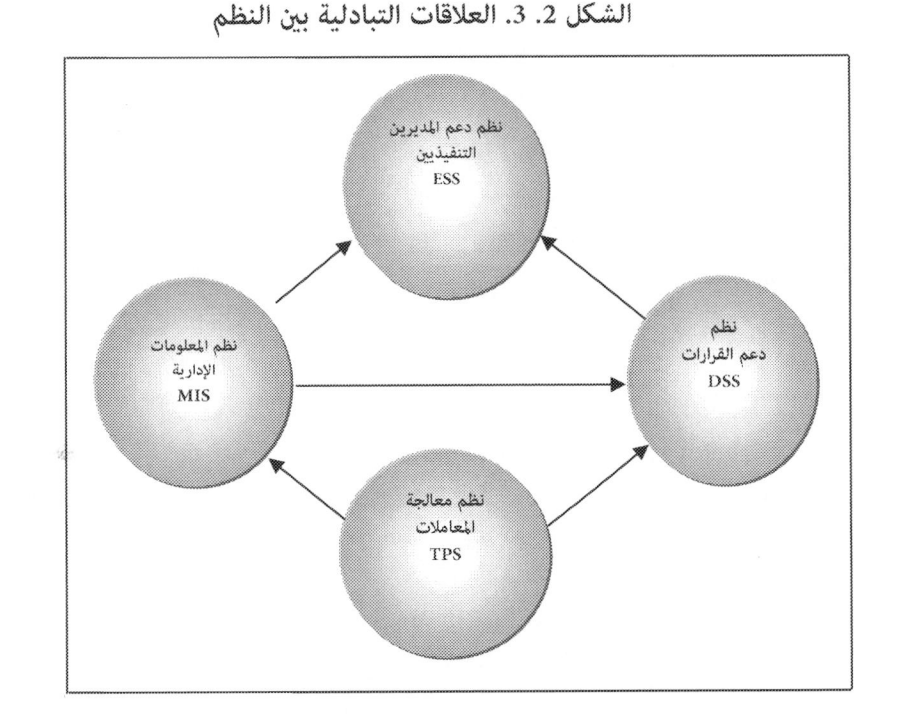

Source: Laudon, Kennth C., & Laudon, Jane P. (2006). *Management Information Systems: Managing the Digital Firm* (9th ed.). Upper Saddle River, New Jersey: Prentice-Hall International, Inc., p. 48.

يتبيّن من الشكل (2. 3.) أن نظم المعلومات ترتبط وتتفاعل مع بعضها البعض بعلاقات تبادلية، إذ تُقدّم نظم معالجة المعاملات (TPS) المعلومات المختلفة المتجمعة لديها من النظم الوظيفية المختلفة إلى نظم دعم القرار (DSS) ونظم المعلومات الإدارية(MIS)، كما تقوم نظم المعلومات الإدارية (MIS) بدورها أيضاً بتقديم المعلومات اللازمه إلى نظم دعم القرارات (DSS).

وأخيراً يتبيّن أيضاً أن نظم دعم القرار (DSS) ونظم المعلومات الإدارية (MIS) تُزود نظم دعم المديرين التنفيذيين (ESS) بالمعلومات والنماذج اللازمة لاتخاذ القرارات الاستراتيجية. وإن كل ما سبق من علاقات مختلفة ومتشابكة يبين أهمية العلاقات التبادلية بين نظم المعلومات.

4.2. منظور الأعمال تجاه نظم المعلومات.

A Business Perspective on Information Systems.

تعمل نظم المعلومات على تأمين قيمة مضافة كلية للمنظمة، بدلاً من معالجة المعلومات لتحسين الأداء التنظيمي، وزيادة ربحية المنتج فقط، وهناك عدة طرق يمكن لنظم المعلومـات أن تنشر ـ القيمـة مـن خلالهـا في المنظمـة حيـث تعمـل على زيادة العائـد على الاستثمار (ROI)، وتعزيز المركز الاستراتيجي، وزيادة ربحية الشركة، وزيادة القيمـة السوقية في أسهم الشركة [8].

يؤكد منظور الأعمال في نظم المعلومات على ضرورة الانتباه إلى الطبيعـة الإداريـة والتنظيمية لنظام المعلومات، ليُمثّل حل إداري وتنظيمي معتمداً على تكنولوجيا المعلومـات لمواجهة تحديات البيئة.

ويبيّن الشـكل (2. 4.) أن أنشـطة معالجـة المعلومـات تـدعم صناعة القـرار الاستراتيجي، وتعزز الأداء في عمليات الأعمال، ومن ثم تعمل على تعزيـز قيمـة الأعمـال مـن خلال سلسلة قيمة المعلومات في الأعمال.

كما يُبيّن أن نقل المعلومات بشكل مُرتّب ونُظمي من خلال مراحل متعددة تشمل جمع البيانات وتخزينها، ثم تحويلها إلى نظم الأعمال بعد معالجتها، والعمـل على نشرها في المنظمة سيضيف قيمة كلية إلى المعلومات، ويمكن أن نـرى قيمـة معلومـات الاعمال كجزء أكبر يحدد بواسطة المدى الذي يقود فيه نظام الإدارة إلى اتخاذ قرارات إدارية أفضل وبكفاءة أكبر في عمليات الأعمال سواء في إدارة سلسلة القيمة، إدارة المشروع، إدارة الزبائن مما يـؤدي إلى ربحية أعلى في الشركة. ورغم ذلك فان هناك أسباب أخرى لبناء سلسلة قيمة معلومات الأعمال أساسها إضافة قيمة كلية أكبر للمنشأة.

الشكل 2. 4. سلسلة قيمة معلومات الاعمال

Source: Laudon, Kennth C., & Laudon, Jane P. (2006). *Management Information Systems: Managing the Digital Firm* (9th ed.). New Jersey: Prentice-Hall International, Inc., p. 19.

تـدعم سلسـلة قيمـة معلومـات الاعـمال أنشـطة الإدارة المختلفـة في التخطيـط والتعاون والمراقبة واتخاذ القرار وتعمل بذلك أيضاً عـلى زيـادة القيمـة المضـافة في الأنشـطة الإدارية المختلفة.

إن الفهم الكامل لـنظم المعلومـات يوجـب عـلى المديرين إدراك المفهوم الواسـع للمنظمة، وأبعاد تكنولوجيا المعلومات في النظام، والتركيـز عـلى بناء المعرفـة حتـى تستطيع المنظمة مواجهة التحديات والمشاكل في بيئة الأعمال.

ويتطلب استخدام نظم المعلومات بفعاليـة لإضافة قيمـة للأعـمال الفهـم الكامـل لأبعاد نظم المعلومات والمتمثلة في المنظمة والإدارة وتكنولوجيا المعلومات. وعندها

يمكن أن توصف جميع نظم المعلومات كحل إداري وتنظيمي لمواجهة تحديات البيئة المختلفة.

5.2. المنظمات ونظم المعلومات.
Organizations and Information Systems.

تُؤثّر نظم المعلومات والمنظمات كُلّ في الآخر، لذا فإن نظم المعلومات يجب أن تكون بمحاذاة المنظمة لتزود المجموعات المُهمّة في المنظمة بالمعلومات التي تحتاجها. وكذلك فإن المنظمة لا بد أن تكون منفتحة وبنظام لتأثير نظم المعلومات على المنظمة، والاستفادة من التكنولوجيا الجديدة التي تحملها.

وقبل توضيح العلاقة المتبادلة والتي تملك طريق بمسارين بين المنظمات ونظم المعلومات لا بد من توضيح مفهوم المنظمة.

1.5.2. المنظمة: التعريف الفني الاقتصادي.
Organization: Technical Microeconomic Definition.

ثابت متوازن، وهياكل اجتماعية رسمية، تأخذ الموارد وتُعالجها لإنتاج المخرجات. ويبيّن الشكل (2 .5.) مفهوم المنظمة من الوجهة الفنية الاقتصادية.

الشكل 2. 5. المنظمة: التعريف الفني الاقتصادي

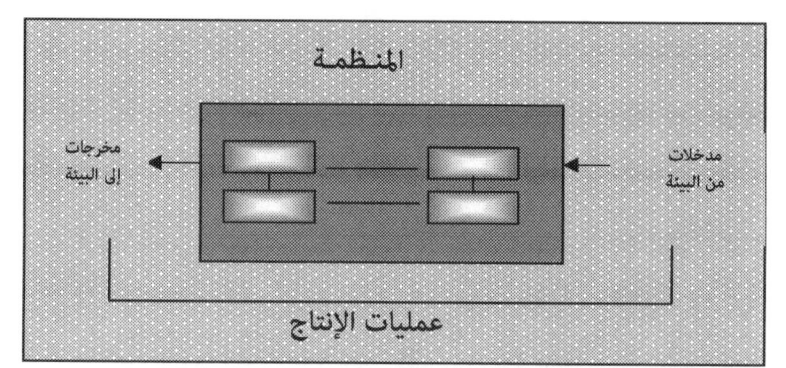

Source: Laudon, Kennth C., & Laudon, Jane P. (2006). ***Management Information Systems*: *Managing the Digital Firm*** (9th ed.). Upper Saddle River, New Jersey: Prentice-Hall International, Inc., p. 73.

يُبيّن الشكل (2. 5.) أن مفهوم المنظمة من الوجهة الفنية الاقتصادية يُركّز على ثلاثة عناصر في المنظمة، هي رأس المال والعمالة والتنظيم، وهي عوامل إنتاج رئيسة تستقبلها المنظمة من البيئة وتعمل على تحويل هذه المدخلات إلى منتجات وخدمات من خلال العمليات الإنتاجية المختلفة، علماً أن هذه المنتجات والخدمات تعود وتستنفذ بواسطة البيئة، لتعود مرة أخرى من جديد كمدخلات إلى المنظمة، ومن هنا فإن المنظمة تُمثّل كينونات قانونية رسمية بقواعد محكومة وإجراءات داخلية تلتزم بالقوانين.

2.5.2. المنظمة: التعريف السلوكي Organization: Behavioral Definition

هي هياكل اجتماعية تؤكد على علاقات المجموعات غير الرسمية، القيم، والهياكل السائدة في المنظمة، فهي مجموعة من الحقوق، الامتيازات، التعهدات، والمستويات التي تتوازن مباشرة خلال فترة من الزمن من خلال التضارب وحل التضارب، فهي أكثر من ثابت متوازن وعلاقات رسمية.

ويُظهر الشكل (2. 6.) مفهوم المنظمة من الوجهة السلوكية.

الشكل 2. 6. المنظمة: التعريف السلوكي

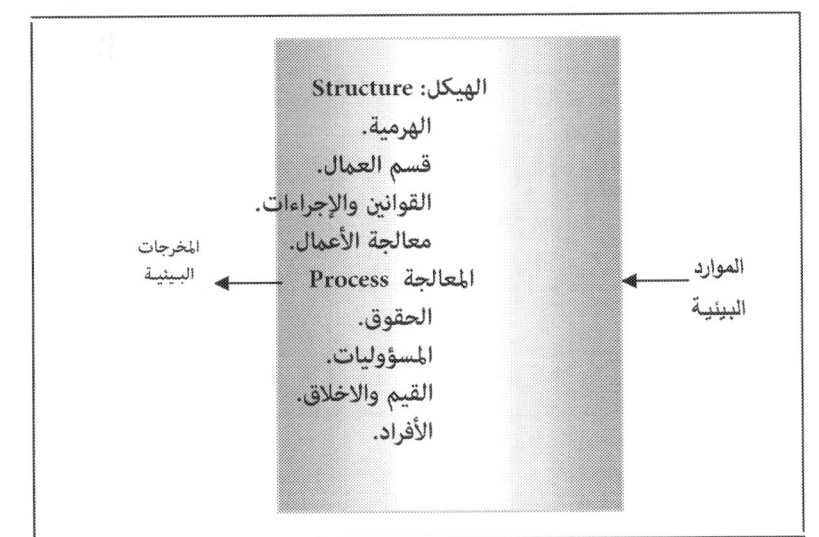

Source: Laudon, Kennth C., & Laudon, Jane P. (2006). ***Management Information Systems*: *Managing the Digital Firm*** (9th ed.). Upper Saddle River, New Jersey: Prentice-Hall International, Inc., p. 73.

تتعامل المنظمة من الوجهة السلوكية مع الموارد البيئية المختلفة، والتي تدخل ضمن هرمية الهيكل سواء العمال، القوانين والإجراءات، وعمليات الأعمال المختلفة. وتتفاعل من خلال المعالجة سواء مع الحقوق، المسؤوليات، القيم والأخلاق للأفراد وتنظيماتهم غير الرسمية لتعطي بعد ذلك المخرجات البيئيّة.

3.5.2. المنظمة كنظم اجتماعية.

Organization As Sociotechnical Systems.

هي تجمّع أفراد يعملون ويتفاعلون مع بعضهم البعض وتربطهم علاقات يمكن وصفها بالاستمرارية[9]. إنها تُمثّل النظرة إلى أداء المنظمة ككل والانتباه إلى كلاً من المكونات الفنيّة والسلوكية معاً، وهذا يعني أن التكنولوجيا يجب أن تتغيّر وتُصمّم لتتناسب وتتناغم مع الاحتياجات التنظيمية واحتياجات الأفراد بنفس الوقت، وكذلك على المنظمات والأفراد أن يتكيّفوا أيضاً من خلال التدريب، والتعّلم، وإدارة التغيير في المنظمة لأخذ أقصى مزايا تكنولوجيا المعلومات.

الشكل 2. 7. النظر إلى المنظمة كنظام اجتماعي

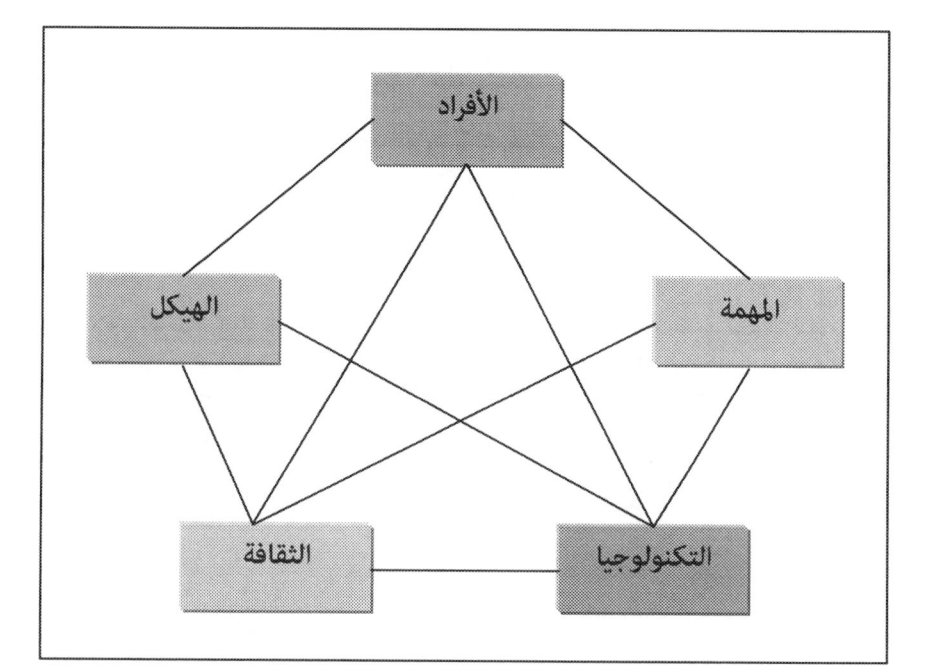

يلاحظ من الشكل (2. 7.) أن المنظمة تتكوّن من خمس مكوّنات متفاعلة هي الأفراد والمهمات والثقافة والهيكل والتكنولوجيا، ولا بد لهذه المكوّنات أن تكون متفاعلة معاً ومرتبطة بعلاقات متبادلة.

حيث يعمل الأفراد في المنظمة؛ لاتمام المهمّات والأعمال باستخدام التكنولوجيا، أما الهيكل فيُمثّل الاتصالات والسلطات ونظم المسؤولية في المنظمة، وكل ذلك ضمن الثقافة السائدة. وترتبط هذه المكونات الخمس بعلاقات تبادلية إذ أن التغيّر في أحداها عموماً يؤثر أو يؤدي إلى تغيير في المكونات الأخرى. وهكذا فإن أي تغيّر في متطلبات النظام لا بد أن يكون من خلال فهم جميع المكونات الأخرى. ومما سبق يتبيّن أن التناغم بين مكونات المنظمة الخمس سيؤدي إلى قرارات أكثر فاعليّة وأفعال تُؤدّي إلى تأمين قيمة مستدامة.

6.2. التفاعل بين تكنولوجيا المعلومات والمنظمة.

The Interaction Between Information Technology and Organization.

يُمكن لنظم المعلومات أن تُغيّر من حياة المنظمة وتنقلها من حالة لأخرى، فإن رغبت المنظمة أن تُصمّم بنجاح نظم جديدة، أو تفهم النظم الموجودة لديها حالياً، لا بد لها من فهم المنظمات، فقد يقرر المديرون النظم التي سوف يبنوها، وكيف تعمل، وكيف تُنفذ، ولكن تفاجأ المنظمة بأن المخرجات التي ستحصل عليها ليست ذي جدوى لأنها لم تأخذ مفهوم المنظمات بعين الاعتبار، وكذلك لم تصل إلى حقيقة التفاعل بين تكنولوجيا المعلومات والمنظمة.

ويبيّن الشكل (2. 8.) التفاعل بين تكنولوجيا المعلومات والمنظمة.

يبين الشكل (2. 8.) بأن عملية التفاعل بين تكنولوجيا المعلومات والمنظمات عملية مُعقّدة تتأثر بعدة عوامل وسيطة تتضمن البيئة المحيطة، الثقافة، هياكل المنظمة، معالجة الأعمال، السياسات، وطريقة اتخاذ القرارات الإدارية.

الشكل 2. 8. التفاعل بين تكنولوجيا المعلومات والمنظمة

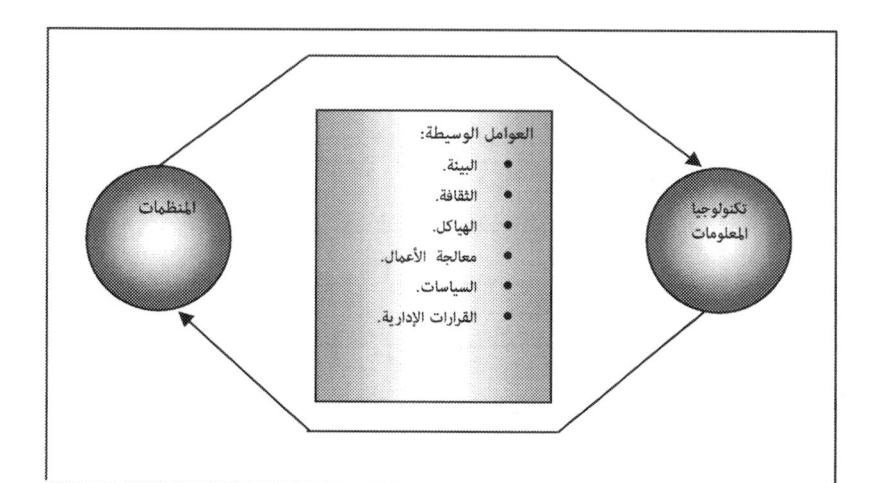

Source: Laudon, Kennth C., & Laudon, Jane P. (2006). ***Management Information Systems: Managing the Digital Firm*** (9th ed.). Upper Saddle River, New Jersey: Prentice-Hall International, Inc., p. 72.

لذلك فإن أي تغيّر في تكنولوجيا المعلومات المستخدمة سيؤثّر ويتأثّر بالعوامل الوسيطة المحيطة حتى يتم قبوله واستخدامه في المنظمة، إذ قد تُشكّل تلك العوامل عوامل دفع للاستخدام أو عوامل مقاومة إذا لم تؤخذ بعين الاعتبار.

كما ان أي تغيّر في المنظمة لا بد أن يؤثّر ويتأثّر بالتكنولوجيا السائدة لذا لا بد للمنظمة من أن تأخذ أثر العوامل الوسيطة المختلفة على التغيّرات المحتملة فيها.

7.2. الإعتمادية المتبادلة بين المنظمات ونظم المعلومات.

The Interdependence Between Organizations and Information Systems.

تلعب نظم المعلومات دوراً كبيراً في المنظمات الحديثة وفي مجالات عدة حتى بات لها دوراً استراتيجياً في حياة المنظمة وتُؤثر مباشرة في قرارات المديرين عن طريق المعلومات والنماذج المختلفة التي تقدمها لهم.

لقد أدّت الاعتمادية المتبادلة بين المنظمات ونظم المعلومات إلى علاقات تبادلية بين المنظمة متمثلة في استراتيجية الأعمال، والقواعد والمبادئ، والسياسات والإجراءات

من جهـة، ونظـم المعلومـات مُتمثّلـة في البرمجيـات، والأجهـزة والمكونـات الماديـة، وقواعد البيانات، والشبكات والاتصالات من جهة أخرى، إذ أن التغيّر في أي مكون من جهة ما يتطلب تغيّر في الجهـة الأخرى، لذا فإن هذه العلاقة النمطية لا بـد وأن تُؤخـذ بعين الاعتبـار خاصة عندما يخطط المدير لعدة سنوات مستقبلية إذ أصبح التخطيط يعتمد أكثر وأكثر عـلى نوع ونوعية نظم المعلومات في المنظمات.

إن مساحة التغيير الواسعة في نظم المعلومات بما تحويه مـن أجهـزة، أو برمجيـات، شكّلت ضغطاً لتقديم نظم معلومات إدارية فعالة تضمن احتياجـات الأفـراد والمجموعـات والإدارة العليا، كما أكدت على العلاقات التبادلية بين المنظمات ونظم المعلومات، وزادت مـن تلازم نظم المعلومات الإدارية مع رسالة المنشأة [10].

لقـد زادت الإعتماديّـة المتبادلـة (Interdependence) بـين المـنظمات ونظـم المعلومات نتيجـة التغيّرات السريعة في الاقتصاد، والمنافسة، وتعقيـد التكنولوجيا، ومجـال تطبيقات النظم، بحيث أصبحت النظم تُؤثّر مباشرة على قـرارات المديرين وخططهـم وإدارة أعمالهم وتجلب للمديرين معلومـات وأجوبة عن: مـن؟ متى؟ كيـف؟ ومـاذا؟ يقدمون مـن منتجات وخدمات في الظروف المختلفة [11]. ويؤكد ما سبق أن عـلى المـديرين في الشركـات أن ينظروا بواقعية للتغيّرات المتتابعة في استراتيجيات تكنولوجيا المعلومات وتأمين المواءمـة فيما بينهما، وتفهّم متطلبات التغيّر السريع وأثرة المتبادل بين استراتيجية الأعمال ونظم المعلومات [12].

إن طرق جديدة في التنظيم ضرورية قبل استقدام تكنولوجيا معلومات جديدة حتى يستطيع التنظيم استيعابها، كما أن نجاح تصميم هيكل المنظمة يتطلب فهمـاً دقيقـاً لتـدفق المعلومات، فعندما تتغيّر نظم المعلومات ويصاحبها القرار الصحيح تقود إلى الحكمة في تـوازن الاستراتيجيات والهيكل [13].

ويبيّن الشكل (2. 9.) الإعتماديّة المتبادلة بين المنظمات ونظام المعلومات.

الشكل 2. 9. الإعتماديّة المتبادلة بين المنظمات ونظام المعلومات

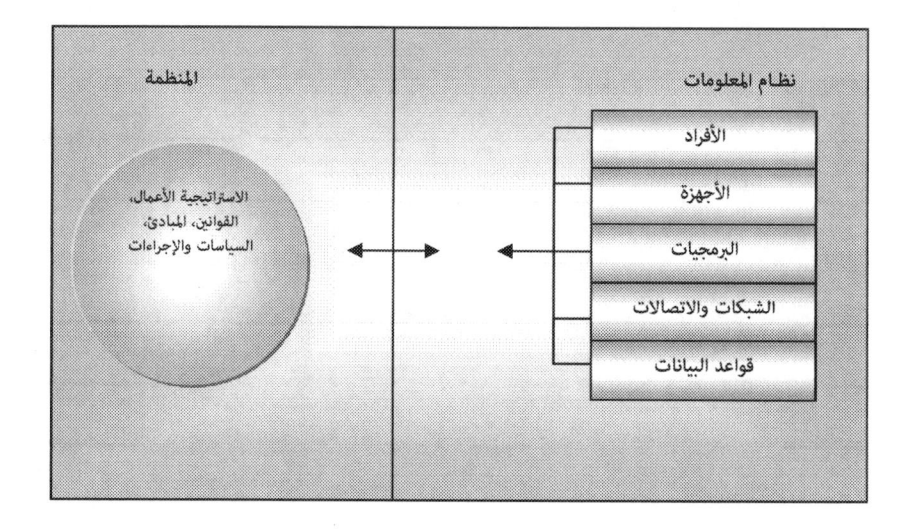

يتبيّن من الشكل (2. 9.) أن أي تغيّر في المنظمة متمثلاً في الاستراتيجية والقوانين والمبادئ والإجراءات يتطلّب تغييراً في نظم المعلومات متمثلاً في الأجهزة والمكونات الماديـة وقاعدة البيانات والاتصالات خاصة بعد زيادة التطوّر في الاتصالات وطاقة خـزن المعلومـات والتي تدعم انطلاق أنواع جديدة من البرمجيات وتطبيقات تكنولوجيا المعلومات. وغالبـاً مـا يتطلّب التقديم الناجح للتكنولوجيا الجديدة تعديل في الهيكل التنظيمي لاستيعاب العمليات التشغيلية الضرورية، وغالباً ما يتبع تقديم تكنولوجيا جديدة تحوّل في هياكل المنظمات مـن الهياكل الهرمية إلى الهياكل المسطّحة [14].

ومما سبق يتبيّن أن التناغم بين المنظمة ونظم المعلومـات مـع الاخـذ بعـين الاعتبار التوازن بين قوى التغيير والتكلفة والفاعليّة سيؤدي إلى قرارات أكثر فاعليّة، وقرارات وأفعال تؤدي إلى تأمين قيمة مستدامة [15].

8.2. الخيارات الحديثة للتصميم التنظيمي[16].

New Options for Organizational Design.

لقد ظهرت المنظمات الشبكية (Networked Enterprise) نتيجة النمو الكبير في التكنولوجيا والشبكات، والتي تسمح للمعلومات بأن تكون مُوزّعة باستمرار خلال المنظمة.

إذ تستخدمها المنظمة لتحسين عمليات الأعمال الداخلية، وتُحقّق التنسيق(Coordinate) في العمليات مع المنظمات الأخرى، وتُؤمّن تحقيق التعاون التنافسي (Collaboration) بين المنظمات، كما يمكن أن تستخدم لإعادة التصميم، وإعادة الشكل التنظيمي للمنظمة، وعملية التحوّل في الهيكل، ومجال العمليات، وآلية المراجعة، وتدفق العمل، والمنتجات والخدمات.

لقد انعكست أهمية نظم المعلومات وتكنولوجيا المعلومات وانتشارها الواسع في المنظمات على الهياكل التنظيمية، وحتى تتحقق المواءمة بين المنظمات ونظم المعلومات ظهرت العديد من الخيارات الحديثة للتصميم التنظيمي.

ونستعرض فيما يلي أهم الخيارات الحديثة للتصميم التنظيمي مُتمثّلة في:

1.8.2. المنظمات المُسطّحة وعملية إدارة التغيير.

Flattening Organizations and the Changing Management Process.

إن أحد الخيارات التنظيمية أمام المنظمات هو تحوّل الهيكل التنظيمي من الشكل التقليدي الهرمي إلى الشكل المُسطّح، والتي يمكن أن نطلق عليها المنظمات المُسطّحة (Flattening Organizations) حيث يقل عدد المديرين المشرفين في المستويات الأدنى، إذ أصبح العاملون يملكون سلطات أكبر من الماضي لأن المنظمات بدأت تعطي سلطات أكبر في اتخاذ القرار، وأصبح العمل لا يتطلب من العاملين قضاء (5-9) ساعات متواصلة في العمل يومياً، أو العمل إلزامياً داخل المكتب.

وتعني هذه التغيّرات بأن المديرين أصبحوا يملكون مستوى واسع من المراقبة تسمح للمديرين بمستوى عال من إدارة ومراقبة عدد أكبر من العمال منتشرين عبر

مسافات شاسعة، وقد سمح هذا التغيير للعديد من الشركات بالتخلّص من آلاف المديرين المنتشرين في الطبقة الوسطى.

كما أن تكنولوجيا المعلومات أعطت الثّقة للتخطيط، والتنبؤ، والمراقبة بحيث أصبح بالإمكان تحويل أي معلومة في المنظمة لأي شخص وفي أي وقت.

ويبيّن الشكل (2. 10.) تحوّل المنظمات من الشكل التقليدي الهرمي إلى المنظمات المُسطّحة.

الشكل 2. 10. تحوّل المنظمات من الشكل التقليدي الهرمي إلى المنظمات المُسطّحة

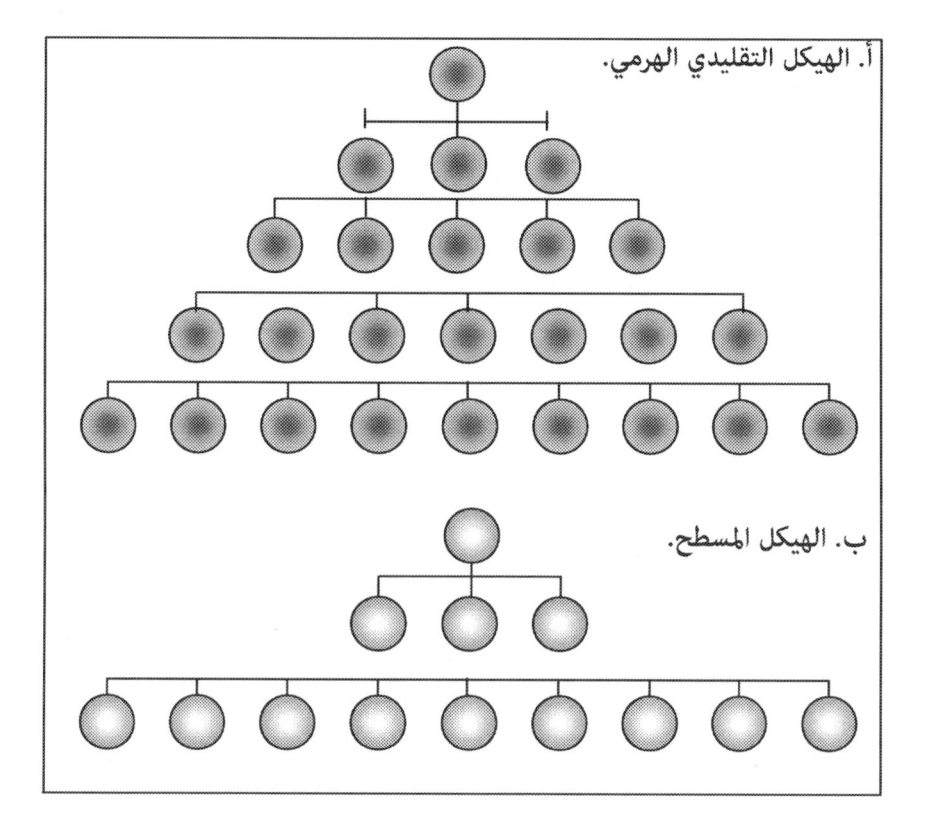

أ. الهيكل التقليدي الهرمي.
ب. الهيكل المسطح.

Source: Laudon, Kennth C., & Laudon, Jane P. (2006). ***Management Information Systems*: *Managing the Digital Firm*** (9th ed.). New Jersey: Prentice-Hall International, Inc., p. 83.

ويلاحظ من الشكل (2. 10.) أن نظم المعلومات عملت على تقليل عدد المستويات الإدارية في المنظمة وزيادة عدد العاملين التابعين للمشرف الواحد.

2.8.2. فصل العمل عن الموقع/ العمل عن بعد.
Separating Work from Location.

لقد ألغت تكنولوجيا الاتصالات المسافات بالنسبة للعديد من الأعمال، وفي العديد من المحطات، وزادت من إمكانية العمل عن بعد إذ اصبح رجال المبيعات يقضون وقتاً أكبر مع المستهلكين بعيداً عن موقع العمل.

لقد أصبح التعاون وعمل الفرق عبر آلاف الأميال مُمكناً، حيث يشترك العديد من الأفراد والشركات في التصميم رغم تباعد المسافات، وهـذا يُقلّل مـن زمـن التصميم في المنتجات.

3.8.2. إعادة تنظيم تدفق العمل.
Reorganizing Work Flows

تساعد نظم المعلومات في إعادة هندسة العمليات وإحلال الإجراءات المؤتمتة بـدلاً من إجراءات العمل اليدوية، وتعمل على معالجة العمل بشكل آلي.

كما قلل تدفق العمل الإلكتروني مـن كلفـة التشغيل عـن طريـق اختفاء الأوراق والروتين اليدوي، مما أدّى إلى تحسين إدارة تـدفق العمـل، وتحسين خدمات المستهلكين في نفس الوقت.

إن إعادة تصميم هندسة العمليات وتدفق العمل له أثر على رفع كفاءة المنظمـة، ويمكن أن يقود إلى هياكل تنظيم جديدة، ومنتجات وخدمات جديدة.

4.8.2. زيادة المرونة في المنظمات.
Increasing Flexibility of Organizations.

لقد أدى التطور التكنولـوجي في الاتصـالات إلى زيادة المرونـة في المـنظمات والتي تساعدها في زيادة قدرتها على الإحساس بـالتغيير، والتعـرّف عـلى أمـاكن التسـوق، واقتنـاص الفرص الجديدة.

تخدم نظم المعلومات المنظمات الكبيرة والصغيرة على حد سواء، حيث يمكن أن تستخدم الشركات الصغيرة نظم المعلومات للحصول على بعض القوة والوصول إلى المنظمات الكبيرة، وتنجز التعاون في الأنشطة سواء في المعالجة، أو في المخزون، ومهام التصنيع المختلفة، وبعدد قليل من المديرين، والكتبة، وعمال الإنتاج.

أما الشركات الكبيرة فيمكن أن تستخدم تكنولوجيا المعلومات لتحقيق بعض النشاط والحركة والاستجابة مع المنظمات الصغيرة، كما تُسهّل لها نظم المعلومات أن تعمد إلى الإنتاج الموجّه لتلبية حاجات الزبائن (Mass Customization) وبمرونة كبيرة.

5.8.2. إعادة تحديد الحدود التنظيمية: سبل جديدة للتعاون.

Redefining Organizational Boundaries: New Avenues for Collaboration.

تسمح نظم المعلومات الشبكية للشركات بالتعاون مع بعضها البعض عبر مسافات بعيدة، حيث نجد مثلاً أن الأعمال التجارية مثل: أوامر الشراء والدفع يمكن أن تنفذ إلكترونياً عبر الشركات المختلفة، ويُقلّل ذلك من كلف الحصول على المنتجات والخدمات من خارج الشركة، وكذلك يُمكن للشركات أن تتشارك في بيانات الأعمال، الكتالوجات، أو البريد الإلكتروني من خلال الشبكات.

كما يمكن لنظم المعلومات الشبكيّة أن تُؤمّن كفاءة جديدة، وعلاقات جديدة بين المنظمات والمستهلكين والمزودين، وتعمل على إعادة تحديد حدود المنظمة، ويمكن لها أيضاً أن تربط آلياً تدفق المعلومات عبر الحدود التنظيمية، فتربط الشركة مع المستهلكين والموزعين والمزودين، وهو ما يُسمّى بالنظم التنظيميّة المتداخلة (Interorganizational Systems)، حيث تزداد مشاركة المنظمة بالمعرفة والموارد ومعالجة الأعمال بشكل أكبر من الماضي، إذ تستخدم المنظمات العمل بارتباط مع المزودين، والمشاركة في تصميم المنتج والتّطوير وتدفق الأعمال في التصنيع والتوزيع.

9.2. نظم المعلومات الدولية والمنظمات.

لقد تحرّكت الأعمال باتجاه الأشكال العالميّة للمنظمات، ولكنّ نجاح ذلك يتطلّب تنظيم لنظم المعلومات وتنميط في عمليات الأعمال حيث يُمكن استخدام المعلومات من قبل وحدات الأعمال المختلفة في أقطار عديدة.

يُمكن أن تقود مستويات جديدة من التنسيق والتّعاون التنافسي إلى مستويات أعلى من الكفاءة وزيادة القيمة للمستهلك، وتُؤمّن مزايا تنافسية معنوية.

ولكن المديرين في السّياق العالمي يعملون في بيئة متقلّبة غير مألوفة ومُعقّدة لا يمكن تجاهلها، مقارنة بالسّياق المحلي حيث تتعامل المنشأة مع جنسيات وثقافات مُتعدّدة تُؤثّر على نشر وتدفّق المعلومات بين الراعي المُؤسّسي والتابعين في المنشأة مُتعدّدة الجنسيات[17].

2. 10. تطوير معماريّة نظم المعلومات الدوليّة[18].

Developing an International Information Systems Architecture.

تتكوّن معماريّة نظم المعلومات الدوليّة من تحديد النظم المطلوبة للمنظمات لتنسيق التجارة والأنشطة على مُستوى العالم.

ويبيّن الشّكل (2. 11.) الأبعاد الرئيسة لمعماريّة نظم المعلومات الدوليّة.

الشّكل 2. 11. معماريّة نظم المعلومات الدوليّة

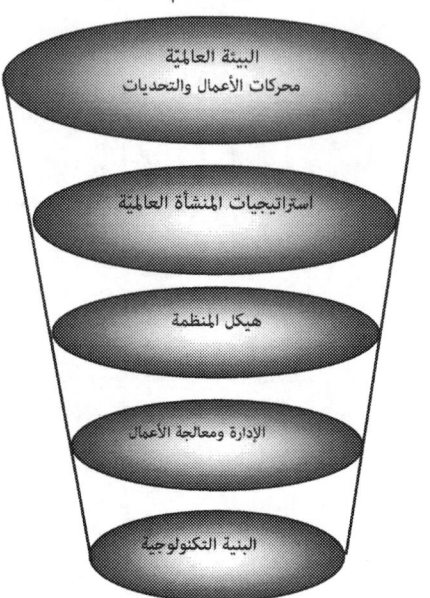

البيئة العالميّة
محركات الأعمال والتحديات
استراتيجيات المنشأة العالمية
هيكل المنظمة
الإدارة ومعالجة الأعمال
البنية التكنولوجية

Source: Laudon, Kennth C., & Laudon, Jane P. (2006). ***Management Information Systems*: *Managing the Digital Firm*** (9th ed.). Upper Saddle River, New Jersey: Prentice-Hall International, Inc., p. 573.

2. 11. الأبعاد الرئيسة لمعماريّة نظم المعلومات الدوليّة.

1.11.2. البيئة العالميّة: مُحرّكات الأعمال والتّحديات.

تكمن الاستراتيجية الرئيسة المُتّبعة عند بناء نظام عالمي في فهم البيئة العالميّـة التـي سوف تعمل بهـا الشركة. وهـذا يتطلّـب تطـوير ثقافـة عالميـة (Global Culture) ليشـمل توقّعات عامّـة، قاعـدة أخـلاق اجتماعيّـة بـين أفـراد وثقافـات مختلفـة، علـماً أن التلفزيـون ووسائط الاتصال الأخرى والنمو الكبير في الاتصالات التكنولوجيّة قـد هيّـأت الظـروف نحـو أسواق عالميـة، زبـون عـالمي، والتـي تـدفع نحـو إيجـاد التعـاون العـالمي في عوامـل الإنتـاج، التسويق، المحاسبة، الموارد البشريّة وتعمل على إدامة الاقتصاد العالمي. ويتطلّب ما سبق فهم عام لمُحرّكات الأعمال وقوى السّوق التي تُؤثّر في الاتجاه نحو الصناعة العالميّة.

2.11.2. استراتيجيات المنشأة العالميّة.

بعد فحص البيئة العالميّة لا بد من أخذ الاعتبارات المختلفة لبناء استراتيجية المنشأة في ظل البيئة العالميّة واتخاذ القرار المناسب. فهل ستعمل المنشأة في مُستوى محلي؟ أم على مُستوى عالمي؟ وما هو المُستوى الذي ستصل إليه في العالميّة؟ ومن ثم تبدأ المنشأة في إعداد استراتيجيات عالمية تناسب أهدافها.

3.11.2. هيكل المنظمة.

بعد تطوير الاستراتيجية لا بد من إعداد هيكل المنظمة، وإتمام تجهيز أقسام العمالة عبر تقاطع بيئة عالمية، وأين ستكون الوظائف الرئيسة سواء في الإنتاج، التسويق، المحاسبة على المُستوى العالمي.

4.11.2. الإدارة ومُعالجة الأعمال.

لا بد من أخذ قضايا الإدارة الرئيسة بعين الاعتبار عند تصميم المنظمة وإجراءات العمل. وملاحظة كيف يُمكن إحداث التغيير في الوحدات المحليّة لإتمام مُتطلبات دوليّة؟ وكيف يمكن تنسيق النظم المختلفة؟

ومن أهم التّحديات الإداريّة التي تواجه تطوير النظم العالميّة:

- إيجاد مُتطلبات مُستخدم عام.
- تقديم التغييرات في مُعالجة الأعمال.
- التنسيق في تطوير التطبيقات.
- التنسيق في نشر البرمجيات.
- تشجيع المُستخدمين المحليين لدعم نظام عالمي.

5.11.2. البُنية التكنولوجية.

ترتبط الاتصالات، والأفراد، والمنظمات في دول عديدة لتُشكّل عصب النظام العالمي، ولكن تكاملها قد يُواجه بعض الصعوبات في بعض الأقطار التي لا تملك قاعدة الاتصالات المناسبة، كما قد تُواجه بعض الصعوبات في تنسيق التعاون في الاتفاقيات التي تربط بين أنظمة مختلفة من الاتصالات في دول عديدة.

ومن أهم التّحديات التي تواجه الشركات في تطوير البُنية التكنولوجية العالميّة:

- الأجهزة وتكامل النظم.
- الترابط بين النظم حيث يُمكن للشركات أن تعتمد على أحد البدائل التالية:
  - إيجاد نظام خاص.
  - الاعتماد على مُورّد خاص لتزويد طرق الاتصالات.
  - استخدام الإنترنت (Internet) وهي شبكة دوليّة من مجموعة شبكات والتي تجمع مئات الالاف من الشبكات الخاصّة والعامّة.
  - استخدام الانترانت (Intranet) شبكة داخليّة تستخدم نفس بروتوكولات الانترنت والشبكة العنقوديّة العالميّة، ولكنّها محدودة الموصوليّة الى موارد الحاسب وإلى مجموعات مختارة من الاشخاص في المنظمة.
  - استخدام خدمات الإنترنت لتأمين شبكة خاصة افتراضيّة.
- البرمجيات إذ قد تواجه الشركات بعض المصاعب في تنسيق البرمجيات المستخدمة حيث نجد أن نظم التقاطع الوظيفي ليست دائماً متكافئة بسبب الاختلاف في الّلغة، والتراث الثقافي، ومُعالجة الأعمال في الأقطار المختلفة.

ويُمكن للشركة أن تستخدم نظام تبادل البيانات الإلكتروني (Electronic Data Interchange/ EDI) في تطبيقات مُعالجة المعاملات العالميّة حيث تستخدمها الشركات في التصنيع والتوزيع لربط الوحدات في الشركات المتشابهة مع المستهلكين والموردين على قاعدة عالمية، علماً أن البريد الإلكتروني والمُحادثة عن بعد من أدوات التنسيق العالميّة الهامّة للشركات المُعتمدة على البيانات. كما أن انخفاض كُلف الإنترنت وزيادة انتشاره على المستوى العالمي ساعد على تأسيس عمل الشبكة العالميّة في تقديم الخدمة للشركات التي تعتمد على نظم الأقمار الصناعية مما أدىّ إلى زيادة التنسيق في العمل والمعلومات في أجزاء عديدة من العالم.

وأخيراً لا بد من تحديد الخطة التكنولوجية، وفُرص سلسلة القيمة العالميّة لأن أداء التغير التكنولوجي هو عامل مُحرّك، ويقود باتجاه الأسواق العالميّة حيث اختيار استراتيجية المنشأة والهيكل قبل الاختيار العقلاني للتكنولوجيا الصّحيحة.

وعند إتمام هذه الخطوات ستكون المنشأة في طريقها نحو معماريّة نظم المعلومات الدوليّة المناسبة القادرة على تحقيق غايات المنشأة.

12.2. مُحرّكات الأعمال في الاعمال الإلكترونيّة العالميّة[19].

Business Drives for Global e-Business.

لقد تطوّرت تطبيقات تكنولوجيا المعلومات بواسطة الشركات العالميّة اعتماداً على الأعمال الإلكترونية واستراتيجيات تكنولوجيا المعلومات واعتماداً على الخبراء والخبرات في تكنولوجيا المعلومات مما زاد من مُبرّرات استخدام نظم المعلومات الدوليّة، وقد اعتمدت هذه التطبيقات على تَنوّع مُحرّكات الأعمال الدوليّة بسبب تنوع طبيعة الصناعة والمنافسة والقوى البيئية.

وفيما يلي أهم مُحرّكات الأعمال في المنظمات الإلكترونيّة العالميّة:

1.12.2. الزبائن العالميين Global Customers الزبائن هم الأفراد الذين يتجوّلون في كل مكان في العالم أو شركات ذات عمليات عالميّة. كما أن تكنولوجيا المعلومات العالميّة يمكن أن تقدم خدمات أسرع في ذلك.

2.12.2. المنتجات العالميّة Global Products لقد انتشر المنتج العالمي والذي يُسوّق على مستوى العالم. ويمكن لتكنولوجيا المعلومات العالميّة أن تُساعد المديرين في التسويق على المستوى العالمي والسيطرة على الجودة.

3.12.2. العمليات العالميّة Global Operations هي أجزاء من المنتج وعمليات التجميع التي تتم في الوحدات التّابعة من مناطق العالم المختلفة، اعتماداً على التغيّرات الاقتصادية أو ظروف أخرى. إن تكنولوجيا المعلومات العالميّة يُمكن أن تَدعم هذه المُرونة الجغرافية المطلوبة، وتزيد من مرونة العمليات في المنظمة.

4.12.2. الموارد العالميّة Global Resource إن استخدام الكُلف العامّة من تجهيزات، وتسهيلات، وأفراد يُمكن أن تَتشارك بواسطة الوحدات التّابعة من الشركات العالميّة.

ويُمكن لتكنولوجيا المعلومات العالميّة أن تجذب المشاركة في الموارد المختلفة عبر أقطار العالم.

5.12.2. الثقافة العالميّة Global Culture وهي تطوير توقعات عالميّة، وسلوك أخلاقي اجتماعي مشترك بين أفراد وثقافات مختلفة في العالم.

6.12.2. التعاون التنافسي- العالمي Global Collaboration هوالتعاون على مستوى الاقتصاد العالمي للمشاركة في نقل المعرفة والخبرات لتصل سريعاً وتنظّم دعم جهود الأفراد والمجموعات رغم تنافسها، خاصة في عمليات المقاصة العالميّة بين الدول المختلفة. ويزيد ذلك من إمكانية المشاركة في المعلومات، ويعمل على تقليل حجم المخاطرة خاصة في عمليات المقاصة العالميّة بين الدول المختلفة، كما تدعم تكنولوجيا المعلومات العالميّة التعاون التنافسي بين الشركات.

13.2. أسئلة للمراجعة/ الفصل الثاني.

أولا: أجب عن الأسئلة التالية.

1. ما هي أهداف نظام معالجة المعاملات (TPS)؟
2. ما هي الأنواع الرئيسة من النظم التي تخدم المستويات الإدارية المختلفة؟
3. ما هي العلاقات التبادلية بين النظم؟
4. ما هي النظرة السلوكية للمفهوم التنظيمي في المنظمة؟
5. وضّح الاعتماديّة المتبادلة بين المنظمات ونظم المعلومات؟

ثانيا: ناقش العبارات التالية.

1. إن التفاعل بين تكنولوجيا المعلومات والمنظمات عملية معقدة.
2. لقد أدى التطوّر الكبير في تكنولوجيا الاتصالات إلى فصل العمل عن الموقع.
3. لقد أدى تطوّر نظم المعلومات الإدارية إلى إعادة تحديد الحدود التنظيمية للمنظمة.

ثالثا: أكمل الجمل التالية.

1. تخدم نظم معالجة المعاملات (TPS) المستوى .... في المنظمة.
2. تُؤكد سلسلة قيمـة معلومـات الأعمـال الانتبـاه إلى الطبيعـة .... لنظـام المعلومـات لتمثل حلاً إدارياً وتنظيماً معتمداً على تكنولوجيا المعلومات.
3. إن أيّ تغيّر في الاستراتيجية والقوانين والمبادئ والسياسات والإجراءات في المنظمة سيؤدي إلى تغيّر في ....
4. تخدم نظم معالجة المعاملات العديد من الوظائف في المنظمة والمتمثلة في:
    أ. .... ب. ....
    ج. .... د. ....
5. تُصنّف النظم تبعاً لمدى استخدام التكنولوجيا السائدة إلى:
    أ. .... ب. ....
6. تصنّف نظم المعلومات تبعاً للمستويات التنظيمية التي تخدمها إلى:
    أ. .... ب. ....
    ج. .... د. ....

7. تتمثل الأبعاد الرئيسة لمعماريّة نظم المعلومات الدوليّة.

أ. .... ب. ....

ج. .... د. ....

هـ. ....

8. ان أهم مُحرّكات الأعمال في المنظمات الإلكترونيّة العالميّة هي:

أ. .... ب. ....

ج. .... د. ....

هـ. .... و. ....

ثالثاً: ضع دائرة حول الجواب الصحيح.

1. تعتبر نظم المعلومات الإدارية من: Management Information Systems

أ. نظم المستوى التشغيلي Operational- Level Systems

ب. نظم مستوى الإدارة Management- Level Systems

ج. نظم المستوى الاستراتيجي Strategic- Level Systems

د. لا شيء مما ذُكر Not at all

2. إن المنظمة كتعريف فني اقتصادي هي:

Organization As Technical Microeconomic Definition.

أ. ثابت متوازن وهياكل اجتماعية غير رسمية.

ب. ثابت متوازن وهياكل اجتماعية رسمية.

ج. هياكل اجتماعية وعلاقات مجموعات غير رسمية.

د. مكونات متفاعلة من الأفراد والمهمات والثقافة والهيكل والتكنولوجيا.

3. تتمثّل أهم الخيارات الحديثة للتصميم التنظيمي للمنظمة في الآتي عدا واحدة:

New Option for Organizational Design.

أ. فصل العمل عن الموقع.

ب. زيادة المرونة في المنظمات.

ج. إعادة تحديد الحدود التنظيمية للمنظمة.

د. تحول المنظمات من الشكل المسطّح إلى الشكل الهرمي.

14.2. مراجع الفصل الثاني.

1. Laudon, Kennth C., & Laudon, Jane P. (2006). ***Management information systems: Managing the digital firm*** (9th ed.). Upper Saddle River, New Jersey: Prentice-Hall International, Inc., p. 41.
2. Laudon, Kennth C., & Laudon, Jane P. (2004). ***Management information systems: Managing the digital firm*** (8th ed.). Upper Saddle River, New Jersey: Prentice-Hall International, Inc., p. 41.
3. ياسين، سعد غالب (2004). **نظم مساندة القرارات**. الأردن، عمان: دار المناهج للنشر والتوزيع، ص. 127.
4. Turban, Efraim; McLean, Ephraim., & Wetherbe, James. (2002). ***Information technology for management: Transforming business in the digital firm*** (3rd ed.). New York: John Wiley & Sons, Inc., p. 281.
5. ***Ibid.***, p. 282.
6. ياسين، سعد غالب (2000). **تحليل وتصميم نظم المعلومات**. الأردن، عمان: دار المناهج للنشر والتوزيع، ص. 50.
7. Laudon, Kennth C., & Laudon, Jane P. (2006). ***Op. Cit.***, p. 47.
8. ***Ibid***, p. 18.
9. Robbins, Stephen, and Cloulter, Mary (1998). ***Management*** (5th ed.). New Delhi: Prentice Hall, p.4.
10. Behling, Robert, & Wood, Wallace (1993). Successful planning for a changing MIS education. ***Journal of Education for Business***, 68(6). Retrieved December 1, 2004, from http://www.search.epnet.com/direct.asp?an=08832323.
11. Laudon, Kennth C., & Laudon, Jane P. (2004). ***Op. Cit.***, p.16.
12. Due, Richard T. (1997). A strategic approach to IT investments. ***Information Systems Management***, 14 (3), 73-77. Retrieved October 25, 2004, from http://www.search.epnet.com/direct.asp?an=9706205720.
13. Brynjolfsson, Erik (1993). Information systems and the organization of modern enterprise. ***Journal of Organizational Computing***, December (1993).
14. Harrison, Norma, & Samson, Danny (2002). ***Technology management*** . Wasto: McGraw-Hill Companies, Inc., p. 94.

15. Applegate, Lynda M. ; McFarlan, F. Warren, & Mckenny, James L. (1999).*Corporate information system management: Text and cases* (5th ed.). Singapore: McGraw- Hill International Editions,   p. 201.

16. Laudon, Kennth C., & Laudon, Jane P. (2004). *Op. Cit.*, p.19.

17. Tractinsky, Noam, & Jarvenpaa, Sirkaa L. (1995). Information systems design decisions in a global versus domestic context. *MIS Quarterly*, 19(4). Retrieved January 20, 2004, from http://www.search.epnet.com/direct.asp?an=2004560.

18. Laudon, Kennth C., & Laudon, Jane P. (2006). *Op. Cit.*, p.572.

19. O'Brien, James A. (2003). *Introduction to management information systems: Essential for the e-business enterprise* (11th ed.). Irwin: McGraw-Hill Companies, Inc.,   p. 439.

الفصل الثالث

النظم من منظور وظيفي
Systems from A functional
Prespective

الفصل الثالث

النظم من منظور وظيفي

Systems from A functional Prespective

أهداف الفصل:

- التعرّف إلى النظم من منظور وظيفي.
- التعرّف إلى نظم إدارة سلسلة التوريد.
- التعرّف إلى نظم إدارة المعرفة.
- التعرّف إلى التكامل بين المناطق الوظيفية، ونظم معالجة المعاملات، ونظم إدارة علاقات الزبون.

محتويات الفصل:

الفصل الثالث

النظم من منظور وظيفي

Systems from A functional Prespective

إن النظر إلى نظم المعلومات من منظور وظيفي يُمكّننا من تصنيف النظم حسب المناطق الوظيفية المختلفة في المنظمة، حيث تدعم النظم تلك الوظائف، وتُقدّم تطبيقات وظيفية لكل مستوى تنظيمي.

1.3. نظم المعلومات الوظيفية   Functional Information Systems

تستخدم النظم لدعم الوظائف والأنشطة المختلفة في الأعمال. إذ يوجد العديد من نظم المعلومات التي تدعم وظائف الأعمال المختلفة سواء في المالية والمحاسبة، التسويق، إدارة العمليات، وإدارة الموارد البشرية. ومن المفيد أن نعرف كيف تُؤثّر نظم المعلومات على وظائف الأعمال الخاصة؟

وعُموماً تقدم نظم المعلومات الوظيفية الخدمات التالية للمستويات الإداريّة:

1. التقارير الإداريّة عن النشاطات الوظيفية في المنظمة.
2. إمكانية الاسترجاع الفوري للمعلومات لمن يطلبها إن كان مخولاً بذلك.

1.1.3. السّمات الرئيسة لنظم المعلومات الوظيفية [1].

Major Characteristics of the Functional Information Systems.

لقد بُنيت الهياكل التنظيمية على أساس الوظائف، وهذه الوظائف تحتاج المعلومات والتي تأخذها عن طريق نظم المعلومات الوظيفية، فعلى سبيل المثال: فإن نظم المعلومات التسويقية تدعم قسم التسويق، كما أن نظم معلومات التصنيع والإنتاج تدعم تحسين الإنتاج والجودة في قسم الإنتاج.

وعُموماً تشترك نظم المعلومات الوظيفية في السمات التالية:

1.   تتألف نظم المعلومات الوظيفية من عدّة نظم يدعم كل منها نشاط وظيفي معين.

2. تتكامل تطبيقات نظم المعلومات في الأنشطة؛ لتُشكّل نظام وظيفي متماسك، أو مستقل بالكامل، كما يُمكن أن تتكامل بعض التطبيقات عبر خطوط الأقسام المختلفة؛ لتدعم عمليات الأعمال.

3. تتفاعل نظم المعلومات الوظيفية مع بعضها البعض لتُشكّل نظام معلومات شامل ومتكامل يُمكن أن يستخدم كجوهر في نظام معلومات مثل: نظام معلومات المخزون في بعض الشركات. إذ تعمل عبر تقاطع مستويات تنظيمية، وتقاطع أقسام مختلفة في المنظمة، ويخدم النظام في هذه الحالة أكثر من مستوى وظيفي في المنظمة، ويُسمّى عندئذ نظام المعلومات المتكامل عمودياً(Vertically Integration Information System)

4. تتفاعل نظم المعلومات الوظيفية مع البيئة الخارجية مثل: نظام معلومات الموارد البشرية والذي يجمع المعلومات عن سوق العمالة، ويعمل على تحويل المعلومات إلى المصادر الرسمية، خاصة فيما يتعلق بالسلامة، وتشريعات الفرص المتساوية، وكذلك نظم معلومات التصنيع.

5. تدعم تطبيقات نظم المعلومات الوظيفية النشاطات الوظيفية بشكل رئيس، ولكنها تدعم أيضاً المستويات الإداريّة والاستراتيجية.

2.1.3. النظم من منظور وظيفي Systems From A Functional Prespective

تتوزّع نظم المعلومات الوظيفية على الأنشطة الرئيسة في المنظمة من تسويق ومبيعات، تصنيع وإنتاج، مالية ومحاسبة، وموارد بشرية؛ لتُقدّم لها المعلومات المناسبة بهدف رفع الكفاءة الإنتاجية لها، كما تُمثّل المورد الأساس للبيانات التي يتم معالجتها وترتيبها لتقديمها إلى المستويات الإداريّة المختلفة، والتي تستخدمها في عمليات التخطيط العام للمنظمة.

ولكن المشكلة في التطبيقات الوظيفية أنها منفصلة، إذ أنها تعمل باستقلالية، وان النظم المنفصلة والمستقلة لا تستطيع تقديم الفعاليّة المطلوبة للأعمال. لان التسويق يؤثر على المخزون والتي تؤثر على الإنتاج والتي تؤثر على رضا الزبون والتي تؤثر على المبيعات المستقبليّة(2).

ويُبين الشكل (3. 1.) تصوّر عام للنظم من منظور وظيفي.

الشكل 3. 1. النظم من منظور وظيفي

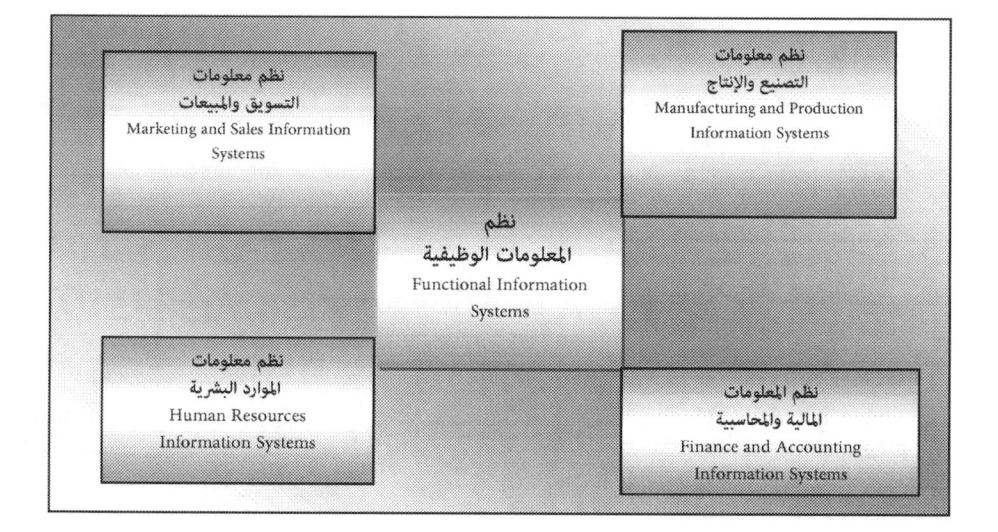

1.2.1.3. نظم معلومات التسويق والمبيعات.
Marketing and Sales Information Systems.

نظام معلومات ينتج المعلومات المرتبطة بالأنشطة التسويقيّة والبيعيّة بالشركة، والتي تُؤمّن تخطيط وتحليل وعرض للمعلومات الضرورية للقرارات في مجال التسويق، وتحديد احتياجات المستهلكين من المنتجات والخدمات وتطويرها لمقابلة احتياجات المستهلكين، كما تساعد في ترويج هذه المنتجات والخدمات، وتطوير دعم المستهلك باستمرار[3].

تدعم نظم المعلومات التسويقية الأنشطة المختلفة التي تقوم بها وظيفة التسويق، وتستخدم هذه النظم بعدة طرق لخدمة المستويات الإداريّة المختلفة فمثلاً:

تُؤسّس نظم المعلومات التسويقية على المستوى التشغيلي للاتصال بمنظور المستهلكين، والأشراف على المبيعات والتسويق.

وعلى المستوى الإداري فان نظم المعلومات التسويقية تـدعم بحـوث التسـويق، وقرارات التسعيرة، وتحلل أداء المبيعات وفريق المبيعات. وعلى المستوى المعرفي تدعم تحليـل محطات العمل.

أما على المستوى الاستراتيجي فتبين مؤشر اتجاه فرص المنتجـات الجديـدة، وتـدعم خطط المنتجات الجديدة، كما تكون مُرشداً لأداء المنافسين.

ويُمكن تصوّر نظم معلومات التسويق والمبيعات بالشكل (3. 2.):

الشكل 3. 2. نظم معلومات التسويق والمبيعات

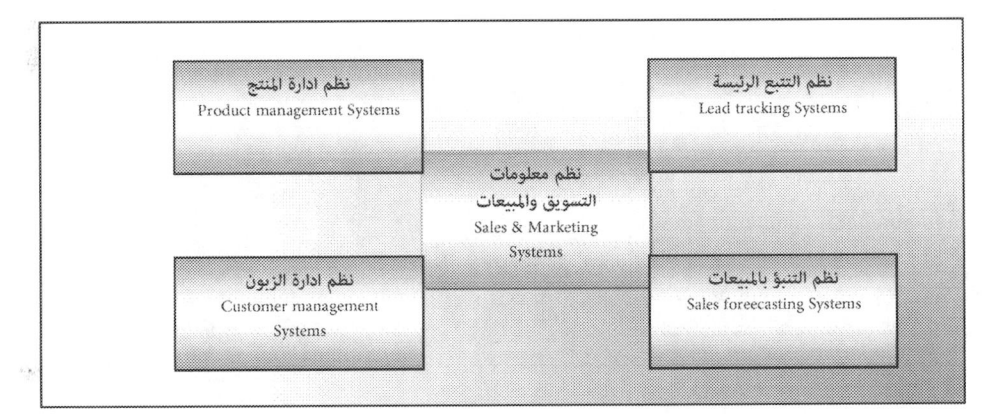

Source: Kroenke, David M. (2007).*Using MIS*. Upper Saddle River, New Jersey: Pearson Education, Inc., p. 200.

أغراض نظم المعلومات التسويقية.
Purposes of Marketing Information Systems.

تلعب نظم المعلومات التسويقية دوراً في خدمة النشاط التسويقي في المنظمـة مـن خلال دعم المزيج التسويقي (4Ps) المتمثل في:

- المنتج (Product)
- السعر (Price)
- المكان (Place)
- الترويج (Promotion)

تدعم نظم المعلومات التسويقية الأنشطة المختلفة المتعلقة بالتسويق في المنظمة سواء التخطيط والتحسين/ والبيع للمنتجات المتوفرة في الأسواق، وكذلك تعمل على دعم تطوير المنتجات الجديدة لأسواق جديدة بغرض تقديم أفضل الخدمات للزبائن الحاليين والمحتملين.

كما تعمل نظم المعلومات التسويقية على تفعيل دور تكنولوجيا المعلومات في علاقات متبادلة مع المنتج؛ لتجعل الشركة قادرة على استخدام طرق أكثر فاعليّة، من حيث إمكانية استقبال الطلبات إلكترونياً مباشرة من المستهلك مما ينعكس على قيمة التوريد، ويعمل على تقليل السعر، وكذلك تعمل على الترويج مباشرة في طرق غير تقليدية بتقديم المعلومات الفورية حول السلعة، والحصول على فرص التجارة الإلكترونية.

تملك نظم المعلومات التسويقية العديد من النظم الفرعية (Subsystems) والتي تُوفّر الخدمات المختلفة من خلالها للمنظمة مثل:(5،4)

1. نظم التتبع الرئيسة Lead tracking Systems

تعمل نظم التتبع الرئيسة على تسجيل الزبائن المحتملين وتوقع المبيعات المستقبلية وتتبع الاتصالات وإدامة تاريخ الاتصالات من خلال نظم معالجة المعاملات المختلفة التي تحويها.

2. نظم إدارة المنتج Product management Systems

تتضمن نظم إدارة المنتج خدمة وظائف عديدة عن طريق تجهيز تقارير مبيعات المنتج وتصنيفات المنتج المختلفة وقنوات توزيع المنتج للتأسيس إلى استخدام قياس مدى نجاح المنتج وقياس فعالية النشاطات التسويقية من ترويج وإعلان وتوزيع.

3. نظم التنبؤ بالمبيعات Sales Forecasting Systems

تعمل نظم التنبؤ بالمبيعات على التنبؤ بالمبيعات المستقبلية عن طريق دراسة المبيعات التاريخية للشركة، وكذلك تعمل على ربط قوى المبيعات معا للحصول على حصة سوقيّة أكبر في المناطق المختلفة.

4. نظم إدارة الزبون Customer Management Systems

نظم معلومات تعمل على إدامة الزبون وربطه بالمعلومات، وتتضمّن القواعد الرئيسة في خدمة الزبون لمعرفة مدى إدراك أوضاع الزبون، والقدرة على التفاعل معه، والاستجابة على تساؤلاته المختلفة، وأخذ ملاحظاته ومقترحاته المختلفة بعين الاعتبار لتقديم الخدمات المطلوبة بسرعة وفاعليّة. وتسمى أيضاً نظم إدارة علاقات الزبون -Customer Relationship Management Systems /CRMs

وقد ظهرت نظراً للأهمية التي يحتلها الزبون في المنشأة، فرضى الزبون من أساسيات مبادئ إدارة الجودة الشاملة حتى بات ينظر إلى الزبون أنه يدير المنشأة.

إنّها نظم معلومات تتتبّع أثر كلّ الطرق التي تؤدّي إلى تفاعل الشركة مع زبائنها، سواء من مواقع البيع المختلفة، أو من موقع المؤسسة على شبكة الإنترنت. وتحليل ذلك التفاعل لتعظيم قيمة العلاقة التي تؤدّي إلى رضا وإدامة المستهلك، وتعظيم الدخل والربحيّة.

وعموما تهدف نظم إدارة علاقات الزبون إلى الآتي:

1. تطوير رأي مشترك مع المستهلك لتحسين الخدمة، وتلبية الرغبات المتغيرة.
2. أتمته العلاقة مع الزبون وزيادة التواصل معه، والإجابة على تساؤلاته المختلفة.
3. تحليل العلاقة بين الزبون والمنتج والمؤسسة.
4. تحديث الملف الإلكتروني للزبون باستمرار.
5. زيادة الحصة السوقية في الأسواق.
6. السرعة والدقة في الوصول إلى الأسواق.
7. الوصول إلى رضا الزبون وإشباع رغباته واحتياجاته.

ومن الجدير بالملاحظة أن هناك العديد من نظم معالجة المعاملات الأخرى في نظم التسويق والمبيعات مثل: نظم نقاط البيع (Point - of- Sale/ POS) والتي تعمل على تتبع العلاقة بين المستهلك والمنتج وجمع المعلومات عن المبادلات التجارية المتعلقة بالمشتريات والمخزون وتقدم بيانات تجميعية لكل عنصر يتكرر شراؤه في المخازن، ونظم التوصيل/ التسليم (Delivery Systems) والتي تكون مسؤولة عن نقل المواد إلى المناطق التي تحتاجها، ونظم أتمته قوى المبيعات/ Sales Force Automation Systems)

SFA) والتي تُركّز على معالجة واسترجاع البيانات المتعلقة بعملية الجدولة الشخصية لقوى المبيعات، وتسهيل اتصالات الإدارة مع بعضها البعض، وتقاسم المعلومات والملاحظات.

2.2.1.3. نظم معلومات التصنيع والإنتاج.
Manufacturing and Production Information Systems.

نظام معلومات ينتج المعلومات المرتبطة بالأنشطة التصنيعيّة بالشركة، خاصّة فيما يتعلق بالتخطيط، التطوير، إنتاج المنتجات والخدمات، وكذلك تدفّق المنتجات على خط الإنتاج.

تُؤسّس نظم معلومات التصنيع والإنتاج غايات الإنتاج، التخزين، ومتابعة مدى توفّر المواد الخام اللازمة للإنتاج، كما تعمل على جدولة التجهيزات، التسهيلات، المواد، والعمالة المطلوبة لإتمام العملية الإنتاجية. كما تُبيّن نظم معلومات التصنيع والإنتاج الطريقة التي تُسهّل على تكنولوجيا المعلومات تقديم المنتج الذي يرغب به المستهلك في المكان والزمان الصحيح.

تعمل نظم الإنتاج والتصنيع على المستوى التشغيلي لمعالجة الأوضاع المختلفة المتعلقة بمهام التصنيع والإنتاج.

أما على المستوى الإداري فإن نظم الإنتاج والتصنيع تُحلّل، وتراقب الموارد وكلف الإنتاج. كما تعمل على المستوى المعرفي على تأمين ونشر المعرفة والخبرة لقيادة العملية الإنتاجية.

كما تهتم نظم التصنيع والإنتاج على المستوى الاستراتيجي بدعم النشاطات التي تهتم بالتخطيط والمراقبة لعملية إنتاج السلع والخدمات في خطة استراتيجية طويلة الأجل من حيث الموقع، والاستثمار في تكنولوجيا جديدة.

ويُبيّن الشكل (3. 3.) نظم التصنيع المختلفة في المنظمة.

الشكل 3. 3. نظم التصنيع

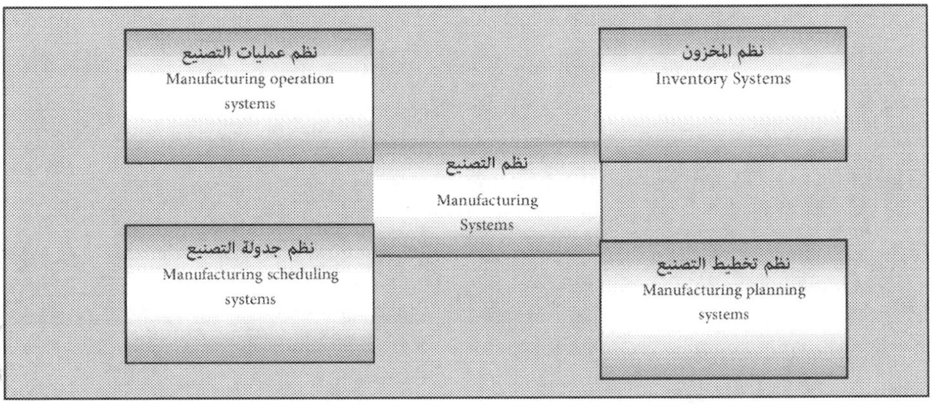

Source: Kroenke, David M. (2007).*Using MIS*. Upper Saddle River, New Jersey: Pearson Education, Inc., P. 202.

3.1.2.2.1. نظم التصنيع [6] Manufacturing Systems

أ. نظم المخزون Inventory Systems

تتابع نظم المخزون الرقابة على المخزون وإدارته وكذلك سياسات المخزون المختلفة. إذ أنّ تطبيقات المخزون تتتبع حجم البضائع والمواد الداخلة والخارجة والمتحركة بين المخازن، بينما تطبيقات إدارة المخزون تستخدم البيانات السابقة لحساب مستويات المخزون وتحديد نقطة إعادة الطلب، وتحدد سياسات المخزون السياسة المتبعة سواء الاحتفاظ بحد من المخزون أو استخدام طريقة التوريد الآني JIT. مما يُسهم في تقديم خدمة بجودة عالية للعملاء، مع الاحتفاظ بالحد الأدنى للمخزون بأقل كلف تخزينية.

ب. نظم عمليات التصنيع Manufacturing operation systems

تهدف نظم عمليات التصنيع إلى السيطرة على الآلات والإنتاج إذ تعمل برامج الحاسب في المساعدة في ذلك. وفي التسهيلات الحديثة فإن هذه البرامج تملك قدرة الربط مع نظم جدولة التصنيع.

ومن النظم الفرعية المستخدمة في نظم عمليات التصنيع ما يلي:

(1) نظم التصنيع بمساعدة الحاسوب.

Computer - Aided Manufacturing Systems / CAMs.

نظم تعني استخدام الحاسب في العملية التصنيعية، طريقة ترتيب الآلات لضمان الإنتاج حسب المواصفات المحددة في برنامج التصميم بمساعدة الحاسب Compyter-aided) (Design/CAD، وهو عبارة عن تزوّد تفاعلي ورسم بياني وصور تساعد في تطوير المنتج والخدمة والربط مع قاعدة البيانات بما يسمح باسترجاع التصميم وتطويره باستمرار، مما يعمل على رفع الكفاءة الإنتاجية للآلات، ويُقلّل من العيوب المحتملة.

(2) نظم التصنيع المتكاملة بالحاسب.

Computer Integrated Manufacturing Systems/ CIMs.

نظم تعمل على تبسيط أساليب وطرق التصنيع، وأتمتة عمليات التصنيع من خلال تكامل استخدام التكنولوجيا للوصول إلى نظم عمل مُؤتمتة، ويكون ذلك من خلال استخدام نظم التصنيع المرنة، التوريد الفوري، تخطيط مستلزمات المواد، ونظم التصميم بواسطة الحاسب للعمل على التكامل بين التصميم والتصنيع والعمليات.

ج. نظم تخطيط التصنيع Manufacturing planning systems

تهدف نظم تخطيط التصنيع إلى إنشاء وإدامة احتياجات المواد اللازمة لاستمرار عملية التصنيع من خلال قائمة المواد (Abill of materials-BOM)، وتحوي قائمة المواد المنتجات، وهي أكثر من عناصر لان المواد التي تحوي المنتج عبارة عن التجمعات الفرعيّة التي نحتاجها للتصنيع، إنها قائمة للمواد والمواد المكونة للمواد وهكذا. وكذلك تهدف نظم تخطيط التصنيع إلى إنشاء وإدامة متطلبات التصنيع من التجهيزات والأشخاص والتسهيلات.

د. نظم جدولة التصنيع Manufacturing scheduling systems

تستخدم المنظمات ثلاث فلسفات لجدولة التصنيع هي:

1. جدول الإنتاج الرئيسي (Master production schedule/ MPS) وهي خطة رئيسة لإنتاج المنتجات، وهنا تقوم المؤسسة بتحليل المبيعات السابقة، وبناء عليها تقوم بحساب

المبيعات المتوقعة المستقبلية، وتسمى هذه العملية أحياناً عملية دفع التصنيع (Push Manufacturing Process) حيث ترغب المؤسسة بدفع تلك المنتجات للبيع.

2. عملية سحب التصنيع Pull Manufacturing Process وتعتمد المؤسسة هنا على عملية سحب المنتجات من خلال التصنيع حسب الطلب ويطلق على هذه العملية أيضا Kanban.

3. أما الفلسفة الثالثة فهي المزاوجة بين الفلسفتين السابقتين حيث يعد خطة جدول الإنتاج الرئيس MPS في المنظمة ولكن تستخدم معها أيضاً kanban عملية سحب التصنيع كمؤشرات لإعادة تكييف الجدولة.

3.2.1.3. نظم المعلومات المالية والمحاسبية.

Finance and Accounting Information Systems.

إن الوظيفة المالية هي المسؤولة عن إدارة الأصول المالية مثل: النقدية، المخزون، والأصول الأخرى لتعظيم العائد على الاستثمار، والقيمة الإجمالية للأسهم، كما أنها مسؤولة عن استدامة وإدارة الأصول وتدفق النقدية، ومن هنا تظهر أهمية حصولها على المعلومات الخارجية ومن هنا فإن نظم المعلومات المالية والمحاسبية هي نظم معلومات تستخدم لتعقب سجلات الأصول الماليّة للشركة والتدفق النقدي فيها.

تعمل نظم المعلومات المالية والمحاسبية على المستوى التشغيلي على الإشراف على التدفق النقدي في الشركة من خلال التبادلات المختلفة من مدفوعات ومقبوضات.

وعلى المستوى الإداري فإنها تُساعد المديرين على الإشراف والتحكّم في الموارد المالية للشركة، والدعم بأدوات تحليلية، للوصول إلى المزيج الصحيح للاستثمار لتعظيم العائد.

كما تُؤسّس على المستوى الاستراتيجي غايات استثمارية طويلة الأجل، وتُزوّد بتنبؤات طويلة الأجل للمدى المالي.

ويُبيّن الشكل (3. 4.) نظم المعلومات المالية والمحاسبية.

الشكل 3. 4. نظم المعلومات المالية والمحاسبية

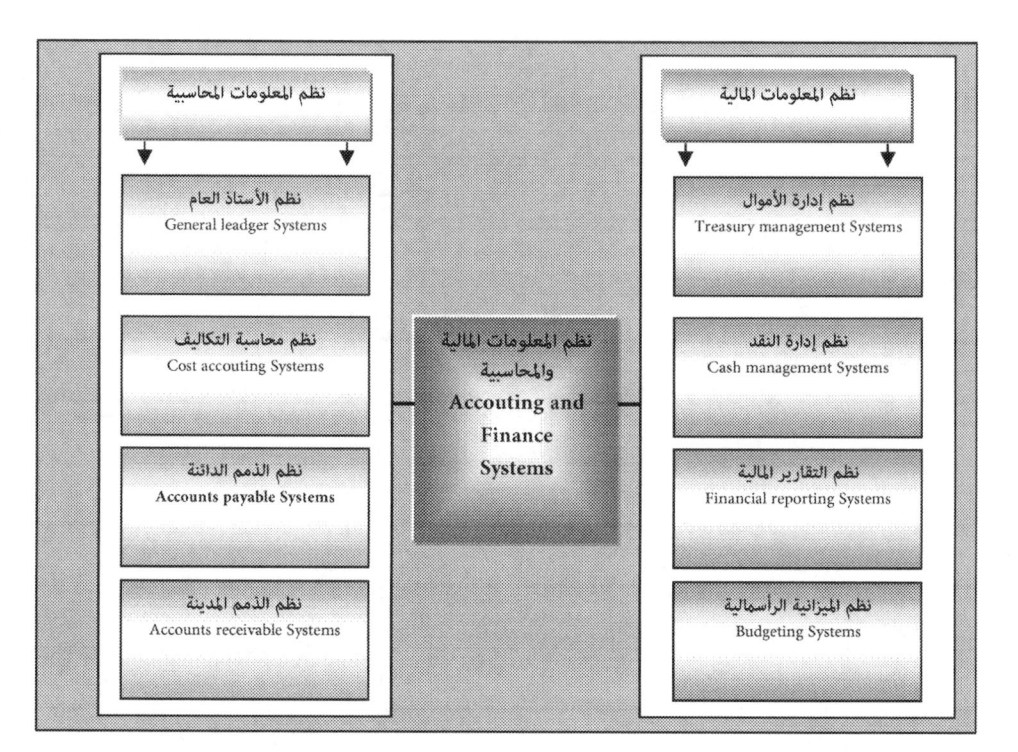

Source: Kroenke, David M. (2007). ***Using MIS***. Upper Saddle River, New Jersey: Pearson Education, Inc., p. 199.

وتتكوّن نظم المعلومات المالية والمحاسبية من:

1.3.2.1.3. نظم المعلومات المحاسبية(7، 8).

Accounting Information Systems/ AIS

نظم معلومات تنتج المعلومات المرتبطة بالأنشطة المحاسبيّة، فهي نظم تُستخدم لتأمين إنتاج التقارير حول تدفق النقد في المنظمة على قاعدة تاريخية فهي تُسجّل وتتابع التقارير حول مبادلات الأعمال والأحداث الاقتصادية لإخراج الموازنات المختلفة مثل: ميزان المراجعة، والميزانية العامة، ويتوفّر العديد من برمجيات تطبيقات المحاسبة لخدمة الأغراض المختلفة في الشركات، حتى تحفظ متابعة الأصول المالية للشركة والتدفق

النقدي فيها. وتربط هذه النظم مجموعة من المهارات في تخصصين ومجالين للخبرة هما المحاسبة وتكنولوجيا المعلومات.

إذ تتحقّق أغراض نظم المعلومات المحاسبية من خلال مجموعة من نظم معالجة المعاملات، **والتي تُشكّل نظم فرعية في نظام المعلومات المحاسبية وهي:**

1. نظم الأستاذ العام General Ledger Systems

نظم تعمل على تماسك البيانات المستقبلية من المدفوعات والمقبوضات النقدية، سجل الرواتب، نظم المعلومات المحاسبية الأخرى والتي تقفل في نهاية السنة لإخراج الميزانية العمومية، مما يُؤدي إلى دقة أعلى وكلف أقل في تقدير كمية النقد المحتفظ بها.

2. نظم محاسبة التكاليف Cost accouting Systems

تحدد نظم محاسبة التكاليف للمستخدمين الداخليين كلفة تزويد منتج خاص، أو خدمة خاصة على الشركة.

3. نظم الذمم الدائنة Accounts Payable Systems

نظم معلومات تنتج المعلومات المرتبطة بالذمم الدائنة فتُساعد على تتبع المعلومات الخاصة بالمشتريات والمدفوعات، والمحافظة على علاقة جيدة مع الموردين، وتزويد الإدارة بالمعلومات التي تحتاجها لتحليل المدفوعات، تكاليف الشراء، حسابات العمال، والمطلوبات النقدية. كما تُساعد نظم المعلومات المحاسبية عموماً على التعامل مع النقد الإلكتروني، وهو نظام دفع آلي يحتوي على قيمة مالية مُبرمجة، ومُخزّنة على بطاقة ذكية، يمكن استخدامها كورقة مالية، ويتم سحب قيمة الورقة المالية عند استخدامها، وتُستخدم في تطبيقات متنوعة خاصة في المدفوعات البسيطة عند الحصول على معلومات من شبكة الاتصال الواسعة (WAN)، أو التبادلات التجارية البسيطة المعتمدة على نظام بطاقة الائتمان (Credit Card)، فهو ترحيل على الحساب عند المشتريات الصغيرة[9].

4. نظم الذمم المدينة Accounts Receivable Systems

نظم معلومات تنتج المعلومات المرتبطة بالذمم المدينة فتساعد على الاحتفاظ بسجلات حول مشتريات العملاء، ومدفوعاتهم، كما تُصدر فواتير سجلات العملاء، كما

تُساعد في مراقبة عدد العملاء المدينين، وحجم المديونية عليهم، ويُساعد هذا النشاط في الاحتفاظ بأعلى ربحية مُمكنة في المبيعات الآجلة مع الحفاظ على أقل مستوى للديون المعدومة.

ومن الجدير بالملاحظة أن هناك العديد من نظم معالجة المعاملات (TPS) الأخرى في نظم المعلومات المحاسبية مثل: نظم معالجة الطلبية (Order Processing Systems) والتي تعمل على تتبع أوامر العملاء، بيانات الإنتاج التي نحتاجها لتحقيق البيع، ومراقبة وتحليل المخزون وتُزوّد بسرعة وبدقّة وبطريقة فعّالة سجلات أوامر العملاء ومعالجة المبيعات، كما تُزوّد نظم مراقبة المخزون بالمعلومات لقبول الأوامر التي يُمكن تنفيذها بسرعة. ونظم سجل الرواتب (Payroll Systems) والتي تعمل على استدامة البيانات حول دوام العمال، سجلات الموظفين، وإصدار الشيكات للعمال بمستحقاتهم، والمتطلبات الأخرى سواء للحكومة أو المؤسسات الأخرى بدقّة.

2.3.2.1.3. نظم المعلومات المالية[10]. Financial Information Systems

نظام معلومات ينتج معلومات مرتبطة بالأنشطة الماليّة للشركة، ويمثّل مجموعة من الطرق والإجراءات تدعم المديرين الماليين في اتخاذ القرارات المالية، وتخصيص ومراقبة الموارد المالية في الأعمال.

وتتحقّق أغراض نظم المعلومات المالية من خلال مجموعة من نظم معالجة المعاملات، **والتي تُشكّل نظم فرعية في نظام المعلومات الماليّة منها:**

1. نظم إدارة الأموال Treasury Management Systems

تستثمر العديد من الشركات النقد الزائد في الأوراق المالية (الأسهم، والسندات)، والأصول الحقيقية، سواء بمدد قصيرة أو طويلة، ومن هنا فإن نظم الإدارة المالية تُساعد المدير على تحديد المحفظة المالية للشركة لتقليل المخاطر وتعظيم الفوائد. ويُمكن لنظم المعلومات أن تدعم إدارة الاستثمار عن طريق: تأمين التقارير المالية والاقتصادية، والتحليل المالي.

2. نظم إدارة النقد Cash Management Systems

تجمع نظم إدارة النقد المعلومات حول النقد الداخل والخارج للمنظمة، وهذا يسمح لها بالتصرف بطلب الوديعة أو استثمار الأموال الفائضة سريعاً، كما يُقدّم النظام تقارير يومية، أسبوعية، شهرية عن تدفقات النقد اليومي المتوقّعة، مما يُساعد على تحديد البدائل المالية اللازمة، واستراتيجيات استثمارها.

3. نظم التقارير المالية Financial Reporting Systems

تعمل نظم التقارير المالية على حفظ نتائج السجلات والتقارير المالية للمستثمرين والدائنين والمستخدمين الخارجيين مثل الحكومة.

4. نظم الميزانية الرأسمالية Budgeting Systems

تتضمن الميزانية الرأسمالية تقييم الربحية، التمويل، كما تساعد النظم في تحليل مخاطر التدفق النقدي، والربحية؛ لتحديد المزيج الأمثل لرأسمال المشروع.

4.2.1.3. نظم معلومات الموارد البشرية [11].
Human Resources Information Systems.

نظام معلومات ينتج المعلومات المرتبطة بأنشطة الموارد البشريّة، فهو مجموعة من الطرق والإجراءات تعمل على إدامة سجلات الموظفين والأشراف على مهاراتهم، الأداء الوظيفي، تدريب ودعم تعويضات العمال، وتطوير المسار الوظيفي. إذ أنّ غاية إدارة الموارد البشرية هي تحقيق الفاعلية والكفاءة في استغلال الموارد البشرية.

تُساعد نظم معلومات الموارد البشرية على المستوى التشغيلي في الإشراف على الاستقطاب والإحلال في عمالة الشركة. كما يُمكن أن تنتج تقارير مُتنوّعة فيما يتعلق بالعمال، وتصنيف الموظفين حسب مؤهلاتهم، ونوع العمل، وتقييم الأداء لأغراض مختلفة.

وعلى المستوى الإداري تُساعد نظم معلومات الموارد البشرية المديرين على استقطاب وتعويضات العاملين. أما على المستوى المعرفي فأنها تدعم تحليل الأنشطة المرتبطة بتصميم العمل، والمسارات الوظيفية.

وأخيراً تُحدّد نظم معلومات الموارد البشرية على المستوى الاستراتيجي متطلبات القوى العاملة من مهارات، تَعلّم، وبما يتفق وخطط المنظمة طويلة الأجل. ويُبيّن الشكل (3. 5.) نظم معلومات الموارد البشرية.

الشكل 3. 5. نظم معلومات الموارد البشرية

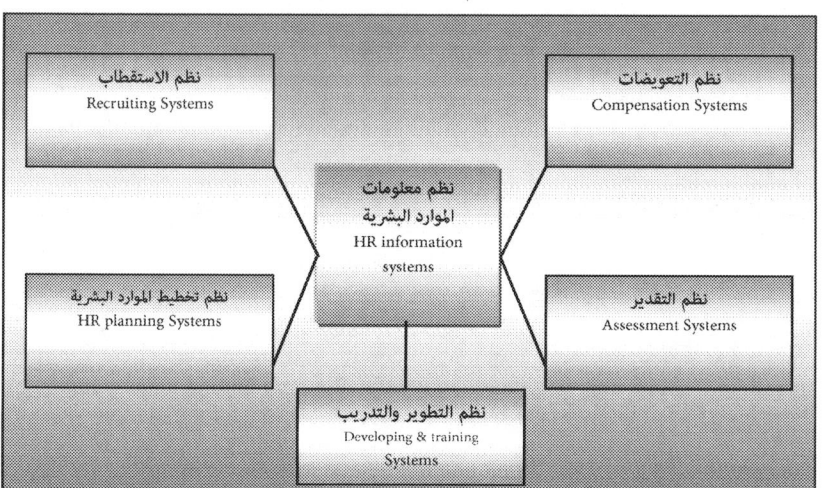

Source: Kroenke, David M. (2007). **Using MIS**. Upper Saddle River, New Jersey: Pearson Education, Inc., p. 198.

تدعم نظم معلومات الموارد البشرية عموماً الاستقطاب، والتعويضات، وتطوير وتدريب موظفي المنظمة.

وتتحقّق أغراض نظم معلومات الموارد البشرية من خلال مجموعة من نظم معالجة المعاملات، والتي تُشكّل نظم فرعية في نظم معلومات الموارد البشرية ومنها[12]:

1. نظم التعويضات Compensation Systems
تتضمن نظم التعويضات سجل الرواتب لكل من يعمل مع المنظمة سواء بعقود داخلية أو من الخارج كالمستشارين، وكذلك العاملين مع المنظمة على أساس الساعات، وتتبع العطل والاجازات، كما تدعم أيضاً خطط التقاعد للموظفين، والعناية الصحية، والفوائد الأخرى للموظفين.

2. نظم التقدير Assessment Systems

تهتم نظم تقدير الموظفين بوضع معايير العمل، الوصف الوظيفي لدعم تقدير أداء العاملين، وكذلك زيادة قدرة تقييم الموظف لنفسه ولتكون قاعدة لزيادة التعويضات والترقية.

3. نظم التطوير والتدريب Developing & training Systems

تختلف نظم التطوير والتدريب من شركة لأخرى حيث تضع بعض المنظمات خطأً رسمياً للمسار الوظيفي من حيث المهارات والخبرات ومتطلبات التدريب المختلفة لكل وظيفة.

4. نظم الاستقطاب Recruiting Systems

تهتم نظم الاستقطاب الحديثة بجميع أبعاد النشاطات من طرق الاستقطاب المختلفة والتي قد تكون بسيطة أو معقد حسب نظام الشركة.

5. نظم تخطيط الموارد البشرية Human Resources planning Systems

تدعم نظم تخطيط الموارد البشرية تخطيط الوظائف، وهـذا يتضمن تـأمين ونشر ـ معايير معيارية لتصنيف الوظائف ومستوياتها، كما يتضمن تحديد المتطلبات المستقبلية للمستويات المختلفة من العاملين والخبرات والمهارات والعوامل الأخرى المطلوبة.

وعُموماً فإن نظم معلومات الموارد البشرية تدعم الأنشطة والوظائف الآتية:

1. مراقبة البرامج، والسياسات.
2. التخطيط لمقابلة احتياجات الموظفين للأعمال.
3. إعداد رواتب الموظفين، تقارير جداول الرواتب.
4. إدامة سجلات دائرة الموظفين.
5. تحليل استخدام سجلات الموظفين في عمليات الأعمال.
6. دعم الاستقطاب، الاختيار، والاستئجار.
7. الإحلال الوظيفي.
8. تقييم الأداء.
9. تحليل استحقاقات العمال المختلفة من رواتب وتعويضات وغيرها.

10. تطوير برامج تحليل المسار الوظيفي؛ لتحديد طرق التطوير، التدريب، والتقييم.
11. مراقبة برامج الصّحة، السّلامة، والأمان في الشركة.

2.3. نظرة إلى نظم إدارة سلسلة التزويد[13].

Overview of Supply Chain Management Systems/ SCM systems.

نظم معلومات تعمل على أتمتة تدفّق المعلومات بين الشركة ومزوديها لتعظيم التخطيط والمرجعية والتصنيع وتوصيل المنتجات إلى الزبائن.

وتعتبر نظم إدارة سلسلة التزويد من النظم التنظيميّة المتداخلة (Inerorganizational Systems) لأنها تعمل على أتمتة تدفق البيانات عبر الحدود التنظيميّة.

تُعتبر نظم تخطيط موارد المؤسسة/ نظم المؤسسة إحدى نظم معالجة التبادلات المتقدمة، حيث تتعامل مع الوظائف بشكل متكامل في المؤسسة، بخلاف نظم معالجة المعلومات والتي تتعامل مع الأنشطة الوظيفية بشكل منفصل.

كما يعمل نظام تخطيط موارد المؤسسة على قاعدة تكامل تطبيقات الأعمال، أو النماذج؛ لدعم العمليات ضمن المبادلات الوظيفية في المؤسسة على قاعدة تكامل وتعاون جميع الوظائف والأقسام في المؤسسة في نظام معلومات قادر على تلبية احتياجاتها مع تحقيق الفاعلية والكفاءة في الأداء مثل: سجلات الرواتب، المحاسبة، الذمم المدينة، الذمم الدائنة، تخطيط متطلبات المواد، إدارة الطلبات، السيطرة على المخزون، وإدارة الموارد البشرية[14].

ويُمكن أن تُشترى برمجيات نظام تخطيط موارد المؤسسة من المورد بالكامل، كما يُمكن للشركة أن تشتري نظام فرعي من هذه النماذج وتمزجها مع نظام آخر من مُورّد آخر، أو مزجها مع التطبيقات الموجودة في الشركة.

ويبين الشكل (3. 6.) آلية عمل نظم المؤسسة.

الشكل 3. 6. نظم المؤسسة

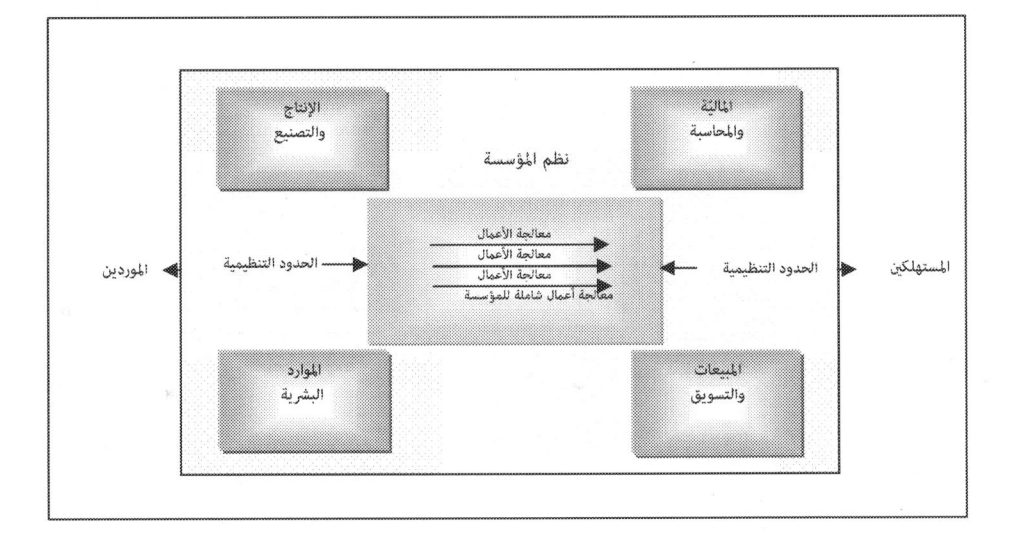

Source: Laudon, Kennth C., & Laudon, Jane P. (2006). *Management Information Systems: Managing the Digital Firm* (9th ed.). New Jersey: Prentice-Hall International, Inc., p. 57.

تجمع نظم المؤسسة البيانات من مختلف الأعمال والأنشطة الرئيسة سواء الإنتاج والتصنيع، المحاسبة، المالية، المبيعات والتسويق، والموارد البشرية. ثم تُخزّن البيانات في مخزن نظام برمجيات مُوحّد، والذي يُمكن أن يُستخدم من قبل الأجزاء الأخرى في المنظمة، حيث تُركّز هذه النظم مبدئياً على تكامل المعالجات بين الوظائف المختلفة[15].

كما تقوم برمجيات نظم المؤسسة بتعزيز جودة المنتجات بالتنسيق مع المورد حيـث يمكن للمؤسسة أن تربط نظم المؤسسة مع نظم الموردين، الصانعين، الموزعين، تجـار التجزئة، أو ربط نظم المؤسسة مع نظم إدارة سلسلة التوريد، وإدارة علاقات المستهلكين.

وتختلف نظم المؤسسة عن الطرق التقليدية في نظم معالجة المعاملات بتطـوير، أو شراء تطبيقات الأعمال على الأقل بطريقتين:

أ. تتكامل نماذج نظم المؤسسة رئيسياً مـن خـلال قواعـد عامـة تعالـج المبـادلات في منطقـة واحدة، ومثال ذلك أن استقبال طلب معين سيعطي أثراً من التبادلات ينعكس فوراً في جميـع المناطق الوظيفية ذات العلاقة مثل: المحاسبة، جدولة الإنتاج، المشتريات.... .

ب. تملك نماذج نظم المؤسسة تصاميم تعكس قاعدة خاصة في المعالجة، بخلاف نظم المعلومات الوظيفية الأخرى، إذ ترتكز على نظرة سلسلة التوريد في الأعمال، والتي تتعاون من خلالها المجالات الوظيفية في أعمالها، لذا فان الشركة عند استعمالها نظم المؤسسة لا بد أن تكون ملزمة بتغير معالجة الأعمال فيها بما يتفق والنظام الجديد.

ومن الأمثلة على نظم المؤسسة هو نظام (SAP R/3)، والذي طُوّر من قبل شركة ألمانية تدعى (SAP AG) ويعتبر نظاماً كلياً متكاملاً يتيح للمؤسسات أتمته العديد من العمليات، ويتعامل مع العديد من اللغات العالمية؛ إذ يتعامل مع سبع مناطق تطبيقية هـي: إدارة سلسلة التوريد، إدارة دورة حياة المنتج، إدارة رأس المال البشري، المالية، استخبارات الأعمال، إدارة علاقات الزبون، التجارة الإلكترونية.

3.3. نظرة إلى نظم إدارة المعرفة.
Overview of Knowledge Management Systems.

تُمثّل المعرفة توافق المعلومات والمهارات والخبرة إضافة إلى آراء الخبراء لتُؤدّي إلى أصول ثمينة يمكن استخدامها لمساعدة متخذ القرار[16], ويمكن أن تكون المعرفة صريحة (Explict) و/أو ضمنية (Tacit) كما يمكن أن تكون مرئيّة (Vidual) و/ أو تجميعية (Collective).

أما إدارة المعرفة (KM) فهي إدراك المنظمة إلى الكيفيّة التي تجعل تطبيقات المعرفة مفتاحا في إضافة قيمة وتميّز للمنتجات والخدمات في المنظمة[17].

إنها مجموعة معالجات مطوّرة في المنظمة لتأمين وجمع وتخزين وإدامة نشر المعرفة واستخدامها من قبل متخذ القرار.

دور نظم إدارة المعرفة في المنظمة[18].
Role of Knowledge Management Systems in the Entreprise.

(1) تأمين المعرفة Creating Knowledge تعمل هذه النظم على تجهيز العاملين في الحقل المعرفي بالرسومات والتحليلات، والاتصالات ووسائل إدارة الوثائق، إضافة إلى الوصول إلى مصادر المعلومات والمعرفة الداخلية والخارجية.

(2) اكتشاف وترميز المعرفة Discovering and Codifying Knowledge تستطيع نظم المعرفة أن تستنبط وتدمج الخبرات لغرض إيجاد نماذج وعلاقات مختلفة لغرض اكتشاف معارف جديدة.

(3) المشاركة بالمعرفة Knowldge Sharing تساعد نظم التعاون الجماعية في العمل معاً، ومن مواقع مختلفة والتنسيق بين أنشطتهم.

(4) توزيع المعرفة Knowldge Distributing تستطيع نظم المكتب وأدوات الاتصال تأمين الوثائق والأشكال الأخرى من المعلومات وتوزيعها على العاملين في مجال المعلومات والمعرفة بغرض ربط وحدات الأعمال المختلفة داخل الشركة وخارجها.

4.3. تكامل وظائفية النظم Integration of Systems Functionality

لقد صُمّمت نظم المعلومات تقليدياً لخدمة كل وظيفة في المؤسسة، ولدعم النشاطات الخاصة بها، ولزيادة الفاعلية والكفاءة فيها.

ولكن في عصر المعلومات والعولمة لم يعد مُناسباً خدمة النشاطات والوظائف في المؤسسة كل على حدة، حيث تَطوّرت المنظمات وامتدت في دول وقارات عدة، وتغيّرت الهياكل التنظيمية التي تملكها، واتجهت من الهياكل العمودية إلى الهياكل الأفقية، لذا لا بد من العمل على تكامل نظم المعلومات الوظيفية المختلفة، وكسر الحواجز بين الأقسام في مواقع العمل المختلفة المتباعدة، والعمل على تأمين المعلومة المناسبة لمن يطلبها بالسرعة والدقة المناسبة، فالمعلومة هي ملك لجميع أعضاء المنظمة، إذ أن معالجة الأعمال المركزية أصبحت تتضمّن عدة نشاطات وظيفية في آن واحد، فأي أمر شراء صادر من الزبون ما هو إلا نتاج نظم إدارة علاقات الزبون، ويلزمه تعاون عدة أقسام مثل: التسويق، المحاسبة، والمالية.. . لذا لا بد من ربط جميع المديرين في الوظائف المختلفة، من خلال نظام شامل للمعلومات.

ويُمكن للمؤسسة أن تحقّق التكامل بين نظم المعلومات الوظيفية من خلال:

1.4.3. ربط نظم المعلومات المتاحة.
Connect the Extant Information Systems.

تهدف هذه الطريقة إلى زيادة فاعلية النظم المتوفرة في المنظمة، من خلال ربط النظم الوظيفية المختلفة بالشبكات، الإنترنت، وقواعد البيانات المختلفة، مما يُسهم في إضافة تطبيقات جديدة لهذه النظم، ويعمل على زيادة مدة صلاحيتها للاستخدام، كما يعمل على توفير الأموال اللازمة، ويُساهم أيضاً في زيادة فاعلية وكفاءة النظم الوظيفية المختلفة.

2.4.3. فرق التقاطع الوظيفي Cross - Functional Team

تكون فرق التقاطع الوظيفي في هذه الطريقة مسؤولة عن إعداد أعمال كاملة، ولكن هذا يتطلب معلومات لإعادة هندسة المعالجة وقد يكون ذلك مكلفاً.

3.4.3. استخدام تغيرات ثانوية في معالجة الأعمال والهيكل التنظيمي.

يُمكن للشركة أن تستخدم التكنولوجيا لتأمين تغيرات ثانوية في معالجة الأعمال والهيكل التنظيمي، ولكن ذلك يتطلب وجود سلسلة توريد فعالة، حيث تستخدم الشركة مجموعة متكاملة من البرمجيات في مجالات وظيفية عدة مثل: النظام الشامل للتصنيع، إدارة سلسلة التوريد، حيث تتمكّن من التعاون مع المزودين، المستهلكين لتقليل حجم المخزون، وتوفير مصدر رئيس للمعلومات المرتبطة بالمشتريات والمبيعات والتصنيع والتوزيع لاستخدامها من قبل الأقسام المختلفة في عملية التخطيط.

4.4.3. المدخل المتكامل[19] Integrated Approach

يُبيّن الشكل (3 .7.) التكامل بين المناطق الوظيفية، ونظم معالجة المعاملات، ونظم المؤسسة ضمن المدخل المتكامل.

الشكل 3. 7. التكامل بين المناطق الوظيفية ونظم معالجة المعاملات
ونظم إدارة علاقات الزبون ضمن المدخل المتكامل

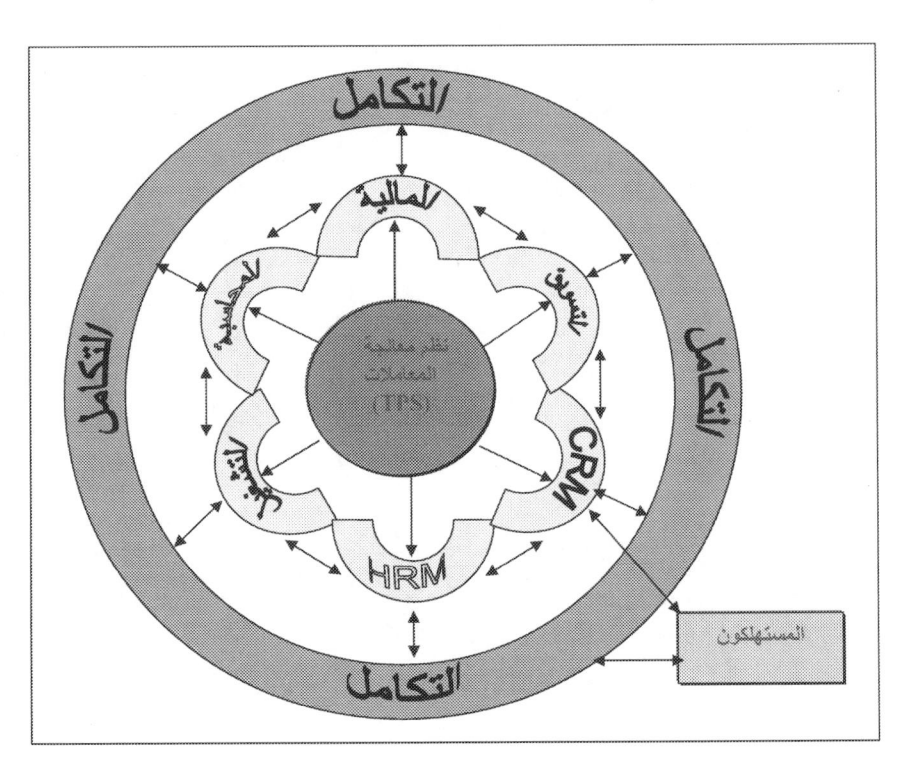

Source: Turban, Efraim; McLean, Ephraim., & Wetherbe, James (2002). ***Information Technology for Management: Transforming Business in the Digital Firm*** (3rd ed.). New York: John Wiley & Sons, Inc., p. 278.

يحتفظ المدخل المتكامل بالأقسام الوظيفية، ويُؤمّن نظم معلومات داعمة لمساعدة الاتصالات، التعاون، السيطرة والمراقبة حيث تصبح الوظائف المختلفة قادرة على استيعاب البراعة اللازمة للسير في الأعمال، إذ تعمل على استيعاب العمليات بشكل مُكثّف في المناطق الوظيفية، وزيادة الإنتاجية والجودة والسرعة وخدمة المستهلكين. كما تعتمد الطريقة المتكاملة على التكامل بين المناطق الوظيفية، ونظم معالجة المعاملات، ونظم إدارة علاقات الزبون حيث تعمل المناطق الوظيفية المختلفة، إدارة علاقات الزبون، والعلاقات المتكاملة، على تدفّق المعلومات من نظم معالجة المعاملات إلى النظم الوظيفية

بطريقة أكثر سلاسة، حيث تتدفق المعلومات بين/ ووسط النظم الوظيفية عبر المكونات المتكاملة.

ويلاحظ أن المدخل المتكامل يحوي النظم الوظيفية المختلفة، ونظم معالجة معاملات مركزية، ونظم إدارة علاقات الزبون، ولكنها تتكامل فيما بينها عن طريق:

أ. ربط جميع النظم الوظيفية في علاقات متبادلة.

ب. ربط النظم الوظيفية مع نظم معالجة المعاملات بشكل مركزي حيث يتزوّد كل نظام بما يلزمه من معلومات.

ج. يسمح التكامل في النظام بالاتصال مع الزبائن للتعرّف على رغباتهم واحتياجاتهم؛ لتقديم الخدمات والمنتجات المناسبة في المكان والزمان الصحيح.

5.3. حالات دراسية/ الفصل الثالث.

1.5.3. الشركة العربيّة للتصنيع.

لقد أنهت فاطمة نهار درجة الماجستير في نظم المعلومات الإداريّة، وتم تعيينها رئيسة لقسم نظم المعلومات الإداريّة في الشركة العربية للتصنيع، وبعد دراسة مستفيضة للنظم في تلك الشركة وجدت أن الشركة تملك أقساماً وظيفية واضحة المعالم يملك كل منها نظاماً مستقلاً يخدم الأنشطة المختلفة في ذلك القسم مثل: نظم معلومات التسويق، نظم معلومات التصنيع والإنتاج، نظم معلومات الماليّة والمحاسبة ، ونظم إدارة الموارد البشرية. كما وجدت أن هناك عدداً من نظم معالجة المعاملات، ونظاماً لعلاقات إدارة الزبون. ولكن فاطمة وجدت أن هناك شكاوي مختلفة من أغلب الأقسام بتأخير وصول المعلومات إليها وانسيابها.

ما هي الطرق المتاحة من وجهة نظرك لمعالجة هذه المعضلة التي تواجهها الشركة بحيث تحقق انسياباً مقبولاً للمعلومات داخل الشركة.

2.5.3. شركة ألبينا تتحرّك أسرع بنظم المؤسسة[20].

Alpina Moves Faster with Enterprise Systems

تعتبر شركة ألبينا (Alpina) ذات ملكيّة خاصة، موقعها الرئيسي في بوقوتا/ كولومبيا، وتنتج الشركة منتجات تتعلق بالحليب ومشتقاته، إذ تنتج أكثر من (400000) لتر من الحليب يوميا وتبيع أكثر من (200) منتج في كولومبيا، ووسط وشمال أمريكا، بالإضافة إلى ما تبيعه من أجبان مختلفة، ألبان، مرطبات ذات صلة بالحليب، ومشروبات. علما انه يوجد لدى شركة ألبينا (Alpina) (21) مكتب بيع، في الإكوادور، فنزويلا، ولديها (3400) موظف، وتجهز (72 مليون) طلبيّة.

إن هذه التكوينة من المنتجات تشكل حجم سوق لشركة (Alpina) وتحتاج إلى حجم توصيل عالي، مما خلق لها العديد من مهمات إدارة سلسلة التوريد. إذ تحتاج منتجات الحليب إلى تبريد بشكل مستمر، علما أن معدل عمر المنتج وهو على الرف (21) يوم. ومن هنا فان على الشركة أن توصل المنتجات مباشرة إلى المحلات أو الموزعين خلال (24) ساعة بعد استلام الطلبية.

تسعى الشركة إلى أن تتوسع إلى مناطق جديدة والتصدير إلى أسواق جديدة من خلال المحافظة على مستوى عال من جودة المنتج، والكفاءة في الخدمة الإنتاجية. مما يوجب عليها أن تواكب التحولات الاقتصاديّة في المنطقة، والطلب المستمر من قبل المستهلكين لأسعار أقل، إضافة إلى ظهور عدد من المنافسين العالميين والمحليين الجدد، ورغم كل ذلك فإن الشركة كانت تضاعف من مبيعاتها كل سنتين. ولكن أنظمة معلوماتها لم تكن بمقدورها دعم سرعة نموها.

إن شركة ألبينا (Alpina) كانت قد بنت سلسلة أنظمة ولكنها لم تكن متكاملة إذ كانت تعمل بمعزل عن بعضها البعض، فلم يكن لديها سبيل للاتصال أو الاندماج بالمعلومات على مستوى الشركة الكلي.

لقد قامت الشركة من اجل السيطرة على زيادة الإنتاجية ومواجهة المنافسين بتجهيز برنامج تخطيط موارد الشركة (Enterprise Resource Planning Software) وذلك من اجل إيجاد نظم متكاملة لعمليات التصنيع، الإدارة اللوجستيّة للوظائف الماليّة والإدارية والوظائف التجاريّة. وقد بدأت الشركة مشروعها بأجزاء للبرنامج من عدد من البائعين، ولكن في النهاية استخدمت برنامج سلع رزم المستهلك (CPG) بهدف تكامل الوظائف المختلفة، وقد جهزت ذلك البرنامج في مصانع الإنتاج ومكاتب البيع.

لقد مكّن النظام الجديد شركة ألبينا (Alpina) من تخفيض مخزونها على أساس التخطيط وتخزين المواد الأولية، والمنتجات المصنعة، كما استطاعت أن تقلل من دوران المواد الخام من (30) يوم إلى (25) يوم، وتخفيض دوران المنتجات المصنعة من (8) يوم إلى (5) يوم باستخدام نظام سلسلة التوريد الجديد.

لقد وفّر استخدام النظام الجديد على شركة ألبينا (Alpina) (2.7) مليون دولار كل سنة، كما استطاعت أن تخفض الكلف باستخدام المعلومات التي ينتجها النظام لكي تدمج محولات التوصيل وإيجاد وجهات توصيل كفؤة. إذ ساعد النظام الشركة في تخفيض عدد الشاحنات في مراكز التوزيع الرئيسة بنسبة (15%) سنوياً، وتوفير (200000) $ سنوياً من تكاليف النقل. وتوفير المعلومات حول أيّ من المنتجات، النكهات، الأحجام الأكثر طلباً في محلاتهم.

6.3. أسئلة للمراجعة/ الفصل الثالث.

أولا: أجب عن الأسئلة التالية.

1. ما هي السّمات الرئيسة لنظم المعلومات الوظيفية؟

2. كيف يمكن للشركة أن تحقّق التكامل بين نظم المعلومات الوظيفية؟

ثانيا: أكمل الجمل التالية.

1. تحوي الطريقة المتكاملة (Integrated Approach) النظم الوظيفية المختلفة، ونظم معالجة معاملات مركزية، ونظم إدارة علاقات الزبون، ولكنها تتكامل فيما بينها عن طريق:

   أ. .... ب. .... ج. ....

2. من النظم المستخدمة في التصنيع:

   أ. .... ب. ....

3. تتعامل نظم تخطيط موارد المؤسسة (ERPs) مع الوظائف بشكل متكامل في المؤسسة بخلاف نظم معالجة المعاملات (TPS) في النظم الوظيفيّة والتي تتعامل مع الأنشطة الوظيفية بشكل ....

4. تختلف نظم المؤسسة عن الطرق التقليدية في (TPS) نظم معالجة المعاملات بتطوير أو شراء تطبيقات الأعمال على الأقل بطريقتين هما:

   أ. .... ب. ....

5. تعمل نظم إدارة علاقات الزبون (CRM) على زيادة التفاعل بين .... و

ثالثاً: ضع دائرة حول الجواب الصحيح.

1. يعمل نظام سلسلة التوريد Supply Chain System ضمن أنظمة مُتعدّدة تتكامل لتسهيل التنسيق ورفع كفاءة المنشأة من خلال:

أ. المدخلات، المعالجة، المخرجات.

ب. بيانات، معالجة، مخرجات.

ج. الموارد، نظام التوزيع في المؤسسة، المستهلك.

د. المالية والمحاسبة، الإنتاج والعمليات، التسويق والمبيعات، والموارد البشرية.

2. تكون الشركة ملزمة بتغيير الهياكل وطرق معالجة الأعمال ونماذج التكنولوجيا عند استخدامها نظام:

أ. نظم دعم المديرين التنفيذيين ESS

ب. نظم موارد المؤسسة ERP

ج. نظم الموارد البشرية HRM

د. نظم دعم القرار DSS

3. يُمكن أن تعمل نظم المعلومات الوظيفية Functional Information Systems عبر تقاطع مستويات تنظيمية وتقاطع أقسام مختلفة حيث يخدم النظام في هذه الحالة أكثر من مستوى وظيفي في المنظمة ويُسمّى عندئذ:

أ. نظم العمل المعرفي Knowledge Work Systems

ب. نظم المعلومات الوظيفية Functional Information Systems

ج. نظم المعلومات الإداريّة Management Information Systems

د. نظم المعلومات المتكاملة عمودياً
Vertically Integration Information Systems

4. يُعتبر نظام معلومات الموارد البشرية من:
Human Resource Information Systems.

أ. نظم المستوى التشغيلي Operational- Level Systems

ب. نظم مستوى مراقبة الإدارة Management- Level Systems

ج. نظم مستوى المعرفة knowledge Work Systems

د. نظم المستوى الاستراتيجي Strategic- Level Systems

5. تُقدّم نظم إدارة علاقات الزبون الخدمات التالية عدا واحدة هي:

أ. تطوير رأي مشترك مع المستهلك.

ب. أتمتة العلاقة مع الزبون.

ج. السرعة والدقة في الوصول إلى الأسواق.

د. تأمين المدخلات اللازمة للسلعة.

6. إن الأساس في إدارة الزبون للمنشأة يُعتمد في الغالب عند استخدام نظم:

أ. نظم المعلومات الإدارية MIS

ب. نظم موارد المؤسسة ERP

ج. نظم مشغلي المعرفة KWS

د. نظم إدارة علاقات الزبون CRM

7. تمثّل النظم الفرعية التالية نظماً فرعية في نظم المعلومات المحاسبيّة تخدم من خلالها وظائف المحاسبة عدا واحدة هي:

أ. نظم إدارة الاستثمار Investment Management Systems

ب. نظام معالجة الطلبيات Order Processing Systems

ج. نظم الذمم المدينة Accounts Receivable Systems

د. نظم الذمم الدائنة Accounts Payable Systems

8. تملك نظم المعلومات التسويقية العديد من النظم الفرعية (Subsystems) والتي تُقدّم الخدمات التالية من خلالها عدا واحدة هي:

أ. نظم نقاط البيع Point- of- Sale/ POS

ب. نظم التسليم Delivery Systems

ج. نظم إدارة النقد Cash Management Systems

د. نظم التنبؤ بالمبيعات Sales Forecasting Systems

9. تملك نظم المعلومات المالية العديد من النظم الفرعية (Subsystems) والتي تُقدّم الخدمات التالية من خلالها عدا واحدة هي:

أ. نظم التقارير المالية Financial Reporting Systems

ب. نظم الاستاذ العام General Ledger Systems

ج. نظم إدارة الأموال Theasury Management Systems

د. نظم الميزانية الرأسمالية Budgeting Systems

7.3. مراجع الفصل الثالث.

1. Turban, Efraim; McLean, Ephraim., & Wetherbe, James (2002). *Information technology for management: Transforming business in the digital firm* (3rd ed.). New York: John Wiley & Sons, Inc., p. 279.

2. Kroenke, David M. (2007). *Using MIS*. Upper Saddle River, New Jersey: Pearson Education, Inc., p. 196.

3. Laudon, Kennth C., & Laudon, Jane P. (2004). *Management information systems: Managing the digital firm* (8th ed.). New Jersey: Prentice-Hall International, Inc., p. 47.

4. Alter, Steven (2002). *Information systems: Foundation of e-business* (4th ed.). Upper Saddle River, New Jersey: Pearson Education, Inc., p. 180.

5. Kroenke, David M. (2007). *Op. Cit.*, p. 200.

6. *Ibid.*, p. 201.

7. O'Brien, James A. (2003). *Introduction to management information systems: Essential for the e-business enterprise* (11th ed.). Irwin: McGraw-Hill Companies, Inc., p. 241.

8. Martin, E. Wainright; Brown, Carol V.; Dehayes, Daniel W.; Hoffer, Jeffrey A., & Perkins, William C. (2002). *Managing information technology* (4th ed.). Upper Saddle River, New Jersy: Pearson Education, Inc., p. 179.

9. Alter, Steven (1999). *Information systems: A management perspective* (3rd ed.). Massachusetts: Addison-Wesley Educational Publishers, Inc., p. 15.

10. O'Brien, James A. (2003). *Op. Cit.*, p. 243.

11. *Ibid.*, p. 283.

12. Kroenke, David M. (2007). *Op. Cit.*, p. 197.

13. Laudon, Kennth C., & Laudon, Jane P. (2006). *Management information systems: Managing the digital firm* (9th ed.). Upper Saddle River, New Jersey: Prentice-Hall International, Inc., p. 57.

14. Martin, E. Wainright; Brown, Carol V.; Dehayes, Daniel W.; Hoffer, Jeffrey A., & Perkins, William C. (2002). *Op. Cit.*, p. 180.

15. Laudon, Kennth C., & Laudon, Jane P. (2006). *Management information systems: Managing the digital firm* (9th ed.). New Jersey: Prentice-Hall International, Inc., p. 56.

16. Chaffey, Dave, & Wood, Steve (2005). *Business information management*: *Improving performance using information systems*. Harlow, England: Pearson Education Limited, p. 223.

17. *Ibid.*, p. 227.

18. قنـديلجي، عـامر ابـراهيم، والجنـابي، عـلاء الـدين (2005). **نظـم المعلومـات الإداريـة وتكنولوجيا المعلومات**. الأردن، عمان: دار المسيرة للنشر والتوزيع والطباعة، ص. 86.

19. Turban, Efraim; McLean, Ephraim, & Wetherbe, James (2002). *Op. Cit.*, p. 278.

20. Laudon, Kennth C., & Laudon, Jane P. (2002). *Management information systems*: *Managing the digital firm* (International [ed.]). Upper Saddle River, New Jersey: Prentice-Hall Inc, P. 36.

21. O'Brien, James A. (1999). *Management information systems*: *Managing information technology in the work enterprise* (4th ed.). Irwin: McGraw-Hill Companies, Inc., P. 53.

الفصل الرابع
نظم الإسناد الإدارية
Managerial Support Systems

الفصـل الرابع
نظم الإسناد الإداريّة في المستوى الاداري والاستراتيجي
Managerial Support Systems
On Management and Strategic Level

أهداف الفصل:

- التعرّف إلى عوامل تعزيز اتخاذ القرارات في الشركات.
- التعرّف إلى خطوات عملية اتخاذ القرار.
- التعرّف إلى (نظـم دعـم القـرارات، نظـم دعـم القـرار الجماعـي، نظـم الـدعم التنفيذي، الذكاء الاصطناعي، النظم الخبيرة) ودورها في تعزيز القرارات.

محتويات الفصل:

الفصـل الرابع
نظم الإسناد الإداريّة في المستوى الاداري والاستراتيجي
Managerial Support Systems
On Management and Strategic Level

تتميّز نظم الاسناد الإداريّة في المستوى الاداري والاستراتيجي باهتمامها مباشرة بدعم المديرين المهتمين بالقرارات شبه المهيكلة والمهيكلة، حيث تهتم بتحليل البيانـات والمعلومـات المتعلقة بالبيئة الداخلية والخارجية للمنظمة.

لقد صُمّمت نظم دعم القرار (DSS) لمساعدة المدير في اتخاذ القرارات شبه المهيكلة وغير المهيكلة، كما صمّمت نظم دعم القرار الجماعي (GDSS) لتجعل المجموع يعملون كفريق عمل واحد رغم تباعد المسافة بينهم؛ ليصبحوا ذا إنتاجية أعلى، كما تعمل نظم دعم المديرين التنفيذيين (ESS) على تقديم ملخصاً مناسباً لمديري المنظمة ليساعد في اتخاذ القرارات الاستراتيجية، وأخيراً ظهرت النظم الخبيرة (ES) المعتمدة على الذكاء الاصطناعي لتحاكي نمط التفكير الإنساني؛ ولتخدم احتياجات المدير المختلفة. إن كل ما سبق من أجل تعزيز اتخاذ القرار في الشركات خاصة الشركات الإلكترونية.

1.4. تعزيز اتخاذ القرار في الشركات.

Enhancing Management Decision Making for the Firm.

يواجه اتخاذ القرار في الشركات بخاصة الشركات الإلكترونيـة بعـض التحدّيـات عنـد اتخاذ القرار منها:

1.1.4. التحديات التي تواجه اتخاذ القرار في الشركات الالكترونية [1].
أ. تحديات الإدارة Management Challenges

1. بناء نظم معلومات حقيقية يُمكن أن تساعد متطلبات المديرين التنفيذيين.
2. تأمين تقارير ذو معنى، ومعالجة صناعة اتخاذ القرار.

ويُمكن أن تُساعد نظم دعم المديرين التنفيذيين، ونظم دعم القرار في مواجهـة تلـك التحدّيات.

ب. استخبارات الأعمال Business Intelligence

هي تطبيقات وتكنولوجيا تُركّز على: تجميع، تخزين، تحليل، وزيادة إمكانية الوصول إلى المعلومات المرتبطة بالمشكلة؛ لمساعدة المستخدمين في صنع قرارات أعمال أفضل[2].

توصف أغلب نظم المعلومات للمساعدة في اتخاذ القرارات، ولكن (نظم دعم القرار، نظم دعم القرار الجماعي، والنظم الخبيرة) هي نظم خاصة من نظم المعلومات، صُمّمت صراحة لتعزيز عملية اتخاذ القرار الاستراتيجي، إذ أن بعض هذه النظم تُمثّل تطبيقات استخبارات الأعمال (Business Intelligence)، والتي تعمل على تجميع، تخزين، تحليل، والوصول إلى عدة مصادر من المعلومات؛ لمساعدة المستخدم في اتخاذ قرار أفضل.

تعمل هذه النظم على تعاون الأنشطة عبر الأعمال، وتتجاوب سريعاً للتغيّرات في الأسواق والمستهلكين.

إن (نظم دعم القرار، نظم دعم القرار الجماعي، النظم الخبيرة) يُمكن أن تدعم اتخاذ القرار على المستوى الاستراتيجي، حيث يمكن مثلاً: أن تُحدّد أعلى سعر يمكن الوصول إليه دون أن تُحقّق الشركة خسارة في الحصة السوقيّة، والإجابة على، ما هو مستوى المخزون الأمثل الذي يحقق أعلى كفاءة وأقل كلفة؟ ما هي الفرص والتهديدات في البيئة المحيطة التي يمكن استغلالها أو تفاديها؟ كما تُقدّم الاحتمالات الممكنة لمستوى المخرجات التي تُحقّق عائد معين؛ مما يُسهم في تحقيق الأهداف الاستراتيجية.

2.1.4. خطوات عملية اتخاذ القرار[3] Steps in Decision Process

إن فهم عملية اتخاذ القرار شيء أساسي لمعرفة الكيفيّة التي يُمكن أن تدعم بها نظم المعلومات عملية اتخاذ القرار بطريقة أو بأخرى.

ويُبيّن الشكل (4. 1.) خطوات اتخاذ القرار.

الشكل 4. 1. خطوات عملية اتخاذ القرار

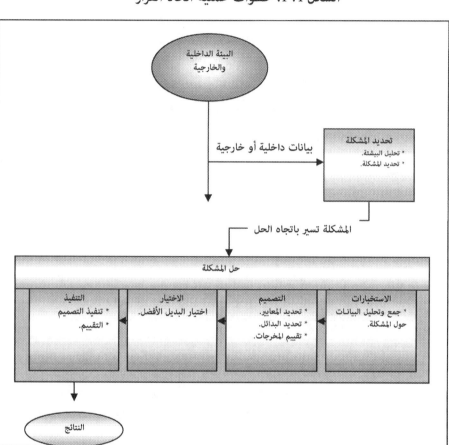

Source: Alter, Steven (2002). *Information Systems: Foundation of E-Business* (4th ed.). Upper Saddle River, New Jersey: Pearson Education, Inc., p. 121.

يتبيّن من الشكل (4. 1.) أن خطوات عملية اتخاذ القرار تتمثّل في:

أ. ايجاد المشكلة Problem Finding

يُمثّل تحديد المشكلة العملية التي توصل إلى صياغة المشكلة التي تسعى المنظمة لحلها، فتحديد المشكلة هو المفتاح الرئيس لزيادة فاعلية اتخاذ القرار. ويتضمّن تحديد المشكلة مسح البيئة الداخلية والخارجية، وتحديد المشكلة التي نرغب بحلها. وبعد أن يتم تحديد المشكلة نبدأ بالبحث عن حلّ لها.

ب. حل المشكلة Problem Solving

إنها عملية استخدام المعلومات، المعرفة، الحدس في حل المشكلة المُحدّدة سابقاً، وبناء نموذج الحل، حيث يتلقى البيانات الداخلية والخارجية التي يُمكن أن تساعد في حل المشكلة.

يكمن حل المشكلة في تجزءتها إلى أربع مراحل هي: استخبارات الأعمال/ المعلومات ذات الصلة بالأعمال، التصميم، الاختيار، والتنفيذ.

1. **استخبارات الأعمال Business Intelligence** تتضمّن جمع وتحليل البيانات المرتبطة بالمشكلة المحددة، وتكمن التحديات الرئيسة في مرحلة فهم استخبارات الاعمال في الحصول على بيانات كاملة ودقيقة، واستنتاج ما هي البيانات الدّالة على القرارات الحاضرة؟
2. **التصميم Design** يتضمّن التصميم دراسة نُظميّة للمشكلة، تأمين البدائل، وتقييم المخرجات، والتحدي الرئيس هو في السيطرة على المشكلة، تأمين بدائل حقيقية، تطوير بدائل، وإيجاد نماذج مناسبة لتنظيم النتائج.
3. **الاختيار Choice** تتضمّن هذه المرحلة اختيار البديل الأفضل، والتحدّي هنا يكمن في القدرة والسيطرة على حل التضارب في الأهداف والاهتمامات، وإدارة فريق اتخاذ القرار.
4. **التنفيذ Implementation** تتضمّن هذه المرحلة إبلاغ الآخرين بالقرار، وشرحه للأفراد المناسبين، ووضع القرار موضع التنفيذ، وتأسيس الاتصال المناسب لتبليغ القرار، وضمان سلامة تنفيذه. والتحدي الرئيس هنا يتضمّن في التأكد من أن يكون القرار والتنفيذ مفهوم للجميع، لأن المشكلة لا تعتبر محلوله حتى يوضع القرار موضع التنفيذ.

ج. النتائج Results وأخيراً ستكون النتيجة إما نجاح نتائج التنفيذ في حل المشكلة الأصلية، أو الفشل والذي سيعيدنا مرة أخرى إلى المراحل السابقة، والعودة إلى مراحل حل المشكلة من جديد. علماً أن نظام دعم القرارات يُقدّم عدّة نماذج تُساعد في معالجة التنفيذ[(4)].

2.4. الأنواع المختلفة لنظم الإسناد الإداريّة.
The Types of Managerial Support Systems.

تتمثّل نظم الاسناد الاداري بالنظم التي تُقدم المعلومات للإدارة العليا لمساعدتها في اتخاذ القرارات الاستراتيجية غير المهيكلة.

1.2.4. نظم دعم القرار (Decision Support Systems (DSS

هي مجموعة متكاملة من البرمجيات، الحزم الجاهزة، النماذج، أدوات المعالجة، تتفاعل مع البيانات والمعلومات لتقديم الحلول المقترحة، كما يُمكنها دمج عدة نماذج لتكوين نموذج مُتكامل، وتقديم برامج إدارة وإنتاج الحوار فهو يسمح لصانع القرار بالتفاعل مع النظام والتخاطب المباشر معه؛ لاسترجاع المعلومات التي تفيد في صنع القرارات شبه المهيكلة وغير المهيكلة. مثل: القرارات المتعلقة بالمنتجات الجديدة [6, 5].

تعمل نظم دعم القرارات على تزويد المستخدم بالمعلومات، النماذج، طرق واجهة المستخدم، والتي تستخدم بالكيفية التي يريدها المستخدم سواء عن طريق تحليل البيانات، الرسم البياني، والمحاكاة التي يطلبها الزبون، أو التركيز على النماذج في حالات أعمال خاصة[7].

1.1.2.4. ويُمكن توضيح مفهوم نظم دعم القرار من خلال مسمى النظام نفسه حيث نجد[8]:

نظم Systems حيث يحوي النظام على الأنشطة المختلفة المكونة له ويبنى بناء على حاجات المستفيدين الفعلية مع ملاحظة التغيرات البيئية التي يتعامل معها.

دعم Support إذ أن نظم دعم القرار تدعم، ولا تحل محل المدير في اتخاذ القرار، بل تهيء للمدير أساليب التحليل المناسبة للظاهرة المدروسة ويترك اتخاذ القرار النهائي للمدير.

القرار Decision حيث تُركّز نظم دعم القرارات على دعم الانتقال باهتمام المديرين من المستويات العملياتيّة إلى الاهتمام بحل المشكلات الإداريّة.

2.1.2.4. أنواع نظم دعم القرار Decision Support Systems Types

يوجد نوعين أساسين من أنواع نظم دعم القرار (DSS) هما[9]:

1. نظم دعم القرار الموجهة بالنماذج.

Model - Driven Decision Support Systems.

نظام انفرد في المقام الأول في استخدام بعض أنواع النماذج لإعداد تحليل لعبة (ماذا - لو) (What- if)، وهي استخدام نموذج رياضي لانجاز عمليات متكررة لمحاولة ايجاد بدائل مخرجات قرار، وأنواع أخرى من التحليلات، خاصة عندما تكون الأقسام تحت رقابة نظام المعلومات المركزي مثل: شركات الطيران.

2. نظم دعم القرار الموجهة بالبيانات.

Data - Driven Decision Support Systems.

نظام يدعم عملية اتخاذ القرار بالسماح للمستخدمين باستقصاء، وتحليل المعلومات المفيدة التي تكون مُخزّنة في قاعدة بيانات ضخمة. وغالباً ما تجمع نظم معالجة المعاملات البيانات والمعلومات من قواعد البيانات ووحدات الخزن لهذا الغرض. كما يمكن للمعالجة التحليلية الفورية (Online Analytical Processing/ OLAP)، والتنقيب عن البيانات (Data mining) أن تستخدم في تحليل هذه البيانات.

ولقد بدأت الشركات في بناء هذا النظام للاستفادة من بيانات المستهلكين التي تجمع من مواقع الشبكة الدولية والبيانات التي تجمع من نظام المنشأة معاً.

3.1.2.4. مكوّنات نظم دعم القرار.

Decision Support Systems Components

تتكون نظم دعم القرار بشكل رئيس من قاعدة بيانات، نظام برمجيات يستخدم لتحليل البيانات به العديد من أدوات المعالجة المختلفة، ثم واجهة المستخدم.

ويبيّن الشكل (4. 2.) مكوّنات نظم دعم القرار.

الشكل 2 .4. مكوّنات نظم دعم القرار

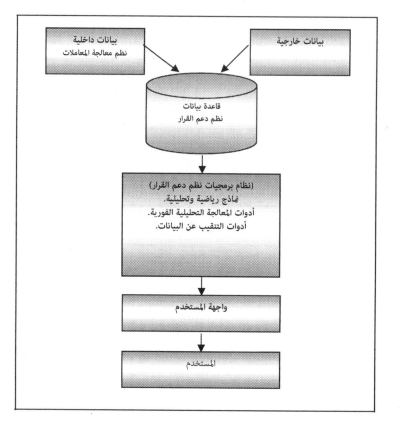

ource: Laudon, Kennth C., & Laudon, Jane P. (2006). *Management Information Systems: Managing the Digital Firm* (9th ed.). New Jersey: Prentice-Hall International, Inc., p. 469.

يُلاحظ من الشكل (2 .4.) أن نظم دعم القرار تتكوّن من الآتي:

1. **قاعدة بيانات نظم دعم القرار** Decision Support Systems Database

تُمثّل مجموعة من البيانات الحالية أو التاريخية المتراكمة المستمدة من عدد من التطبيقات أو المجموعات، ويمكن أن تكون قاعدة بيانات حاسب شخصي (PCs) ، أو مخزون قاعدة بيانات ضخمة (A massive Database Warehouse) تتجدّد باستمرار سواء من نظم معالجة المعاملات، أو من البيانات الخارجية التي يُمكن الحصول عليها.

2. نظام برمجية نظم دعم القرار.

Decision Support Systems Software System.

هي مجموعة من الحزم البرمجيّة الجاهزة أو نماذج تحليليّة ورياضيّة تستخدم لتحليل البيانات عن طريق [10]:

أ. مجموعة من نماذج رياضية وتحليلية.

ب. المعالجة التحليلية الفورية (OLAP)، طريقة تجعل المستخدم قادر على الاتصال مع مستودع البيانات من خلال أيّ من واجهة المستخدم البيانيّة أو واجهة الشبكة العنكبوتيّة، وهي قادرة على تحليل كميّة كبيرة من البيانات من خلال عدّة مناظير وانتاج البيانات بأشكال متنوعة ومنها البيانيّة. وقد ساهمت هذه الفكرة في معالجة صعوبات تحليل البيانات في قواعد البيانات التي تتجدّد باستمرار بواسطة نظم معالجة الحركات الفوريّة.

ج. التنقيب عن البيانات (Data mining) هي أدوات تعمل على تحليل كميّة مجمّعة من البيانات لايجاد علاقات بين بيانات غير معروفة للمستخدم، وايجاد نماذج وقواعد تستخدم كدليل لاتخاذ القرار والتنبؤ بالسلوك المستقبلي، ويُمكن استخدامها في ترويج التسويق مثل: إيجاد العلاقة بين المبيعات والدخل.

تُغطي برمجيات نظم دعم القرار الوظائف الإحصائية المختلفة مثل: الوسط، الوسيط، الانحراف المعياري، لوحة الانتشار؛ لتُعطي لإدارة المشروع القدرة على التنبؤ في مستقبل المخرجات عن طريق تحليل سلسلة من البيانات، وكذلك تملك القدرة على ايجاد العلاقات مثل: إيجاد العلاقة بين المبيعات، العمر، والدخل، كما تُقدم البرمجة الخطية لتحديد نماذج التنبؤ بالمبيعات. وكذلك استخدام نماذج تحليل الحساسية (Sensitivity analysis) والتي تجيب عادة على تحليل (ماذا - لو)، لتحديد أثر تغير عامل أو أكثر على المخرجات، وكذلك تُجيب على تحليل السعي نحو الهدف (Goal Seeking Analyses) والتي تُحدّد المدخلات الضرورية للوصول إلى المستوى المطلوب من المخرجات مثل: ما هو حجم المبيعات الذي يحقق أرباحا معينة؟

3. واجهة المستخدم User Interface

جزء من نظام المعلومات تمثّل اجهزة ومجموعة أوامر على الشاشة تمكّن المستخدم من التعامل والتفاعل مع النظام. فهي تعمل كتذكرة مرور للتفاعل بين مستخدمي النظام، وأدوات برمجيات النظام مثل: الجداول البيانية التي تُسهّل وتُعطي المرونة بين المستخدم ونظم دعم القرارات، حيث تُسهّل على المديرين الذين لا يملكون الدراية الكاملة في التعامل مع الأدوات المعقدة في النظام.

4.1.2.4. تطبيقات نظم دعم القرار في الشركات الرقمية.

1. إدارة سلسلة القيمة في الإدارة.
2. إدارة علاقات المستهلكين.
3. نظم المعلومات الجغرافية.

5.1.2.4. وظائف نظم دعم القرار[11] Decision Support Systems Functions

1. بناء النماذج Building Models

يُمكن بناء نموذج وصفي على شكل جدول ذي بعدين أو أكثر، حيث يحوي البعد الأول والثاني مثلاً على كشف دخل، في حين يحوي البعد الثالث على منتجات مختلفة، والرابع قد يحوي محلات بيع التجزئة. ويتضمّن تطوير النموذج تحديد العلاقات التي تربط مختلف الخلايا.

2. التخاطب مع النظام.

تسمح اللغات الإجرائيّة واللاإجرائيّة Procedural and Nonprocedural المستخدمة في نظم دعم القرارات للمستفيد بالتخاطب مع النظام سواء عن طريق اللغة الإجرائيّة حيث الخطوات المتتابعة المحددة على نفس الوتيرة، أو عن طريق اللغات غير الإجرائيّة حيث الخطوات المتتابعة وليس من الضرورة أن تتّخذ نفس الشكل، ولكن يلاحظ أن اللغة الإجرائيّة قد تكون أكثر فائدة.

3. الافتراضات ذات القيم المتزايدة/ ماذا – لو؟ (What - If)

تعمل افتراضات (ماذا - لو) على إظهار تأثير التغيّرات المحتملة على البيانات والافتراضات، حيث تُبيّن نظم دعم القرارات مثلاً: الأثر على نسبة الأرباح فيما لو زادت المبيعات بنسبة محدّدة.

4. التردد المستعاد Returned Frequency

يعمل على تبيان القيمة التي يجب أن تكون لمتغير مستقل كالمبيعات، لكي تتمكّن المنشأة من إنتاج قيمة مُستهدفة معينة لمتغير تابع كالربح. ومثال ذلك الإجابة على، ما هو النمو المطلوب في المبيعات لمضاعفة الأرباح؟

5. تحليل الخطر Risk Analysis

تُوفّر نظم دعم القرار تقديرات للاحتمالات المستقبلية، حيث يُجيب على تساؤل احتمالية وصول الربح إلى مستوى معين. ويُمكن الحصول على المعلومات اللازمة باستعمال المحاكاة.

6. التحليل الإحصائي ونموذج الإدارة.

Statistical Analysis and Management Model.

يُوفّر النظام نماذج كمية عديدة ومفيدة للإدارة مثل: الانحدار، وتحليل السلاسل الزمنية، حيث تُستخدم هذه النماذج للتنبؤ بالاتجاهات المستقبلية في مجالات عديدة كالمبيعات والأرباح.

7. الوظائف المالية Financial Functions

تتضمّن نظم دعم القرار على حزم برمجية جاهزة للحسابات المالية الشائعة مثل: معدلات الضرائب، طرق الاستهلاك، القيمة الحالية، وعوائد الاستثمار.

8. الأشكال البيانية Graphs

تملك نظم دعم القرار القدرة على رسم أية بيانات في أشكال متنوعة مثل: الرسوم البيانية والخطية والدائرية.

9. قدرات الأجهزة Hardware Capabilities

يُمكن تطبيق نظم دعم القرار من خلال الحاسبات الصغرى، وكذلك الحاسبات الكبيرة، ويسود الاتجاه الحالي لاستعمال الحاسبات الصغرى والحاسبات الكبيرة معاً، إذ يتم ربط الحاسبات الصغيرة إلى حاسب كبير بغرض استرجاع المعلومات عند الحاجة إليها.

10. قواعد البيانات والملفات الخارجية Databases and External Files

يُحافظ نظام دعم القرار على ملفاته الداخلية رغم استرجاع المعلومات من مصادر أخرى، أو الوصول إلى ملفات خارجة عنه، من خلال الحدود البينية لنظام إدارة قاعدة البيانات.

2.2.4. نظم دعم القرار الجماعي.

Group Decision - Support Systems (GDSS).

لقد ظهرت نظم دعم القرار الجماعي في بداية الثمانينات، بعد أن تبين أن أكثر القرارات لا يمكن اتخاذها بشكل فردي، بل تحتاج إلى تشاور مجموعة من متخذي القرارات، ونتيجة لذلك تَطوّر هذا النوع من النظم لدعم الشّكل الجماعي من القرارات والاستفادة من قوة المجموعة في صنع قرار أفضل يحتاج إلى تقويم وموضوعية مستنداً إلى موثوقية عالية، حيث ان اشتراك مجموعة في مناقشة قرار ما يشجع على التفكير الإبداعي، ويعمل على زيادة فاعليّة وكفاءة اتخاذ القرار.

إن نظام دعم القرار الجماعي نظام تفاعلي مبني على الحاسب يدعم مجموعة من النّاس يتشاركون في مهمّة واحدة، فيعملون مع بعضهم البعض كفريق ويُستخدم لتسهيل حل المشاكل غير المهيكلة [(12)].

ومن هنا فإن ما يُميّز نظم دعم القرار الجماعي هو المشاركة في قاعدة بيانات مُوحّدة يمكن الوصول إليها من قبل الفريق الذي يعمل على حل مشكلة أو مشروع معين.

1.2.2.4. مُكوّنات نظم دعم القرار الجماعي.

Components of Group Decision - Support Systems.

تحتوي نظم دعم القرار الجماعي على ثلاث عناصر رئيسة هي: الأجهزة، البرمجيات، والأفراد.

ويبيّن الشكل (4. 3.) مُكوّنات نظم دعم القرار الجماعي.

الشكل 4. 3. مكوّنات نظم دعم القرار الجماعي

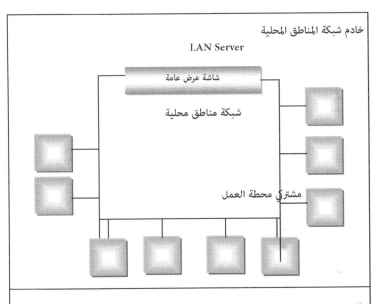

Source: Martin, E. Wainright, Brown, Carol V.; Dehayes, Daniel W.; Hoffer, Jeffrey A. & Perkins, William C. (2002). ***Managing Information Technology*** (4th ed.). Upper Saddle River, New Jersey: Pearson Education, Inc., p. 209.

تتمثّل مكوّنات نظم دعم القرار الجماعي في الاتي:

1. الأجهزة Hardware

تشمل الأجهزة جميع المكوّنات المادية التي تعمل على تقديم تسهيلات الاجتماع نفسه مثل: قاعة الاجتماع ومستلزماتها والتي تدعم تعاون المختصين، كما تتضمّن أيضاً

التجهيزات الإلكترونية لكل عضو في الفريق للمشاركة في الاجتماع، وخشبه المسرح الرئيسة المزودة بأجهزة إلكترونية سمعية وبصرية، كما تشمل أيضاً على حواسيب وتجهيزات الشبكة الإلكترونية.

2. البرمجيات Software

لقد زودت البرمجيات في نظم دعم القرارات ببرامج وتطبيقات متخصصة؛ لتقابل احتياج المجتمعين في قاعة واحدة، كما يمكن استخدامها في الاجتماعات عبر الشبكة الإلكترونية حيث يكون المجتمعون في أماكن مُتباعدة. ومن أدوات برمجيات نظم دعم القرار الجماعي الاستبانة الإلكترونية، أدوات العصف الذهني الإلكترونية، أدوات تحليل أصحاب المصالح، وأدوات صياغة السّياسات.

3. الأفراد People

يتكوّن الأفراد عادة من المشاركين في الاجتماع والمناقشة، إضافة إلى منسق الاجتماع الرئيسي والذي يعمل حلقة وصل إلكترونية بين المجتمعين.

2.2.2.4. أشكال نظم دعم القرار الجماعي.

Group Decision- Support Systems Forms.

تُقدّم نظم دعم القرار الجماعي اشكالا مختلفة من التسهيلات تعتمد على حجم المجموعة ومدى تباعد الافراد المشاركين.

ويبيّن الشكل (4. 4.) تلك الاشكال وتتمثّل في:

الشكل 4. 4. أشكال نظم دعم القرار الجماعي

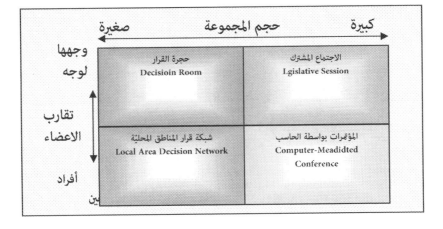

Source: McLeado, Jr., Raymond, & Schell, George P. (2007). ***Management Information Systems*** (10th ed.). Upper Saddle River, New Jersey: Pearson Education, Inc., p. 269.

يتبيّن من الشكل (4. 4.) أنّ أشكال نظم دعم القرار الجماعي تتمثّل في الاتي[13]:

1. حجرة القرار Decision Room

هي حُجرة مُجهزة بالتّسهيلات الفنية والحاسوبية يجتمع فيها مجموعة صغيرة من المشاركين معاً في قاعة واحدة وجهاً لوجه، وفي مركز القاعة يكون مُسهّل الاجتماع (Faciliator) وهو الذي يُنظّم الاجتماع، ويكون لكل مشترك جهاز خاص لعرض الأفكار، وتلخيص نتائج البيانات وعرضها على المشاركين.

2. شبكة قرار المناطق المحليّة Local Area Decision Network

عندما يكون من الصعوبة على المشاركين الاجتماع وجهاً لوجه، إذ يكون المشاركون موزّعين في أماكن مختلفة فيمكن لهم عندئذ أن يجتمعوا باستخدام شبكة المناطق المحلية (LAN) إذ يبقى الأفراد المشتركون في هذه الحالة كُلّ في مكانه، ويتفاعل مع بقية المشتركين من خلال محطة عمل (Workstation) مع وجود حاسب مركزي تتوافر به قواعد البيانات، والنماذج، والبرمجيات بحيث يُمكن لأي مشترك أن

يرى بقيّة الاعضاء عن طريق الشّاشة، ويُوفّر هذا النظام ميزة إمكانية عقد الاجتماعات مع بقاء كُلّ مشترك في موقعه.

3. الاجتماع المشترك Legislative Session

عندما يكون المجتمعون بأعداد كبيرة ولا يستطيعون استخدام حجرة القرار، فيكون عندها الاجتماع المشترك هو الذي يحقّق الغرض، إذ تستفيد المجموعات الكبيرة من تقنيات الاتّصالات والفيديو في تنفيذ الاجتماع. ويمكن استخدام شبكة المناطق المحليّة أو شبكة المناطق الواسعة للتنفيذ ويعتمد ذلك على مدى تباعد المسافات، ومدى تباعد المجموعة عن بعضها البعض. ومن المُلاحظ أنّ مُسهّل الاجتماع إمّا أن يُعطي فُرص مُتساوية للمشاركين، أو يُعطي قرار في تحديد المادّة التي تُوزّع على الشّاشة للمجموعة لرؤيتها بأن يُقسّم الوقت المتاح بين الاعضاء حسب أهميّة المشاركة وظروف الاجتماع.

4. المؤتمرات بواسطة الحاسب Computer-Mediated Conference

عندما تكون المجموعات كبيرة وموزّعة على مناطق جغرافيّة متباعدة، فإنّ المكتب الافتراضي يعطي رخصة مرور اتصالات بين تلك المجموعات، وتعرف هذه التطبيقات الجماعيّة باسم تطبيقات المؤتمرات الحاسوبيّة (Computer Conferecing) وتتضمّن المؤتمرات الصوتيّة (Audio Conferecing)، والمؤتمرات المرئيّة (Video Conferecing). وتتفرع المؤتمرات بواسطة الحاسب إلى الأنواع التالية:

أ. المؤتمرات السمعيّة Teleconferencing

القدرة على المحادثة والتشاور بين مجموعة من الافراد بالتزامن رغم تواجدهم في أماكن متباعدة باستخدام الهاتف أو برمجيات البريد الإلكتروني الجماعي، ولكن مع عدم إمكانية رؤية المشاركين لبعضهم البعض.

ب. المؤتمرات الصّوتيّة Audio Conferecing

مؤتمرات تعتمد على التجهيز التلفزيوني خاص بالصوت، إذ تتيح للمشاركين إرسال الصوت واستقباله، ويُمكن أن يُتيح ذلك اجتماعات غير مهيكله بين أعضاء متواجدين في أماكن متباعدة، مع ملاحظة عدم امكانية رؤيا المشاركين لبعضهم البعض.

ج. المؤتمرات المرئية Videoconferencing

تتشابه المؤتمرات البعدية المرئية مع الاجتماعات عن بعد من حيث الشروط وإمكانية التلاقي وعقد المؤتمرات وكل شخص في مكانه، ولكن تمتاز عنها بإمكانية رؤية المشتركين لبعضهم البعض على الشاشات المتلفزه. وذلك باستخدام شبكة المناطق الواسعة (WAN) ويُمكن استخدام هذا النوع من الاتصالات في مناقشة الرسائل الجامعية، كما يمكن استخدامها في عقد المؤتمرات عموماً ومجالس الإدارات المنتشرة الفروع، بحيث يتمكّن كل مشترك من المشاركة دون تكلف عناء الحضور.

3.2.4. نظم دعم المديرين التنفيذيين   Executive Support Systems (ESS)

يهدف هذا النظام عُموماً إلى تعزيز قدرة المعلومات للمساعدة في اتخاذ القرارات الاستراتيجية، حيث تقع مسؤولية التخطيط الاستراتيجي والقيادة والرقابة وادارة شؤون المنشأة.

ويبيّن الشكل (4. 5.) نموذج نظم دعم المديرين التنفيذيين.

الشكل 4. 5. نموذج نظم دعم المديرين التنفيذيين

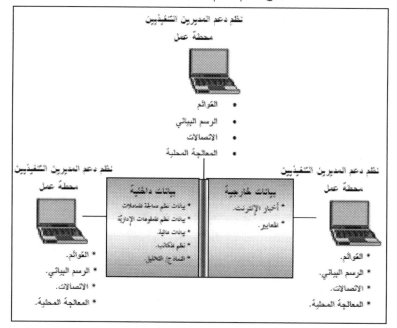

Source: Laudon, Kennth C., & Laudon, Jane P. (2006). Management ***Information Systems*: *Managing the Digital Firm*** (9th ed.). New Jersey: Prentice-Hall International, Inc., p. 47.

يسمح هذا النظام بتقديم سريع للمعلومات بطريقة صحيحة وتامّة وبدقّة وزمن صحيح، مما يسمح للإدارة العليا بمراقبة الأنشطة المختلفة، والعمل على إتمام الأهداف الاستراتيجية، وتحسين الجودة والخدمة، كما يعمل على تسهيل إعادة هيكلة المنظمة ويؤدي إلى التفكير الواضح في الأعمال، مما يعمل على تحسين الأداء في المنظمة[14].

إنّه نظام يزوّد المعلومات للمديرين في الادارة العليا، ويساعد في مراقبة أداء المنظمة، تعقّب نشاطات المنافسين، تحديد مواقع المشاكل، تحديد الفرص، والتنبؤ بالاتجاهات. ودعم حل المشاكل غير المهيكلة، والتي يُمكن أن تحدث في المستوى الاستراتيجي للمنظمة بتزويدها بالمعلومات سواء من المصادر الخارجية أو الداخلية.

1.3.2.4. خصائص نظم دعم المديرين التنفيذيين.

Characteristic of Executive Support Systems.

تعمل نظم دعم المديرين التنفيذيين على توفير البيانات والمعلومات التي تحتاجها الإدارة العليا والتي تتميز بالخصائص التالية[15]:

1. غير مهيكلة Unstructured

تختص الإدارة العليا بالقرارات غير المهيكلة مثل: نوعية الحملات الإعلانية، خط إنتاجي جديد، وهذا ما يوفره نظام دعم المديرين التنفيذيين.

2. التوجه المستقبلي Future Oriented

تتركّز أنشطة الإدارة العليا في الغالب على التخطيط الاستراتيجي، والذي يأخذ في الاعتبار التغيير في البيئة الخارجية، وهذا يتطلب معلومات عن اتجاهات التطور التكنولوجي، واتجاهات تطور أذواق المستهلكين، واتجاهات تطوّر أسواق العمل.

3. عدم التأكد Uncertainty

إن معظم البيانات والمعلومات التي تحصل عليها الإدارة هي بيانات ومعلومات غير نمطية تشير إلى اتجاهات يُمكن أن تحدث أو لا تحدث في المستقبل، وهي بذلك تقع تحت احتمالية عدم التأكد.

4. مستوى منخفض من التفاصيل Low Level of Details

تُقدّم نظم دعم المديرين التنفيذيين مستوى منخفض من التفاصيل إذ لا بد أن تملك الإدارة العليا نظرة شمولية عامة عن الأمور، لذلك تُؤمّن لها المعلومات بشكل مختصر ومفيد حتى لا تقع في بحر المعلومات.

5. موارد غير رسمية Informal Resources

تعتمد نظم دعم المديرين التنفيذيين على خلاف الأنظمة الأخرى بشكل أكبر على المصادر غير الرسمية، وهذه المعلومات ذات أهمية كبيرة وتُؤثّر على مستقبل الشركة. لذلك فان هذا النظام يُمكن له أن يحصل على المعلومات اللازمة سواء من الداخل أو من الخارج عن طريق المعلومات الاستخبارية.

2.3.2.4. فوائد نظم دعم المديرين التنفيذيين.

Benefits of Executive Support Systems.

تُوفّر نظم دعم المديرين التنفيذيين المعلومات لمساعدة الإدارة العليا في اتخاذ القرارات المختلفة. وتتمثّل الفوائد المختلفة التي يُقدّمها نظم دعم المديرين التنفيذيين للإدارة العليا في الآتي [16]:

1.   مساعدة المديرين التنفيذيين في الادارة العليا على مواجهة المشاكل غير المهيكلة عند حدوثها في المستوى الاستراتيجي للمنظمة.

2.   المساعدة في تزويد البيانات من المصادر الداخلية لتحديد نقاط القوة والضعف، حيث يمكنها تقديم الجداول والرسومات المختلفة، مما يُساعد الإدارة في مراقبة عوامل النجاح المعيارية مثل: تحديد الربحية، النسب المالية، الحصة السوقية، ومقارنتها بالمعايير الأساسية للمنشأة.

3.   المساعدة في تزويد البيانات الخارجية عن طريق المسح البيئي بواسطة استخبارات الأعمال عن طريق شبكة الإنترنت، للتعرّف على التغيّرات البيئية وتحديد الفرص والتهديدات البيئية التي يمكن أن تواجه المنظمة.

4.   القدرة على التحرك من بيانات ملخصة إلى بيانات ملخصة أقل فأقل، للوصول إلى حد أدنى من التفاصيل (Drill Down) حيث المعلومات المختصرة التي يجب أن تُقدّم للإدارة العليا.

5.   مساعدة المديرين التنفيذيين في الادارة العليا على تحليل، مُقارنة، تحديد الاتجاهات والتنبؤ بها مثل: التغيّر في اتجاهات السوق، والتي تُسهّل مراقبة الأداء وتحديد الفرص والتهديدات التي تواجه الإدارة الاستراتيجية.

6.   مساعدة المديرين التنفيذيين في الادارة العليا على زيادة مساحة المراقبة والسيطرة؛ لتسمح لهم برؤية عدد أكبر من مصادر أقل، واتخاذ القرار المناسب عند تغيير الظروف.

4.2.4. الذكاء الاصطناعي والنظم الخبيرة.

Artificial Intelligence and Expert Systems.

1.4.2.4. مفهوم الذكاء الاصطناعي Concept of Artificial Intelligence

جهود لتطوير النظم المبنية على الحاسب لإعطائه القدرة على القيام بوظائف تحاكي ما يقوم به العقل الإنساني من حيث تعلّم اللغات، اتمام المهام الاداريّة، القدرة على التفكير، التّعلم، الفهم، وتطبيق المعنى.

ويرتبط مفهوم الذكاء الاصطناعي بحقول مُتعدّدة مثل: علم الحاسب، علم النفس، الرياضيات، اللسانيات، وهندسة المعرفة.

إن المنهج الرئيس للذكاء الاصطناعي هو تطوير الحاسب بطريقة موازية للذكاء الإنساني، ومنح الحاسب قدرات الإدراك، التّعلم، حل المشكلات، إنه ثمرة تلاقي العلوم الحديثة مع التكنولوجيا.

2.4.2.4. المجالات الرئيسة للذكاء الاصطناعي[17].

هي مجموعة التطبيقات الحالية والجديدة في الحقول العلمية والنظرية المختلفة، علماً أن التطبيقات في مجال الذكاء الاصطناعي مُتجدّدة ومفتوحة على التطوير والا بداع.

1. تطبيقات الواجهة البينية الطبيعية Natural Interface Applications

تشمل استخدام الذكاء الاصطناعي في اللسانيات وتصميم واجهات العمل البينية وخلق الواقع الافتراضي.

أ. اللغويات التطبيقية.

ب. تمييز الخطاب.

ج. الواقع الافتراضي.

د. الواجهات البينية المتعددة.

2. تطبيقات الآلات الذكية Applications of Robotics

تشمل جهود دمج الذكاء في الآلة وتحسين أدائها لتقارب السلوك الإنساني في أداء الإنسان واستجابته لمتغيّرات الظروف التي تتطلّب التكيّف والتّحديث مثل:

أ. الإدراك المرئي.

ب.   المحسوس والملموس.

ج.   البراعة والمهارة.

د.   التحرّك والتنقّل.

3. تطبيقات علم الحاسب Computer Science Applications

تهتم هذه التطبيقات في بنية وظائف الـدماغ وقدراتـه الأصـلية في التفكـير والـتّعلم والاستنتاج وخزن ومعالجة المعلومات والمعرفة.

أ.   المعالجة المتوازية.

ب.   المعالجة الرمزيّة.

ج.   الشبكات العصبيّة.

4. تطبيقات العلم الادراكي Cognitive Science Applications

تطبيقات تحاكي طريقة إدراك الإنسان لتقدير القيم وما يـرتبط بها مــن مرجعيـات من خلال بيانات غير تامة، ويعتمد في ذلك على عدّة تصنيفات احتمالية.

أ.   النظم المعتمدة على المعرفة.

ب.   النظم المتعلّمة.

ج.   المنطق الغامض.

3.4.2.4. خصائص الذكاء الاصطناعي.
Characteristics of Artificial Intelligence.

يتمتع الذكاء الاصطناعي بالعديد من الخصائص منها:

1.   استخدام الذكاء في حل المشاكل المعروضة مع غياب المعلومة الكاملة.

2.   القدرة على التفكير والإدراك.

3.   القدرة على اكتساب المعرفة وتطبيقها.

4.   القدرة على التّعلم والفهم من التجارب والخبرات السابقة.

5.   القدرة على استخدام الخبرات القديمة وتوظيفها في مواقف جديدة.

6.   القدرة على استخدام التجربة والخطأ لاستكشاف الأمور المختلفة.

7.   القدرة على الاستجابة السريعة للمواقف والظروف الجديدة.

8. القدرة على التعامل مع الحالات الصعبة والمعقّدة.
9. القدرة على التعامل مع المواقف الغامضة مع غياب المعلومة.
10. القدرة على تمييز الأهمية النسبية لعناصر الحالات المعروضة.
11. القدرة على التصوّر والا بداع وفهم الأمور المرئية وإدراكها.
12. القدرة على تقديم المعلومة لإسناد القرارات الإداريّة.

4.4.2.4. النظم الخبيرة Expert Systems

تعتبر النظم الخبيرة نوعاً من أنواع النظم المبنية على المعرفة (Knowledge- Based Systems) وشكلاً متطوراً من أشكال الذكاء الاصطناعي (Artificial Intelligence)، والتي استندت في بناء النظم على مبدأ شبيه بمنطق التفكير الإنساني، حيث يعتمد النظام الخبير على إجابات الأسئلة، ليصل إلى تقديم النصيحة المطلوبة، وتعتبر من أهم تطبيقات الذكاء الصناعي وأكثرها انتشاراً[18] ومن هنا فإن النظام الخبير يصل إلى النصيحة المناسبة لتقديمها للمدير بعد استعراض قاعدة المعرفة المُخزّنة لديه، والإجابات المختلفة على الأسئلة المُوجّهة للمدير حول موضوع ما.

لذا **يُعتبر النظام الخبير** نظام مبني على المعرفة مُصمّم لنمذجة قُدرة الخبير الإنساني على حل المشكلات، وشكلاً متطوراً من أشكال الذكاء الاصطناعي والتي استندت في بناء النظم على مبدأ شبيه بمنطق التفكير الإنساني. وحتى يقوم النظام الخبير بهذه المعرفة لا بد أن يمتلك مكوّنات جوهرية مثل: قاعدة المعرفة، محرك الاستدلال، ذاكرة عاملة، تفسير الاستدلال، والواجهة البينية.

لقد انتشر استخدام النظام الخبير في العديد من التطبيقات، حيث يستخدم لتحسين أداء كل مرحلة من دورة حياة الأعمال، بدءاً من إيجاد المستهلكين، وانتهاءً بتوريد المنتج، وخدمات ما بعد البيع، كما شاع استخدامه أيضاً في المجالات الطبية والهندسية.

ويعتمد النظام الخبير على مبدأ المعرفة المتخصصة المتراكمة التي يقوم بتجهيزها الخبير أو مجموعة من الخبراء مشتملة على القواعد (Rules)، المفاهيم

(Concept)، الحقـائق (Facts)، العلاقـات (Relations)، والمعـارف المسـتقاة مـن الخبراء، ويُخزّن ذلك في النظام الخبير ليتمكّن المدير من الرجوع إليه عند الحاجة.

5.4.2.4. مُكوّنات النظام الخبير[19] Components of Expert System

يتكون النظام الخبير من قاعدة المعرفة، موارد البرمجيات، وواجهة المستخدم. ويبـيّن الشكل (4. 6.) مكوّنات النظام الخبير وتطويره.

الشكل 4. 6. مُكوّنات النظام الخبير وتطويره

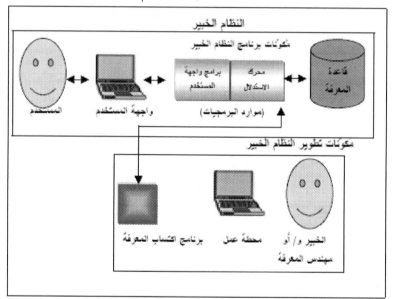

Source: O'Brien, James A. (2003). Introduction to ***Management Information Systems: Essential for the E-Business Enterprise*** (11th ed.). Irwin: McGraw-Hill Companies, Inc., p. 325.

يَتكوّن النظام الخبير من المُكوّنات التالية:

1. قاعدة المعرفة Knowledge Base

نموذج معرفة انسانيّة وجزء من النظام الخبير يعتمد على الحقائق متمثلة بمجموعة تعريفات، فرضيات، معايير، واحتمالات تصف منطقة المشكلة، وعلى اسلوب تمثيل المعرفة ممثلا بمجموعة من القواعد والافتراضات المنطقية والرياضية والتي تصف كيف أنّ الحقائق متناسبة معاً وفي حالة منطقيّة. ويتم جمع واشتقاق هذه المعرفة من الخبير من خلال التقنيات التي يستخدمها مهندس المعرفة.

وهناك العديد من طُرق تمثيل المعرفة في النظام الخبير مثل: نظم المعرفة المبنية على القواعد (Rule-Based)، نظم المعرفة المبنيـة عـلى الإطـار/ البعـد (Frame- Based)، نظـم المعرفة المبنية على الموضوع (Object- Based)، ونظم المعرفة المبنيـة عـلى الحالـة (-Case Based). كما تعتمد النظم الخبيرة عـلى قواعـد مُعرّفة مُتعـدّدة المجالات مـن أجـل تغطيـة خبرات مُتشابكة تمد المستخدم بالإجابة على التساؤلات المختلفة.

2. موارد البرمجيات Software Resources

تحوي موارد البرمجيات على مجموعة برمجيات النظام الخبير وهي:

أ-   محرك الاستدلال Interface Engine

برمجية للبحث في محتويات قاعدة المعرفة في سياق وتسلسل دقيق، تقـوم بمـزج ومقاربـة الحقـائق التـي توجـد في الـذاكرة عنـد الاستشـارة في مسـألة مـا، ومقارنه المسـألة المعروضة ونقلها من خلال وحدة الحوار، وربطها مع قواعد المعرفة المُخزّنة لديه لتوليد حـل للمشكلة واختيار النصيحة المناسبة.

ب- برامج واجهة المستخدم User Interface Programs

هي البرمجيات التي تُسهّل للمستخدم التفاعل مع النظام الخبير، والتخاطب معـه، إذ يستطيع المستخدم من خلالها إدخال المعلومـات والتعليمـات إلى النظام وتوجيـه الأسـئلة وتلقي الإجابات، وغالباً ما تهدف تكنولوجيا الذكاء الاصطناعي إلى تزويـد واجهـة المسـتخدم باللغات التي تُمكّن المُستخدم من التفاعل بسهولة مع النظام.

3. واجهة المستخدم User Interface

يتلقى المستخدمون نصائح الخبرة من النظام الخبير من محطات العمل المختلفة، ويملك النظام الخبير البرمجيات التي تخاطب المستفيد بلغته الخاصة، كما زُوّدت البرمجيات في النظام الخبير بخدمة تفسير الاستدلال (Explanation Module)، وهي برمجيّة تعمل من خلال عرض حقائق وقواعد المعرفة التي استخدمها النظام الخبير للتوصّل إلى النصيحة المقدمة، وهذا يُؤدي إلى زيادة ثقة المستخدم في النظام الخبير.

6.4.2.4. مكوّنات تطوير النظام الخبير Expert System Development

يرتبط تطوير النظام الخبير بالمكونات التالية:

1. الخبير و/ أو مهندس المعرفة Expert and /or Knowledge Engineer

يقوم مهندس المعرفة بتطوير البرامج المختلفة التي تُمثّل أحد مكوّنات النظام الخبير، حيث يقوم بإدخال الحقائق والقواعد المختلفة إلى برامج النظام الخبير، وتتجمّع تلك الحقائق والقواعد من مهندسي المعرفة في محطات العمل.

2. برنامج الوصول للمعرفة Knowledge Accession Program

إن برامج الوصول للمعرفة ليست جزءاً من النظام الخبير، بل هي أدوات برمجيات لتطوير قاعدة المعرفة، والتي تستخدم لتطوير النظام الخبير، حيث أن الغرض منه استمرار تحديث قاعدة المعرفة.

7.4.2.4. الاشكال المختلفة للنظم الخبيرة[20].

Different Forms of Expert Systems.

1. **النظم التي تعمل كمساعد**: حيث يقوم النظام بمساعدة المستخدم في تحليل بعض الاعمال، ومن أمثلتها: النظم التي تقوم بقراءة الخرائط والرسومات البيانية المختلفة.
2. **النظم التي تعمل كزميل**: إذ يسمح هذا النظام للمستخدم أن يُناقش المشكلة مع النظام ويتلقى الاجابات فتكون النتيجة مُحصّلة جُهد مشترك للمستخدم والنظام معاً.
3. **النظم التي تعمل كخبير**: يُقدم النظام في هذه الحالة نصيحة جاهزة للمستخدم في الحالة التي تعرض عليه.

8.4.2.4. خصائص النظم الخبيرة[21] Characteristics of Expert Systems

1. فصل المعرفة عن السيطرة Separate Knowledge from Control

بما أن كل من المعرفة المُخزّنة في النظام الخبير وبرنامج السيطرة مستقلان عن بعضهما البعض، لذلك فإن تعديل وإدامة النظام الخبير تكون أكثر سهولة وأقل تعقيد.

2. حيازة معرفة الخبير Posses Expert Knowledge

يستوعب النظام الخبير ويُخزّن الخبرة والمعرفة المتراكمة للخبير الإنساني، كما يعمل على نقل المهارات الأساسية ذات العلاقة بالمعرفة واستخداماتها العملية إلى النظام الخبير؛ كي يستطيع أن يعمل بكفاءة في حقل الاختصاص الذي يعمل به الخبير.

3. التركيز على الخبرة Focuses Expertise

يمتلك النظام الخبير المهارات الكافية لحل المشكلات في مجال معين من المعرفة، لكنه يمتلك قدرات محدودة خارج إطار المجال التخصصي كمعظم الخبراء.

4. التبريرات مع الرموز Reasons with Symbols

تعرض النظم الخبيرة المعرفة المُخزّنة بشكل رمزي، علماً أنه يُمكن أن تُستخدم تلك الرموز للتعبير عن أنماط متنوعة من المعرفة مثل : الحقائق، المفاهيم، والقواعد.

5. الإدراك الاستكشافي Reasons Heuristically

يقوم النظام الخبير باشتقاق القواعد انطلاقاً من الخبرات والتجارب لديه وبناءً على شكل من الفهم العملي للمشكلات المعروضة، ومن خلال الاستعانة بقواعد استكشافية أو ما يعرف بالمنهج البحثي الاستكشافي، حيث تعمل المعالجة الاستكشافية مع المعلومات المُتاحة لاستخلاص النتائج لحل المشكلة دون اتباع خطوات متتالية محددة سلفاً.

6. البرمجة مقابل هندسة المعرفة.

Programming Virsus Knowledge Engineering.

تتضمّن هندسة المعرفة بناء النظم الخبيرة، حيث يقوم مُحلّلو ومُصمّمو النظام الخبير بتعريف المشكلة ودراستها وتنظيمها؛ للوصول إلى فهم عميق للمشكلة موضع البحث.

9.4.2.4. تطبيقات النظم الخبيرة Expert Systems Applications

يتضمّن استخدام النظم الخبيرة إيجاد الحلول، حيث يعمل النظام الخبير على تقديم النصيحة المناسبة للمستخدم بعد أن يوجه عدة أسئلة ويتلقى عدة إجابات، ثم العودة إلى قاعدة المعرفة المخزنة لدية بما تملك من حقائق وقواعد متعلقة بالنصيحة.

كما تملك النظم الخبيرة عدة تطبيقات حالية في مجالات شتى، ومن المتوقع اكتشاف المزيد من التطبيقات لحقول جديدة.

التطبيقات الرئيسة للنظم الخبيرة[22].
Major Applications of Expert Systems.

1. إدارة القرار Decision Management

تقوم النظم الخبيرة بدور المستشار فتعرض البدائل المختلفة في حل المشكلات، كما أنها تقدم التبرير المناسب لاستخدام البديل المقترح، كما تُقدّم:

- وضع الاهداف الاستراتيجية.
- تحليل محفظة الأعمال.
- تقييم أداء الموظفين.
- سندات التأمين.
- التنبؤات الديموغرافية.

2. تشخيص المشكلة/ حل المشكلة Diagnostic/ Troubleshooting

يعمل النظام الخبير على تقديم الأسباب المحتملة للوصول إلى تشخيص المشكلة خاصة في نقاط الاختناق بناء على أعراض معينة وتقرير تاريخي، كما تقوم بشرح الاسباب والمباديء التي تبني عليها التحليل فتُقدّم:

- معايرة التجهيزات.
- المساعدة في عمليات الإنتاج.
- برامج مكافحة الحشرات.
- التشخيص الطبي للأمراض المختلفة.

3. التصميم/ التقسيمات Design/ Configuration

تُساعد النظم الخبيرة على إتمام بنية التجهيـزات مـع الأخـذ بعـين الاعتبـار القيـود المختلفة، حيث تُقدم النظم الخبيرة مثلاً:

- خيارات التجميع، وتعظيم تجميع الآلات.
- دراسات المصانع.
- شبكات الاتصالات.

4. الاختيار/ التصنيف Selection/ Classification

تُساعد النظم الخبيرة المستخدمين في اختيار المواد الخام، المنتجات أو العمليـات مـن بين خيارات عديدة ومُعقّدة مثل:

- اختيار المواد الخام.
- تفسير سلوك المجرمين والمشتبه بهم.
- تصنيف المعلومات.

5. عمليات المراقبة/ السيطرة Process Monitoring/ Control

تُساعد النظم الخبيرة في عمليات المراقبة والسيطرة على الإجراءات والعمليات مثل:

- السيطرة على الآلات والمخزون.
- مراقبة الإنتاج، وتوفير الأمن ضد التجاوزات من خلال تحديد الانحرافات.
- الاختبارات الكيماوية.

3.4. حالات دراسية/ الفصل الرابع.

1.3.4. الجامعة الوطنية للدراسات العليا.

تقوم الجامعة الوطنية للدراسات العليا بتقديم العديد من برامج الدراسات العليا خاصة في البرامج النادرة. وقد درجت الجامعة على عُرف استقدام مناقشين خارجيين لاطروحات الدكتوراه ممن يملكون التخصص الدقيق في العلم المذكور على أن يكون أحد المناقشين من الدول الأوروبية.

لقد التحق جمال نبيل النجار ببرنامج دكتوراه الفلسفة في نظم التشغيل والأنظمة المتوازنة في تلك الجامعة، وبعد أن أنهى الطالب المذكور المساقات المقررة لذلك البرنامج، تقدم بطلب لمناقشة الأطروحة الخاصة به وفوجئ بمرور مدة طويلة دون أن يتمكن من ذلك.

ولدى مراجعة عميد الكلية وأصحاب الشأن بذلك تبين أن هناك العديد من العوائق التي سببت التأخير حيث لم تتمكن الجامعة من استقدام الأساتذة المؤهلين، إذ تبين أن العديد منهم يملك ارتباطات عدة في دولهم ولا يستطيعون السفر، عدا عن ارتفاع الكلف الباهظة التي تتحملها الجامعة من أجل ذلك.

وفي اجتماع طارئ لمجلس العمداء في الجامعة المذكورة تمت مناقشة المشكلة في محاولة لإيجاد حل جذري لها وللمشاكل المشابهة.

لو كنت أحد المشاركين في ذلك الاجتماع، وبصفتك خبيراً في نظم المعلومات الإداريّة، فكيف يُمكن أن تطوّع تكنولوجيا المعلومات للمساهمة في حل هذه المشكلة؟ وما هي المقترحات التي يُمكن أن تتقدّم بها؟

2.3.4. شركة ديملر بريمان (Daimlers Bremen) جعلت خدمة التوصيل بشكلها الامثل باستخدام نظم دعم القرار[23].

Daimlers Bremen Plant Optimizes Deliveries With a DSS

تعمل شركة ديملر بريمان Daimlers Bremen/ المانيا في صناعة السيارات ولديها (13000) موظف، وتنتج أثر من (800) سيارة في اليوم، وتستخدم (70) قاطرة، و (500) شاحنة تنقل القطع والأجزاء والمواد إلى المصنع والتي تحتل مساحة (2) مليون متر مربّع.

يستخدم هذا المصنع نظام التوريد الآني (JIT) بحيث تصل جميع القطع في اللحظة التي نطلبها، وتغادر المنتجات إلى محطات التجميع المختلفة في اللحظة التي تنتج بها.

لقد أدركت إدارة شركة ديملر بريمان (Daimlers Bremen) قبل (20) سنة ان طاقة النقل في المصنع البيني لا تستخدم بكفاءة لأنه لا يوجد سبيل لإدارة خدمات التوصيل بفعاليّة.

حيث يقوم السائقين بتحريك شاحناتهم إلى نقاط التحميل بلحظة وصول الأجزاء إلى المشروع وهم ليسو على علم إذا كان باستطاعتهم الوصول إلى هناك في وقت الطلب المناسب، أو إذا كانت نقاط التحميل بها نقاط مهيئة للاستقبال. ومن هنا فإن الشاحنات ليست دائما قادرة على توصيل المواد المطلوبة خلال الفترة المتفق عليها، أو قد تصل المواد المحملّة في الشاحنات قبل الاحتياج لها، أو أن المواد العالجة قد لا تتوفّر لان الشاحنة تأخّرت في خط الانتظار.

ومن هنا فان شركة ديملر بريمان (Daimlers Bremen) تحتاج إلى طريقة أفضل في اتخاذ القرار حول تنظيم عمليات التوصيل في المصنع.

لقد قررت الشركة استخدام نظام الدعم الكفء للنقل Transportation Efficiency Support System/ TESYS لحل المشكلة وهو عبارة عن برنامج امثل لدعم القرار وقد تم تطويره من قبل (Gmbh) في ألمانيا ويقوم البرنامج بتنظيم وترتيب التوصيلات, ومعرفة نقاط التحميل على الاستيعاب في ساحة المصنع مع الحاجيات الحالية للإنتاج،

ويستخدم (TESYS) حاليا كنموذج في استخدامات متعددة مثل المطارات والموانئ ومراكز النقل اللوجتسي.

عند وصول الطلبة موقع المصنع تسلم اذونات عملية التسليم إلى لجنة هيئة التحكّم في المصنع وتستخدم سواء كان نموذج استلام الطلب آلي أو تلفوني إذ يقوم النظام برفع سوية المهمة حيث يظهر اقصر الطرق والانتهاء بالوقت الأسرع لجميع طلبات النقل.

إن تعليمات التسليم الجديدة تحوّل إلى السائق المناسب باستخدام جهاز الراديو المزدوج (Tow way radio) ويعالج النظام العمليات الأكثر حساسية آلياً, ومع ذلك يسمح البرنامج بالتحكم الإنساني في إدارة التوصيلات الخاصة والمهمة, الاستخدام الأمثل للموارد ويقلل من الكلف ويزيد من النوعية والإنتاجية الكاملة للنظام اللوجستي للمصنع بحيث أصبحت العمليات اللوجستية في المصنع أكثر كفاءة بالاستفادة من زيادة كفاءة نظام النقل في المصنع من (40-60%).

إن النظام الأمثل للتوصيل في المصنع هو احد أمثلة نظام دعم القرار (DSS) ويساعد المديرين في اتخاذ القرارات حول الطريقة الأكثر كفاءة في وضع الطلبات في نقاط التحميل حسب متطلبات الإنتاج المعطاة وتحديد الطرق والتوقيت الزمني.

إن مثل هذه الأنظمة تمتلك قدرات تحليلية عالية تساعد المديرين في اتخاذ القرار, فأنت كمدير إنتاج تحتاج إلى معرفة كيفية استخدام نظم المعلومات لتحسين اتخاذ القرار سواء كنت لوحدك أو كمجموعة فأنت المسؤول عن تلك القرارات سواء أنت من اتخذها, أو اتخذت من قبل الآخرين بتفويض منك, لذلك فانك ترغب بان تساعدهم في اتخاذ القرار الصحيح.

4.4. أسئلة للمراجعة/ الفصل الرابع.

أولا: أجب عن الأسئلة التالية.

1. ما هي التحديات التي تواجه اتخاذ القرار في الشركات الرقمية؟
2. ما هي خطوات اتخاذ القرار؟
3. ما هي وظائف نظم دعم القرار؟
4. ما هي مكوّنات نظم دعم القرار الجماعي؟
5. كيف يمكن تطوير النظام الخبير الذي يرتبط بقاعدة المعرفة؟
6. ناقش الأشكال المختلفة لنظم دعم القرار الجماعي.
7. ما هي الأنواع الرئيسة لنظم دعم القرار؟

ثانيا: أكمل الجمل التالية.

1. يعمل نظام برمجيات نظم دعم القرار على استخدام مجموعة من الحزم الجاهزة والبرمجيات تستخدم لتحليل البيانات عن طريق:

   أ. ....

   ب. ....

   ج. ....

2. من أهم تطبيقات نظم دعم القرار في الشركات الالكترونية:

   أ. ....

   ب. ....

   ج. ....

3. لقد ظهرت نظم دعم القرار الجماعي في بداية الثمانينات بعد أن تبين أن أكثر القرارات لا يمكن اتخاذها بشكل فردي، وقد ظهرت هذه النظم لدعم القرار ....

4. تتجدد قاعدة البيانات في نظم دعم القرارات (DSS) باستمرار سواء من .... أو من ....

ثالثاً: ضع دائرة حول الجواب الصحيح.

1. تدعم نظم دعم القرار (DSS) القرارات:
   أ. المهيكلة Structure
   ب. شبه المهيكلة Semi Structure
   ج. غير المهيكلة Un Structure
   د. غيرالمهيكلة و شبه المهيكلة Un Structure & Semi Structure

2. تُقدّم نظم دعم القرار الجماعي (GDSS) أنماطاً من التسهيلات التالية عدا واحدة.
   أ. حجرة القرار Decision Room
   ب. المؤتمرات البعديّة السمعيّة Teleconferencing
   ج. المؤتمرات البعدية المرئية Viedoconferencing
   د. الوظائف المالية Financial Functions

3. تُقدّم نظم دعم المديرين التنفيذيين (ESS) الآتي عدا واحدة هي:
   أ. تقديم البيانات التفصيلية للمديرين لمساعدتهم في اتخاذ القرار.
   ب. تقدم برمجية الرسوم البيانية المتقدمة لمساعد الإدارة في مراقبة عوامل النجاح المعياريّة.
   ج. القدرة على التحرك للوصول إلى (Drill Down) حيث المعلومات المختصرة التي تقدم للادارة العليا.
   د. المساعدة في تزويد البيانات الخارجية عن طريق ذكاء الاعمال عن طريق شبكة الانترنت لتحديد الفرص والتسهيلات البيئية التي تواجه المنظمة.

4. لقد ظهرت النظم .... في بداية الثمانينات بعد أن تبين أن أكثر القرارات لا يمكن اتخاذها بشكل فردي.
   أ. DSS نظم دعم القرار.
   ب. GDSS نظم دعم القرار الجماعي.
   ج. ESS نظم دعم المديرين التنفيذيين.
   د. ES النظم الخبيرة.

5. تُعتبر النظم الخبيرة (ES) شكلاً متطوراً من أشكال:

أ. DSS نظم دعم القرار.
ب. AI الذكاء الاصطناعي.
ج. GDSS نظم دعم القرار الجماعي.
د. SIS نظام المعلومات الاستراتيجي.

6. تُدعم نشاطات التخطيط طويل الأجل والاستراتيجي على مستوى الإدارة العليا من قبل:

أ. نظم المعلومات الإداريّة MIS
ب. نظم العمل المعرفي KWS
ج. نظم دعم المديرين التنفيذيين ESS
د. نظم دعم القرار DSS

7. تؤمّن نظم ....القدرة على التحرك من البيانات التفصيلية إلى تلخيص أقل فأقل للوصول إلى (Drill - Down) وهو حد أدنى من التفاصيل.

أ. نظم المعلومات الإداريّة MIS
ب. نظم العمل المعرفي KWS
ج. نظم دعم المديرين التنفيذيين ESS
د. نظم دعم القرار DSS

رابعاً: صل بخط بين النظام ونوع القرارات التي يمكن أن يدعمها.

نظام دعم القرار (DSS)	
	قرارات مهيكلة
نظام دعم القرار الجماعي (GDSS)	
	قرارات شبه مهيكلة
نظام معالجة المعاملات (TPS)	
	قرارات غير مهيكلة
نظم دعم التنفيذي (ESS)	
النظم الخبيرة (ES)	

5.4. مراجع الفصل الرابع.

1. Laudon, Kennth C., & Laudon, Jane P. (2004). *Management information systems: Managing the digital firm* (8th ed.). New Jersey: Prentice-Hall International, Inc., p. 348.

2. *Ibid.*, p. 348.

3. Alter, Steven (2002). *Information systems: Foundation of e-business* (4th ed.). Upper Saddle River, New Jersey: Pearson Education, Inc., p. 121.

4. Turban, Efraim; McLean, and Wetherbe, James (2002). *Information technology for management: Transforming business in the digital firm* (3rd ed.). New York: John Wiley & Sons, Inc., p. 438.

5. مكليود، راليموند (2000). نظم المعلومات الإداريّة. ترجمة: سرور علي سرور. المملكة العربية السعودية، الرياض: دار المريخ.

6. ياسين، سعد غالب (2000). تحليل وتصميم نظم المعلومات. الأردن، عمان: دار المناهج للنشر والتوزيع، ص. 50.

7. Alter, Steven (1999). *Information systems: A management perspective* (3rd ed.). Massachusetts: Addison-Wesley Educational Publishers, Inc., p. 174.

8. الحميدي، نجم عبد الله؛ السامرائي، سلوى أمين، والعبيد، عبد الرحمن (2005). نظم المعلومات الإداريّة: مدخل معاصر. الأردن، عمان: دار وائل للنشر والتوزيع، ص.112.

9. Laudon, Kennth C., & Laudon, Jane P. (2006). *Management information systems: Managing the digital firm* (9th ed.). New Jersey: Prentice-Hall International, Inc., p. 466.

10. Alter, Steven (1999). *Op. Cit.*, p. 175.

11. مكليود، راليموند (2000). مرجع سابق، ص. 425.

12. Laudon, Kennth C., & Laudon, Jane P. (2006). *Op. Cit.*, p. 476.

13. McLeado, Jr., Raymond, & Schell, George P. (2007). *Management information systems* (10th ed.). Upper Saddle River, New Jersey: Pearson Education, Inc., p. 269.

14. Waston, Hugh J.; Houdeshel, George, & Rainer, Jr., Rex Kelly (1997). *Building executive information systems: And other decision support applications.* New York: John Wiley & Sons, Inc., p. 345.

15. الحسنيه، سليم إبراهيم (2002). نظم المعلومات الإداريّة. الأردن، عمان: مؤسسة الوراق للنشر والتوزيع، ص. 258.

16. Laudon, Kennth C., & Laudon, Jane P. (2006). *Op. Cit.*, p. 479.

17. ياسين، سعد غالب (2000). **مرجع سابق**، ص. 167.

18. Martin, E. Wainright; Brown, Carol V.; Dehayes, Daniel W.; Hoffer, Jeffrey A., & Perkins, William C. (2002). *Managing information technology* (4th ed.). Upper Saddle River, New Jersey: Pearson Education, Inc., p. 218.

19. O'Brien, James A. (2003). *Introduction to management information systems: Essential for the e-business enterprise.* (11th ed.). Irwin: McGraw-Hill Companies, Inc., p. 325.

20. الحميدي، نجم عبد الله؛ السامرائي، سلوى أمين، والعبيد، عبد الرحمن (2005). **مرجع سابق**، ص. 132.

21. ياسين، سعد غالب (2000). **مرجع سابق**، ص.196.

22. O'Brien, James A. (2003). *Op. Cit.*, p. 328.

23. Laudon, Kennth C., & Laudon, Jane P. (2006). *Op. Cit.*, p. 457.

الفصل الخامس

قواعــــد البيانـــات
Databases

الفصل الخامس
قـواعد البيانـات
Databases

أهداف الفصل:

1. التعرّف إلى مفهوم قاعدة البيانات وبنية البيانات فيها.
2. التعرّف إلى أنواع قواعد البيانات، ومكونات بيئة قواعد البيانات.
3. التعرّف إلى نظم إدارة قواعد البيانات، وتطويرها.
4. التعرّف إلى نموذج الكينونة - العلاقة.
5. التعرّف إلى مفهوم بنوك المعلومات وعلاقتها بنظام المعلومات.

مواضيع الفصل:

الفصل الخامس
قـــواعـد البيـانـات
Databases

يوجد عدة نماذج لبناء نظام المعلومات وهي: قواعد البيانات، وبنوك المعلومات، وشبكات المعلومات.

1.5. قواعد البيانات Databases

1.1.5. مفهوم قواعد البيانات Databases Concept

إنها تنظيم منطقي لمجموعات من الملفات المراتبطة[1]، حيث تكون البيانات فيها مُتكاملة ومُترابطة معاً بعلاقات معينة، يُصبح معها من السّهولة إيجاد المعلومات لتحقيق الأهداف المطلوبة. وتكون البيانات فيها مُرتّبة ومُخزّنة بطريقة نموذجية يتم فيها تحاشي تكرار البيانات. ومن الأمثلة على قواعد البيانات الشائعة: دليل الهاتف الذي يحوي الاسم، رقم التلفون، والعنوان، ونظام التسجيل الذي يحوي مجموعة من السجلات مثل: سجل المدرسين، سجل الطلبة، وسجل المواد.

وتكمن أهمية قاعدة البيانات في نظم المعلومات في أن البيانات فيها تُشكّل المادة الأولية التي تُعالج ليُستخرج منها المعلومات التي تُستخدم من قبل الإدارة.

وتحوي قاعدة البيانات على الآتي:

1. الملفات Files وهي مجموعة سجلات مرتبطة.
2. السجلات Records وهي مجموعة من حقول بيانات مرتبطة.
3. الحقول Fields وهي مجموعة من البيانات تُمثّل كلمة أو مجموعة من الكلمات كوحدة متكاملة، أو عدد كامل مثل عمر الشخص أو اسمه، وهوأدنى عنصر في البيانات يُمكن أن يُعطي معنى.

2.1.5. معمارية نظام إدارة قاعدة البيانات[2].

Architecture of Database Management System.

لغرض تصميم قاعدة البيانات فإن الشخص المعني ببناء قاعدة البيانات لا بد أن يتعرّف على مستويات قاعدة البيانات المختلفة وهي:

1. **المستوى الخارجي External Level**

مستوى في قاعدة البيانات يستطيع فيه المستخدمون التخاطب والاتصال، واسترجاع البيانات والمعلومات من خلال برامج تطبيقية أو طرق مباشرة من خلال لغة الاستعلام المهيكلة Structured Query Language/ SQL ، أو من خلال نماذج الاسترجاع، أو مخطط قاعدة البيانات الخارجي (External Schema).

ويتكوّن مخطط قاعدة البيانات الخارجي عادة من أوامر وتعليمات، تصف السجلات المختلفة، علماً أن شكل السّجلات الخارجية يختلف عن شكلها المُخزّن، إذ تأخذ شكلاً من أشكال التخزين، ومن الضروري أن يُزوّد المستخدم بآليات تصميم وتشغيل تعمل كوسيط لاستقبال البيانات من المُستخدم وإليه.

2. **المستوى المفاهيمي /المنطقي Conceptual/ Logic Level**

هي المرحلة الوسيطة بين المستوى الخارجي والداخلي في قاعدة البيانات والذي تتم به عمليات فكريّة ومنطقية من قبل المستخدم، ويصف البنية المنطقيّة لمخطط البيانات المُخزّنة في قاعدة البيانات، والممثلة للواقع والعلاقات بطريقة منطقية تناسب استخدامها حيث تصف البيانات الواقع مثل: الاسم، الجنسيّة، الجنس. كما يحوي المعلومات ذات المعنى الخاص بمُخطط البيانات، إجراءات الحفاظ على سلامة البيانات، وقوانين الحفاظ على سريّة المعلومات وإدامتها.

ويتولى تصميم هذا المستوى مُصمّم قاعدة البيانات ويحوي على جميع الكينونات وصفاتها وعلاقاتها، كما يحوي المعلومات ذات المعنى الخاصة بمُخطط البيانات، إجراءات الحفاظ على سلامة البيانات، وقوانين الحفاظ على سريّة المعلومات وإدامتها.

3. **المستوى الداخلي/ المادي Internal Level**

يحوي هذا المستوى تمثيل النموذج المادّي للبيانات دون النظر إلى معناها المنطقي، إذ تتم به عمليات رقميّة وحسابيّة لتحويل الشكل المنطقي إلى الشكل المادّي فيكون الاهتمام بالبيانات الخاصة بأجهزة ووسائل الخزن، وينصب الاهتمام في هذه المرحلة أيضاً على تخزين البيانات ومعالجتها واستدعائها[3].

كما يشمل أيضاً على التراكيب والبنى المادّية لقاعدة البيانات للوصول إلى أفضل أداء، مع توفير آليات التخاطب مع نظم التشغيل في تخزين البيانات والسّجلات واسترجاعها من وإلى مواقع الخزن.

ومن أهم الوظائف التي يقوم بها المستوى الداخلي: تحديد أماكن التخزين والفهارس للبيانات، ووصف السجلات لغايات التخزين وتحديد احتياجاتها، حفظ البيانات ونشرها، وتحديد تراكيب البيانات وهيكليتها.

ويُبيّن الشكل (5. 1.) معماريّة نظم إدارة قواعد البيانات وعمليات تحوّل البيانات من الشكّل المفاهيمي/ المنطقي إلى الشكّل الداخلي/ المادّي.

الشكل 5. 1. معمارية نظام إدارة قواعد البيانات وعملية تحوّل البيانات من الشكّل المنطقي إلى الشكّل المادّي

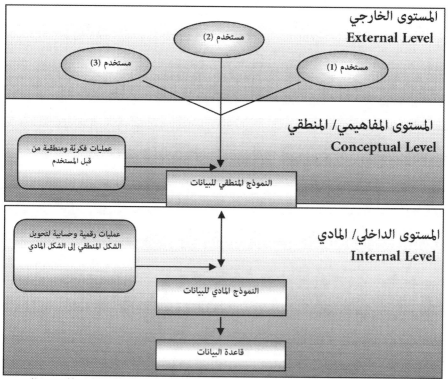

المصدر: قطيشات، منيب (2005). **قواعد البيانات** (ط 2). عمان: دار وائل للنشر والتوزيع، ص. 47. بتصرف.

3.1.5. معمارية البيانات وهرميتها في قاعدة البيانات.

يتعامل المستخدم مع قاعدة البيانات عن طريق الاستعلامات للوصول إلى المعلومات التي يُريدها، والتي تكون مُخزّنة في قواعد البيانات بشكلها المادّي.
فما هي هيكلية البيانات وترتيبها في قاعدة البيانات؟
يبيّن الشكل (5 .2.) معماريّة البيانات وهرميّتها في قاعدة البيانات.

الشكل 5. 2. معمارية البيانات وهرميّتها في قاعدة البيانات

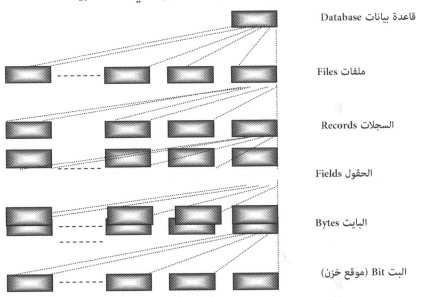

قاعدة بيانات Database
ملفات Files
السجلات Records
الحقول Fields
البايت Bytes
البت Bit (موقع خزن)

Source: Gordon. Judith R., & Gordon, Steven R. (1999). ***Information Systems*: *A Management Approach*** (2nd ed.). Sea Harbor, Orlando: Harcout Brace & Company, p. 203.

يُلاحظ من الشكل أن قاعدة البيانات تحوي مجموعة من الملفات (Files) تُمثّل مجموعة عناصر أو سجلات مرتبطة مثل: ملف العملاء، ملف المبيعات، ملف المشتريات، وإن كلّ ملف منها يحوي على مجموعة من السّجلات تُمثّل حقول مترابطة مُتعلقّة بفرد، فقد يحوي السّجل على بيانات مختلفة عن شخص ما، أو مكان ما، أو شيء ما، كما أن كل سجل يحتوي على مجموعة من الحقول، ويحتوي الحقل في العادة على

أحد الصفات (Attributes) أو الخصائص (Characteristics)، حيث تجد حقلاً يحوي رقم التلفون، وآخر يحوي العنوان[4].

وأخيراً لا بد أن نُعرّف **الحقل** على أنّه مجموعة من البيانات تُمثّل كلمة أو مجموعة من الكلمات كوحدة متكاملة أو عدد كامل مثل: عمر الشخص أو اسمه وهو أدنى عنصر في البيانات يُمكن أن يُعطي معنى. علماً أنّ البت عدد ثنائي يُمثّل أصغر وحدة في نظام الحاسب لا يحمل معنى يأخذ أحد حالتين ويتمثّل في العدد الثنائي (0، أو 1)، أمّا البايت فهو مجموعة من البتتات (Bits) وتكون عادة (8 بت)، تستخدم لخزن عدد واحد أو حرف في نظام الحاسب.

ومن الأمثلة المشهورة على قواعد البيانات في الإدارة هي: قاعدة بيانات الإدارة، قاعدة بيانات الموارد البشرية، قاعدة بيانات الإنتاج، قاعدة بيانات التمويل، قاعدة بيانات المحاسبة، والتي تخدم الأهداف الإداريّة المختلفة في المنشأة.

ويُمكن أن تتكوّن قاعدة البيانات من ملف واحد مُنفصل يختص بالمبيعات، كما يُمكن أن تكون مجموعة من الملفات تمثّل ملف عام يُعبّر عن كل البيانات المتصلة بنظام المعلومات في المنظمة، بحيث تكون هذه الملفات مُتّصلة منطقياً ولها تداول عام، ويُطلق عليها عندئذ المجموعة الكاملة للبيانات.

4.1.5. نموذج الكينونة-العلاقة.

Entity Relationship Model/ E-R Model.

يعتبر نموذج الكينونة - العلاقة الدعامة الرئيسة لبناء أنظمة قواعد البيانات، إذ يُمثّل المشاركة بين الجداول، فهو وسيلة لتصميم قاعدة البيانات، إنه مرحلة التصوّر التي يليها تمثيل الجداول بغض النظر عن ماهية التطبيقات. وتُمثّل الكينونة (Entity) الشيء الذي يمكن أن يوصف فقد يكون نشاط (Activity) أو كيان (Object) مُمثّل في نموذج الكينونة – العلاقة والتي يتم تسجيلها مثل: شخص، مكان، أشياء، أو أحداث، وفي قواعد البيانات فإن الكينونة تعبير عن الجداول.

ويُرمز لاسم الكينونة بالرمز [اسم الكينونة] وعلى الكينونة أن تكون مرتبطة مع غيرها من الكينونات بعلاقات معينة.

أما الصفات (Attributes) فهي جزء من المعلومات تصف كينونة محدّدة، وتُمثّل أصغر وحدة بيانات يُمكن تخزينها في قاعدة البيانات مثل: اسم الطالب، تاريخ الميلاد، المعدّل، ويُرمز لها بالرمز ⬭ اسم أما الصفة التي تُمثّل مفتاح الكينونة فيُرمز لها بالرمز  ⬭ وتُسمّى صفة مفتاحية مثل: الرقم الجامعي للطالب، وتُسمّى عندها كينونة مفتاحية.

وأخيراً تُستعمل العلاقات لربط الكينونات، إذ تربط العلاقة بين كينونتين أو أكثر، ويُرمز لها بالرمز ◇

5.1.5. أهم الرموز المُستخدمة في نموذج الكينونة - العلاقة [5]:

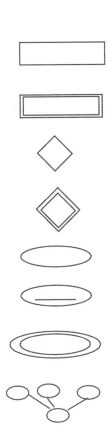

كينونة قوية Strong Entity

ومن الامثلة عليها: الموظفين.

كينونة ضعيفة Weak Entity

ومن الامثلة عليها: أبناء الموظفين.

علاقة قوية Strong Relationship

ومن الامثلة عليها: علاقة عضو هيئة التدريس بالتأمين الصحي.

علاقة ضعيفة Weak Relationship

ومن الامثلة عليها: علاقة أبناء عضو هيئة التدريس بالتأمين الصحي.

صفة Attribute

ومن الامثلة عليها: الجنس، تاريخ الميلاد.

صفة مفتاحية Key Attribute

ومن الامثلة عليها: الرقم الوطني، رقم الطالب الجامعي.

صفة مُتعدّدة القيم Multivalued Attribute

ومن الامثلة عليها: شركة لها عدّة مواقع في أماكن مختلفة.

صفة مُركّبة القيم Composite Attribute

ومن الامثلة عليها: كتابة الاسم الاول، والاب، والعائلة للشخص

صفة مُشتقّة Derived Attribute
ومن الامثلة عليها: العمر وهو مشتق من تاريخ الميلاد.

2.5. العلاقات[6] Relationships
يُشكّل الجدول الوحدة الأساسية في قواعد البيانات العلائقيـة، والعلاقـة هـي التـي تربط الجداول مع بعضها البعض عن طريق عامل مشترك بين هذه الجداول.

1.2.5. درجة العلاقة Degree of Relationship
هي عدد الكينونات التي توجد في نموذج العلاقة، فمثلاً مدير يدير مدرسة، موظف يعمـل في مشروع، هي علاقات ثنائية لأنها تحوي على كينونتين.

1.1.2.5. العلاقات الاحادية Unary Relational
تُمثّل العلاقات الاحادية كينونة واحدة مرتبطة بعلاقة مع نفسها كأن يكون لدينا جدول واحد للموظفين ونريد استخراج الموظفين ورواتبهم، أو يكون لدينا كينونة مرتبطة مع نفسها داخل الموظفين كأن يكون لدينا موظف واخاه يعملان في قسم.

2.1.2.5. العلاقات من الدرجات العليا Relationships of Higher Degree
هي العلاقات التي تربط كينونتين فأكثر وتقسم إلى:

أ. العلاقات الثنائية Binary Relational
العلاقات من الدرجة الثانية تحوي على كينونتين ترتبطان بعلاقة، ومثال على ذلك: مدير يدير مشروع. وهنا يكون لدينا كينونة مدير وكينونة مشروع يرتبطان بعلاقة.

ب. العلاقات الثلاثية Ternary Relational
هي العلاقة من الدرجة الثالثة تربط بين ثلاث كينونـات بعلاقـة واحـدة ومثـال ذلـك: وجـود المورد، المشروع، مستودع قطع، وهنا تكون الثلاث كينونات مرتبطة بعلاقة التزويد إذ نرى أن المورد يزود المشروع والمستودع بالقطع، كما أن القطع لهـا علاقـة بالمشـروع والمـزود، وكـذلك المشروع له علاقة بالمزود والقطع.

ج. العلاقات من الدرجة ن (n-ary) Relational

هي علاقة من الدرجة (ن) تربط (ن) من الكينونات بعلاقة واحدة، ويجب ملاحظة أنها ليست (ن) من العلاقات، بل هي (ن) من الكينونات.

2.2.5. أنواع العلاقات Relationships Types

يوجد العديد من أنواع العلاقات بين الجداول يُمكن توضيحها من خلال المثال التالي: يوجد في شركة عدة موظفين، وعدّة أقسام، كما تملك الشركة عدّة مشاريع. فكيف يُمكن تمثيل العلاقات بين تلك الكينونات؟

1.2.2.5. علاقة واحد لواحد One-to One وتتمثّل بالشّكل العام التالي:

هي ارتباط جدولين بحيث يقابل السّجل الواحد في الجدول الأول سجلاً واحداً في الجدول الثاني، ومثال ذلك: المواطن ورقمه الوطني. ويُمثّل الشّكل (5. 3.) مثالاً توضيحياً على علاقة واحد لواحد بين الموظفين والاقسام التي يعملون بها.

الشكل 5. 3. علاقة واحد لواحد(1:1)

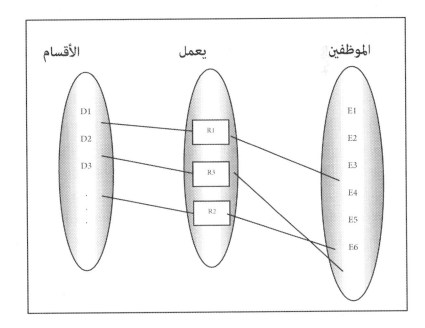

ويلاحظ من الشّكل أن كلّ موظف في الشركة يعمل في قسم مُحدّد. وأن هذه العلاقة من الدرجة الثانية؛ لأنها تربط بين كينونتين هما الموظفين والاقسام.

2.2.2.5. علاقة واحد لمتعدد، أو متعدد لواحد.

One – to - Many Or Many - to One

وتتمثّل بالشّكل العام التالي:

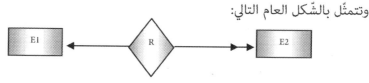

إنها ارتباط جدولين بحيث يقابل السّجل الواحد في الجدول الأول أكثر من سجل في الجدول الثاني. ومثال ذلك: الطالب والكتب التي يستعيرها من المكتبة.

كما يمثّل الشكل (5/ 4) مثالاً على علاقة متعدد لواحد أو واحد لمتعدد بين الموظفين والاقسام التي يعملون بها.

الشكل 5. 4. علاقة متعدد لواحد(N:1)

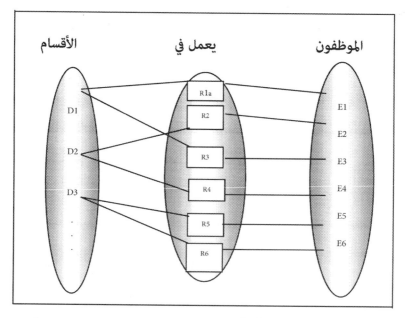

ويلاحظ من الشّكل أن أكثر من موظف يعملون في قسم واحد. وأن هذه العلاقة من الدرجة الثانية؛ لأنها تربط بين كينونتين هما الموظفين والاقسام.

3.2.2.5. علاقة متعدد لمتعدد Many- to Many

وتتمثّل بالشّكل العام التالي:

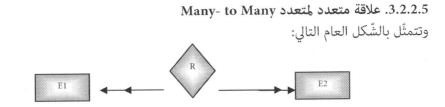

هي ارتباط جدولين بحيث يقابل السّجل الواحد في كلا الجدولين أكثر من سجل في الجدول الثاني. ومن الأمثلة على ذلك: وجود عدّة مؤلفين يشتركون في عدّة كتب، الأساتذة والطلاب. ويُمثّل الشكل (5. 5.) مثالاً توضيحياً على علاقة متعدد لمتعدد لموظفين يعملون في عدة مشاريع.

الشكل 5. 5. علاقة متعدد لمتعدد (M:N)

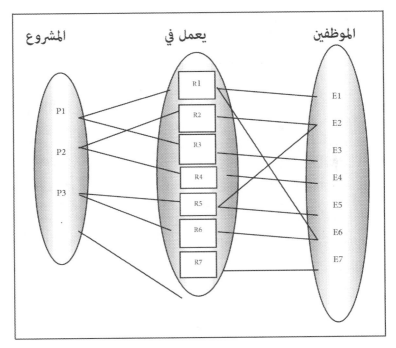

ويلاحظ من الشّكل أن الموظف الواحد يعمل في أكثر من مشروع، والمشروع الواحد يعمل به أكثر من موظف. وأن هذه العلاقة من الدرجة الثانية؛ لأنها تربط بين كينونتين هما الموظفين والاقسام.

4.2.2.5. علاقة ارتباط الكينونة مع نفسها Recursive Relationship

وتتمثّل بالشّكل العام التالي:

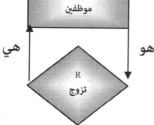

تكون العلاقة هنا دائريّة، أي مرتبطة بـنفس الكينونـة مـن الجهتـين. ومـن الأمثلـة عليها: وجود عدة موظفين في الشركة، ولكن مَوظف معيّن قـد تـزوّج موظّفـة تعمـل معـه في نفس الشركة وارتبط معها بعلاقة. فهي علاقة من الدرجة الاحادية؛ لأنها تملك كينونـة واحـدة هي الموظفين.

الشكل 5. 6. علاقة ارتباط الكينونة مع نفسها

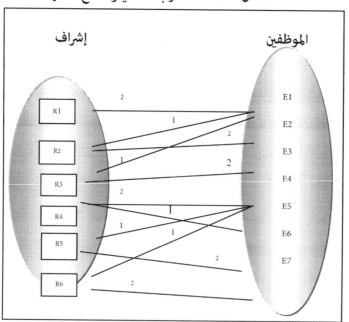

أن الموظف في الشركة يعود بعلاقة دائريّة كمشرف على الموظفين معه.

3.5. نظام إدارة قاعدة البيانات Database Management System/ DBMS

مجموعة متكاملة من برمجيات التطبيقات تخزن هيكل قاعدة البيانات، والبيانات نفسها، والعلاقات بين البيانات في قاعدة البيانات، كما تُزوّد المستخدم بأدوات سهلة تُمكّنه من التعامل مع قاعدة البيانات مثل: إضافة، حذف، إدامة، إخفاء، طبع، بحث، اختيار، تخزين، وتحديث البيانات، بهدف المساعدة في التخطيط واتخاذ القرارات.

وأخيراً لا بد من التمييز بين قاعدة البيانات التي تتكوّن من مجموعة من الملفات المرتبطة معاً، ونظام إدارة قاعدة البيانات والذي يُمثّل مجموعة من البرمجيات تُدير بكفاءة مجموعة من البيانات المترابطة.

ومن هنا فإن نظام إدارة قواعد البيانات يتطلّب من المنظمة إعادة تنظيم الدور الاستراتيجي للمعلومات، والبدء بفعالية لإدارة وتخطيط المعلومات كمورد في المنظمة، وهذا يعني أن على المنظمة أن تعرف متطلباتها من المعلومات حتى تُطوّر وظيفة إدارة البيانات.

4.5. أنواع قواعد البيانات Types of Databases

لقد استخدمت نظم ادارة قواعد البيانات (DBMS) وبالتزامن نماذج مختلفة من قواعد البيانات للحفاظ على تعقّب الكينونات والصّفات والعلاقات. وإنّ كلّ نموذج منها يملك مزايا معالجات مؤكّدة ومزايا أعمال مؤكّدة.

1.4.5. نظم ادارة قواعد البيانات العلائقية Relational DBMS

نوع من نموذج قواعد البيانات المنطقيّة يعامل البيانات كما لو كانت مُخزّنة على جداول ذي بعدين (Two-Dimensional Tables)، مُكوّناً من صفوف وأعمدة، حيث تُمثّل الصفوف سجلات الجداول وبياناتها، بينما تُمثّل الأعمدة صفات الجدول، حيث يُمكن أن تربط البيانات المُخزّنة في أحد الجداول مع البيانات المُخزّنة في جدول آخر ما دام الجدولين يتشاركان في حقل رئيسي مشترك يُمثّل المفتاح الرئيس (Primary Key)، ويجب أن لا يكون المفتاح الرئيس فارغاً (Null) من البيانات.

علماً أنّ قواعد البيانات العلائقية تتكوّن من مجموعة من الجداول والعلاقات التي تربطها، حيث يُمثّل الجدول الوحدة الأساسيّة في قواعد البيانـات العلائقيـة، ويتكـوّن الجـدول من مجموعة من السّجلات/ صفوف، ومجموعة من الحقول/ أعمدة.

تربط نظم ادارة قواعد البيانات العلائقية أكثر من قاعدة معاً مثل: قاعدة بيانات الطلبة، قاعدة بيانات المدرسين، قاعدة بيانات المواد. حيث تظهر الجداول مشابهة لملف مسطح بحيث تُستخرج المعلومات الموجودة في أكثر من ملف بسهولة. وقد يُشار إلى الجداول في بعض الأحيان كملفات.

تعتبر نظم إدارة قواعد البيانات العلائقية النوع الشائع في مختلف أنواع نظم إدارة قواعد البيانات، سواء في الحاسوب الشخصي (PCs) أو الحواسيب الكبيرة (Larger Computer) أو في (Mainframes) الحواسيب العملاقة. إذ أن بعض نظم إدارة قواعد البيانات العلائقية في الحواسيب الشخصية يُمكن استخدامها مباشرة من قبل المستخدم النهائي لبناء نظم معلومات صغيرة، بينما نجد نظم إدارة قواعد بيانات علائقية أخرى تكون معقدة بشكل أكبر وتتطلّب برامج محترفة.

تتضمّن نظم إدارة قواعد البيانات العلائقية لغات استعلام تسمح للمستخدم النهائي استرجاع البيانات، كما أن نظم إدارة قواعد البيانات العلائقية تجعل للبيانات أكثر من مورد، وتُسهّل عمل البرمجيات، إضافة إلى قدرة الوصول إلى بيانات أكثر ثبات (Reliable) وتماسك (Robust) سواء في الوصول المتسلسل (Sequential Access) أو الوصول المباشر (Direct Access) أو الوصول المفهرس (Indexed Access) [7].

ويُبيّن الشكل (5. 7.) ثلاث جداول تمثّل جزء من قاعدة البيانات العلائقية يظهر فيه الحقل الذي يُمثّل المفتاح الرئيس في كُلّ جدول والذي يتم الربط من خلاله.

الشكل 5. 7. جداول تمثّل جزء من قاعدة البيانات العلائقية

جدول الزبائن

رقم الزبون	الاسم	التلفون
5	خالد احمد	74108666
6	سلمان خليل	7259993
7	جمال محمد	74045580

جدول فواتير البيع

رقم الفاتورة	رقم المادة	اسم المادة	السعر	العدد	رقم الزبون
100	10	حاسوب	270	900	5
101	11	ثلاجة	175	160	6
102	12	غسالة	290	130	7

جدول وصف المواد

رقم المادة	اسم المادة	الكمية	السعر	الموقع	رقم المورد
10	حاسوب	2000	270	اربد	18
11	ثلاجة	300	175	اربد	19
12	غسالة	320	290	عمان	20

ويُمثّل النموذج التالي مُخطّط الكينونة - العلاقة (Entity-Relationship) في قاعدة البيانات العلائقية كما يظهرها الحاسوب.

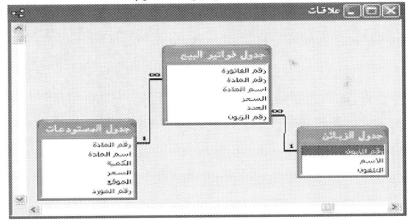

2.4.5 . نظم ادارة قواعد البيانات الهرمية Hierarchical DBMS

نوع من نموذج قواعد البيانات المنطقيّة والذي ينظم البيانات في بنية شجرية على شكل مجموعات بيانات كمجموعات فرعيّة ومجموعات فرعيّة أخرى حيث يكون السّجل جزء فرعي (Subdivided) في قسم (Segment) والذي يتّصل بعلاقة واحد لمتعدد.

ويُبيّن الشكل (5. 8.) قاعدة البيانات الهرميّة لنظام موارد بشريّة.

الشكل 5. 8. قاعدة البيانات الهرميّة لنظام موارد بشريّة

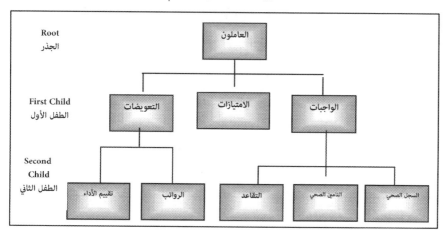

Source: Laudon, Kennth C., & Laudon, Jane P. (2006). ***Management Information Systems*: *Managing the Digital Firm*** (9th ed.). New Jersey: Prentice-Hall International, Inc., p. 239.

يُلاحظ من الشّكل (5/ 8) أن عناصر البيانات تُنظّم كقطع من السّجلات تُسمى أقسام (Segment)، كما أن كُلّ قسم في المستوى العلوي الأول يُدعى جذر (Root)، والقسم العلوي يرتبط منطقياً مع القسم الأسفل في علاقة الوالد - الطفل (Parent-Child)، وأن الطفل الأول (Parent-Segment) يُمكن أن يملك أكثر من طفل (Child)، ولكن الطفل لا يملك إلا والد (Parent) واحد.

إن قواعد البيانات الهرميّة يُمكن أن توجد في نظم (Large Legacy)، والتي تتطلّب معالجة تبادلات حجوم عالية (High-Volume)، كما أن نظام (Large Legacy)، موجود منذ القدم، ويُستخدم باستمرار لتجنب الكلف العالية في إحلاله وإعادة تصميمه،

حيث نجد أن بعض شركات التأمين، البنوك، والشركات العامة مُستمرة في استخدام قواعد البيانات الهرميّة.

3.4.5. نظم ادارة قواعد البيانات الشّبكيّة Network DBMS

هي من أقدم نماذج قواعد البيانات المنطقيّة وهي مفيدة في تصوير ورسم علاقة متعدد لمتعدد (Many-to-many). ويُبيّن الشكل (5. 9.) ذلك.

الشكل 5. 9. نموذج البيانات الشبكيّة

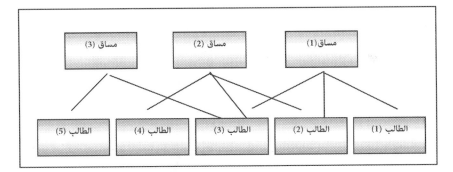

Source: Laudon, Kennth C., & Laudon, Jane P. (2006). ***Management Information Systems*: *Managing the Digital Farm*** (9th ed.). New Jersey: Prentice-Hall International, Inc., p. 239.

تصف بنية قواعد البيانات الشبكية علاقة متعدد لمتعدد حيث نرى أن الوالد يمكن أن يملك آلاف الأطفال، والطفل هنا يُمكن أن يملك أكثر من والد.

ومن الأمثلة على علاقة متعدد لمتعدد في قاعدة البيانات الشبكيّة تمثيل علاقة (الطلاب-المساقات)، حيث تُطرح العديد من المساقات في الجامعة، ويُسجّل في كل منها عدد كبير من الطلاب إذ نرى أن مساق (1) قد سجّل به الطلاب الذين يحملون الارقام (1، 2، 3) وفي نفس الوقت نرى أن الطلاب الذين يحملون الارقام (2، 3، 4) قد سجّلوا في مساق (2) وهكذا.

وأخيراً يُمكن القول أن قواعد البيانات العلائقيّة تملك مرونة أكبر من قواعد البيانات الشبكيّة والهرميّة حيث:

1. تمتاز قواعد البيانات العلائقية بسهولة التصميم وبساطته وسهولة صيانته.

2. تملك قواعد البيانات العلائقية مرونة أكبر في توصيل البيانات إلى استعلامات (ad hoc). عندما تتراسل الحواسيب مباشرة لا سلكياً دون الحاجة إلى وجود محطة أساسيّة.
3. تجمع قواعد البيانات العلائقية البيانات من عدة مصادر مختلفة، ولديها القدرة على دمج البيانات من مصادر عديدة.
4. تملك قواعد البيانات العلائقية القدرة على إضافة بيانات وسجلات جديدة، دون التأثير على البرامج الموجودة وتطبيقاتها.
5. يُمكن أن تُضبط قواعد البيانات العلائقية لتسريع استعلام محدد سابق.

4.4.5. قواعد البيانات الشيئيّة/ الموجّهة للكائنات[8].

Object-Oriented Databases (OODB).

إن قواعد البيانات سواء الهرميّة أو الشبكيّة قد صُمّمت لبيانات مُتجانسة يُمكن بناءها بسهولة في حقول بيانات مُحدّدة سابقة، تُنظّم في صفوف أو جداول، لكن العديد من التصنيفات المطلوبة اليوم وفي المستقبل تتطلّب قواعد بيانات تتعامل مباشرة مع الوسائط المتعددة، وأشكال بيانات من نوع جديد مثل: صوت، صورة، وكينونات معقّدة.

ان نظم ادارة قواعد البيانات الموجّهة للكائنات (OODBMS) شائعة الاستخدام لانها تستطيع إدارة وسائط إعلام متعددة أو تطبيقات (Java)، كما أنها تستخدم في تطبيقات الشبكة العنكبوتية، ومفيدة في تخزين بيانات ارتباط الكينونة مع نفسها (Recursive Data) وهو ما يعرف بالجيل الرابع من قواعد البيانات.

تستخدم تطبيقات التجارة والمالية في الغالب نظم ادارة قواعد البيانات الشيئية/ الموجّهة للكائنات؛ لأنها تتطلّب نماذج بيانات يجب أن تتغيّر وتستجيب لظروف الاقتصاد الجديدة. كما يُمكن لها أن تُخزّن أنواع متعددة من البيانات أكثر من قواعد البيانات العلائقية.

5.4.5. نظم ادارة قواعد البيانات العلائقيّة المُوجّهة للكائنات.

Object-Relational DBMS

وأخيراً نلاحظ ظهور قواعد بيانات مُهجّنة Hybrid هي نظام ادارة قاعدة بيانات يعمل على توافق قُدرات كُلاً من نظام ادارة قاعدة البيانات العلائقيّة من أجل

تخزين المعلومات التقليديّة، وقُدرات نظام ادارة قاعدة البيانات المُوجّهة للكائنات لتخزين الصّور والوسائط المُتعدّدة.

5.5. المخطط المنطقي لقواعد البيانات Schema

يُمثّل المخطط التصميم المنطقي لقاعدة البيانات والذي يتم فيه تحديد السجلات المنطقية، إضافة إلى إظهار العلاقات، وتحديد المفاتيح الرئيسة والثانوية. علماً أن القيود (Constraints) الخاصة بالسّجلات لا تظهر في المخطط المنطقي لقواعد البيانات. ويُمثّل الشكل (5. 10.) نموذج الكينونة-العلاقة (Entity-Relationship Diagram) كجزء من نظام تسجيل الجامعة.

الشكل 5. 10. نموذج الكينونة-العلاقة في قسم التسجيل بالجامعة

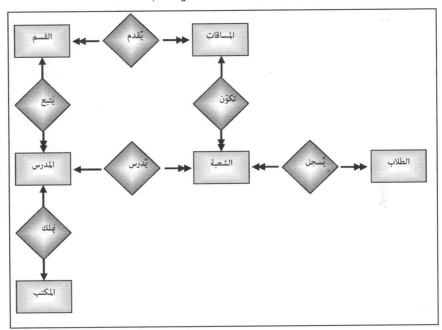

6.5. العناصر التنظيمية الرئيسة في بيئة قاعدة البيانات[9].

Key Organizational Elements in the Database Environment.

تُمثّل نظم إدارة قواعد البيانات مجموعة من البرامج أو البرمجيات توصل إلى قاعدة البيانات، بحيث تدير بكفاءة مجموعة من البيانات المترابطة، وتخزّنها بواسطة برامج التطبيقات، ووظيفتها التخاطب مع هذه البيانات لتشكيل بيئة تعظّم استفادة المستخدمين لها، كما تعمل على تمكين استفادة عدّة مستخدمين لها بشكل متزامن، إذ أنها تتضمّن تصميم قواعد البيانات المادية وصيانتها.

الشكل 5. 11. العناصر التنظيمية الرئيسة في بيئة قاعدة البيانات

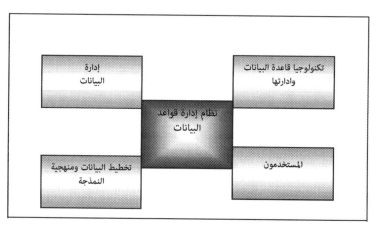

Source: Laudon, Kennth C., & Laudon, Jane P. (2006). ***Management Information Systems*: *Managing the Digital Firm*** (9th ed.). New Jersey: Prentice-Hall International, Inc., p. 251.

يتبيّن من الشكل (5. 11.) أن بيئة قاعدة البيانات تتكوّن من العناصر التنظيمية الرئيسة التالية:

1.6.5. إدارة البيانات Data Administration

وظيفة تنظيميّة خاصّة لادارة موارد البيانات كمورد تنظيمي، تركز على تخطيط البيانات ووضع الاستراتيجيات والسياسات والإجراءات وادامة قاموس البيانات ومعايير جودة البيانات.

تتطلب نظم إدارة قواعد البيانات بأن تُعيد المنظمة تنظيم الـدور الإسـتراتيجي للمعلومات، والبدء للتخطيط بفعالية لإدارة وتخطيط المعلومات كمـوارد في المنظمـة. وهـذا يعني أنه يجب على المنظمة أن تُطوّر وظيفة إدارة البيانات وأن تعمل على تعريف متطلبات المنظمة من المعلومات. ومن هنا فإن مسؤوليّة ادارة البيانات أن تجعل البيانات تُدار كمـورد تنظيمي. وتتضمن هذه المسؤولية:

- تطوير استراتيجية المعلومات.
- تطوير سياسات المعلومات.
- تطبيق القوانين والاجراءات.
- تنظيم بنية محتوى البيانات.
- تخطيط البيانات وادامتها.
- منطقية تصميم قاعدة البيانات وتحديد العلاقة المنطقيّة بين العناصر.
- تطوير قاموس البيانات.
- مُراقبة كيفية استخدام المعلومات من قبل مجموعات مُتخصّصي النـظم والمسـتخدمين النهائيين.

تُعتبر إدارة البيانات وظيفة تنظيمية هامة لإدارة موارد البيانات، إذ أن المبـدأ الأساس فيها هـو أن جميع البيانات مُلكاً للمنظمـة ككل فهي ليسـت مُلكاً لوحدة معينة بعينها، لذا يجب أن تكون المعلومـات مُتـوفّرة لأي مجموعـة شرعيّة تطلبها إتمامـاً لتحقيق رسالة المنظمة وأهدافها.

تحتاج المنظمة إلى صياغة استرتيجيات وسياسات المعلومـات المتّبعـة والتي تخص المشاركة في القوانين، نشر، امتلاك، وتصنيف وتخـزين المعلومـات في المنظمـة، لـذا تعتمـد سياسة المعلومات على تحديد إجراءات خاصة ومشاركة الوحدات التنظيمية حتى تـتمكّن من ضمان توزيع المعلومات وتحديد من هو المسؤول عن تجديد وإدامة المعلومات.

2.6.5. تخطيط البيانات ومنهجية النمذجة.

Data Planning and Modeling Methodology.

تُعتبر البيانات الأساس لجميع مكونات أنظمة قواعد البيانات فهي العنصر المركزي الذي تُحيط به العناصر الأخرى. لذلك فإن المنظمات تتطلّب تخطيط مؤسسي- أعلى للبيانات، وتحليل المؤسسة الذي يركز على متطلبات المعلومات لعموم المنظمة، وإن كل ذلك يتطلّب تطوير قاعدة البيانات.

إذ أن الغرض من تحليل المؤسسة هو تحديد الكينونات الأساسية (Entities) والخصائص (Attributes)، والعلاقات (Relationship) التي تُحدّد بيانات المنظمة.

3.6.5. تكنولوجيا قاعدة البيانات وإدارتها.

Database Technology and Management.

لا بد لأي قاعدة بيانات أن تحوي مكونات ماديّة حتى تحقّق الغرض الذي أنشئت من أجله، فلا بد من توفير أجهزة الحاسب وملحقاتها المختلفة مثل: وحدات التسجيل والإدخال، وكذلك المحطات الطرفية، ووسائل الاتصال اللازمة، والشبكات. وتُعتبر الملفات التي تحوي البرامج والبيانات من المكونات الماديّة التي يتم تسجيلها وحفظها في وحدات الخزن المادية كالوثائق والأقراص والأشرطة الممغنطة. كما تحتاج قواعد البيانات إلى برمجيات جديدة، وإلى طواقم متخصّصين جُدد مُدرّبون على تقنيات نظام إدارة قواعد البيانات، بالإضافة إلى هياكل إدارة بيانات جديدة. وتشمل البرمجيات أنظمة التشغيل الخاصة بالحواسيب والشبكات، وكذلك أنظمة البرمجة الخاصة بقواعد البيانات، وبرمجيات نظم التشغيل، وبرمجيات الشبكة.

وعموماً لا بد من توفّر البرمجيات التالية في نظم إدارة قواعد البيانات:

- البرامج الأساسيّة العامّة مثل:
  - نظم التشغيل Operating Systems (OS)
  - نظم إدارة البيانات Data Management Systems
  - نظم إدارة قواعد البيانات Database Management Systems (DBMS)
- البرامج الأساسيّة التطبيقية العامة: مثل نماذج التحليل واتخاذ القرارات.

- البرامج الأساسيّة التطبيقية الخاصة: هي البرامج المصممة خصيصاً لتلبية حاجات تطبيقات فردية مثل: برامج المحاسبة والتسويق الخاصة بالمنظمة.
- برامج شبكات المناطق المحلية والواسعة.

4.6.5. المستخدمون Users

تخدم قواعد البيانات مجموعات من المستخدمين أكثر من النظم التقليدية، حيث قدمت نظم البيانات العلائقية من الجيل الرابع لغة استعلامات لقواعد البيانات الكبيرة لخدمة الأفراد غير المُتخصّصين في الحاسوب.

وتشمل المستخدمين كلّ من له علاقة بقواعد البيانات سواء فريق العمل الذي يعمل على تصميم وتشغيل قاعدة البيانات، أو أولئك الذين يستخدمونها.

وتشمل المستخدمين في العادة على:

1.4.6.5. فريق العمل الذي يعمل على تصميم قاعدة البيانات وتشغيلها ويتمثّل في:

(1) مُدير قاعدة البيانات Database Administrator ومهامه هي:

- تحديد مُتطلبات قواعد البيانات من برمجيات وأجهزة.
- تحديد شروط الأمان والسرّية وصلاحيات الاستخدام.
- الوصول إلى توافق مُتطلبات المستخدمين.
- وضع نظام للعمل يُؤمّن أداء النظام بشكل فاعل.
- الرقابة والتنسيق وضبط أداء النظام.

(2) مُصمّم قاعدة البيانات Database Designer ومهامه هي:

- تحديد طبيعة البيانات المُخزّنة.
- تحديد تراكيب البيانات.
- تحديد التعامل بين المستخدم والنظام عن طريق تعريف وتصميم شاشات التخاطب وتوثيقها.
- تصميم قواعد البيانات بأقل الأخطاء الممكنة.
- إمكانية تطوير النظام في المستقبل.

(3) مُبرمج قاعدة البيانات Database Programmer ومهامه هي:

◆ تنفيذ البرامج للتأكد من خلوها من الأخطاء.

◆ تصميم شاشات الإدخال والإخراج التي تحتاجها نظم قواعد البيانات.

◆ تصميم الاستعلامات وأنماط التقارير المختلفة.

◆ كتابة البرامج بلغة مناسبة لأنظمة قواعد البيانات.

2.4.6.5. المُستخدم النهائي لقاعدة البيانات وهو الفرد الـذي يستفيد مـن مخرجات نظـام المعلومات وهذا يتطلب توفير وسيلة تخاطب سهلة معه، وينقسم إلى:

(1) مُستخدم عادي ليس لدية خبرة سابقة، ويتطلب تدريبه على استخدام نظـم قواعد البيانات، وهذا يتطلب توفير وسيلة تخاطب سهلة لمثل هؤلاء المستخدمين.

(2) مُستخدم خبير وهو المستخدم الذي لدية خبرة طويلة في التعامـل مـع أنظمـة قواعـد البيانات.

7.5. مزايا وعيوب نظم إدارة قواعد البيانات.
Advantages and Disadvantages of DBMS

1.7.5. مزايا نظم إدارة قواعد البيانات [10, 11] DBMS Advantages

1. إزالة تكرار البيانـات Reduse Data Redundancy تعمـل نظـم إدارة قواعـد البيانـات على إزالة التكرار إذ تملك القدرة على تخزن البيانات في قاعدة واحدة، وتكـون جاهزة لعـدة استخدامات، ويُساعد هذا على تقليل تكاليف التخزين والتكرار، ويحدّ مـن ظاهرة تناقص البيانات داخل قاعدة البيانات.

2. تحقيق استقلالية البيانـات A chieve Data Independence تتيح نظـم إدارة قواعـد البيانات إمكانية استقلالية البرامج والبيانات ويسمح ذلك بتغيير البرامج دون تغيير البيانـات، وكذلك إمكانية تغيير تخزين البيانات دون تغيير البرامج.

3. استرداد البيانـات والمعلومـات سريعـاً Retrieve Data and Information Rapidly إنّ العلاقات المنطقيّة وهيكليّة لغة الاستعلامات في نظـم إدارة قواعـد البيانات تـوفر لغـات استعلام بسيطة تجعل المستفيدين قادرين على استرداد المعلومات بفترة قصيرة جداً، كما

تزوّد نظم إدارة قواعد البيانات بالادوات التي تساعد الوصول إلى البيانات مثل: (SQL) أو (QBE) مما يؤدي إلى تحسين الاتصال بين المستفيد والنظام.

4. تحسين الأمن Improve Security تكون البيانات داخل قاعدة البيانات أكثر أمناً وأفضل تكاملاً من تلك المُخزّنة بواسطة الملفات التقليدية، إذ تُوفّر نظم ادارة قاعدة البيانات التكامل والتخزين المادي وأمن البيانات، حيث تُوفّر أغلب نظم إدارة قواعد البيانات تدابير وقائيّة من الامن وبمستويات مختلفة مثل الارقام السريّة وغيرها بحيث لا تسمح لغير المصرح لهم بالوصول إلى البيانات المُخزّنة في قاعدة البيانات.

5. القدرة على ربط البيانات المُتّصلة: تستطيع نظم إدارة قواعد البيانات ربط البيانات في السّجلات المختلفة، وهذا يُساعد على توفير القدرة في معالجة الطلبات غير المتوقعة، ويُحقق التداول المرن للمعلومات.

6. تنميط البيانات: تمتاز نظم إدارة قواعد البيانات بوجود تعريفات نمطية تتعلق بتعريف العناصر، والشكل المُتّبع في تخزينها داخل القاعدة، وكذلك أسلوب استرجاعها أو تعديلها لعموم المستخدمين[12].

2.7.5. عيوب نظم إدارة قواعد البيانات[13] DBMS Disadvantages

1. تعقيد برامج نظم إدارة قواعد البيانات وزيادة تكاليفها، وكذلك المفاهيم المستعملة فيها.
2. تتطلّب نظم إدارة قواعد البيانات استئجار وإدامة كادر مؤهل لمعالجة البيانات.
3. تتطلّب نظم ادارة قواعد البيانات قدراً كبيراً من الموارد الماديّة المختلفة لغرض تنفيذها.

8.5. نظم المعلومات وبنوك المعلومات[14].

Information Systems and Information Banks.

تشمل بنوك المعلومات مجموعة من قواعد البيانات التي تعكس أنشطة المنشأة والتي تُساعدها في تحقيق الأهداف المُحدّدة لها.

يحوي بنك المعلومات على قاعدة بيانات واحدة، أو عدد من قواعد البيانات. ومن الأمثلة على بنوك المعلومات: بنك معلومات نيويورك تايمز، بنك معلومات الأمانة لجامعة الدول العربية، بنك المعلومات الصناعي.

ويُبيّن الشكل (5. 12.) علاقة بنك المعلومات الإداري بقواعد البيانات والشبكات.

الشكل 5. 12. علاقة بنك المعلومات الإداري بقواعد البيانات والشبكات

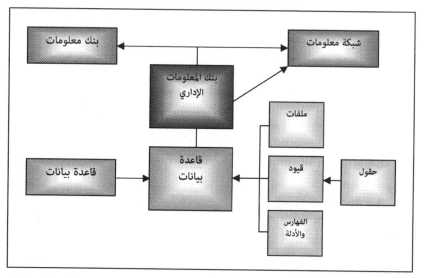

المصدر: الكيلاني، عثمان؛ البياتي، هلال، والسالمي، علاء (2003). **المدخل إلى نظم المعلومات الإداريّة**. الأردن، عمان: دار المناهج للنشر والتوزيع، ص.67.

يُبيّن الشكل (5. 12.) أن بنك المعلومات الإداري يرتبط مع بنوك المعلومات المختلفة، وكذلك مع شبكة المعلومات التي تُزوّده بالمعلومات التي يحتاجها خاصة المعلومات الخارجية. كما يرتبط أيضاً بنك المعلومات الإداري مع العديد من قواعد البيانات المختلفة والتي تملك كماً هائلاً من المعلومات التي تحتاجها الإدارة في تسيير وظائفها المختلفة.

9.5. حالة دراسية/ الفصل الخامس.

لقد أسّست شركة الأحلام العربية قبل عدد من السنوات نظام لإدارة قواعد البيانات، وبدأت منذ ذلك الحين بترحيل تطبيقاتها تدريجياً إلى ذلك النظام.

وفي اجتماع لمجلس الإدارة أبدى نائب الرئيس قلقة بشأن أمن البيانات في تلك القاعدة، خاصة أنها تحوي على جميع معلومات المنشأة، وبها العديد من المعلومات السرّية التي لا يجوز لبعض الموظفين في الإدارة الوسطى والدنيا الاطلاع عليها.

لو كنت رئيساً لقسم نظم المعلومات الإداريّة في تلك الشركة، فما هو تعليقك على مخاوف نائب الرئيس في تلك الشركة؟

10.5. نشاط:

تُمثّل الجداول التالية صور ثلاث جداول هي جدول الطلاب، جدول العلامات، وجدول المواد في أحد الأقسام.

(جدول الطلاب)

رقم الطالب	الاسم	العمر	تاريخ الميلاد	الجنسية	هاتف العمل	تاريخ التسجيل
20374001001	أحمد علي محمد شتيوي	21	1982/01/01	أردني	7456899	2003/09/20
20374001002	عبد الحكيم عقلة علي	23	1980/05/02	أردني	7226987	2003/09/24
20374001003	علاء عبد الكريم صالح	22	1981/08/05	أردني	7421598	2003/09/13
20374001004	جمال فايز جمعه النجار	20	1983/07/03	أردني	7215982	2003/9/20
20374001005	عماد عبد السلام تركي	19	1984/06/04	أردني	7279130	2003/9/17

(جدول العلامات)

رقم المساق	اسم المساق	أعمال الفصل	الامتحان الأول	الامتحان الثاني	الامتحان النهائي	اسم المدرس	رقم الطالب
ITT101	مهارات الحاسوب	9	20	19	35	زياد المشاقبة	20374001001
ITT101	مهارات الحاسوب	8	24	22	36	منار مرقة	20374001011
ITT131	برمجة 1	8	21	17	34	امال عماوي	20374001001
ITT131	برمجة 1	8	19	15	37	نبيل النجار	20374001011
ITT151	قواعد البيانات	7	22	20	30	فايز النجار	20374001001
ITT152	نظم التشغيل	6	23	24	33	نجم الحميدي	20374001001

(جدول المواد)

الساعات العملية	الساعات النظرية	الساعات المعتمدة	اسم المساق	رقم المساق
2	1	3	مهارات الحاسوب	ITT101
2	1	3	برمجة 1	ITT131
2	1	3	قواعد البيانات	ITT151
2	10	3	نظم التشغيل	ITT152

هل تتوفّر إمكانية للربط بين هذه الجداول الثلاثة كجزء من قاعدة بيانات علائقية؟
وإن كان كذلك فما هو الأساس الذي تعتمد عليه في ربط هذه الجداول معاً؟

5.11. أسئلة للمراجعة/ الفصل الخامس.
أولا: أجب عن الأسئلة التالية.

1. ما الفرق بين التّصور المادّي للبيانات والتّصور المنطقي لها في معمارية نظام إدارة قواعد البيانات؟

2. ما هو الشّكل العام للعلاقة في قاعدة البيانات الهرمية؟

3. لماذا تعتبر قواعد البيانات العلائقية ذات مرونة أعلى من قواعد البيانات الشبكيّة والهرميّة؟

4. ما هو التمايز بين قاعدة البيانات Database ونظم إدارة قواعد البيانات DBMS؟

5. كيف يمكن إدارة البيانات كمورد تنظيمي؟

6. ما هي مزايا وعيوب نظم إدارة قواعد البيانات؟

ثانياً: أكمل الجمل التالية.

1. العناصر التنظيمية الرئيسة في بيئة قاعدة البيانات هي:
أ. .... ب. ....
ج. .... د. ....

2. الكينونة هي ....

3. يُمثّل الرمز المجاور في نموذج الكينونات والعلاقات ....

4. من الأمثلة على ارتباط الكينونة مع نفسها ....

يُمثّل الرمز المجاور في نموذج الكينونات والعلاقات ....

5. أن الغرض من تحليل المؤسسة في تخطيط البيانات ومنهجية النمذجة هو تحديد .... و .... و ....

7. إن أصغر عنصر في قاعدة البيانات لا يحمل معنى هو ....

8. يتكوّن المستخدم النهائي في قاعدة البيانات من:
أ. .... ب. ....

9. تشمل بنوك المعلومات مجموعة من .... التي تعكس نشاط المنشأة، وتساعد في تحقيق أهدافها.

ثالثاً: ضع دائرة حول الجواب الصحيح.

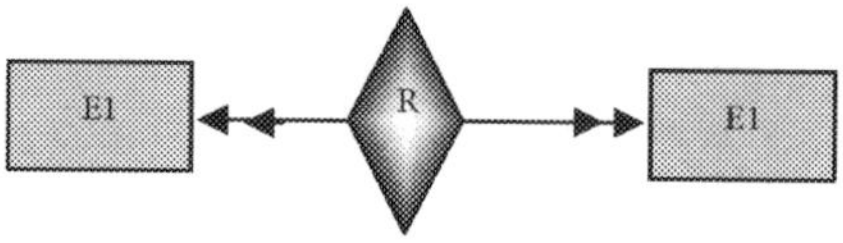

1. يُمثّل الشكل العام المجاور:

أ.   علاقة واحد لواحد   One- to- One
ب. علاقة واحد لمتعدد   One- to- Many
ج.   علاقة متعدد لمتعدد   Many- to Many
د.   علاقة ارتباط الكينونة مع نفسها   Recursive Relationship

2. أن أصغر عنصر في قاعدة البيانات يحمل معنى هو:

أ.   البت (Bit)
ب. البايت (Byte)
ج.   الحقل (Field)
د.   الصف (Row)

3. يُمثّل الرمز المجاور:

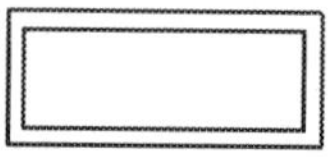

أ.   علاقة قوية   Strong Relationship
ب. علاقة ضعيفة   Weak Relationship
ج.   كينونة قوية   Strong Entity
د.   كينونة ضعيفة   Weak Entity

4. يُمثّل الرمز المجاور:

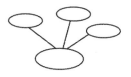

أ.   صفة متعددة القيم   Multivalued Attributes
ب. صفة مركبة القيم   Composite Attribute
ج.   صفة مشتقة   Derived Attribute
د.   صفة مفتاحيّة   Key Attributes

5. يقوم .... بالتنسيق والرقابة وضبط أداء النظام في قاعدة البيانات.

أ.   مدير قاعدة البيانات   Database Administrator
ب. مصمم قاعدة البيانات   Database Designer
ج.   مبرمج قاعدة البيانات   Database Programmer
د.   لا شيء مما ذكر   Not at all

6. يُمثّل الشكل العام المجاور علاقة:

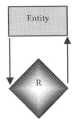

أ. علاقة واحد لواحد One- to- One

ب. علاقة متعدد لمتعدد Many- to Many

ج. علاقة واحد لمتعدد One- to- Many

د. علاقة ارتباط الكينونة مع نفسها Recursive Relationship

7. تُعتبر قواعد البيانات الهرميّة مفيدة في تصوير ورسم علاقة:

أ. علاقة واحد لواحد One- to- One

ب. علاقة متعدد لمتعدد Many- to Many

ج. علاقة واحد لمتعدد One- to- Many or Many - to- One

د. علاقة ارتباط الكينونة مع نفسها Recursive Relationship

8. تُعتبر قواعد البيانات الشبكيّة مفيدة في تصوير ورسم علاقة:

أ. علاقة واحد لواحد One- to- One

ب. علاقة واحد لمتعدد One- to- Many

ج. علاقة متعدد لمتعدد Many- to Many

د. علاقة ارتباط الكينونة مع نفسها Recursive Relationship

9. تستخدم تطبيقات التجارة والمالية غالباً .... لأنها تتطلب نماذج بيانات لا بد أن تستجيب لظروف الاقتصاد الجديد.

أ. نظم إدارة قواعد البيانات الهرميّة Hierarachical DBMS

ب. نظم إدارة قواعد البيانات العلائقيّة Relational DBMS

ج. نظم إدارة قواعد البيانات الشبكيّة Network DBMS

د. نظم إدارة قواعد البيانات الموجهة للكائنات Object-Oriented DBMS

10. إذا كان لدينا قاعدة بيانات تحوي الموظفين والاقسام التي يعملون فيها فإن درجة العلاقة هنا تكون:

أ. العلاقات الاحادية Unary Relational

ب. العلاقات الثنائية Binary Relational

ج. العلاقات الثلاثية Ternary Relational

د. العلاقات من الدرجة ن Relational (n-ary)

11.5. مراجع الفصل الخامس.

1. Turban, Efraim; Rainer, Kelly, & Potter, Richard (2003). ***Introduction to information technology*** (2nd ed.). New York: John Wiley & Sons Corporation, p. 732.

2. قطيشات، منيب (2005). **قواعد البيانات** (ط 2). الأردن، عمان: دار وائل للنشر والتوزيع، ص. 47.

3. الحسنيه، سليم إبراهيم (2002). **نظم المعلومات الإداريّة**. الأردن، عمان: مؤسسة الوراق للنشر والتوزيع، ص. 120.

4. Gordon. Judith R., & Gordon, Steven R. (1999). ***Information systems: A management approach*** (2nd ed.). Orlando: Harcout Brace Company, p. 203.

5. Elmasri, Ramez, & Navzthe, Shamkant B. (2004). ***Fundamentals of database systems*** (4th ed.). Massachusetts: Pearson Education, Inc.

6. ***Ibid***.

7. Alter, Steven (2002). ***Information systems: The foundation of e-business*** (4th ed.). Upper Saddle River, New Jersey: Prentice-Hall, Inc., p. 156.

8. Laudon, Kennth C., & Laudon, Jane P. (2006). ***Management information systems: Managing the digital firm*** (9th ed.). New Jersey: Prentice-Hall International, Inc., p.240.

9. Laudon, Kennth C., & Laudon, Jane P. (2006). ***Op Cit***., p. 251.

10. جيمس أو هكس، جونير (1987). **نظم المعلومات الإداريّة: من وجهة نظر المستفيد**. تعريب: حسين علي الفلاحي. المملكة العربية السعودية، الرياض: معهد الإدارة العامة.

11. McLeado, Jr., Raymond, & Schell, George P. (2007). ***Management information systems*** (10th ed.). Upper Saddle River, New Jersey: Pearson Education, Inc., p 146.

12. الحميدي، نجم عبد الله؛ السامرائي، سلوى أمين، والعبيد، عبد الرحمن (2005). **نظم المعلومات الإداريّة: مدخل معاصر**. الاردن، عمان: دار وائل للنشر.

13. McLeado, Jr., Raymond, & Schell, George P. (2007). ***Op Cit***., p. 146.

14. الكيلاني، عثمان؛ البياتي، هلال، والسالمي، علاء (2003). **المدخل إلى نظم المعلومات الإداريّة**. الأردن، عمان: دار المناهج للنشر والتوزيع، ص. 67.

الفصل السادس
الإتصالات والشبكات
Telecommunications and
Networks

الفصـل السـادس
الإتصالات والشّبكات
Telecommunications and Networks

أهداف الفصل:

1. التعرّف إلى الإتصالات السلكية واللاسلكية – المفهوم، النظام، الدور الحيوي.
2. التعرّف إلى تصنيف الشّبكات حسب الطريقة التي توصل بها مكونات الإتصال.
3. التعرّف إلى تصنيف الشّبكات حسب المجال الجغرافي.
4. التعرّف إلى تصنيف الشّبكات حسب دور كل حاسب في توفير خدمات الشّبكة.
5. التعرّف إلى تصنيف الشّبكات حسب أنواع الخدمة التي تقدمها.

مواضيع الفصل:

الفصل السادس
الإتصالات والشّبكات
Telecommunications and Networks

1.6. الإتصالات Telecommunications

تُمثّل الإتصالات السلكية واللاسلكية إحدى النماذج الرئيسة لبناء نظام المعلومات، خاصة بعد التطور التكنولوجي المتسارع في العالم الحديث.

1.1.6. مفهوم الإتصالات Telecommunications Concept

تُعرّف الإتصالات على أنها الوسائط الإلكترونية التي تعمل على إيصال المعلومات عبر مسافات بين أجهزة في مواقع مختلفة. إنها توزيع البيانات بين محطتين حاسوبيتين أو أكثر، لذا على المديرين أن يختاروا تكنولوجيا الإتصالات المناسبة لتعزيز أداء شركاتهم، والوصول إلى أفضل طريقة لدمجها في نظم المعلومات وعمليات الأعمال.

2.1.6. نظام الإتصالات السلكيّة واللاسلكية Telecommunications System

هو مجموعة من الأجهزة والبرمجيات المتوافقة، مُرتّبة لإيصال المعلومات من موقع لآخر. حيث يوجد بروتكول يُمثّل مجموعة من القواعد والأنظمة التي تتحكّم في بث وتحويل تراسل البيانات بين مكونات الشّبكة المختلفة، وتُحدّد هذه البروتوكولات ناقل البيانات، وقت النقل، عدد مرات النقل، وكيفية تسليم البيانات.

3.1.6. الدّور الحيوي للإتصالات السلكية واللاسلكية[1].

Vital Role of Telecommunication.

تعتبر الإتصالات مُتطلّب أساسي لزيادة فاعلية المنظمات ونجاحها، إذ نجد أن وجود شبكة محلية أو دولية في العديد من الأعمال ضرورة تنافسية لمتابعة المخازن، وأخذ طلبات المستهلكين، والثقّة بتوفر المنتج.

تُساهم نظم الإتصالات في تحسين الفعاليّة للمبيعات، وخدمة المستهلكين، عن طريق تأمين القدرة المباشرة للإتصال بالبيانات.

لقد استطاعت نظم الإتصالات أن تُغيّر وتُعزّز في طبيعة الإتصالات الدولية بين المنظمات المنتشرة جغرافياً في دول مختلفة.

وأخيراً يُمكن تصوّر أهمية الإتصالات من خلال النظر إلى نشاطات المؤسسة الرئيسة، والتعرّف إلى تطبيقات الإتصالات ذات الأهمية التنافسية الداعمة لتلك النشاطات سواء في الانتاج، أو المبيعات أو التسليم أو خدمات الزبائن.

هذا ويُمكن أن يُعالج نظام الإتصالات قضايا أعمال استراتيجية حتى لو كانت المنظمة في مبنى واحد، ومثال ذلك قدرة نظام الإتصالات في فندق لتقديم خدمة إلى الزبون في الوصول إلى المعلومات التي يحتاجها.

كما يُعالج نظام الإتصالات قضايا عديدة مثل: فاعليّة العمليات إذ تُؤدي الإتصالات إلى زيادة فاعليّة المنظمة وخلق ميزة تنافسية.

إن إحدى طرق تصوّر أهمية الإتصالات في الأعمال هي النظر في سلسلة القيمة، وتحديد تطبيقات الإتصالات العامة التي تملك تنافسيّة معنويّة، حيث تعمل الإتصالات على تقليل وحذف العناصر غير الضرورية في العمل في جميع التطبيقات، وتفعيل أنشطة سلسلة القيمة، سواء في تطوير المنتج، الإنتاج، المبيعات، التوريد، خدمات المستهلكين، الإدارة، والمالية.

4.1.6. المُكوّنات الأساسيّة في نظام الإتصالات.

Component of Telecommunications System.

1. الحواسيب لمعالجة المعلومات.
2. المحطات الطرفية (Terminal) وهي أدوات لا تملك التخزين أو المعالجات بل تعمل كوسائط مدخلات/ مخرجات تستقبل وتُرسل البيانات.
3. قنوات الإتصال (Communications Channels) هي الوسيلة التي تنقل البيانات من إحدى المعدّات في شبكة إلى معدّة في شبكة أخرى، فهي الممرات التي تُرسل البيانات عن طريقها، علماً أن القناة يمكن أن تستخدم أنواع مختلفة من وسائط الإتصال السلكية واللاسلكية.
4. مُعالجة الإتصالات (Communications Process) وهي الأجهزة التي تدعم إرسال واستقبال البيانات في شبكة الإتصالات مثل:

- الموديوم (Modem)

- المُركّز (Concentrator)
- المُجمّعات (Hubs)
- المُختار (Multiplexer)
- المُراقب (Control)

5. برمجيات الإتصالات (Communications Software) وهي البرمجيات التي تقوم بإدارة وظائف الشّبكة والتي تتحكّم في نشاطات الإدخال والإخراج، وغالباً ما توجد هذه البرمجيات في الحاسوب المركزي وفي معالجات الإتصال الأخرى.

2.6. وسائط الإتصال السلكية واللاسلكية.

Telecommunications Transmissions.

1.2.6. وسائط الإرسال الموجّهة Guided Transmission Media

هي وسائط الإرسال التي تُستخدم نظام كيبلات يقوم بتوجيه الإشارات عبر مسار مُحدّد، وتشمل:

1.1.2.6. الكوابل المَجدُولة Twisted Wire ناقل تتكوّن من زوج أو أكثر من الأسلاك النحاسيّة بسماكة (1mm) المعزولة والمجدولة حول بعضها البعض، لزيادة قدرة الكيبل على مقاومة التداخلات وتلاشي تأثيرها. وهي من أقدم وسائط الإتصال الشائعة في نقل البيانات والتي لا تزال مستمرة بالاستخدام ومن الأمثلة عليها: نظام التلفون حيث ترتبط التلفونات معاً في الشركة بهذا النوع من الوسائط[2].

ويُبيّن الشّكل (6. 1.) نموذج الكوابل المَجدُولة.

الشّكل 6. 1. الكوابل المَجدُولة

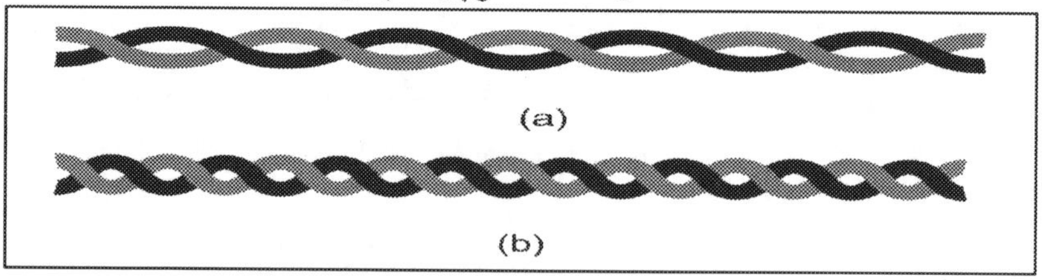

(a)

(b)

Source: Tanenbaum, Andrew S. (2003). *Computer Networks* (4th ed.). Upper Saddle River, New Jersey: Pearson Education, Inc., p. 91.

2.1.2.6. الكوابل المحوريّة Coaxial Cable وتُدعى أحيانا "Coax" أو "Co-ax" ويعتبر الكيبل المحوري من أكثر الأنواع الشائعة، وهو عبارة عن موصل واحد مُغطّى بغلاف معدني مَجدول بشبكة من الأسلاك ثم الغطاء الخارجي وقد تكون مُزدوجة الأغلفة أو ثلاثية الأغلفة، كما أنها قد تكون محورّية رفيعة، أو غليظة، وتستخدم في نقل الإشارات الكهربائية وكيبل التلفزيون، ويمكن أن تنقل كميّة كبيرة من البيانات(3).

ويُبيّن الشّكل (6. 2.) نموذج الكوابل المحورية.

الشّكل 6. 2. الكوابل المحورية

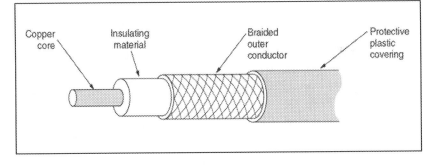

Source: Tanenbaum, Andrew S. (2003). ***Computer Networks*** (4th ed.). Upper Saddle River, New Jersey: Pearson Education, Inc., p. 93.

3.1.2.6. كوابل الألياف الضوئيّة Fiber Optics هي وسائط إرسال سريعة ومتينة تتكوّن من ألياف ضوئية/ زجاجية حيث تتعامل الألياف الضوئية مع النبضات الضوئية بدلاً من الإشارات الكهربائية من خلال الألياف الزجاجية. وتمتاز بمناعتها العالية ضد أي تأثيرات خارجية، ولذلك فهي أكثر أمناً في نقل الإشارات، وتملك القدرة على نقل الإشارات لمسافات بعيدة.

ويُبيّن الشّكل (6. 3.) نموذج كوابل الألياف الضوئيّة.

الشَّكل 6. 3. كوابل الألياف الضوئيّة

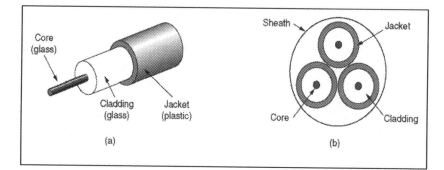

Source: Tanenbaum, Andrew S. (2003). **Computer Networks** (4th ed.). Upper Saddle River, New Jersey: Pearson Education, Inc., p. 96.

6.2.2. وسائط الإرسال غير المُوَجّهة Unguided Transmission Media
وسائط الإرسال تعمل على إتمام عمليتي الإرسال والاستقبال اللاسلكي عن طريق هوائي. وتشمل على الآتي:

6.2.2.1. الأمواج المُصغَّرة/ الميكرويّة Terrestrial Microwave هي وسائط إرسال بين نقاط متباعدة حيث يتم إرسال إشارات راديو ذات تردّد مُرتفع خلال طبقات الغلاف الجوي من محطة إرسال أرضية إلى محطة إرسال أخرى.

6.2.2.2. الستلايت / القمر الصناعي [4] Satellite هي وسائط إرسال بيانات باستخدام أقمار مداريّة تعمل كمحطات لإرسال الإشارات الميكرويّة عبر مسافات بعيدة جداً وتستوعب عدة مُتلقين في آن واحد حيث يُمكن أن يستقبل كل منهم حصة من طيف الإشارات، ويُمكن أن تكون الإشارات اللاسلكية المرسلة عريضة واسعة تُغطّي جزء كبير من سطح الكرة الأرضية، أو ضيقة تُغطّي منطقة محددة منها.

وفي تطوّر إتصالات الأقمار الصناعية العالمية ظهرت محطات ميكرويّة رخيصة الكلفة تُدعى (Very Small Aperture Terminal/ VSATs)، ساهمت في زيادة الاعتماد على إتصالات الأقمار الصناعية خاصة في المناطق الفقيرة.

ويُبيّن الشّكل (6. 4.) نموذج إتصالات الأقمار الصناعي VSATs.

الشّكل 6. 4. الستلايت/ القمر الصناعي

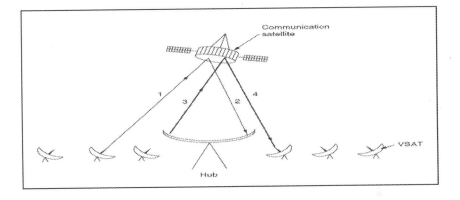

Source: Tanenbaum, Andrew S. (2003). ***Computer Networks*** (4th ed.). Upper Saddle River, New Jersey: Pearson Education, Inc., p. 113.

ويلاحظ أن المحطات الميكروية في نظم (VSATs) لا تملك القدرة الكافية للإتصال مُباشرة مع محطة أخرى، ولا بد أن يتم ذلك عبر مُجمّع ناقل يدعى (hub).

3.2.2.6. الشّبكات اللاسلكيّة Wireless Networks هي إحدى وسائل الارسال غير الملموسة وتعتمد على الامواج الراديووية والهوائيات وتعني أن الشّبكة خالية من الكوابل. ولكن الحقيقة أن الشّبكات اللاسلكيّة ظهرت في معظم الأحيان مُقترنة مع الشّبكات السلكية ويُطلق عليها عندئذ بالشّبكات المُهجّنة (Hybrid Networks).

- **الهواتف النقّالة Cellular Telephones** جهاز يقوم بارسال الصوت والبيانات باستخدام الامواج الراديووية المبثوثة عبر مناطق جغرافية مُحدّدة. كما يوجد الهواتف الذكية Smart Telephones والتي تعمل بدون اسلاك ولها القدرة على التعامل مع الصّوت والنّصوص والانترنت.
- **المساعد الرّقمي الشّخصي Personal Digital Assistant** وهو جهاز حاسوب صغير جداً ذي بنية إتصالات لاسلكيّة قادر على التراسل الرّقمي وإتمام عملية التّراسل.

وتعمل الشّبكات اللاسلكيّة ضمن نموذجين هما[5]:

1. العمل بوجود محطة أساسية (Presence of a Base Station) حيث تمر جميع الإتصالات عبر المحطة الأساسية لاسلكياً، ولكن المحطة الأساسية تكون مرتبطة سلكياً بالأصل (Wired)، كما يتبيّن في الشّكل (a5/6)
2. العمل مع عدم وجود المحطة الأساسية (Absence of a Base Station) وفي هذه الحالة فإن الحواسيب المختلفة تستطيع أن تتراسل فيما بينها مباشرةً لاسلكياً دون الحاجة إلى وجود محطة أساسية، ويسمى هذا النوع (ad hoc networking)، كما يتبيّن في الشّكل (b5/6).

ويبيّن الشّكل (6. 5.) نماذج الشّبكات اللاسلكية.

الشّكل 6. 5. نماذج الشّبكات اللاسلكية

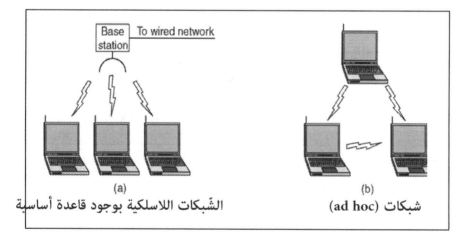

(a)
(b)

الشّبكات اللاسلكية بوجود قاعدة أساسية   **شبكات (ad hoc)**

Source: Tanenbaum, Andrew S. (2003). ***Computer Networks*** (4th ed.). Upper Saddle River, New Jersey: Pearson Education, Inc., p. 69.

3.2.6. أنماط إرسال البيانات[6] Data Transmission Modes

يوجد طريقتان أساسيتان لإرسال البيانات هما:

1.3.2.6. الإرسال غير المُتزامن Asynchronous Transmission

ترسل البيانات في الإرسال غير المتزامن على شكل رموز، رمزاً تلو الآخر بحيث يكون كُلّ رمز منفصل عن الآخر، وتكون الفترة بين إرسال الرمز والذي يليه غير

منتظمة، وحتى يتعرّف الطرف المُستقبل على الرمز المُرسل فإن المُحوّل عند الطرف المُرسل يُرسل نبضة عند بداية كل رمز ثم نبضة أو اثنتين عند نهاية الرّمز. وتعتبر هذه الطريقة مُناسبة لإرسال البيانات من خلال خطوط الهاتف على سرعات منخفضة لأنها أقل كلفة.

2.3.2.6. الإرسال المُتزامن Synchronous Transmission

يتم نقل البيانات في نظام الإرسال المُتزامن على شكل كتل (Blocks) إذ تُجمع مجموعة من الرّموز وتُرسل على شكل كتلة واحدة، وكل كتلة (Block) لها بيانات في البداية وبيانات في النهاية لتعريفها.

ويُعتبر هذا النوع مناسب جداً للتوصيل بين الحاسوب، وأجهزة طرفية تملك منطقة تخزين انتقالية (Buffer) مثل: قارئ البطاقات والطابعات، ويكون الحجم المنطقي للكتلة من (80-132) رمزاً على التوالي. ويمتاز نظام البث المتزامن بكفاءة عالية حيث يُمكن إرسال كمية كبيرة من البيانات، إلا أنه أكثر كلفة من الإرسال غير المتزامن.

4.2.6. اتجاه الإرسال Transmission Direction

لا بد من أخذ اتجاه الإرسال بعين الاعتبار عند بدء الإرسال لتدفق البيانات في شبكة الإتصالات.

ويوجد ثلاثة اتجاهات للإرسال هي:

1.4.2.6. الإرسال البسيط Simplex Transmission نقل البيانات باتجاه واحد فقط من الحاسب المركزي (CPU) إلى نهاية طرفيّة، أو من النهاية الطرفيّة إلى الحاسب المركزي ولا يُمكن البث باتجاهين، وعادة ما يستخدم لنقل البيانات من نهايات بعيدة المدى إلى الحاسب المركزي.

2.4.2.6. الإرسال باتجاهين في أوقات مختلفة/ المزدوج النصفي.

Half- Duplex Transmission.

يسمح هذا النظام بإرسال البيانات باتجاهين لكنه لا يسمح بالإرسال من الطرفين في وقت واحد، وهذا يعني أنه إذا كانت النهاية الطرفيّة في حالة ارسال إلى الحاسب المركزي فيكون الحاسب المركزي مستقبلاً فقط ولا يستطيع أن يُرسل حتّى تتوقف

النهاية الطرفيّة عن الإرسال، وعندها يستطيع الحاسوب المركزي أن يُرسل. ويتطلب هذا النوع وسيلة لعكس خطوط الإرسال كلما انعكس الاتجاه.

3.4.2.6. الإرسال باتجاهين في الوقت نفسه Full- Duplex Transmission

هو ارسال البيانات من الطرفين وفي نفس الوقت حيث يُمكن لكل طرف استقبال البيانات وإرسالها في وقت واحد كما هو الحال عند استخدام الهاتف.

3.6. شبكات الإتصال Communications Networks

يوجد عدد من الطرق المختلفة لتنظيم مُكوّنات وسائل الإتصال، فالشّبكات يُمكن تصنيفها حسب الطريقة التي تُوصل بها مُكوّنات الشّبكة (Topology)، أو المجال الجغرافي، كما تُصنّف الشّبكات حسب معيار دور كل حاسب في توفير خدمات الشّبكة، ويُمكن أن تُصنّف أيضاً حسب الخدمات التي يُمكن أن تُقدّمها.

4.6. تصنيف شبكات الإتصال الإلكترونية.
Communications Networks Classification.

1.4.6. تصنيف الشّبكات حسب الطريقة التي تُوصل بها مُكوّنات الإتصال[7].
Network Tyopologies.

إن إحدى طرق وصف الشّبكات هي: الطريقة التي تُوصل بها مُكوّنات الشّبكة (Tyopology) وتقسم هذه إلى ثلاث طرق هي:

1.1.4.6. شبكة النجمة Star Network

تعتمد تقسيمات شبكة النجمة على وجود حاسب مركزي رئيس يُطلق عليه الخادم (Server)، يعمل كناقل تَحكّم (Traffic Control) بعملية الإتصال مع الحواسيب الأخرى في الشّبكة من حواسيب شخصية صغيرة (PCs) أو محطات طرفية (Terminal). وتأخذ هذه الشّبكة شكل النجمة، حيث يكون الحاسب المركزي في الغالب في مقر المنشأة. ويبيّن الشّكل (6. 6.) شبكة النجمة.

الشّكل 6.6. شبكة النجمة

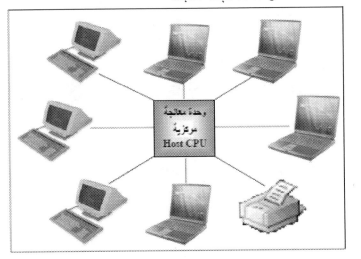

Source: Laudon, Kennth C., & Laudon, Jane P. (2004). ***Management Information System*: *Managing the Digital Firm*** (8th ed.). New Jersey: Prentice-Hall International, Inc., p. 257.

تمر جميع الإتصالات بين الحواسيب الصغيرة، والمحطات الطرفيّة في شبكة النجمة من خلال الحاسب المركزي/ وحدة معالجة مركزية. ومن عيوبها انقطاع التراسل بين أجهزة الشّبكة عند حدوث أي خلل في وحدة المعالجة المركزية، أما إذا تعطّل أي حاسب في الشّبكة فلا يُؤثّر على الحواسيب الأخرى.

تفيد شبكة النجمة عندما تكون المعالجات مركزية وتُعدّ محلياً، ومثل هذه الشّبكات مُناسبة للمنشات التي تتحكّم وتُوجّه العمليات في فروعها المختلفة بشكل مركزي من قبل المركز الرئيسي مثل: البنوك[8].

ولكن قد تظهر مشاكل خاصّة عند وقوع المعلومات بيد المنافسين حيث أن جميع الإتصالات يجب أن تمر من خلال الحاسب المركزي.

2.1.4.6. الشّبكة الخطيّة/ الناقل Bus Network

تستخدم الشّبكة خطاً رئيسياً واحداً يمر بين الأجهزة المختلفة المرتبطة بالشّبكة، إذ تعتمد على ربط عدد من الحواسيب بواسطة دائرة كهربائية مُنفردة (Single Circuit)، سواء عن طريق الكوابل المَجدُولة (Twisted Wire)، الكوابل المحوريّة (Coaxial cable)، أو كوابل الألياف الضوئيّة (Fiber-Optic Cable) مع جميع الحواسيب لدخول الشّبكة، حيث يتم استلام الرّسالة من قبل جميع الحواسيب ولكنها تستقر في الحاسوب المقصود، مع ضرورة وجود برمجيّة خاصّة لتحديد أي مُكوّن من الشّبكة يَستقبل الرسالة، وهنا لا يوجد حاسب مركزي للتحكّم. ويبيّن الشّكل (6. 7.) الشّبكة الخطيّة/ الناقل.

الشّكل 6. 7. الشّبكة الخطية (الناقل)

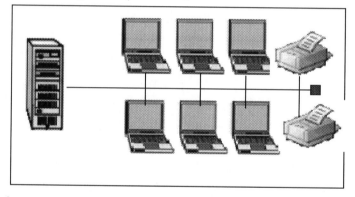

Introduction to Information Systems: (2003) .Source: O'Brien, James A. *Essentials for the E-Business Enterprise* (11th ed.). Irwin: McGraw-Hill .Companies, Inc., p. 201

يتبيّن من الشّكل (6. 7.) والذي يُظهر الشّبكة الخطيّة/ الناقل أنه إذا فشل أحد الحواسيب في الدخول إلى الشّبكة فإنه لا يتأثر أي حاسب آخر بذلك، أما إذا تعطّل الخط الرئيسي فإن الشّبكة تتعطّل بالكامل، وعلى أي حال فإن القناة في شبكة الناقل تُعالج رسالة واحدة في نفس الوقت. ولذلك فان الأداء يُمكن أن يتعطّل إذا أرسل مُتحكّم ناقل

(Network Traffic) كمية كبيرة من المعلومات، وقد يحدث ما يسمى تعارض (Collision) إذا أرسل من حاسبين رسالة بالتزامن إذ تُعاد الرسالة عندئذ لمُرسلها.

3.1.4.6. الشّبكة الحلقيّة Ring Network

ترتبط جميع الحواسيب في الشّبكة الحلقيّة بواسطة دائرة مُغلقة (Closed Loop) مع بعضها البعض مُباشرة على شكل حلقة من حاسوب إلى آخر دون الحاجة إلى وجود حاسب مركزي، وليس بالضرورة أن تتعطّل الشّبكة إذا عجز أحد الحواسيب في الدخول إلى الشّبكة نظراً لوجود خط إتصال بديل عن الخط المتعطّل.

فعندما يقوم أحد الأجهزة بإرسال بيانات عبر الشّبكة، فإنها تنتقل من خلال سلك التوصيل إما باتجاه عقارب الساعة أو بعكس عقارب الساعة وباتجاه الهدف ومُروراً بكافة الأجهزة التي تُشكّل هذه الحلقة[9].

تستخدم هذه الشّبكة في المنشآت التي لا تحتاج إلى تحكّم مركزي لفروعها الموزعة مثل: المنظمات العسكرية، وتعتبر شبكة الحلقة أكثر موثوقية من شبكة النجمة لعدم حاجتها إلى توجيه مركزي، لذا فهي أكثر مناعة ضد الفشل أو التّعطّل، حيث إن تعطّل أحد الخطوط لا يؤدي إلى تعطل الشّبكة فالبيانات تُرسل في اتجاهين. كما أن الرسائل بين النقاط (Nods) يجب أن يُعاد تبليغها بين المصدر (Source) والمُستقبل الأخير (Destination)، إذ أن الرسائل تدور بواسطة المُوجّه/ المُسيّر (Routed) من شبكة إلى أخرى نحو تلك النقاط للحفاظ على تشغيل الشّبكة. ويُبيّن الشّكل (6. 8.) الشّبكة الحلقيّة.

يَتبيّن من الشّكل (6. 8.) أن كل حاسب في الشّبكة الحلقيّة يتّصل مباشرة مع حاسوب آخر، ودائماً تتدفق البيانات في اتجاه واحد، وإن أيّ معالجة هي تطبيق خاص مستقل. وعلى أي حال فإن الشّبكة الحلقيّة يُمكن أن تستخدم كوابل مجدولة، أو كوابل الألياف الضوئية ضمن إتصال في دائرة مغلقة.

الشّكل 6. 8. الشّبكة الحلقيّة

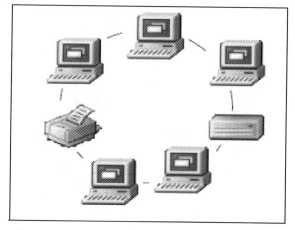

Source: Alter, Steven (1999). *Information Systems: A Management Perspective* (3rd ed.). Massachusetts, Reading: Addison Wesley Longman, Inc., p. 365.

وأخيراً فإن كُلاً من الشّبكة الخطيّة والشّبكة الحلقيّة تستخدم في شبكات الإتصال المحليّة.

2.4.6. تصنيف الشّبكات حسب المجال الجغرافي.
Networks Classified by Geographic Scope.

يُمكن تصنيف الشّبكات حسب المجال الجغرافي إلى:

● شبكة المناطق المحليّة (Local Area Network/ LAN)

● شبكة المناطق الاقليميّة (Metropolitan Area Network/ MAN)

● شبكة المناطق الواسعة (Wide Area Network/ WAN)

1.2.4.6. شبكة المناطق المحليّة Local Area Network/ LAN

هي شبكة إتصال تتكون من مجموعة حواسيب شخصية (PCs) مربوطة معاً بواسطة خطوط إتصال. وتتطلّب ملكية خاصة لقنوات مُخصّصة(Dedicated Channels) وتستطيع الإنجاز ضمن مسافة محدودة، حيث تخدم بالعادة مبنى واحد أو عدة مباني

مُتجاورة ضمن مساحة (1000) مـتر مربّع، ويتحكّم بهـا ويُشغّلها مجموعـات المُستخدمين النهائيين.

ويُبيّن الشّكل (6. 9.) شبكة المناطق المحليّة.

الشّكل 6. 9. شبكة المناطق المحليّة (LAN)

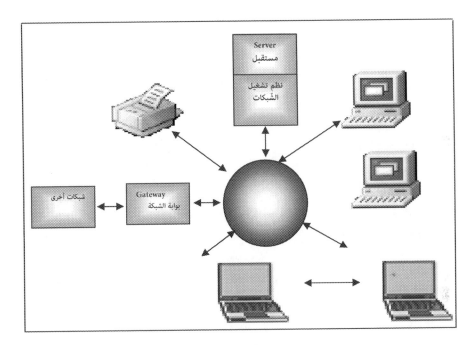

Source: Laudon, Kennth C., & Laudon, Jane P. (2004). *Management Information Systems: Managing the Digital Firm* (8th ed.). New Jersey: Prentice-Hall International, Inc., p. 259.

يَتبيّن مـن الشّكل أن شبكة المناطق المحليّة يُمكن أن تتّصل وتتشارك في عـدّة حواسيب، ومعدّات خارجيّة ضمن منطقة محليّة مع بعضها البعض، حيث يُمكن لأيّ حاسب في الشّبكة الإتصـال مـع حاسب آخر، واستخدام مصادر ذلك الحاسب كالطابعة والفـاكس، كـما أنها تتشارك في وحـدات التخزين المُساندة مما يُوفّر الوقت والجهد والمال. كما يعمل الخادم (Server) فيها كأمين تخزين البـرامج وملفـات البيانات لمُستخدمي الشّبكة.

كما أن بوابات الشّبكة (Network Gateway) تعمل على تسهيل إتصال شبكة المناطق المحليّة مع الشّبكات العامة، مثل: شبكة التلفون أو شبكات الشركات الأخرى.

كما تعتبر البوّابة (A gateway) عُموماً مُعالج إتصالات يُمكن أن يربط شبكات غير مُتشابه عن طريق ترجمة مجموعة قواعد بروتوكولات من مجموعة إلى مجموعة أخرى، حيث يقوم معالج الإتصالات بترجمة القواعد والبروتوكولات من الشّبكة الأولى إلى البروتوكولات المستخدمة في الشّبكة الثانية كما يستخدم كمُنقّب بحث من خلال مجموعة شبكات المناطق المحليّة إلى شبكات المناطق الواسعة. ويلاحظ أن البوابة مُجهزّة لأن تعمل على تقديم البيانات من شبكات المناطق المحليّة أو شبكات المناطق الواسعة كُلّ إلى الآخر.

تطبيقات شبكة المناطق المحليّة[10] Application of Local Area Network

تُزوّد شبكة المناطق المحليّة عدداً من الطرق لجعل المنظمة أكثر فاعليّة وكفاءة من خلال:

1. المُشاركة في التّجهيزات Sharing Equipment

يُمكن أن تربط شبكة المناطق المحليّة مجموعة محطات مع طابعة واحدة، فاكس، وهذه تجعل مَعدة واحدة مُتاحة لعدة مُستخدمين في آن واحد؛ ممّا يُؤدي إلى تخفيض تكاليف تواجد هذه المصادر في أكثر من موقع ضمن المنشأة الواحدة، والاكتفاء بأعداد محدودة منها.

2. المُشاركة في الملفات والسّجلات Sharing Personal Files

تُوفّر شبكة المناطق المحليّة إمكانية تبادل الملفات والبيانات بين مُستخدمي الشّبكة بسهولة وسُرعة فائقة، ودرجة أمان عالية، حيث أن مُستخدمي شبكات الإتصال المحليّة يُمكن أن يختاروا الملفات والسجلات التي يرغبون برؤيتها خاصة في حالات تجهيز خطط الأقسام والعقود المختلفة.

3. إرسال الرسائل Sending Messages

يُمكن لشبكة المناطق المحليّة أن تُستخدم لتنفيذ وإدارة البريد الإلكتروني، كما أنها تُوفّر حلقات النقاش (Chatting) التي تُوفّر إمكانية التخاطب والنقاش بين المُستخدمين رغم تباعد المسافات.

4. المُشاركة في قواعد البيانات Sharing Databases

تُستخدم شبكة المناطق المحليّة للوصول والمشاركة في قواعد البيانات بسرعة فائقة ودرجة أمان عالية، حيث يتم تبادل المعلومات بين الأجهزة المتباعدة، كما أن برمجيات الشّبكة تُساعد على ربط تلك الأجهزة معاً.

5. المُشاركة في البرمجيات Sharing Software

يُمكن أن تُقدّم شبكة المناطق المحليّة نُسخ مُؤقتة من البرمجيات التي تحتاجها كل محطة عمل بدلاً من تخزين نسخ مختلفة من ورقة العمل في كل محطة، وهذا يتيح لكل محطة استخدام أحدث إصدار من البرمجيات عن طريق إحلال البرمجية الجديدة مكان القديمة.

2.2.4.6. شبكة المتروبوليت/ الإقليميّة أو الكُبرى [11].

Metropolitan Area Network/ MAN.

شبكة إتّصال تنتشر في مدينة أو عاصمة أو اقليم إذ تكون مُقيّدة بمنطقة جغرافية أقل، والمجال الجغرافي التي تغطيه بالعادة يكون بين شبكة المناطق المحليّة وشبكة المناطق العالميّة وفي حدود ثلاثين ميل. ومن الأمثلة عليها التغطية التلفزيونية لمنطقة مُحدّدة عن طريق الكيبل.

ويُمكن أن تأخذ شبكة المتروبوليت عدّة أشكال:

أ. تصميم محلي كنظم ad hoc. والتي لا تحتاج إلى وجود محطة أساسيّة.

ب. تصميم برامج الدخول إلى التلفزيون عن طريق الكيبل، وغالباً ما تكون هذه البرامج مُتخصّصة في حقول معينة مثل: قنوات الرياضة، الأخبار... .

ويُبيّن الشّكل (6. 10.) شبكة المتروبوليت/ الإقليميّة أو الكبرى.

الشّكل 6. 10. شبكة المتروبوليت/ الإقليميّة أو الكُبرى

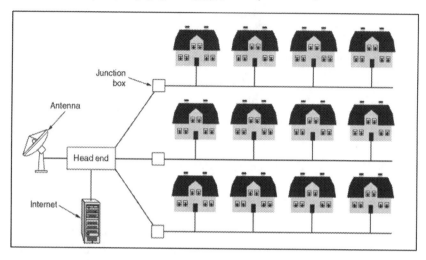

Source: Tanenbaum, Andrew S. (2003). ***Computer Networks*** (4th ed.). Upper Saddle River, New Jersey: Pearson Education, Inc., p. 18.

3.2.4.6. شبكة المناطق الواسعة Wide Area Network/ WAN

شبكة اتصالات تغطي مناطق جغرافيّة واسعة تشمل مُدن وأقطار وقارات مختلفة تربط حواسيب مختلفة ومحطات طرفيّة متباعدة جغرافياً، وتتكوّن من كوابل متنوّعة، ستلايت، وتكنولوجيا موجات قصيرة.

تتكوّن شبكة المناطق الواسعة من توافق المقسم (Switched)، خطوط مُخصّصة (Dedicated Lines)، موجات صغرى (Microwave)، القمر الصناعي (Satellite)، حيث يُمكّن مفتاح الإتصال (Switched Line) الشخص المستفيد من أن يصل الشّبكة للحصول على المعلومات من محطة طرفية إلى حاسب آخر. تربط شبكات المناطق الواسعة حواسيب مختلفة ومحطات طرفية متباعدة جغرافياً بواسطة خطوط الإتصال السلكيّة واللاسلكيّة والضوئيّة ذات السرعة العالية ليتم نقل البيانات إليها.

تقوم الشّبكة الفرعية (Subnet) بمهام ربط الشّبكات المحليّة والواسعة المختلفة والمتباعدة جغرافياً، وتَمكينها من الإتصال السريع باختيار أقصر الطرق لتمرير البيانات. ولاستخدام هذه الشّبكة لا بد أن تكون مُسجلاً في قائمة مُستخدمي الشّبكة لدى الخادم

(Server) حيث يتم تحديد مدى استخدام الشّبكة، والحقوق المُتاحة له، ويتطلّب ذلك استخدام كلمة السر (Password) حيث يستفيد المستخدم عند دخول الشّبكة من جميع المعلومات والبرامج المُتاحة.

يتمتّع كل مُستخدم للشّبكة بحقوق خاصة (Permission) يمنحها له مدير الشّبكة من خلال خادم الشّبكة حيث يسمح له بالاطلاع على بيانات معينة، أو إمكانية التعديل، أو إمكانية التشغيل، بالإضافة إلى تحديد أوقات دخول الشّبكة، وطريقة الدخول إليها. ويبيّن الشّكل (6. 11.) شبكة المناطق الواسعة.

الشّكل 6. 11. شبكة المناطق الواسعة (WAN)

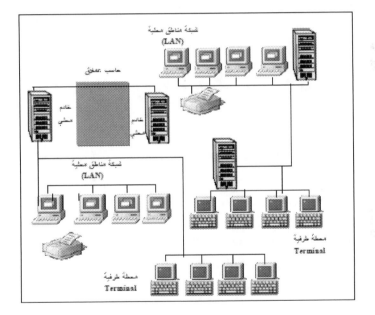

Source: Alter, Steven (1999). *Information Systems: A Management Perspective* (3rd ed.). Massachusetts: Addison-Wesley Educational Publishers Inc., p. 367.

تتضمّن شبكة المناطق الواسعة عدة شبكات مناطق محلية، وكل منهما يرتبط بالشّبكة من خلال خادم محلي ، كما أن شبكة المناطق الواسعة يُمكن أن ترتبط مع محطات العمل أو عدة محطات طرفية من خلال محطة إتصال محلية حيث تنجز شبكة المناطق المحليّة مُعالجة البيانات المحليّة، ثم ترتبط مع شبكة المناطق الواسعة للوصول إلى البيانات التي تحتاجها، أو التي تقع خارج البيئة المحليّة، ويُمكن أن تغطي هذه الشّبكة الكرة الارضيّة(12).

3.4.6. تصنيف الشّبكات حسب معيار دور كل حاسب في توفير خدمات الشّبكة.

1.3.4.6. شبكة الخادم/ المُستفيد Client/ Server Network

تتكوّن شبكة الخادم/ المُستفيد من مجموعة من أجهزة الحاسب يُطلق على أحدها اسم خادم الشّبكة (Network Server)، بينما يُطلق على البقية محطات العمل (Workstations)، أو المستفيدين (Clients). ونلاحظ أن الحاسب في هذا النوع من الشّبكات يُؤدي أحد دورين إما خادم أو مُستفيد.

ويبيّن الشّكل (6. 12.) شبكة الخادم/ المستفيد.

الشّكل 6. 12. شبكة الخادم/ المُستفيد

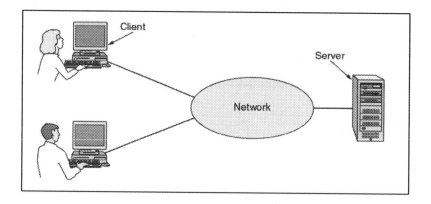

Source: Tanenbaum, Andrew S. (2003). ***Computer Networks*** (4th ed.). Upper Saddle River, New Jersey: Pearson Education, Inc., p. 4.

تُحدّد شبكة الخادم/ المُستفيد المعالجة بين الخادم والمُستفيد فكلاهما في الشّبكة يأخذ وظيفة مُحدّدة، حيث تُوكل إلى الخادم مُهمّة تزويد المُستفيدين بالخدمات مثل: مهمة تزويد البيانات وبرامج التطبيقات إلى الحواسيب المستفيدة من الشّبكة، مهام تسجيل مستخدمي الشّبكة، والسماح لهم بالدخول إليها، وإدارة عملها وتنظيمها، وكذلك تخزين البرامج المشتركة، كما أن الخادم يُخزّن ويُعالج بيانات مُشتركة ويتولى إدارة نشاطات الشّبكة، وهو ليس مَرئياً للمُستخدم.

أما المُستفيد فيمثل نقطة دخول لاتمام متطلبات وظيفة معيّنة في شبكة الخادم/ المستفيد، أذ أنّه يتفاعل مباشرة في حصة من التطبيقات وغالباً ما تكون في إدخال بيانات أو استرداد بيانات.

مزايا وعيوب شبكة الخادم/ المُستفيد[13].

تتمتّع شبكة الخادم/ المستفيد بالمزايا التالية:

- السيطرة المركزية على أمن الشّبكة ومصادرها مما يُسهّل إدارتها.
- وجود معدات وأجهزة بإمكانيات مُميّزة تُودي إلى الكفاءة في الوصول إلى مصادر المعلومات.
- وجود كلمة مُرور واحدة للدخول إلى الشّبكة.
- إمكانية استخدام عدد كبير من الحواسيب في الشّبكة.

عيوب شبكة الخادم/ المُستفيد.

- ارتفاع كلفة الإنشاء بسبب الحاجة إلى البرمجيات والمعدات الإضافية.
- تتعطل الشّبكة إذا حدث عطل في الخادم.
- الحاجة إلى برمجيات إضافية مُعقّدة.
- الحاجة إلى وجود كادر مُتخصّص لإدارة الشّبكة.

2.3.4.6. الشّبكة التناظريّة (Peer - to - Peer Network)

شبكة تعطي جميع الحواسيب قوّة متكافئة فيها إذ تلعب جميع الحواسيب فيها دور الخادم والمُستفيد في آن واحد، حيث يُوفّر كل منهم الخدمة للآخرين، كما يَطلب الخدمة من الآخرين عندما يحتاجها.

إنها الشّكل الأخر للمعالجة التوزيعية (Distributed Processing)، حيث يكون ارتباط الحواسيب في الشّبكة بحقوق مُتكافئة، ويكون لكل جهاز حق الوصول إلى الشّبكة فلا يوجد جهاز مركزي يحكم الأجهزة، والشّكل المُبَسّط للشبكة التناظريّة هو جهازي حاسب مرتبطين معاً، وتكون مهام المعالجة تَشاركيه حيث يتشاركان في البيانات ومساحة القرص الصلب، كما يتشاركان في معالجة مهام مُتعدّدة عند ربط الشّبكة ضمن الإنترنت. ويستخدم لربط الأجهزة والمعدات المختلفة في الشّبكة التناظريّة الأسلاك، الألياف الضوئية، إذ تتجمّع هذه في مُجمّعات (Hubs) مُخصّصة لربط مجموعات من الأجهزة مع مكان آخر ضمن نفس المبنى مع خادم الشّبكة. كما تُستخدم الشّبكات المحليّة (LAN) المقسم (Switch) لزيادة حجم وكفاءة الشّبكة.

وأخيراً لا بد من ملاحظة أن الشّبكة التناظريّة مُفيدة في البحوث والتصميم والتعاون التنافسي في العمل. ويُبيّن الشّكل (6. 13.) الشّبكة التناظريّة.

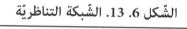

الشّكل 6. 13. الشّبكة التناظريّة

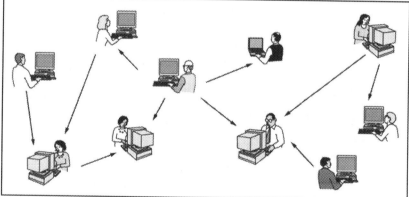

Source: Tanenbaum, Andrew S. (2003). ***Computer Networks*** (4th ed.). Upper Saddle River, New Jersey: Pearson Education, Inc., p. 7.

مزايا وعيوب الشّبكة التناظريّة(14).

تمتلك الشّبكة التناظريّة المزايا التالية:

- سهولة الإنشاء والبناء.
- رخيصة الكُلفة إذ لا تحتاج إلى برمجيات خاصة.

- عدم الحاجة لتعيين مدير للشبكة.
- تعمل في بيئة ذات عدد محدود من الأجهزة.

أما عيوب الشّبكة التناظريّة فهي:

- قد يحتاج المستخدم لكثير من كلمات المرور، إذ نجد أن لكل مصدر كلمة مرور خاصة به.
- لا تؤدي دوراً جيداً عندما يكون عدد حواسيب الشّبكة كبيراً.
- عدم وجود سيطرة مركزية.

4.4.6. تصنيف الشّبكات حسب أنواع الخدمة التي تُقدّمها.

Network Classified by the Types of Service they Provide.

تُقسّم الشّبكات حسب أنواع الخدمة التي تُقدّمها إلى الأنواع التالية:

1.4.4.6. شبكة القيمة المُضافة[15] Value-Added Network (VAN)

هي شبكات خاصة مُتعدّدة المسارات تُستخدم لتراسل البيانات وتكون إدارتها من قبل مُؤسّسة مُستقلّة تعمل كطرف ثالث وتستخدمها منظمات متعدّدة على قاعدة الاشتراكات. وهي إحدى الخيارات أمام الشركات لتصميم وإدارة شبكاتهم، إذ يُدير الطرف الثالث الشّبكة فيقوم بتحويل البيانات، وتقديم المعلومات إلى شركات (Subscibing)، مُقابل دفع رسوم للمعلومات التي تأخذها فقط، وبذلك يتشارك عدة مستخدمين في الكُلف. كما تُقدّم شبكة القيمة المُضافة خدمات خارجية لإدارة البريد الإلكتروني (E-mail) ، تحويل البيانات، تقارير الإدارة، وترجمة الوثائق المختلفة. وعموماً تشير القيمة المُضافة إلى القيمة التي تُضيفها الشّبكات على الإتصالات التي تُقدّمها هذه الشّبكات للزبائن.

2.4.4.6. شبكات التّبادل الرّزمي[16] Packed Switched Networks

هي شبكات تعمل على التّبادل الرّزمي (Packet Swithing) إذ تعمل على تجميع البيانات من عدّة مُستخدمين، وتُقسّم التكنولوجيا البيانات إلى رُزم صغيرة

(Packet)، وتُحوّل هذه الرّزم عبر قنوات إتصال مُتعدّدة بشكل مُستقل من خلال الشّبكة، وبهذه الطريقة يتم تأمين الزيادة في سرعة وكفاءة النقل.

ويُمثّل الشّكل (6. 14.) خدمات شبكات التبادل الرّزمي.

الشّكل 6. 14. شبكات التّبادل الرّزمي

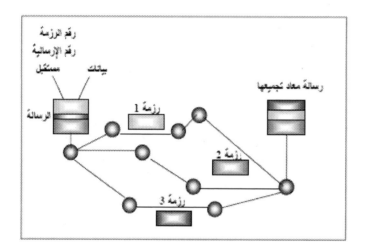

Source: Laudon, Kennth C., & Laudon, Jane P. (2006). ***Management Information Systems*: *Managing the Digital Firm*** (9th ed.). New Jersey: Prentice-Hall International, Inc., p. 269.

يتبيّن من الشّكل (6. 14.) أن شبكات التبادل الرّزمي تستطيع أن تعمل على إرسال رُزم مختلفة ضمن أرقام إرساليات مُختلفة ومن مناطق مختلفة ضمن مسارات متعددة.

وفي النهاية وعند الاستقبال يتم تجميع الإرسالية والمُكوّنة من عدّة رُزم كإرسالية أعيد تجميعها ويُمكن استخدامها عندئذ بشكل مُتكامل.

5.6. أسئلة للمراجعة/ الفصل السادس.

أولا: أجب عن الأسئلة التالية.

1. ما هو الدور الحيوي للإتصالات السّلكية واللاسلكية؟
2. ما هي المكونات الأساسيّة في نظام الإتصالات؟
3. ما هي أهم تطبيقات شبكة الإتصال المحليّة (LAN)؟
4. ما هي وظيفة كل من الخادم والمستفيد في شبكات الخادم/ المستفيد؟
5. ما هي مزايا وعيوب الشّبكات التناظريّة؟
6. ما أوجه الاختلاف بين الشّبكات الإقليمية والشّبكات الواسعة مـن حيـث التغطيـة الجغرافية؟

ثانياً: ضع إشارة صح (✓) أو خطأ (✗) أمام العبارات التالية، مع تصحيح العبارة الخاطئة إن وجدت.

1. (   ) ترسل البيانات في الإرسال المتزامن رمزاً تلو الآخر، ويكون كل رمز مُنفصـل عـن الآخر.

2. (   ) يُمكن إرسال البيانات في الإرسال المزدوج النصفي من الطرفين وفي نفس الوقت.

3. (   ) تُستخدم الشّبكة الحلقية في المنشآت التي تحتاج إلى تحكّم مركزي.

4. (   ) قد يحدث تعارض إذا أرسل حاسبين بالتزامن بـأكثر مـن رسالة معينـة إذ تعـاد الرسالة إلى صاحبها.

5. (   ) يُمكن أن يتصل أحد الحواسيب في شبكة النجمة مباشرة مع حاسب آخر.

6. (   ) تتعطّل الشّبكة الحلقيّة إذا عجز أحد الحواسيب في الدخول إلى الشّبكة حيـث لا يوجد أي خط بديل عن الخط المتعطل.

7. (   ) يوجد عدة كلمات مرور للدخول إلى شبكة الخادم/ المستفيد.

8. (   ) يكون الخادم مرئياً واضحاً للمُستخدم في شبكة الخادم/ المستفيد.

ثالثاً: أكمل ما يلي.

1. نظم الإتصالات السّلكية واللاسلكيّة هي مجموعة من.................................

2. تُستخدم قنوات الإتصال وسائط إرسال مختلفة لنقل البيانات هي:
أ. .... ب. ....
3. يتعطّل التّراسل في شبكة النّجمة عند حدوث خلل في ....
4. تُصنّف الشّبكات حسب المجال الجغرافي إلى:
أ. .... ب. ....
ج. ....
5. تعمل .... على تسهيل إتصال شبكة المناطق المحليّة (LAN) مع شبكة المناطق الواسعة (WAN).

6. تتكوّن شبكة الخادم/ المُستفيد من مجموعة من أجهزة الحاسب يُطلق على أحدها اسم .... بينما يُطلق على الآخر ....

7. تتضمّن شبكة المناطق الواسعة (WAN) عدّة شبكات ....

8. تعمل الشّبكات اللاسلكيّة (Wireless) ضمن نموذجين هما:
أ. ....   ب. ....

9. يتمتّع كل مُستخدم في شبكة ....   بحقوق خاصّة (Permission) يمنحها له مدير الشركة تسمح له بإمكانية التعديل، أو التشغيل، أو الإضافة وكذلك دخول الشّبكة.

رابعاً: ضع دائرة حول الجواب الصحيح.

1. تتطلّب شبكة (........) مُلكيّة خاصة لقنوات مُتخصّصة Dedicated Channels
أ. شبكة المناطق الواسعة WAN
ب. شبكة المناطق المحليّة LAN
ج. شبكة القيمة المضافة VAN
د. شبكة المتروبوليت/ الاقليمية أو الكبرى MAN

2. من وسائط الإرسال المُوجّهة Guided Transmission Media الآتي عدا واحدة.

أ. الكوابل المحورية Caxial Cable

ب. الكوابل المَجدولة Twisted Wire

ج. الستلايت/ القمر الصناعي Satellite

د. كوابل الالياف الضوئيّة Fiber Optics

3. قنوات الإتصال ComunicationsChannel هي:

أ. الوسيلة التي تنقل البيانات من إحدى المعدات في شبكة إلى معدة في شبكة أخرى.

ب. أدوات تعمل كمُدخلات/ مُخرجات تستقبل وتُرسل البيانات.

ج. برمجيات تقوم بإدارة وظائف الشّبكة التي تتحكّم في نشاطات الادخال والاخراج.

د. مجموعة من الاجهزة والبرمجيات المتوافقة مُرتّبة لايصال المعلومات من موقع لاخر.

4. يستخدم لزيادة حجم وكفاءة الشّبكة:

أ. المقسم Switched   ب. المجمعات Hubs

ج. المراقب Control   د. الموديوم Modem

5. تُستخدم المنشات التي لا تحتاج إلى تحكّم مركزي شبكة:

أ. الشّبكة الحلقيّة The Ring Network

ب. شبكة النجمة The Star Network

ج. الشّبكة الخطيّة The Bus Network

د. جميع ما ذُكر All of above

6. تُؤمّن الشّبكة .... بيئة تُمكّن جميع الحواسيب فيها من أن تلعب دور الخادم والمُستفيد في آن واحد.

أ. الشّبكة التناظريّة Peer-to Peer Network

ب. شبكة الخادم المُستفيد Client/ Server Network

ج. شبكة القيمة المضافة Value-Added Network

د. لا شيء مما ذُكر Not at all

7. إن نوع شبكة الإتصالات التي تكون مساراتها مُتعدّدة وتتم إدارتها من قبل مؤسسة مُستقلة كطرف ثالث هي:

أ.   الشّبكة التناظريّة Peer- to Peer Network

ب. شبكة المناطق الواسعة WAN Network

ج. شبكة القيمة المضافة Value- Added Network

د. شبكة التّبادل الرّزَمي Packet Swithing Network

8. موصل واحد مُغطى بغطاء معدني مَجدول بشبكة من الاسلاك ومُغطى بغطاء خارجي:

أ.   الكوابل المحوريّة Coaxial Cable

ب. الكوابل المَجدولة Twisted Wire

ج. كوابل الالياف الضوئيّة Fiber Optics

د. الستلايت Satellite

9. عندما يُمكن الارسال من الطرفين وفي نفس الوقت, حيث يُمكن لكل طرف استقبال البيانات وإرسالها في وقت واحد, يكون الارسال عندئذ:

أ.   الارسال البسيط Simplex Transmission

ب. الارسال المزدوج النّصفي Half- Duplex Transmission

ج. الارسال باتجاهين Full- Duplex Transmission

د. جميع ما ذُكر All of above

10. مُعالج اتصالات يُمكن ان يربط شبكات غير مُتشابهة عن طريق ترجمة مجموعة قواعد بروتوكولات الشّبكة الاولى الى قواعد وبروتوكولات الشّبكة الثانية:

أ. الموديوم Modem   ب. المركّز Concentrator

ج. المجمّعات Hubs   د. البّوابة A gateway

11. تتعطّل شبكة .... إذا تعطّل الكيبل الرئيسي في الشّبكة.

أ.   شبكة النّجمة Star Network

ب. شبكة النّاقل Bus Network

ج. الشّبكة الحلقيّة Ring Network

د. الشّبكة التناظريّة Peer- to- Peer Network

6.6. مراجع الفصل السادس.

1. Alter, Steven (1999). *Information systems: A management perspective* (3rd ed.). Massachusetts: Addison-Wesley Educational Publishers, Inc., p. 345.

2. Tanenbaum, Andrew S. (2003). *Computer networks* (4th ed.). Upper Saddle River, New Jersey: Pearson Education, Inc., p. 19.

3. الحسني، جعفر صادق، وداود، سرحان سليمان (2004). **تكنولوجيا شبكات الحاسوب.** الأردن، عمان: دار وائل للطباعة والنشر، ص ص. 62-76.

4. Tanenbaum, Andrew S. (2003). *Op. Cit.*, p. 112.

5. *Ibid.*, p. 69.

6. النجار نبيل جمعه، والنجار، فايز جمعه (2004). **مهارات الحاسوب.** الأردن، اربد: عالم الكتب الحديث، ص. 328.

7. Laudon, Kennth C., & Laudon, Jane P. (2004). *Management information systems :Managing the digital firm* (8th ed.). New Jersey: Prentice-Hall International, Inc.

8. الزعبي، محمد بلال، الشرايعة، أحمد، قطيشات، منيب، فارس، سهير، والزعبي، خالده (1999). **الحاسوب والبرمجيات الجاهزة: مهارات الحاسوب (ط 3).** الأردن، عمان: دار وائل للطباعة والنشر، ص. 602.

9. الحسني، جعفر صادق، وداود، سرحان سليمان (2004). **مرجع سابق**، ص.147.

10. Alter, Steven (1999). *Op. Cit.*, p. 362.

11. Tanenbaum, Andrew S. (2003). *Op. Cit.*, p. 18.

12. Alter, Steven (1999). *Op. Cit.*, p. 267.

13. الحسني، جعفر صادق، وداود، سرحان سليمان (2004). **مرجع سابق**، ص. 170.

14. **مرجع مكرر**، ص. 169.

15. Laudon, Kennth C., & Laudon, Jane P. (2004). *Op. Cit.*

16. Laudon, Kennth C., & Laudon, Jane P. (2006). *Management information systems : Managing the Digital firm* (9th ed.). New Jersey: Prentice-Hall International, Inc., p. 268.

الفصل السابع

أمن المعلومات والمسؤولية الأخلاقية
والاجتماعية
Information Security
and
Ethical and Social Responsibility

الفصل السابع
أمن المعلومات والمسؤوليّة الأخلاقية والاجتماعيّة
Information Security
and Ethical and Social Responsibility

أهداف الفصل:

1. التعرّف إلى رقابة وأمن المعلومات: المفهوم، والعناصر.
2. التعرّف إلى استراتيجية أمن المعلومات.
3. التعرّف إلى استراتيجية أمن الإنترنت ووسائل أمن الشّبكات.
4. التعرّف إلى القضايا الأخلاقية والاجتماعية والسياسية في نظم المعلومات.
5. التعرّف إلى الأبعاد الأخلاقية في مجتمع المعلومات.
6. التعرّف إلى اتجاهات تكنولوجيا المعلومات التي أثارت موضوعات أخلاقية.

محتويات الفصل:

الفصل السابع
أمن المعلومات والمسؤوليّة الأخلاقية والاجتماعيّة
Information Security and Ethical and Social Responsibility

1.7. الرقابة على نظم المعلومات Information Systems Control

تعمل نظم المعلومات على تقديم المعلومة المناسبة للإدارة والمُستخدمين لمساعدتهم في اتخاذ القرارات المختلفة، ونظراً لأهمية هذه المعلومات لمُستخدميها لا بد من تأمين البيئة المستقرة لها، والعمل الدّؤوب في الحفاظ عليها عن طريق تأمين الأمن والرقابة المستمرة لنظم المعلومات.

1.1.7. مفهوم الرقابة على نظم المعلومات.

تتمثّل الرقابة على نظم المعلومات في الطّرق والسّياسات والإجراءات المتبعة للتأكد من توفّر الحماية لأصول المنظمة والدّقة والموثوقية في تقاريرها والتطبيقات العملياتية للإدارة (1).

ويُمثّل الشكل (7. 1.) الرقابة التي تحتاجها النظم للحفاظ على أمن المعلومات.

الشكل 7. 1. الرقابة على نظم المعلومات

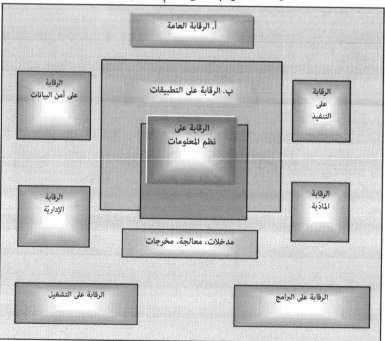

ويَتبيّن من الشكل (7. 1.) أن الرقابة على نظم المعلومات تشمل الأنواع التالية:

2.1.7. أنواع الرقابة على نظم المعلومات.

1.2.1.7. الرقابة العامّة General Controls وهي الرقابة الإجمالية والتي تؤسس هيكل لمراقبة التصميم، الأمن واستخدام برامج الحاسب من خلال المنظمة.

وتشمل الرقابة العامّة على:

1. الرقابة على البرامج Software Controls

تشمل الرقابة على البرامج مراقبة استخدام برامج النظام، ومنع من لا يملكون السلطة من الوصول إلى البرامج الجاهزة وبرمجيات النظم، إذ أن برمجيات النظم منطقة مراقبة هامة تعمل على إنجاز مُراقبة جميع الوظائف للبرامج التي تعمل على معالجة البيانات وملفات البيانات.

2. الرقابة المادّية Hardware Control

تُمثّل الرقابة المادّية الأمان المادّي الذي يهدف إلى حماية الأجزاء المادّية، والتجهيزات الحاسوبية، وتُساعد هذه المُراقبة على التأكد من تَوفّر النظم التي تمنع من توسّع السلطات للمعلومات والوظائف[2].

وتشمل الرقابة المادّية:

- الرقابة على أمن المواقع حيث ضرورة اتخاذ الإجراءات الاحترازية لحماية مواقع المعلومات من السّطو والتخريب.
- الرقابة على مخاطر عَجز المعدات عن العمل، والعمل على إدامة العمليات ومصادر الطاقة الكهربائية وانتظامها، والتأكّد من صلاحيّة التكييف والتهوية.
- الرقابة على تَجانس الدوائر المتكاملة المُستخدمة.

3. الرقابة على التّشغيل Operation Control

تتمثّل الرقابة على التشغيل في مُراقبة وفحص عمل قسم الحاسب للتأكد من أن إجراءات المُبرمج والبرمجة مُترابطة، وأن هناك تطبيقات سليمة في التخزين ومعالجة البيانات.

وتتضمّن مراقبة تجهيز أعمال معالجة الحاسب، وعمليات تشغيل الحاسب، وعمل النسخ الإضافية، كما تُغطي إجراءات المُعالجة التي تنهي الأوضاع الشاذة.

4. الرقابة على أمن البيانات Data Security Control

تتمثّل الرقابة على أمن البيانات في التأكد من أن ملفات البيانات سواء على القرص أو الشريط المغناطيسي لا يستطيع الشّخص غير المخّول الوصول إليها، أو تغييرها أو إتلافها سواء كانت خلال الاستخدام أو التخزين.

5. الرقابة على التنفيذ Implementations Control

تتمثّل الرقابة على التنفيذ في بيان عملية تطوير النظام في مختلف النقاط للتّأكد من أن العملية مُعدّة ومُدارة وتحت السيطرة، حيث أن تطوير النظام يتطلّب مراجعة المُستخدمين والإدارة في مختلف مراحل التطوير، وكذلك معرفة مستوى التّضمين في كل مرحلة، وبيان استخدام منهجية التّكلفة والعائد عند دراسة جدوى النظام.

6. الرقابة الإداريّة Administrative Control

تتمثّل المُراقبة الإداريّة في معايير رسميّة، قوانين، وإجراءات، للتأكد من أن مُراقبة التطبيقات والمراقبة العامة هي مُعدّة ومُطبّقة بشكل صحيح.

وتتمثّل الرقابة على الإجراءات في متابعة الإجراءات المعياريّة التي لا بد من اتباعها عند الدخول إلى النظام، وكذلك الوثائق وسلطات الإدخال والتدقيق. وتشمل الرقابة على الإجراءات مراقبة الاتصال وهي مُراقبة خاصة تعمل لمقاومة دخول من يحاول العبث بالنظام دون تخويل قانوني بذلك من خلال تنظيم عملية إعطاء الصلاحيات تبعاً للأعمال المُناطة بالأفراد.

وتهدف الرقابة على الإجراءات منع استخدام المعلومات أو العبث بها، وحمايتها سواء من فيض الرسائل (Spamming)، أو القرصنة (Hacking)، أو الشّغب (Jamming)، أو التلصص (Sniffing)، أو الخداع (Spoofing)، أو البرنامج الخبيث (Malicious Software). وكذلك العمل على الحماية من دخول الفيروسات (Viruses) المختلفة إلى البرامج المُستخدمة في النظام.

وتتحقّق مُراقبة الاتّصال من خلال:

- **تعريف المُستخدم** من خلال كلمة المرور إلى قاعدة البيانات التي يُعرّفها مُستخدم الجهاز للسماح له بدخول النظام.
- **الثقة في المُستخدم** ويكون بعد التّعريف الأولي للمُستخدم حيث التأكد من صلاحية المُستخدم للاتصال من خلال وجود موثوقية صارمة في المُستخدم، وقد يتطلب كلمة سرّ معينة وتجاوز اختبارات زمنية أثناء اليوم[3]، كما يتطلب تحديد المستويات المختلفة لكل مُستخدم من النظام.
- **الصلاحيّة للمُستخدم** من خلال تحديد مستويات ودرجات استخدام النظام إذ قد يطلب السجل نفسه عدة مُستخدمين في آن واحد، وكذلك قد يسمح النظام لمُستخدم بالقراءة فقط، بينما يسمح لمُستخدم آخر بالتعديلات.

وتَستخدم كل من رقابة التعريف والثقة أنماطاً من الرقابة لتحديد المُستخدمين المُخوّل لهم بالاستخدام، بينما تستخدم رقابة الصلاحية ملفات مُراقبة الاتصال والتي تُحدّد مُستويات الاتصال المُتاحة لكل مُستخدم[4].

2.2.1.7. الرقابة على التطبيقات[6،5] Applications Control

هي سيطرة خاصّة جوهريّة لكل تطبيقات الحاسب تمثّل إجراءات يدوية أو مُؤتمتة للتأكد من أن البيانات المُصرّح بها هي تامّة ومُعالجة بدقة، والعمل على إدامة جودة وأمن المدخلات والمعالجة والمخرجات. وتشمل الرقابة على التطبيقات مراقبة وإدامة جودة وأمن المدخلات والمعالجة والمخرجات.

ويُمكن تصنيف الرقابة على التطبيقات إلى الآتي:

Classifications of Applications Control.

1. **الرقابة على المُدخلات Input Control** وتتمثّل في إجراءات فحص مُدخلات النظام لضمان درجة عالية من الدقّة والثبات في البيانات عند دخول النظام. وذلك لتجنب أخطاء البيانات في حالة إدخالها. ومنع بعض الأخطاء بشكل تلقائي كالتأكّد من أن رقماً يقع ضمن نطاق معين، والتأكد من عمليات الإدخال المختلفة ضمن احتمالية عكس الأرقام.

2. **الرقابة على المعالجة Processing Control** للتأكد من أن البيانات تامّة ودقيقة خلال تجديدها ومُعالجتها، قبل وبعد المعالجة وتأكيد الرقابة والحماية لعمليات المعالجة.
3. **الرقابة على المخرجات Output Control** هي للتأكد من أن النتائج التي نحصل عليها من المعالجة صحيحة ودقيقة وتامّة، ومُوزّعة بالضّبط للأشخاص المعنيين.

2.7. أمن المعلومات: المفهوم، والعناصر[7].

Information Security: Concept, Elements, and Strategy.

1.2.7. أمن المعلومات Information Security

هي حماية التجهيزات الحاسوبيّة وغير الحاسوبيّة والتسهيلات والبيانات والمعلومات من الأخطار فهي مجموعة الإجراءات والتدابير الوقائيّة التي تستخدمها المنظمة للمحافظة على المعلومات وسرّيتها سواء من الأخطار الداخلية أو الخارجية، كالحفاظ عليها من السرّقة والتلاعب والاختراق أو الإتلاف غير المشروع، سواء قبل أو خلال أو بعد إدخال المعلومات إلى الحاسب من خلال تدقيق المُدخلات وحفظها في مكان أمين وتسمية الأشخاص المُخولين لهم التعامل مع هذه البيانات[8]، لذا فإن أمن النظم والمعلومات يشمل تحقّق الأمن عند إدخال المعلومات، وانتقالها داخل المنظمة، وتخزينها واستخدامها.

ويعتمد ضمان عناصر أمن المعلومات كُلّها أو بعضها على المعلومات محل الحماية واستخداماتها وعلى الخدمات المتصلة بها، فليس كُلّ المعلومات تتطلّب نفس القوة من السرّية لضمان عدم الإفشاء، وليس كل المعلومات في منشأة واحدة بذات الأهمية من حيث الوصول لها أو ضمان عدم العبث بها.

ويبيّن الشكل (7. 2.) مدى الحماية المطلوبة لأنواع المعلومات.

الشكل 7. 2. مدى الحماية المطلوبة لأنواع المعلومات

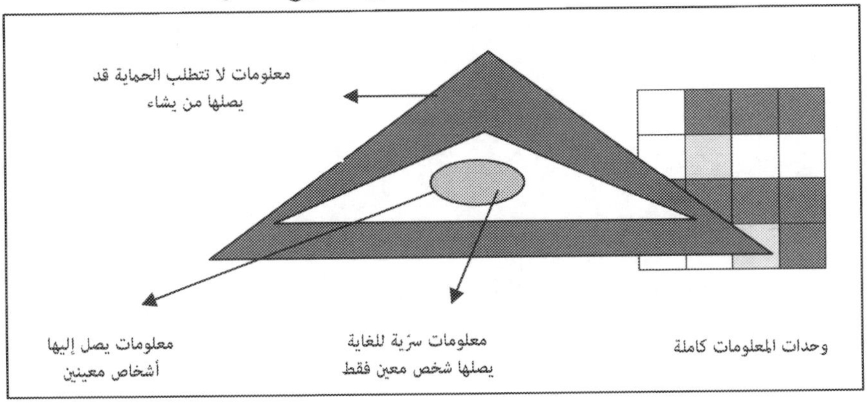

Stalling, William (2004). *Cryptography and Network Security: Principles and Practices* (3rd ed.).

7.2.2. العناصر الأساسيّة لنظام أمن المعلومات[9، 10].

Major Elements of Information Security System

تُمثّل استراتيجيات ووسائل أمن المعلومات أغراض حماية البيانات الرئيسة وتعمل على ضمان توفر العناصر التالية لأية معلومات يُراد توفير الحماية الكافية لها:

7.2.2.1. الخصوصيّة Privacy

هي ادّعاء بأن يترك الأفراد لوحدهم بدون مراقبة أو تشويش من قبل أفراد أو منظمات أو حكومات أخرى. والتأكّد من أن المعلومات التي يستخدمونها سرّية ولا يَطّلع عليها أحد دون إذن أو تخويل، وتحمي هذه الخدمات المعلومات من الإفشاء للجهات غير المُصرّح لها بالحصول عليها، والسرّية هنا في إخفاء المعلومات من خلال تشفيرها، أو من خلال وسائل أخرى كمنع التعرّف على حجمها أو مقدارها أو الجهة المُرسلة إليها.

وتهدف هذه الوسائل إلى تحقيق سرّية المعلومات من خلال: تكنولوجيا تشفير الرسائل والملفات، إجراءات حماية نسخ الحفظ الاحتياطية، الحماية المادّية للأجهزة ومكوّنات الشّبكات، واستخدام التصفية والمُوجّهات.

2.2.2.7. السّلامة/ التكامل Integrity

هي الوسائل المُناط بها ضمان عدم تعديل مُحتوى المُعطيات من قبل جهة غير مخوّلة بذلك، وتشمل تقنيات الترّميز والتوقيع الإلكتروني، وبرمجيات تحرّي الفيروسات وغيرها. وتهدف هذه الخدمات إلى حماية مخاطر تغيير البيانات خلال عمليات إدخالها أو مُعالجتها أو نقلها وتعني عملية التغيير أو الإلغاء أو التحوير أو إعادة تسجيل جزء منها أو غير ذلك وتهدف هذه الوسائل أيضاً إلى الحماية من أنشطة تدمير المُعطيات بشكل كامل أو إلغائها دون تخويل.

3.2.2.7. الإثبات Authentication

هي الوسائل التي تهدف إلى ضمان استخدام النظام أو الشبكة من قبل الشخص المُخوّل بهذا الاستخدام، وتضُم كلمات السّر بأنواعها، والبطاقات الذكيّة المُستخدمة للتّعريف، ووسائل التّعريف البيولوجية التي تعتمد على سمات مُعيّنة في شخص المُستخدم مُتّصلة ببنائه البيولوجي، والمفاتيح المشفرة، كما يُضمّ إليها ما يعرف بالأقفال الإلكترونية التي تُحدّد مناطق النفاذ. إنها القدرة على إثبات شخصيّة الطرف الآخر على الشّبكة، وإثبات شخصيّة الموقع.

4.2.2.7. عدم الإنكار Non-Repudiation

تشمل مجموعة الوسائل المتعلقة بمنع إنكار التصرفات الصادرة عن الشخص، وتهدف هذه الوسائل إلى ضمان عدم قدرة شخص المُستخدم من إنكار أنه هو الذي قام بالتصرف، وترتكز هذه الوسائل في الوقت الحاضر على تقنيات التوقيع الإلكتروني وشهادات التوثيق الصادرة عن طرف ثالث. بحيث تتوفّر قُدرة إثبات أن تصرفاً ما قد تَمّ من قبل شخص ما في وقت مُحدّد.

5.2.2.7. ضبط الدخول Access Control

هي التأكّد من أن الشّبكة ومصادرها قد استُخدمت بطريقة مشروعة، إنها تحديد السياسات والإجراءات والصلاحيات، وتحديد مناطق الاستخدام المسموحة لكل مُستخدم وأوقاته، أو تحديد المزايا الاستخدامية أو غير ذلك من الإجراءات والأدوات والوسائل

التي تُتيح التحكّم بمشروعية استخدام الشّبكة. كما يشمل مفهوم الدخول غير المُصرّح به، والاستخدام غير المُصرّح به والإفشاء غير المُصرّح به، والتعديل غير المُصرّح به، والإتلاف غير المُصرّح به، وإصدار المعلومات والأوامر غير المُصرّح بها.

6.2.2.7. الوَفرة/ توفر المعلومة Availability

التأكد من توفّر المعلومة واستمرار عمل نظام المعلومات، وتقديم الخدمة لمواقع المعلوماتية، وضمان استمرار وحماية النظام من أنشطة التعطيل، وعدم منع المُستخدم من استخدام المعلومات أو الدخول إليها.

3.2.7. المخاطر الرئيسة في بيئة المعلومات.

Major Risks in Information Environment.

تطال المخاطر والاعتداءات في بيئة المعلومات مواطن أساسيّة هي مُكوّنات تقنية المعلومات وتتمثّل في:

1.3.2.7. الأجهــزة Hardware هي كافّة المعدّات والأدوات المادّية التي تتكون منها النظم، كالشاشات والطابعات ومُكوّناتها الداخليّة ووسائط التخزين المادّية وغيرها. لذلك لابد من إعطاء الأهمية الكبيرة لحماية مواقع منظومة الأجهزة الإلكترونية ومُلحقاتها والتي تحوي الأجهزة المختلفة في نظم المعلومات واتخاذ كافة الإجراءات الاحترازية لحماية الموقع، سواء من السرّقة أو الأخطار البيئية المختلفة وإدامة الطاقة الكهربائية وانتظامها، وتحديد الإجراءات المختلفة للتفتيش والتحقّق من هوية الداخلين إلى الموقع[11].

2.3.2.7. البرامــج Programs تُمثّل البرمجيات المُستخدمة في تشغيل النظام عُنصر أساسي في نجاح النظام، لذلك لا بد من اختيار البرمجيات الحديثة صعبة الاختراق، ووضع علامات السّر المختلفة لإدارة وتشغيل النظام، وتكون إما مُستقلة عن النظام أو مُخزّنة فيه.

3.3.2.7. المُعطيات وتشمل كافّة البيانات المُدخلة والمعلومات المُستخرجة عقب معالجتها، وتمتد بمعناها الواسع للبرمجيات المُخزّنة داخل النظم. والمُعطيات قد تكون في طور الإدخال أو الإخراج أو التخزين أو التبادل بين النظم عبر الشّبكات.

4.3.2.7. الاتصالات Communications تشمل شبكات الاتصال التي تربط أجهزة التقنية بعضها ببعض محلياً ودولياً، وتُتيح فرصة اختراق النظم عبرها كما أنها بذاتها محل للاعتداء وموطن من مواطن الخطر الحقيقي. لذلك لا بد أن تتمتّع الشبكة بكفاءة عالية في الكشف عن التسلّل إلى الشبكة.

5.3.2.7. الأفراد People يُمثّل الإنسان محور الخطر، سواء المُستخدم أو الشخص المناط به مهام تقنية مُعينة تتصل بالنظام، فإدراك هذا الشخص حدود صلاحياته، وسلامة الرقابة على أنشطته في حدود احترام حقوقه القانونية، مسائل رئيسة يعنى بها نظام الأمن الشامل، خاصة في بيئة العمل المُرتكزة على نظم الكمبيوتر وقواعد البيانات. ويُبيّن الشكل (7. 3.) المخاطر الرئيسة في بيئة المعلومات.

الشكل 7. 3. المخاطر الرئيسة في بيئة المعلومات

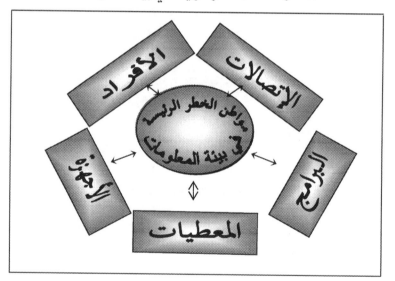

4.2.7. تصنيف المخاطر Risks Classifications

تُصنّف المخاطر والاعتداءات في ضوء مناطق ومحل الحماية إلى الآتي:

1.4.2.7. اختراق الحماية المادّية Breaches of Physical Security

أ. **التّفتيش في المُخلفّات Dumpster Diving** ويقصد به قيام المهاجم بالبحث في مُخلفّات تقنية المؤسسة بحثاً عن أي شيء يُساعده على اختراق النظام، كالأوراق المُدوّن عليها كلمات السّر، أو مخرجات الكمبيوتر التي قد تتضمّن معلومات مفيدة ، أو أي أمر يُستدّل منه على أية معلومة تُساهم في الاختراق.

ب. **الالتقاط السّلكي Wiretapping** ويُمثّل التوصل السّلكي المادّي مع الشّبكة أو توصيلات النظام لجهة استراق السمع أو الاستيلاء على المُعطيات المتبادلة عبر الأسلاك.

ج. **استراق الأمواج Waves Dropping on Emanations** ويتم باستخدام لواقط تقنية لتجميع الموجات المُنبعثة من النظم باختلاف أنواعها كالتقاط موجات شاشات الكمبيوتر الضوئية أو التقاط الموجات الصوتية من أجهزة الاتصال.

د. **إنكار أو إلغاء الخدمة Denial or Degradation of Service** هو الإضرار المادّي بالنظام لمنع تقديم الخدمة، أو ضخ الرسائل البريدية الإلكترونية دفعة واحدة لتعطيل النظام.

2.4.2.7. اختراق الحماية الشخصيّة Breaches of Personnel Security

تعد المخاطر المتصلة بالأشخاص والموظفين، وتحديداً المخاطر الداخلية منها، واحدة من مناطق الاهتمام العالي لدى جهات أمن المعلومات، إذ ثمة فرصة لأن يُحقّق أشخاص من الداخل ما لا يُمكن نظرياً أن يُحقّقه أحد من الخارج، وتتعلّق هذه بالأخطار الداخليّة والخارجيّة معاً ومنها:

أ. **التّخفي Masquerading** وهو انتحال صلاحيات شخص مُفوّض للدخول إلى النظام عبر استخدام وسائل التعريف العائدة له كاستغلال كلمة سرّ أحد المُستخدمين واسم هذا المُستخدم، أو عبر استغلال نطاق صلاحيات المُستخدم الشرعي.

ب. الهندسة الاجتماعية Social Engineering هي خداع الأفراد ومعرفة أرقامهم السّريّة بواسطة ادّعاء شخص بأنّه مستخدم شرعي أو عضو في الشركة أو أحد عناصر النظام يحتاج إلى معلومات وذلك من خلال استغلال علاقات اجتماعية. وأبسط مثال على ذلك أن يتصل شخص بأحد العاملين ويطلب منه كلمة سرّ النظام تحت زعم أنه من قسم الصيانة أو قسم التطوير أو أي قسم آخر، ونظراً لطبيعة الأسلوب الشخصي في الحصول على معلومة الاختراق أو الاعتداء سُميت بالهندسة الاجتماعيّة.

ج. الإزعاج Harassment هي تهديدات يندرج تحتها أشكال عديدة من الاعتداءات والأساليب، ويجمعها توجيه رسائل الإزعاج والتحرّش وربما التهديد والابتزاز، وهي ليست حكراً على البريد الإلكتروني بل تستغلها مجموعات الحوار والأخبار والنشرات الإلكترونية في بيئة الإنترنت والويب، وهي نمط مُتواجد في مختلف التفاعلات عبر الشّبكة وعبر البريد الإلكتروني.

د. قرصنة البرمجيات Software Piracy تتحقق قرصنة البرمجيات عن طريق نسخ الأقراص دون تصريح، أو استغلالها على نحو مادّي دون تخويل بهذا الاستغلال، أو تقليدها والانتفاع المادّي بها على نحو يخلّ بحقوق المُؤلف.

3.4.2.7. اختراق حماية الاتصالات.

Breaches of Communications and Security.

هي الأنشطة التي تستهدف المُعطيات والبرمجيات وتشمل طائفتين:

أ. هجمات البيانات Data Attacks

• النّسخ غير المُصرّح به Unauthorized Copying وهي العملية الشائعة التي تستتبع الدخول غير المُصرّح به للنظام، حيث يُمكن الاستيلاء عن طريق النّسخ على كافة أنواع المُعطيات وتشمل البيانات والمعلومات والأوامر والبرمجيات وغيرها.

• تحليل الازدحام Traffic Analysis هي دراسة أثر الازدحام على أداء النظام في مرحلة التعامل، ومتابعة ما يتم فيه من اتصالات وارتباطات بحيث يُستفاد منها في تحديد مَسلكيات المُستخدمين وتحديد نقاط الضّعف ووقت الهجوم المناسب بغرض تسهيل الهجوم على النظام.

- **القنوات الخفيّة Covert Channels** صورة من صور اعتداءات التّخزين، وقد تكون تمهيداً لهجوم لاحق أو تغطية اقتحام سابق أو مجرّد تخزين لمُعطيات غير مشروعة.

ب. هجمات البرمجيات Software Attacks

- **أبواب المصائد Trap Doors** برنامج يُتيح للمُخترق الوصول إلى النظام، إنه ببساطة مدخل مفتوح تماماً كالباب الخلفي للمنزل الذي يَنفذ منه السّارق.

- **اختلاس المعلومة Session Hijacking** وهي أن يستغل الشخص استخداماً مشروعاً من قبل غيره لنظام ما، فيسترق النظر أو يستخدم النظام عندما تُتاح له الفرصة لانشغال المُستخدم دون علمه، أو أن يجلس ببساطة مكان مُستخدم النظام فيطّلع على المعلومات، أو يُجري أية عملية في النظام بقصد الاستيلاء على بيانات أو معلومات تُستخدم في اختراق أو اعتداء لاحق.

- **التلاعب بنقل المُعطيات عبر أنفاق النقل Tunneling** هي استخدام حُزَم المُعطيات المشروعة لنقل معطيات غير مشروعة.

- **الهجمات الوقتية Timing Attacks** هي هجمات تتم بطرق تقنية مُعقّدة للوصول غير المُصرّح به إلى البرامج أو المُعطيات، وتقوم جميعها على فكرة استغلال وقت تنفيذ الهجمة مُتزامناً مع فواصل الوقت التي تفصل العمليات المُرتّبة في النظام.

- **الشيفرات الخبيثة Malicious Code** برامج كاملة أو قسم من شيفرة يمكن أن تكتسح وتغزو النظام وتُعدّ وظائف ليست مقصودة من مالكي النظام تُستثمر للقيام بمهام غير مشروعة كإنجاز احتيال أو غش في النظام.

4.4.2.7. اختراق حماية العمليات Breaches of Operations Security

هي المخاطر المتصلة بعمليات الحماية والتي تستهدف إستراتيجية الدخول، ونظام إدخال ومعالجة والبيانات وتشمل:

أ. **العبث بالبيانات Data Diddling** هي تغيير البيانات أو إنشاء بيانات وهميّة في مراحل الإدخال أو الإخراج.

ب. **خداع بروتوكول الإنترنت Internet Protocol Spoofing/ IP Spoofing** وسيلة تقنيّة بحتة، بحيث يقوم المُهاجم عبر هذه الوسيلة بتزوير العنوان المُرفق مع حُزمة البيانات المُرسلة بحيث يظهر للنظام على أنه عنوان صحيح مُرسل من داخل الشبكة، بحيث يسمح النظام لحُزمة البيانات بالمرور باعتبارها حُزمة مشروعة.

ج. **تخمين كلمة السرّ Password Sniffing** وتتم عن طريق تخمين كلمات السّر مُستفيدا من ضعفها عموماً، إذ يجمع البرنامج هذه المعلومات وينسخها إضافة إلى أن أنواع أخرى من هذه البرامج تجمع المعلومات الجزئية وتُعيد تحليلها وربطها معاً، كما يقوم البرنامج بإخفاء أنشطة الالتقاط بعد قيامها بمهمتها.

د. **المسح Scanning** هو برنامج احتمالات يقوم على فكرة تغيير التركيب أو تبديل احتمالات المعلومة، فهو أسلوب تقني يعتمد واسطة تقنيّة هي برنامج (الماسح) بدلاً من الاعتماد على التخمين البشري.

هـ. **استغلال المزايا الإضافيّة Excess Privileges** الأصل أن مُستخدم النظام وتحديداً داخل المؤسسة يكون مُحدّد له نطاق الاستخدام ونطاق الصلاحيات بالنسبة للنظام، لكن ما يحدث في الواقع العملي أن مزايا الاستخدام يجري زيادتها دون تقدير لمخاطر ذلك إذ يحظى المُستخدم بمزايا تتجاوز اختصاصه، وفي هذه الحالة فإن أيّ مخترق للنظام سيكون قادراً على تدمير أو التلاعب ببيانات المُستخدم الذي دخل على النظام من خلال اشتراكه أو عبر نقطة الدخول الخاصة به، إنه ببساطة سيتمكّن من تدمير مختلف ملفات النظام حتى غير المُتصلة بالمدخل الذي دخل منه لأنه استثمر المزايا الإضافية التي يتمتّع بها المُستخدم الذي تم الدخول عبر مَدخله.

3.7. استراتيجية أمن المعلومات[12] Strategy of Information Security

هي الاستراتيجية المعتمدة بشأن اقتناء وشراء الأجهزة التقنية وأدواتها، والبرمجيات، والحلول المُتّصلة بالعمل، وإدارة النظام، كما تشمل استراتيجية الخصوصيّة

المعلوماتيّة. واستراتيجية الاشتراكات التي تُحدّد سياسة المنشأة بشأن اشتراكات الغير في شبكتها أو نظمها، وكذلك استراتيجيات التّعامل مع المخاطر والأخطاء بحيث تُحدّد ماهية المخاطر وإجراءات الإبلاغ عنها والتعامل معها والجهات المسؤولة عن التعامل مع هذه المخاطر. ولا بد من التأكيد بأن استراتيجية أمن العلومات لا تحقق نجاحاً إلا إذا كانت واضحة دقيقة في محتواها ومفهومة لدى كافة المعنيين.

أما سياسة أمن المعلومات (Information Security Policy) فهي مجموعة القواعد التي يُطبّقها الأشخاص لدى التعامل مع التقنية ومع المعلومات داخل المنشأة، وتتصل بشؤون الدخول إلى المعلومات والعمل على نظمها وإدارتها.

1.3.7. أهداف استراتيجية أمن المعلومات.
1. تعريف المُستخدمين والإداريين بالتزاماتهم وواجباتهم المطلوبة لحماية نظم الحاسب والشّبكات، وكذلك حماية المعلومات بكافة أشكالها سواء في مراحل إدخالها ومُعالجتها وخزنها ونقلها وإعادة استرجاعها.
2. تحديد الآليات التي يتم من خلالها تحقيق وتنفيذ الواجبات المُحدّدة على كل من له علاقة بالمعلومات ونُظمها وتحديد المسؤوليات عند حصول الخطر.
3. بيان الإجراءات المتبعة لتجاوز التهديدات والمخاطر والتعامل معها والجهات المُناط بها القيام بذلك.

2.3.7. منطلقات استراتيجية أمن المعلومات.
تنطلق استراتيجية أمن المعلومات من تحديد المخاطر، أغراض الحماية، ومواطن الحماية، وأنماط الحماية اللازمة، وإجراءات الوقاية من المخاطر.
وتتلخص المنطلقات والأسس التي تبنى عليها استراتيجية أمن المعلومات على الاحتياجات المُتباينة لكلّ منشأة من الإجابة عن ثلاث تساؤلات رئيسة هي:

- ماذا أريد أن أحمي؟
- ممن أحمي المعلومات؟
- كيف أحمي المعلومات؟

1.2.3.7. مناطق أمن المعلومات.

1. **أمن الاتصالات Communication Security** ويُراد بأمن الاتصالات حماية المعلومات خلال عملية تبادل البيانات من نظام إلى آخر.
2. **أمن الحاسب Computer Security** ويُراد به حماية المعلومات داخل النظام بكافة أنواعها وأنماطها كحماية نظام التشغيل، وحماية برامج التطبيقات، وحماية برامج إدارة البيانات، وحماية قواعد البيانات بأنواعها المختلفة.

2.2.3.7. أنماط أمن المعلومات.

1. **الحماية المادّية Physical Security** وتشمل كافة الوسائل التي تمنع الوصول إلى نظم المعلومات وقواعدها كالأقفال والحواجز والغرف المحصّنة وغيرها من وسائل الحماية المادّية التي تمنع الوصول إلى الأجهزة الحسّاسة.
2. **الحماية الشخصيّة Personal Security** تتعلق بالموظفين العاملين على النظام التقني المعني من حيث توفير وسائل التعريف الخاصة بكل منهم، وتحقيق التدريب والتأهيل للمُتعاملين بوسائل الأمن، إلى جانب الوعي بمسائل الأمن ومخاطر الاعتداء على المعلومات.
3. **الحماية الإداريّة Management Security** ويراد بها سيطرة الإدارة على إدارة نظم المعلومات وقواعدها مثل: التّحكّم بالبرمجيات الخارجية أو الأجنبية عن المنشأة، ومسائل التحقيق باخلالات الأمن، ومسائل الإشراف والمتابعة لأنشطة الرقابة، إضافة إلى القيام بأنشطة الرقابة ضمن المستويات العليا ومن ضمنها مسائل التحكم بالاشتراكات الخارجية.
4. **الحماية المعرفية Knowledge Security** كالسيطرة على إعادة إنتاج المعلومات، وعلى عملية إتلاف مصادر المعلومات عند القرار بعدم استخدامها.

3.2.3.7. المخاطر التي يمكن أن تواجه نظام المعلومات.

هناك العديد من المخاطر يُمكن أن تواجه نظام المعلومات وأبرز هذه المخاطر:

1. **اختراق الأنظمة:** وهي دخول شخص غير مخول إلى نظام الحاسب والقيام بأنشطة غير مصرح له بها كتعديل البرمجيات التطبيقية وسرّقة البيانات السرّيّة أو تدمير الملفات أو البرمجيات أو النظام أو لمجرد الاستخدام غير المشروع.
2. **الاعتداء على حق التخويل:** ويتم من خلال قيام الشخص المُخوّل له استخدام النظام لغرض ما، باستخدامه في غير هذا الغرض دون أن يحصل على التخويل بذلك.
3. **زراعة نقاط الضعف:** ينتج هذا الخطر عادة نتيجة اقتحام من قبل شخص غير مُصرّح له بذلك، أو من خلال تجاوز مُستخدم لحدود التخويل الممنوح له، بحيث يقوم الشخص بزرع مَدخل ما يحقق له الاختراق فيما بعد.
4. **مراقبة الاتصالات:** وهي الحصول على المعلومات التي تُسهّل مُستقبلاً اختراق النظام من خلال مُراقبة الاتصالات من إحدى نقاط الاتصال.
5. **اعتراض الاتصالات:** وهو اعتراض المعطيات المنقولة وإجراء التعديلات التي تتناسب مع غرض الاعتداء، ويشمل اعتراض الاتصالات قيام الجاني بخلق نظام وسيط وهمي بحيث يكون على المُستخدم أن يمر من خلاله ويزوّد النظام بمعلومات حسّاسة بشكل طَوعي.
6. **إنكار الخدمة:** ويتم ذلك من خلال القيام بأنشطة تمنع المُستخدم الشّرعي من الوصول إلى المعلومات أو الحصول على الخدمة، وأبرز أنماط إنكار الخدمة إرسال كمية كبيرة من رسائل البريد الإلكتروني دفعة واحدة إلى موقع معين بهدف إسقاط النظام المُستقبل لعدم قدرته على احتمالها، أو توجيه عدد كبير من عناوين الإنترنت على نحو لا يتيح عملية تجزئة حزم المواد المرسلة فتؤدي إلى اكتظاظ الخادم وعدم قدرته على التعامل معه.
7. **عدم إقرار القيام بالتصرف:** ويَتمثّل هذا الخطر في عدم إقرار الشخص المُرسل إليه أو المُرسل بالتّصرف الذي صدر عنه، كأن يُنكر أنه هو شخصياً الذي قام بإرسال طلب الشراء عبر الإنترنت.

4.7. إستراتيجية أمن الإنترنت Strategy of Internet Security

تشمل إستراتيجية أمن الإنترنت على أمن المعلومات في ثلاث مواضع هامّة هي:

1.4.7. المواضع الرئيسة في استراتيجية أمن الإنترنت.

- أمن الشبكة.
- أمن التطبيقات.
- أمن النظم.

وينطوي كل من هذه المواضيع على قواعد ومُتطلبات تختلف عن الأخرى، ويتعيّن أن تكون أنظمة الأمن فيها مُتكاملة مع بعضها البعض حتى تُحقّق الوقاية المطلوبة لأنها بالعموم تنطوي أيضاً على اتصال وارتباط بمستويات الأمن العامّة كالحماية المادّية والحماية الشخصيّة والحماية الإداريّة والحماية الإعلانيّة.

2.4.7. الأنواع الرئيسة المحتملة للهجوم على الشبكات[13].

1.2.4.7. الانقطاع Interruption وهي عندما تُرسل الرسالة من المُرسل ولا تصل المُستقبل وقد يكون السّبب في Router المسيّر أو الموجّه.

2.2.4.7. التّصدي Interception وهي عندما تُرسل الرّسالة من المُرسل إلى المُستقبل، ولكن وبطريقة غير شرعية يَتصدّى لها مُستمع آخر بالتّنصت واستراق السّمع على المُحادثة.

3.2.4.7. التعديل Modification وهي عندما تُرسل الرّسالة من المُرسل إلى المُستقبل ولكن تذهب أولاً إلى مُستمع ثالث يجري تعديل على الرّسالة ثم يُكمل إرسالها مُعدّلة.

4.2.4.7. الدبلجة Fabrication وهي عندما يقوم مُرسل ثالث بفبركة رسالة ثم يقوم بإرسالها بحيث ينظر إليها وكأنها من المصدر الشرعي.

ويبيّن الشكل (7. 4.) الأنواع الرئيسة المحتملة للهجوم على الشّبكات.

الشكل 7. 4. الأنواع الرئيسة المحتملة للهجوم على الشّبكات

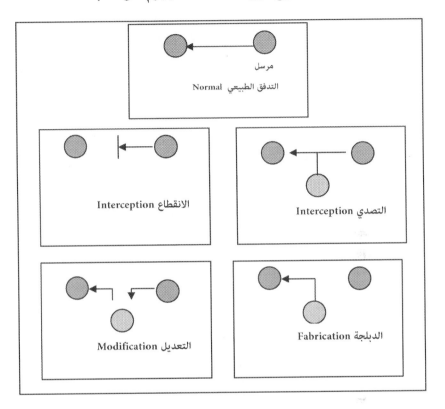

مرسل
التدفق الطبيعي Normal
Interception الانقطاع
Interception التصدي
Modification التعديل
Fabrication الدبلجة

Stalling, William (2004). ***Cryptography and Network Security*: *Principles and Practices*** (3rd ed.).

3.4.7. وسائل أمن الشبكات The Means of Networks Security

تتضمّن وسائل أمن الشّبكات عموماً على الآتي:

1.3.4.7. التّعريف والسّلامة: وتكون من خلال تزويد نظام المُستقبل بالثّقة في حماية حُزم المعلومات، والتّأكد من أن المعلومات التي وصلت لم يتم تعديلها.

2.3.4.7. السرّيّة: حماية محتوى المعلومات من الإفشاء إلاّ للجهات المُرسلة إليها.

3.3.4.7. **التّحكم بالدخول**: وهو تقييد الاتصالات بحصرها ما بين النظام المُرسل والنظام المُستقبل.

5.7. المسؤوليّة الأخلاقيّة والاجتماعيّة والسياسيّة
Ethical, Social and Political Responsibility

1.5.7. القضايا الأخلاقيّة والاجتماعيّة والسياسيّة في نظم المعلومات[14].

تُمثّل الأخلاق مبادئ من الخطأ والصحيح التي تُستعمل من قبل الأفراد في أفعالهم كأداة لجعل الاختيارات تَقود السلوك.

1.1.5.7. القضايا الأخلاقيّة Issues Ethical

تشمل القضايا الأخلاقيّة الخُصوصيّة الأخلاقيّة، أو الحريّة الفرديّة التي تَخص سرّية المعلومات الشخصيّة في عصر المعلومات.

وتتمثّل القضايا الأخلاقيّة في عدد من التساؤلات:

- في أيّ الظّروف يُمكن التجاوز على الآخرين؟
- ما هي التداخلات المشروعة في حياة الآخرين من خلال أبحاث السوق؟
- هل علينا أن نُبلّغ الآخرين عند الحصول على معلومات عنهم؟

2.1.5.7. القضايا الاجتماعية Social Issues

تتعلّق القضايا الاجتماعية بتطورات ما يُسمّى: توقّعات الحرية الشخصية، وقواعد الحرية الشخصية، بالإضافة إلى المواقف العامة، حيث تشجيع الأفراد بأن يُفكروا بأنهم في مَنطقة خاصّة. ومن هنا فهل يعمل المجتمع على تشجيع الأفراد في تطوير توقّعات الحرية الشخصية في الوقت الذي يُستخدم فيه البريد الإلكتروني والهاتف الخلوي ونُظم البوابات والتّحاور على الإنترنت.

3.1.5.7. القضايا السياسية Political Issues

تتعلّق القضايا السياسية للحرية الشخصية بالحالة التي تحكم العلاقة بين الجهات الرسمية التي تملك سجلات الأفراد، والأفراد أنفسهم. وعادة ما تحكم هذه العلاقة بالقوانين وهي مبادىء وقواعد قانونيّة تحكم التصرف بسلطة رسميّة مثل الحكومة وتكون موجبة التنفيذ على الموضوع أو على المواطنين. فهل يُسمح لرجال الأمن والمخابرات أن يراقبوا

البريد الإلكتروني؟ وإلى أيّ مدى يُسمح لمواقع الأعمال والتجارة الإلكترونية بأن تكون مفتوحة للحصول على معلومات شخصية عن الأفراد الذين يتعاملون معهم.

ويبين الشكل (7. 5.) العلاقة بين القضايا الأخلاقيّة والمجتمعيّة والسياسيّة والأبعاد الأخلاقيّة في عصر المعلومات.

الشكل 7. 5. العلاقة بين القضايا الأخلاقيّة والمجتمعيّة والسياسيّة، والأبعاد الأخلاقيّة في نظم المعلومات

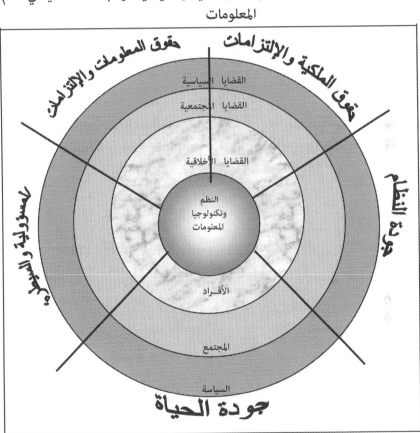

Source: Laudon, Kennth C., & Laudon, Jane P. (2006). ***Management Information Systems: New Approuches to Organization and Technology*** (9th ed.). Upper Saddle River, New Jersey: Prentice-Hall International, Inc., p. 149.

يتبيّن من الشكل السابق أن تقديم تكنولوجيا معلومات جديدة تملك آثاراً جديدة مثل: بناء أخلاق جديدة، وقضايا سياسيّة واجتماعيّة يجب أن تُعالج على مستوى الأفراد والمجتمعات والمستوى السياسي.

وتملك هذه القضايا خَمسة أبعاد أخلاقية هي: حقوق المعلومات والالتزامات، حقوق الملكية والالتزامات، جودة النظام، جودة الحياة، والمسؤولية والسيطرة.

6.7. الأبعاد الأخلاقية في عصر المعلومات[15].

Moral Dimensions of the Information Age.

1.6.7. حقوق المعلومات والالتزامات Information Rights and Obligations

ما هي حقوق المعلومات التي ينبغي أن يمتلكها الأفراد والمعلومات فيما يخص أنشتطهم؟ وكيف يُمكن حماية حقوق المعلومات؟ وما هي التزامات الأفراد والمنظمات تجاه تلك المعلومات؟

وتشمل حقوق المعلومات: الخصوصية والممارسة المشروعة في مجتمع المعلومات[16]

Privacy and freedom in an Information Society.

1.1.6.7. الخصوصيّة Privacy

ادّعاء من الأفراد ليُتركوا وشأنهم وبحرية من مراقبة الآخرين أو المنظمات أو الدولة، كما تتضمّن أيضاً اختيار المكان والسكن. ولكن تطور تكنولوجيا المعلومات والنظم تُهدّد مُطالبات الأفراد بالخصوصيّة عن طريق جعل التدخل في حياة الآخرين سهلاً وأقل كُلفة.

2.1.6.7. الممارسة العادلة للمعلومات Fair Information Practice/ FIP

تُمثّل الممارسة العادلة للمعلومات مجموعة من المبادئ تحكم جمع واستخدام المعلومات عن الأفراد.

وتُبنى الممارسة العادلة على أسس المنافع المتبادلة بين مالكي السّجلات والمعلومات والأفراد المعنيين أنفسهم، إذ أن هناك مصلحة في الاندماج في الحياة التجاريّة

والحياتيّة للأفراد والمنظمات معاً للحصول على المعلومات المختلفة عن الأفراد بغرض دعم تعاملاتها.

والآتي المبادئ الرئيسية التي تحكم الممارسة العادلة:

أ. يجب أن لا تكون نظم سجلات الأفراد سريّة ومحجوبة عن الوجود، بل يجب أن تكشف عن طبيعة استخدامها للمعلومات قبل البدء بجمع المعلومات واستخدامها، وأن تتخذ الخطوات المختلفة لحماية تلك المعلومات واختراقها.

ب. ينبغي أن يملك الأفراد إمكانية الإطلاع على المعلومات، ومراجعة وتعديل النظم التي تحوى معلومات مُجمّعة عنهم من أجل التأكد من أمنها.

ج. يجب أن تكون هناك معلومة مُسبقة لدى الأفراد الذين تُجمع عنهم المعلومات، وعدم استخدام تلك المعلومات لغير الأغراض التي جُمعت من أجلها.

د. يملك مديرو النظم المسؤولية القانونية وإمكانية التفسير من أن بيانات الأفراد المُجمّعة عنهم هي دقيقة ومحفوظة ضمن أمان وموثوقية، ولا يسمح لغير المصرح لهم بالوصول إليها.

هـ. تملك الحكومات حق الاعتراض والتدخل ومتابعة قوة تنفيذ الممارسة المشروعة للمعلومات بين أصحاب العلاقة؛ في سبيل المعالجة القانونية في حالة التجاوزات.

2.6.7. حقوق الملكية والالتزامات Property Rights and Obligations

كيف يُمكن حماية حقوق الملكيّة الفكريّة التقليديّة في المجتمعات الرقميّة والذي يكون فيه من الصعوبة متابعة تلك المعلومات؟

3.6.7. المسؤوليّة والسيطرة Accountability and Control

من الذي يكون مسؤولاً عن الأذى الحاصل للأفراد عن المعلومات المجمعة عنهم وحقوق الملكية؟

4.6.7. جودة النظام System Quality

ما هي معايير البيانات، وجودة النظام المطلوبة لحماية حقوق الأفراد وسلامة المجتمع؟

5.6.7. جودة الحياة Quality of Life

ما هي القيم التي يجب حمايتها في المجتمعات التي تعتمد على المعرفة؟ وما هي المؤسسات التي يجب حمايتها من التجاوزات؟ وما هي القيم الثقافيّة والممارسات التي تدعم من قبل تكنولوجيا المعلومات؟

7.7. السلوك الأخلاقي في مجتمع المعلومات.

Ethics in an Information Society.

مجموعة من المباديء، المعتقدات الإرشادية القياديّة، المعايير، أو قدوة انتشرت بين الأفراد أو المجموعات أو جمهور من الناس لبيان السلوك الصّحيح والخطأ كعوامل سلوك أخلاقي حُرّة لتحديد الاختيارات التي تحدّد السلوك. وهي من الاهتمامات الإنسانية للأفراد الذين يملكون الحرية في الاختيار الأخلاقي، فهي الاختيار الفردي عندما يواجه الإنسان عدّة بدائل: فما هو الاختيار الأخلاقي الصحيح؟ وما هي مكونات الاختيار الأخلاقي؟

فالاختيار الأخلاقي هو قرار يُتّخذ من قبل الأفراد الذين يتحملون المسؤولية نتيجة أعمالهم. ويتمثل في:

1.1.7. المسؤوليّة Responsibility هي مُكوّن للأفراد وعنصر أساسي للفعل الأخلاقي، وتعني قبول التكاليف والتبعات المتعلّقة باتخاذ قرار أو عمل معين يتخذه الفرد.

2.1.8. المحاسبيّة والقابليّة للتفسير Accountability هي مُكوّن للنظم والمؤسسات المجتمعية، وتعني الآلية في اختيار المكان، لتحديد مسؤولية الفرد عن عمله.

3.1.7. الالتزامات Liability ترتبط الالتزامات بمُكوّن للنظم السياسيّة السّائدة في موقع ما، مع تعهد بتغطية الأضرار التي قد تصيبهم من جراء قرار ما في ذلك المجتمع.

4.1.7. إدارة القضايا: Due Process ترتبط إدارة القضايا بمُكوّن القوانين الحكومية المجتمعية، ورغم أن هذه العملية معروفة ومفهومة، لكن لا بد من الاستئناس برأي السلطات الأعلى للتأكد من أن القوانين التي نُطبّقها صحيحة.

8.7. الاتجاهات التكنولوجية الرئيسة التي أثارت قضايا أخلاقية[17].

Key Technology Trends that Raise Ethical Issues.

لقد أثار التّسارع الكبير في تكنولوجيا المعلومات موضوعات أخلاقيّة جديدة نتيجة للأسباب التالية:

1.8.7. التقدم في القدرات الحاسوبية The Doubling of Computing Power

إن تضاعف القدرات الحاسوبية وبشكل سريع كُلّ (18) شهر تقريباً أدّى إلى الاعتماد الكبير من قبل المنظمات على النظم الحاسوبية في معالجاتها المختلفة، علماً أن تَطوّر المبادئ والقوانين في المجتمع لم تَعُد تلحق بتلك السرعة.

2.8.7. التقدم في آلية تخزين البيانات.

Advances in Data Storage Techniques.

لقد أدّت زيادة القدرة التخزينية إلى زيادة قدرة المنظمات على الاحتفاظ بقواعد تخزين تفصيلية عن العمال، والزبائن، .. .

3.8.7. التقدم في آلية تحليل البيانات.

Advances in Data Analysis Techniques.

لقد أدّى تقدّم وتطوّر آلية تحليل البيانات إلى تمكين المنظمات من تحليل كميات هائلة من البيانات المُجمّعة عن الأفراد وتطوير معلومات تفصيلية عن سلوك الأفراد.

4.8.7. التّقدم في بنية الشّبكات التحتيّة.

Advances in Networking Infrastructure.

لقد أديّ التقدم الكبير في بنية الاتصالات والشبكات وانتشار الإنترنت إلى تمكين المنظمات من نسخ كميات كبيرة من البيانات من موقع لآخر وبكلف أقل، والوصول إلى بيانات شخصيّة من مواقع بعيدة وبسهولة.

9.7. حالة دراسيّة.

هل من الممكن التخلص من الاختراقات خلال سنتين؟

Can Spam Really Be Wiped out in Tow years?

لقد اجتمعت الحكومات والمنظمين والصناع لوضع استراتيجية للقضاء على البريد الالكتروني E-mail غير الضروري والضار خلال سنتين.

لقد اجتمع ممثلو (60) دولة باستضافة الاتحاد العالمي للاتصالات للمساهمة في القضاء على البريد الالكتروني الضار حيث قدر رئيس اللجنة كلفة الخسارة عالميا من الرسائل الخبيثة(spam) للأعمال بحوالي (13.5) مليار استرليني في السنة الواحدة, وقد تم الاتفاق على تنفيذ ذلك خلال سنتين باستخدام تكنولوجيا وتنظيمات البنية التحتية العالمية.

لقد تم التوقيع بين حكومات كل من بريطانيا, أمريكا, واستراليا لمحاربة الرسائل الخبيثة (spam) وإجبار السلطات التنفيذية في تلك الدول للعمل والتدرب معا لإيجاد حل دولي لملاحقة هؤلاء، إذ يمكن أن يكون الحل ممكن بحلول تقنية ووعي المستخدمين.

لقد تم تطبيق التنظيمات المختلفة ضد الرسائل الخبيثة (spam) في بريطانيا عام 2003 كما طبقت بعض الحكومات الأخرى قوانينها الداخليّة لمحاربتهم. ورغم كل ذلك فمن المتوقع ان لا تنتهي قضية الرسائل الخبيثة (spam) نهائياً من خلال تلك القراءات والتنظيمات.

ويقول المحللون إن الرسائل الخبيثة (spam) تحتل أكثر من (60%) من أزمة اكتظاظ البريد الالكتروني حيث يتم إرسال (15) مليار رسالة كل يوم، وقبل ثلاث سنوات كان حجم الرسائل الخبيثة (spam) يمثل اقل من (10%) ويعتقد أن تكلفة الرسائل الخبيثة (spam) تصل إلى المليارات وهو لا يثق تماما بقدرة الحكومات على حل تلك المشكلة لأن الحكومات غير قادرة على فهم تلك المشكلة أو كيفية إيقافها.

يمكن أن يؤدي هجوم الرسائل الخبيثة (spam) سلباً على الشركات إذ لم تكن مستعدة لذلك حيث أن (50-70%) من الرسائل الخبيثة (spam) هي هدر للوقت والمصادر.

تحوي الرسائل الخبيثة (spam) مضامين هامة حيث يحوي على فيروسات يمكن أن تضر بسمعة الشركات كما أنّ النمو الكبير في هجوم المفردات مقلق إذ لم تطور أدوات قادرة على احتوائه والسيطرة عليه.

تستخدم الرسائل الخبيثة (spam) الهجوم من خلال الحواسيب الشخصية (PCs) واستخدام برامج خاصة دون علم أصحابها فيدخل عليها ويتم الإيذاء من خلالها. والإيذاء هنا يكون بشكل منظم حيث يعمل على توليد قائمة الأشخاص ومستخدمين حقيقيين في هجماتهم، علماً إن الرسائل الخبيثة (spam) قد يزداد حجمها مع الزمن.

يعتقد المحللون أن مزيج من التطبيقات والتكنولوجيا يمكن أن تقضيـ على الرسائل الخبيثة (spam) لذلك على المؤسسات أن تستخدم جميع الرسائل لمساعدة المستخدمين في التعرف على تدفق الرسائل الخبيثة (spam) وتحذير المستخدمين وتعريفهم بمخاطرها مثل الرسائل المزورة التي تطلب منك معلومات شخصية ورسائل تحتوي على فيروسات يمكنها أن تجعل حاسوبك يقوم بإعادة إرسال الرسائل الخبيثة ويجب على الشركات التكنولوجية أن تأخذ قرارات أساسية حول الخصائص التي يجب إظهارها للمستخدمين من محرمات ضد الرسائل الخبيثة.

ويقترح احدهم أن يقلل من قرصنة الرسائل الخبيثة (spam) باستخدام عناوين رسائل بدون أسماء حقيقية بحيث تجعل من الصعب على مرسلي الرسائل الخبيثة تخمين عنوان البريد الالكتروني أو اختيار عناوين البريد الالكتروني يختلف عن دومين موقع عملك أو يمكن استخدام تكنولوجيا معينة للقضاء على الرسائل الخبيثة علما أن شركة مايكروسوفت توفر برنامج مجاني مضاد لاختراقات الرسائل الخبيثة (spam).

وباستخدام التقنية المستخدمة في (Hotmail) استطاعت شركة مايكروسوفت صد (2.4) مليار رسالة خبيثة (spam) يوميا من عام 2003 و(3) مليار رسالة عام 2004.

وبحسب ما قال بيل جيت (Bill Gates) فان مختبرات الرسائل قد وفرت طريقة لصد الفيروسات والرسائل الخبيثة (spam) والخلاعة للعديد من المنظمات الكبرى بسعر 1.85 جنيه إسترليني في الشهر لكل مستخدم لتوفير الخدمات الثلاث. وتتضمن مقاييس

المضادات قائمتين للعناوين إحداها يشمل القائمة السوداء لمحترفين معروفين وقائمة بيضاء إلى الناس خاليين الاختراقات.

وكذلك يُستخدم للصد الأساسي للاختراق تواقيع مشابهة لمبدأ التواقيع المضادة للفيروسات. ورغم المحاولات المختلفة لصد هجوم الرسائل الخبيثة (spam) فإنهم يمتلكون القدرة على استخدام بريد الكتروني حقيقي وشرعي للهجوم من خلاله على الآخرين. إذ يقوم هؤلاء المخترقين (Hackers) بجمع قوائم شرعية كبيرة للبريد الالكتروني ومن خلالها يتم مهاجمة مزود الخدمة بعدد هائل من الرسائل كما يقوم المخترقين (Hackers) بهدر طاقات الشركات ومزود الخدمة من خلال حجز مساحات كبيرة للرسائل الضارة.

تعمل شركة مايكروسوفت بالتنسيق مع ياهو (Yahoo) وايرث لينك (EarthLink) لإنتاج تقنيات وسياسات لصد مهاجمة الرسائل الخبيثة (spam) من خلال مجموعة (Anti Spam Technical Alliance/ ASTA) والتي أنشأت عام 2003 إذ يتم من خلال (ASTA) تحديد الهوية للمرسل الحقيقي وإبلاغها للمستخدم وهذا يقلل من قدرة مخترقي الرسائل الخبيثة (spam).

وبالرغم من المبادرات السابقة التي أطلقتها (ASTA) وبالتنسيق مع محركات البحث المختلفة إلا أن ظاهرة الاختراق والقرصنة لن تزول بشكل كامل إلا أنها تعمل على الحد من الظاهرة.

1. كيف ترتبط الفيروسات (Viruses) والرسائل الخبيثة (spam) ؟
2. قم باختيار احد مزودي الرسائل مثل برنامج (Outlook) وبين الخصائص التي يوفرها البرنامج لمساعدة منع الاختراقات؟
3. هل يمكن تقليل اختراقات الرسائل الخبيثة (spam) بشكل كبير أو إزالتها تماما خلال سنتين؟
4. ما هو أثر الأزمة المالية العالمية 2009 على (spam) الرسائل الخبيثة؟

10.7. أسئلة للمراجعة/ الفصل السابع.

أولاً: ناقش العبارات التالية.

1. وسائل الأمن المُتعلقة بتعريف المُستخدم وموثوقية الاستخدام ومشروعيته.
2. العلاقة بين القضايا الأخلاقيّة والمجتمعيّة والسياسيّة في مجتمع المعلومات.
3. الأبعاد الأخلاقيّة في عصر المعلومات.

ثانياً: املأ الفراغ في الجمل التالية.

1. يُشير مفهوم أمن المعلومات إلى ....
2. تُمثّل سياسة أمن المعلومات ....
3. المسؤوليّة Responsibility هي..
4. المحاسبيّة والقابليّة للتعليل Accountability هي ....
5. الخصوصيّة Privacy هي ....

ثالثاً: أكمل الجمل التالية.

1. تشمل الرقابة المادّية على الآتي:

أ. ....

ب. ....

ج. ....

2. تشمل العناصر الأساسيّة لنظام أمن المعلومات على:

أ..

ب. ....

ج. ....

د. ....

3. تتضمّن وسائل أمن الشّبكات عموماً على الآتي:

أ. ....

ب. ....

ج. ....

4. تشمل الهجمات والمخاطر المتّصلة بعمليات الحماية:

أ. ....

ب. ....

ج. ....

د. ....

هـ. ....

5. تنطلق استراتيجية أمن المعلومات من تحديد الآتي:

أ. ....

ب. ....

ج. ....

د. ....

هـ. ....

6. تتعلّق القضايا الاجتماعيّة Social Issues بتطورات ما يُسمّى:

أ. ....

ب. ....

ج. ....

7. القضايا الرئيسة التي أثارت قضايا اجتماعيّة هي:

أ. ....

ب. ....

ج. ....

د. ....

رابعاً: ضع دائرة حول الجواب الصحيح.

1. تُمثّل أنشطة الحصول على معلومات تُهيئ الاقتحام من خلال علاقات اجتماعية

أ. الهندسة الاجتماعيّة Social Engineering

ب. الإزعاج Harassment

ج. الالتقاط السّلكي Wiretapping

د. استراق الأمواج Eavesdropping on Emanations

2. تتحقّق المُراقبة على التطبيقات من خلال:

أ. الاستراتيجيات، السّياسات، الإجراءات، والأهداف.

ب. تعريف المُستخدم، الثقة في المُستخدم، والصلاحيّة للمُستخدم.

ج. الرقابة على أمن المواقع، الرقابة على عجز المعدات، الرقابة على تجانس الدوائر المتكاملة.

د. الرقابة على المُدخلات، الرقابة على المُعالجة، الرقابة على المُخرجات.

3. المعدّات والأدوات المادّية التي تتكوّن منها النظم كالشّاشات والطابعات ومُكوناتها الداخليّة ووسائط الخزن المادّية وغيرها هي:

أ. الأجهزة Hardware

ب. البرامج Programs

ج. المُعطيات/ البيانات والمعلومات Data & Information

د. الاتصالات Communications

4. برمجيات ضارة تُستغل للتدمير، سواء تدمير النظام أو البرمجيات أو المُعطيات وتُستثمر للقيام بمهام غير مشروعة كإنجاز احتيال أو غش في النظام.

أ. الشيفرات الخبيثة Malicious Code

ب. الهجمات الوقتية Timing Attacks

ج. التلاعب بنقل المعطيات عبر أنفاق النقل Tunneling

د. الاختلاس Session Hijacking

5. صورة من صور اعتداءات التخزين وقد تكون تمهيداً لهجوم لاحق أو مُجرّد تخزين لمُعطيات غير مشروعة.

أ. تحليل الازدحام Traffic Analysis

ب. القنوات الخفية Convert Channels

ج. النسخ غير المُصرّح به Unauthorized Copying

د. لا شيء مما ذُكر Not at all

6. عندما تُرسل الرّسالة من المُرسل إلى المُستقبل ولكن تذهب أولاً إلى مُستمع ثالث يجري عليها تغيير ثم يكمل إرسالها مُعدّلة فإننا نكون أمام:

أ. التّصدي Interception

ب. التّعديل Modification

ج. الدّبلجة Fabrication

د. الانقطاع Interruption

7. عندما تتعرض نظم المعلومات إلى مخاطر تجاوز الشخص لحـدود التخويل الممنـوح لـه بحيث يقوم الشخص بزرع مدخل ما يحقق له الاختراق فيما بعد فإنّه يكون قـد استخدم أسلوب:

أ. اختراق الأنظمة.

ب. الاعتداء على حق التخويل.

ج. اعتراض الاتصالات.

د. زراعة نقاط الضعف.

8. يُمثّل الشكل المجاور أسلوب .... من الأنواع الرئيسة في الهجوم على الشّبكات.

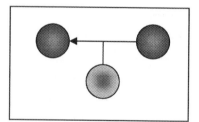

أ. التّصدي Interception

ب. التّعديل Modification

ج. الدّبلجة Fabrication

د. الانقطاع Interruption

11.7. مراجع الفصل السابع.

1. Laudon, Kennth C., & Laudon, Jane P. (1999). *Management information systems: New approach to organization and technology* (5th ed.), New Jersey: Prentice-Hall International, Inc., p.635.

2. Hale, Ron (2000). End - user computing control guidelines. In Brown, Carol V., and Topi, Heikki (Eds.). *IS Management Handbook* (7th ed., pp. 727-737). London: Auerbach publications, p. 731.

3. السالمي، علاء عبد الرزاق، والدباغ، رياض حامد (2000). **تقنيـات المعلومـات الإداريّة**. الأردن، عمان: دار وائل للطباعة والنشر والتوزيع، ص. 270.

4. Kroenke, D. M., & Dolan, K. A. (1988). *Business computer systems* (3rd ed.). New York: McGraw-Hill Book Company.

5. Laudon, Kennth C., & Laudon, Jane P. (2004). *Management information systems: Managing the digital firm* (8th ed.). Upper Saddle River, New Jersey: Prentice-Hall International, Inc., p. 443

6. Turban, Efraim; McLean, Ephraim., & Wetherbe, James (1999). *Information technology for management: Making connections for strategic advantage* (2nd ed.). New York: John Wiley & Sons, Inc., p. 672.

7. عـرب، يـونس (2001، 20-22 أيـار). الخصوصـية وأمـن المعلومـات في الأعمـال اللاسـلكية بواسطة الهاتف الخلوي. **ورقـة عمـل مقدمـة إلى منتـدى العمـل الإلكتـروني بواسطة الهاتف الخلوي واتحاد المصارف العربية**. الأردن، عمان: فندق الميريديان.

8. الكيلاني، عثمان، البياتي، هلال، والسالمي، علاء (2003). **المدخل إلى نظم المعلومـات (ط 2)**. الأردن، عمان: دار المناهج للنشر والتوزيع.

9. عرب، يونس (2001). **مرجع سابق**.

10. Stalling, William (2004). *Cryptography and network security: principles and practices* (3rd ed.).

11. الحميدي، نجم عبد اللـه؛ السـامرائي، سـلوى أمـين، والعبيـد، عبـد الـرحمن (2005). **نظـم المعلومات الإدارية: مدخل معاصر**. الأردن، عمان: دار وائل للنشر والتوزيع، ص. 269.

12. عرب، يونس (2001). **مرجع سابق**.

13. Stalling, William (2004). *Op. Cit.*

14. قنـديلجي، عـامر محمـد، والجنـابي، عـلاء الـدين (2005). **نظـم المعلومـات الإداريّـة وتكنولوجياالمعلومات**. الأردن، عمان: دار المسيرة للنشر والتوزيع والطباعة، ص.157.

15. Laudon, Kennth C., & Laudon, Jane P. (1999). *Op Cit.*, p.152

16. *Ibid*, p.158

17. *Ibid*, p.153.

الفصل الثامن
التخطيط الاستراتيجي لنظم المعلومات الإداريّة

Strategic Planning

For

Management Information Systems

الفصـل الثامن
التّخطيط الاستراتيجي لنظم المعلومات الإداريّة

Strategic Planning for Management Information Systems

أهداف الفصل:

- التعرّف إلى التّخطيط الاستراتيجي في المنظمات: المفهوم والمراحل.
- التعرّف إلى أهمية التّخطيط الاستراتيجي لنظم المعلومات.
- التعرّف إلى خطوات التّخطيط الاستراتيجي لنظم المعلومات.
- التعرّف إلى التكامل بـين اسـتراتيجيات الأعـمال والتّخطيط الاسـتراتيجي لـنظم المعلومات.

المواضيع المقررة:

الفصل الثامن
التّخطيط الاستراتيجي لنظم المعلومات الإداريّة
Strategic Planning for Management Information Systems

1.8. التّخطيط الإستراتيجي في المنظمات.

يَنظر الكثير من المديرين إلى الاستراتيجيّة بشكل يشوبه الغُموض أو عدم الوضوح، فبعضهم يَرى أن الاستراتيجيّة هي خطة طويلة الأمد أو امتداد للخطط السنوية على نطاق زمني أطول، كما ينظر البعض الآخر إلى التّخطيط بمنظور محدود حيث يعني لهم إعداد موازنة تخطيط سنوية، وهذه النظرة ينقصها الكثير لتكون مُتكاملة، إذ لا بد للتخطيط من أن ينبثق من رسالة وأهداف عامّة للمنظمة.

كما يَستخدم الكثير من المديرين مُصطلح التّخطيط الاستراتيجي والإدارة الاستراتيجيّة على أنهما مُصطلح واحد، مع العلم أن التّخطيط الاستراتيجي هو أحد الوظائف الأساسيّة للإدارة الاستراتيجيّة في المنظمات الحديثة.

ومن هنا لا بد من توضيح مفهوم الاستراتيجيّة والتّخطيط الاستراتيجي، والفرق بين التّخطيط الاستراتيجي والإدارة الاستراتيجيّة، ثم مراحل التّخطيط الاستراتيجي المختلفة.

1.1.8. الاستراتيجيّة Strategic

القوات المُسلّحة هي أول من استخدم مُصطلح الاستراتيجيّة لتَعني "الطُرق التي تُستخدم في القتال ضد العدو، والعمل على هزيمته"[1].

إنها تكوين التشكيلات، أو توزيع الموارد الحربية، أو الخروج من مأزق، أو حصار للانقضاض مُباغتة على عدو، أو لتحسين المواقع، وانتهاز فُرصة ضعف العدو"[2].

ثم انتقل مصطلح الاستراتيجيّة إلى الإدارة المدنية ليعني كيف ستعمل المنظمة على وضع خطة لزيادة حصّتها على حساب المنافسين؟ إنّها من الجانب النظري، كيف تحصل المنظمة على ميزة تنافسيّة؟[3]

أما المنظمات التي لا تهدف إلى الربح فتهدف إلى زيادة قيمة المنظمة من وجهة نظر المتعاملين معها وتسعى إلى الوصول إلى مستويات الأداء[4].

إن تشكيل استراتيجية المنظمة عبارة عن خطة شاملة تُحدّد كيف تُحقّق المنظمة كُلاً من مهمتها وأهدافها؟ فهي أسلوب التحرك لمواجهة التهديدات، أو الفُرص البيئية، والذي يأخذ في الحسبان نُقاط الضّعف والقوّة الداخليّة للمشروع لتحقيق رسالة وأهداف المشروع.

وفي النهاية لا بد أن نتذكر دوماً أن الاستراتيجيّة تُشير إلى تَصوّرات المنظمة لمركزها في المستقبل، أي أنها تُوضّح طبيعة واتجاه المنظمة وأهدافها الأساسيّة، فهي إطار يُرشد الاختيارات بعيدة المدى، ولا بد من الحَذر الشّديد من الخلط بين ماذا؟ (الاستراتيجيّة)، وكيف؟ (التّخطيط الاستراتيجي) في سياق المُمارسات الاستراتيجيّة[5].

وأخيراً، لا بد من التأكيد أن ما تحتاجه المنظمات اليوم هو التفكير الاستراتيجي، إذ لا بد أن تُدرك الإدارة عملية بروز الاستراتيجيات غير المُتعمدة، والتّدخل في الوقت الملائم، وهذا يتطلّب القُدرة على الحُكم على قيمة وجدوى الاستراتيجيات غير المقصودة. وبمعنى آخر أن تتوفّر لدى المديرين القدرة على التفكير الاستراتيجي[6].

2.1.8. مفهوم التّخطيط الاستراتيجي The Concept of Strategic Planning

التّخطيط الاستراتيجي هو تنمية وتكوين الخطط طويلة الأجل للتعامل بفعاليّة مع الفُرص والتّهديدات الموجودة في البيئة الخارجية المُحيطة بالمنظمة في ضوء مصادر القُوّة والضّعف للموارد التي تملكها المنظمة في بيئتها الداخلية، ويتضمّن كذلك تعريف رسالة المنظمة، وصياغة الأهداف المُمكن تحقيقها، وتطوير، وتشكيل الاستراتيجيات، ووضع توجّهات السياسة العامّة للمنظمة[7]، إنّه عملية تُحدّد من خلالها المنظمة أهدافها طويلة الأمد، والكيفيّة التي ستقوم بها لتحقيق تلك الأهداف[8].

أنه عمليّة ذهنيّة تحليليّة لاختيار الموقع المستقبلي للمنظمة تبعاً للتغيّرات الحاصلة في البيئة الخارجيّة، ومدى تكييف المنظمة معها، فهو عملية لا تبدأ من فراغ، بل تبدأ

بعملية تحديد رسالة المنظمة، وتحليل البيئة، وتحديد الأهداف، ووضع وتطوير الاستراتيجيات، ثم تقييمها، واختيار الأنسب منها للمنظمة.

3.1.8. التّخطيط الاستراتيجي والإدارة الاستراتيجيّة.

Strategic Planning Versus's Strategic Management.

يستخدم كثير من المديرين مُصطلح التّخطيط الاستراتيجي، والإدارة الاستراتيجيّة على أنهما مصطلح واحد، والواقع أن التّخطيط الاستراتيجي يتضمّن صياغة الاستراتيجيّة، وتقييم الاستراتيجيات، واختيار أفضل استراتيجية، وتطوير الخطط لوضع الاستراتيجيّة موضع التنفيذ. أما الإدارة الاستراتيجيّة فهي أكثر شمولاً من التّخطيط الاستراتيجي الذي هو أحد أجزائها، إذ يَشمل إضافة إلى ذلك التطبيق، والتقييم، إذ أن الخطط في أي مستوى لن تكتمل بدون تقييم، حيث التأكّد من أن الاستراتيجيات المُختارة دخلت التنفيذ بدقة، وستُحقق النتائج المرغوب فيها، لذلك يُعتبر التّخطيط الاستراتيجي أحد الوظائف الأساسية للإدارة الاستراتيجيّة في عالم المنظمات الحديثة.

لقد عَرَّف " كوتلر" الإدارة الاستراتيجيّة بأنها العمليّة التي يتم من خلالها تحديد وصياغة العلاقة بين المنظمة والبيئة التي تعمل فيها من خلال تنمية غايات، وأهداف، واستراتيجيات النمو، وتحديد محفظة الأعمال لكل العمليات والأنشطة التي تمارسها المنظمة[9].

إنها مجموعة من القرارات، والمُمارسات الإداريّة التي تُحدّد الأداء طويل المدى لمنشأة ما، ويَتضمّن ذلك وضع الاستراتيجيّة، وتطبيقها، والتقويم والمراقبة.

ويمكن تمثيل عمليّة الادارة الاستراتيجيّة بالشّكل التالي:

الشّكل 8. 1. عمليّة الادارة الاستراتيجيّة

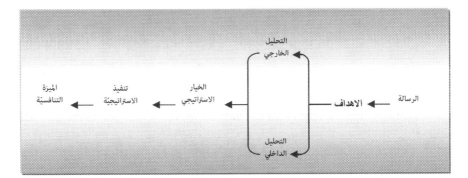

Source: Barney, Jay B., & Hesterly, Williams S. (2006). *Strategic Management and Competitive Advantages: Concept and Cases*. Upper Saddle River, New Jersey: Pearson Education, Inc., p.5.

وتَتضمّن الإدارة الاستراتيجيّة العناصر الأساسيّة الآتية:

أ.   مرحلة التحليل البيئي.

ب.   صياغة الاستراتيجيّة.

ج.   تطبيق الاستراتيجيّة.

د.   التقويم والمراقبة.

ويُبيّن الشّكل (8. 2.) عناصر الإدارة الاستراتيجيّة.

الشّكل 8. 2. عناصر الإدارة الاستراتيجيّة

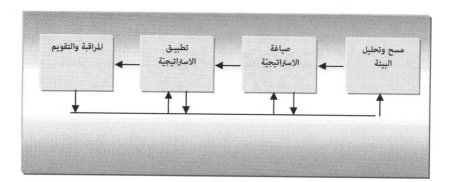

مسح وتحليل البيئة
صياغة الاستراتيجية
تطبيق الاستراتيجية
المراقبة والتقويم

التغذية العكسية/ الراجعة

Source: Hunger, J. David, & Wheelen, Thomas L. (2000). ***Strategic management and Business Policy*** (7th ed.). Prentice - Hall International Inc., p. 9.

يتبيّن من الشّكل أن التّخطيط الاستراتيجي (صياغة الاستراتيجيّة) يُمثّل جزءاً أساسياً من الإدارة الاستراتيجيّة، حيث تشمل الإدارة الاستراتيجيّة، بالإضافة إلى التّخطيط الاستراتيجي على مراحل تطبيق الاستراتيجيّة، والمراقبة والتقييم.

4.1.8. مراحل التّخطيط الاستراتيجي The Stages of Strategic Planning

تعتمد عملية التّخطيط الاستراتيجي على صياغة استراتيجيات المنظمة ككل، ووحدات الأعمال التابعة لها، كما تُشير الاستراتيجيّة إلى كل من رسالة، وأهداف المنظمة، والوسائل المستخدمة لبلوغها من حيث السّياسات والخطط.

ونتناول فيما يلي مراحل التّخطيط الاستراتيجي:

1.4.1.8. مرحلة المسح البيئي Environmental Scanning

إن المسح البيئي هو مفتاح التّخطيط الاستراتيجي من حيث التعرّف على البيئة الداخلية (القوّة والضّعف) لتحديد كفاءة المنظمة، وقدراتها المُتميّزة، وتحليل البيئة الخارجيّة للوقوف على (الفُرص والتهديدات) التي يُمكن أن تُواجه المنظمة مُستقبلاً، والتعرّف على الموقف التنافسي، والحصّة السوقيّة مقارنة مع باقي المنظمات [10، 11، 12]، وتتجسّد المرحلة الأولى بعملية البحث عن معلومات حول العلاقات، والأنشطة، والأحداث الخاصّة بالمنظمة، والتي يُمكن أن تُساعد الإدارة في قيادة المنظمة مستقبلاً[13].

ويتمثّل المسح البيئي في:

أ. مسح البيئة الخارجية External Environmental Scanning

هي جميع العوامل التي تحيط بالمنظمة والتي تُؤثر بشكل مباشر أو غير مباشر في اتخاذ القرارات[14].

ب. مسح البيئة الداخلية Internal Environmental Scanning

يهدف التحليل البيئي الداخلي إلى التعرّف على نقاط الضّعف والقوّة والتي تُشكّل مصادر قوّة وفيرة للمنظمة.

2.4.1.8. مرحلة صياغة الاستراتيجيّة Strategy Formulation

وتشتمل صياغة الاستراتيجيّة على المراحل الأربعة التالية:

أ. الرسالة Mission

هي غاية المنظمة وسبب وجودها، فهي التي تُخبرنا بالغرض الأساسي الذي وُجدت المنظمة من أجله، إنها فلسفة المنظمة في تعاملها مع الآخرين حاضراً ومستقبلاً، إنها تُحدّد بالكلمات ما هي الشركة الآن؟ وماذا تريد أن تكون؟ وعادة ما تشمل الرسالة وصفاً للمنتجات والخدمات التي تقدمها المنظمة[15].

ولا بد من عكس الرسالة إلى واقع ملموس يراه العملاء، والعاملين، والموردين، وكل من استهدفتهم الرسالة. والمنظمة الناجحة هي التي تقوم بصياغة رسالتها بشكل مكتوب واضح.

ومما سبق يَتبيّن أن رسالة المنظمة تعمل على تحديد أسباب وجود المنظمة، تحديد الشرعيّة القانونيّة والاجتماعيّة للمنظمة، تحديد الفلسفة العامة للمنظمة تجاه العملاء والمجتمع والمنتجات والقوى العاملة وأطراف التعامل الأُخرى، والنظرة إلى المستقبل.

أما **الرّؤية Visson** فهي طموحات المنظمة وآمالها وحُلمها المُستقبلي والذي قد يمتد من (30-50 سنة) أو حتى مائة سنة، والتي لا يمكن تحقيقها في ظل الموارد الحالية، وإن كان من المُمكن الوصول إليها في الأمد الطويل، وضمن أفق زمني أوسع.

وتنطلق الرسالة عادة من داخل الرّؤية، وتتضمّن أهدافاً عامّة يُمكن تحقيقها في ظل الموارد الحالية حيث تسعى المنظمة إلى تحقيق جزء مُحدّد من هذا الحُلم. فهي تُعرّف لماذا وجدت المنظمة ؟ وماذا يجب علينا أن نفعل؟ وتُحدّد ما هو العمل الذي سيقوم به التنظيم الآن وفي المستقبل؟

ب. تحديد الأهداف Objectives

تُمثّل الأهداف النتيجة النهائية لنشاط مُخطّط خلال فترة معينة، حيث تُحدّد ماذا يجب إنجازه، ومتى يُمكن إنجازه؟ ويجب أن يُؤدي تحقيق الأهداف إلى تحقيق المنشأة لرسالتها.

ج. تقييم الاستراتيجيات واختيار أفضل استراتيجية.

Strategic Evaluation and Choice.

تُعرّف "الاستراتيجيّة" بكونها خطة شاملة رئيسة تهتم بوضع وتطوير مجموعة من البدائل الاستراتيجيّة تُحدّد من خلالها كيف تُحقّق المنظمة كُلاً من رسالتها وأهدافها من خلال الميزة التنافسية التي تملكها مُعتمدة على المتغيّرات البيئيّة الداخليّة والخارجيّة للمنظمة.

د. تطوير السّياسات Development of Policies

لا يُمثّل اختيار أفضل استراتيجية نهاية المطاف لعملية التّخطيط الاستراتيجي إذ لا بد من اختيار ووضع السّياسات التي تَصف القواعد الأساسيّة لتوجيه عملية اتخاذ القرارات في مختلف قطاعات المنظمة.

فالسّياسات هي التوجّهات العامّة والقواعد الاساسيّة التي يتعيّن أن يأخذ بها العاملين قراراتهم وتصرفاتهم والتي يتم داخلها اتخاذ القرارات التي تربط صياغة الاستراتيجيّة بتنفيذها.

وتستخدم المنظمة السّياسات من أجل التأكد من أن العاملين لديها يأخذون قراراتهم وتصرفاتهم بشكل يُعزّز رسالة المنظمة وأهدافها واستراتيجياتها. مع ملاحظة أن أي تغيير في الاستراتيجيّة يجب أن يتبعه تغيير سريع في السّياسات المتعلقة بها.

5.1.8. مستويات الاستراتيجيّة في المنظمة.
تتكوّن الاستراتيجيّة في المنظمة من ثلاث مستويات يُبيّنها الشّكل (8. 3.)

الشّكل 8. 3. مستويات الاستراتيجيّة في المنظمة

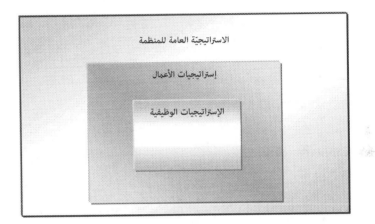

Source: Hunger, J. David, & Wheelen, Thomas L. (1997), ***Strategic management*** (6th ed.). An Imprint of Addison Wesley Longman, Inc., p. 3.

تَتشكّل الاستراتيجيّة في المنظمة من ثلاث مستويات:

1.5.1.8. الاستراتيجيّة العامة للمنظمة.
تختص هذه الاستراتيجيّة بتحديد الاتجاه العام الكلي للمنظمة من حيث مدى النمو، وكيفية إدارة المنظمة لأنشطتها، لذا يجب على الإدارة توجيه السؤال الأشمل التالي: ما هو الشّكل الذي ينبغي أن تكون عليه المنشأة في المستقبل؟ تمهيداً لوضع البدائل الاستراتيجيّة المختلفة[16] والمسؤولية الأساسيّة في هذا المستوى هو التفكير في استخدام نقاط القُوّة والضّعف في المنظمة كَكُل لاتخاذ قرارات استراتيجية عامة، مثل: الاندماج، والمشروعات المشتركة، أو تغيير نوع النشاط الرئيسي للمنظمة، وتَتميّز الاستراتيجيات في هذا المستوى بأنها استراتيجيات طويلة الأمد ويستغرق تنفيذها وقتاً طويلاً[17].

2.5.1.8. استراتيجيات الأعمال   Business Strategies

هي مجموعة من النشاطات والقرارات تحدّد المنتجات والخدمات التي تنتجها المنظمة، والصناعات التي تنافس فيها الشركة، وكذلك منافسي- الشركة، المزودين، الزبائن، وغايات الشركة طويلة الاجل.

وتُركّز هذه الاستراتيجيّة على وحدة العمل، والتي يُطلق عليها أحياناً استراتيجية القطاع، حيث تعمل على تحسين المركز التنافسي لمنتجات أو خدمات المنظمة في صناعة ما، أو سوق معينة، وتقوم إدارة القطاع بإعداد هذه الاستراتيجيّة لتكميل الاستراتيجيّة الشاملة للمنظمة.

ومن أهم القرارات في هذا المستوى، القرارات الخاصة بتحديد خط المنتجات، وتنمية السوق، والتوزيع، والتمويل، والعمالة، والتطوير، والبحث، وزيادة هامش الربح للمنتجات، والخدمات التي تقدمها.

3.5.1.8. الاستراتيجيات الوظيفية   Functional Strategies

إنها الطريقة أو الأسلوب التي تقوم بموجبها وظيفية معينة (إنتاج، تسويق، أفراد، .. .) بالمساهمة في تحقيق أهداف واستراتيجيات المنظمة ووحداتها الإداريّة عن طريق تعظيم إنتاجية الموارد المتاحة فيها، حيث التوافق والتكامل من أهم مكونات الاستراتيجيّة في هذا المستوى [18].

إن الهدف الرئيس لاستراتيجيات الوظائف هو زيادة إنتاجية موارد المنظمة إلى الحد الأقصى، وتهدف إلى تجميع النشاطات والكفاءات المختلفة في نطاق وظيفي مُعيّن بهدف تحسين الأداء مع الأخذ بالاعتبار المُحدّدات التي تُقرّرها استراتيجيات الأعمال، وتتميّز بأنها ذات طابع تشغيلي وتنفيذي قصير الأمد، لاختيار الموردين، طرق البيع، الإعلان، وأماكن تقديم الخدمة، ولا يستمر تأثيرها لفترة طويلة. ولا بد من تكامل هذه المستويات الثلاثة حيث تكون الاستراتيجيات الوظيفيّة في خدمة استراتيجيات الأعمال، والتي تدعم بدورها استراتيجية المنظمة حيث تتفاعل المستويات المختلفة للإدارة في عملية التّخطيط.

وبعد تقييم الاستراتيجيات المختلفة لا بد للمنظمة من اختيار أفضل استراتيجية للتنفيذ بعد تحديد قدرة كُلّ بديل في تحقيق الأهداف. ويُمكن أن تخضع عملية الاختيار لعدد من العوامل النوعية، مثل: اتجاهات الإدارة نحو المخاطرة، والضغوط البيئية الخارجية، ضغوط البيئة الداخلية للمنشأة، الاحتياجات والرغبات الذاتية للإدارة العليا[19].

2.8. التّخطيط الاستراتيجي لنظم المعلومات.

Strategic Planning of Information Systems.

1.2.8. أهمية التّخطيط الاستراتيجي لنظم المعلومات.

يُعتبر التّخطيط الاستراتيجي ضَرورة حتميّة في الشركات سواء كانت صغيرة أم كبيرة، ولكننا نلاحظ أن الشركات الكبيرة عندما تخطط استراتيجياً فإنها تقوم بهذه العملية رسمياً[20].

يلعب التّخطيط الاستراتيجي لنظم المعلومات دوراً هاماً في المنظمة إذا كان مُتوافقاً مع ثقافة المنظمة، ولا بد له أن يتكامل مع عناصر التّخطيط الاستراتيجي للأعمال إذ أن تَضمين أعلى لنظم المعلومات في التّخطيط الاستراتيجي سينتج نتائج أفضل.

ويُمكن أن يكون التّخطيط الاستراتيجي لنظم المعلومات تخطيط رسمي (Formal) أو تخطيط تزايدي (Incremental) للتأكيد على المرونة والتفكير الاستراتيجي في ذهـن الإدارة العليا ولضمان تشكيل استراتيجية ناشئة (Emergent) بجانب الاستراتيجيات المخططة، ولكن يُلاحظ أنّ الطريقة التزايديّة أكثر فاعليّة في التّخطيط الاستراتيجي[21].

تستطيع المنظمات أن تُحقّـق لنفسها عـدّة مزايا تنافسية عـن طريق استخدام التكنولوجيا المختلفة والسيطرة عليها إذ تُساعد عـلى الوصول إلى التّخطيط الاستراتيجي السليم حيث تحصل على المعلومات الضرورية لعمليات التحليل المختلفة لتُكوّن قاعدة لاتخاذ القرار المناسب عند المفاضلة بين البدائل المختلفة، كما يُمكن أن تُحسّن مـن أدائها عموماً باستخدام نظم معلومات خاصة عند اختراق أسواق جديدة، والوصول إلى عالم أوسع من المستهلكين، وفهم احتياجـاتهم وتوقعـاتهم، وكذلك زيادة القدرة عـلى تقديم الخدمة للمستهلك بشكل أسرع مما يؤدي إلى زيادة رضا المستهلك، والقدرة على الحصول على

حصة سوقية أكبر، ومراقبة أفضل على التشغيل حيث تزداد القدرة على الرقابة الداخلية، والتحسين المستمر في عمليات التشغيل المختلفة، والعمل على توسيع أعمالها، واتصالها مع المنظمات الأخرى. كما أن نظم المعلومات تعمل على توفير معلومات دقيقة كقاعدة لاتخاذ القرارات تُؤدي إلى تحسين القرارات الإداريّة المختلفة.

إن تطوير وبناء نظم جيدة للمعلومات له علاقة مباشرة بنمو وتطوير العمل بالمنشأة، حيث إن الحاجة إلى إنتاج معلومات أصبحت من المتطلبات الأولية والأساسية للبقاء والاستمرار. كما أن الاستخدام الواسع للإنترنت وانتشاره على مستوى العالم زاد وبشكل كبير من قيمة مصادر المعلومات التي تملكها المنشأة[22].

2.2.8. مفهوم استراتيجية نظم المعلومات.

تُعرّف استراتيجية نظم المعلومات على أنها الاستراتيجيّة التي تُحدّد النظم التي تحتاجها المنظمة؛ لاستكمال احتياجات المعلومات لديها.

إنها خريطة الطريق التي تُؤثّر باتجاه تطوير النظم، العقلانية، الوضع الحالي، الإدارة الاستراتيجيّة، خطة التنفيذ، والاستراتيجيّة.

بينما تُمثّل استراتيجية تكنولوجيا المعلومات الطريقة التي يُمكن للتكنولوجيا أن تدعم بها استراتيجية النظم[23]. وبما أن تكنولوجيا المعلومات تتغير سريعاً فإن هذا يخلق تحدّي لإدارة التكنولوجيا لذا لا بد من متابعة هذا التغيير والسيطرة عليه.

3.2.8. مفهوم الخطة الاستراتيجيّة لنظام المعلومات.

تُعتبر الخطة الاستراتيجيّة لنظم المعلومات جزءاً من عدد من الخطط الاستراتيجيّة المُتكاملة التي تهدف في مُجملها إلى تطوير العمل والأداء بما يُحقّق أهداف وغايات المنشأة، لذلك لا بد أن تقوم الإدارة العليا بتبنّي تخطيط استراتيجي رسمي لنظام المعلومات يُوفّر خطة استراتيجية للمعلومات تنسجم مع الخطة الاستراتيجيّة العامة للمنشأة بما يُترجم استراتيجياتها ويعمل على تحقيق أهداف وغايات المنشأة.

سيؤدي الوصول إلى تصميم نظام فعّال للمعلومات من وجهة نظر المُستفيدين وأفراد النظام إلى تعاظم الفوائد من النظام، وعندها يُمكن الوصول إلى دقة وتكامل

المعلومات وسرعة الحصول عليها وزيادة كفاءة العاملين وتحسين الخدمات العامة وتحسين الاتصالات الإداريّة وتطوير وتحسين الأداء، كما سيُوفّر النظام المعلومات اللازمة لمتخذي القرار بكفاءة وفعالية وسرعة مناسبة، ويعمل على دعم الخطط الاستراتيجيّة في المنشأة.

4.2.8. التحديات التي تواجه التّخطيط الاستراتيجي لنظم المعلومات.

Chllenges Facing Strategic Planning of Information Systems.

يُواجه التّخطيط الاستراتيجي العديد من العوائق، وتختلف هـذه العوائـق بـاختلاف الكيفيّـة التـي تُـدار بهـا المنشـأة، والسّياسـات المختلفـة التـي تتّبعهـا في التعامـل مـع نظـم المعلومات كمورد رئيس من موارد المنشأة.

والآتي من أبرز التحدّيات التي تواجه التّخطيط الاستراتيجي لنظم المعلومات:

1. مدى التناغم بين التّخطـيط الاسـتراتيجي لـنظم المعلومـات، والخطـة الاسـتراتيجيّة العامـة للمنظمة.
2. صعوبة بناء النظم المُعقّدة في المؤسسات الكبيرة، وطول الفترة الزمنيّة اللازمة لإنجازها.
3. مدى القدرة على إدامة نظام المعلومات في تقديم الدعم المطلوب منه للمنظمة.
4. مدى التعاون بين مُتخصّصي نظم المعلومات ومُستخدمي النظام.
5. القدرة على تقييم الفُرص المُتاحة من خلال الاعتماد على نظام المعلومات.

5.2.8. مراحل التّخطيط الاستراتيجي لنظم المعلومات.

The Stages of Strategic Planning of Information Systems.

يُركّز التّخطيط الاستراتيجي للاستثمار في نظم المعلومات على فهم عمـل المعلومـات التنظيمية التي تَتأثّر بتكنولوجيا تتطوّر سريعاً ضمن أعمال تمتاز بالطلب المتغير[24]. لـذلك لا بد أولاً من التفكير الاستراتيجي لنظم المعلومات، والذي يشمل الإجابة على التساؤلات التالية:

- ما هو نطاق التّخطيط الاستراتيجي المطلوب؟
- أين نحن الان؟

- أين نريد أن نكون؟
- كيف نصل إلى الهدف المنشود؟

ومن هنا فإن تطوير خطة استراتيجية للمعلومات، وتطوير نظم المعلومات اللازمة لها يتطلب العديد من المراحل تظهر من خلال الشّكل (8. 4.).

الشّكل 8. 4. مراحل التّخطيط الاستراتيجي لنظم المعلومات

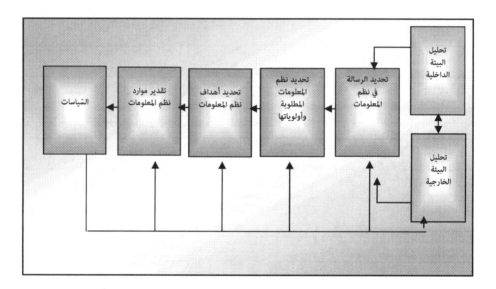

يُبيّن الشّكل (8. 4.) مراحل التّخطيط الاستراتيجي لنظم المعلومات وهي:

1.5.2.8. تحليل البيئة الداخلية والخارجية.

يُمثل التحليل البيئي نُقطة الأساس في التّخطيط الاستراتيجي، إذ لا بد من تحليل البيئة الداخليّة لتحديد مصادر القُوّة والضّعف التي تملكها المنظمة في نظم المعلومات، وتحليل البيئة الخارجيّة والتي تشمل جميع العوامل التي تحيط بالمنظمة للوقوف على الفُرص والتهديدات التي يُمكن أن تواجه نظم المعلومات في المنظمة مستقبلاً.

2.5.2.8. تحديد الرّسالة في نظم المعلومات.

تصف الرؤية الاستراتيجيّة الإجابة عن تساؤل مَقدرة الشركة في الوصول إلى أهدافها؟ وهي غالباً مُتمثّلة في رسالة المنظمة [25].

والرسالة في نظم المعلومات الإداريّة تعمل على إتمام الدور الرئيسي في تطوير رسالة المنظمة بواسطة العمل التضامني مع الإدارة العليا لتنفيذ تكنولوجيا معلومات مناسبة للوصول إلى الغايات، وبعد تحديد رسالة نظم المعلومات يُمكن تحديد أهدافها وصولاً إلى الاستراتيجيات والسّياسات المناسبة(26).

3.5.2.8. تحديد أهداف نظام المعلومات.

إن الهدف الأساسي من نظام المعلومات هو مُساعدة المنظمة على تحقيق أهدافها. لذا فإن تحقيق أهداف النظام يتم في ضوء استراتيجية المنظمة وأهدافها.

ويتم ذلك عن طريق:

- تحليل وفهم الخطة الاستراتيجيّة للمنشأة وأهدافها.
- ربط أهداف نظام المعلومات بالأهداف العامّة للمنشأة.
- دراسة الهيكل التنظيمي للمنشأة ومهام الإدارات والأقسام المختلفة.

وتنطلق أهداف نظم المعلومات من الرّسالة والتي تَتمثّل في جعل المعلومات تخدم المنشأة في الاختيار بين البدائل المختلفة وإضافة قيمة للأعمال.

أما أهداف نظم المعلومات فيُمكن أن تَتمثّل في الآتي:

- تحسين الاتصال بين المستويات والوظائف المختلفة في المنشأة.
- تزويد الإدارة بتصوّر ومعايير عن الاحتياجات المطلوبة من المعلومات.
- جعل نظم المعلومات أكثر مُلائمة واستجابة لمُتطلبات المُستخدمين.
- توفير المعلومات اللازمة لمتخذي القرار بكفاءة وسرعة مناسبة.
- سرعة الحصول على المعلومات وضمان صحّة وتكامل المعلومات.
- دعم الخطط الاستراتيجيّة العامّة.

تعمل نظم المعلومات على تصميم وتنفيذ مشاريع نُظم تستند على أهداف المنظمة واستغلال فُرص الأعمال التي تُوفّرها تكنولوجيا المعلومات الجديدة.

4.5.2.8. تحديد نظم المعلومات المطلوبة وأولويات النظم.

تشمل هذه المرحلة على تجميع الأفكار والمعلومات لمشاريع نظم المعلومات من خلال التبادل الحُرّ للأفكار، علماً أن تحديد الأولويات يعتمد على العوامل الاستراتيجيّة ودراسات الجدوى.

ويُمكن للإدارة العليا دراسة خيارات بدائل التقنية المختلفة من خلال اعتماد أسلوب تخصيص الأسبقيات كأساس منطقي في اختيار مشاريع نظم المعلومات، أو اعتماد أسلوب هامش الربحيّة، حيث يتم ترتيب النظم المقترحة بحسب العائد الاقتصادي المتوقّع منها[27].

5.5.2.8. تقدير موارد نظم المعلومات.

إن الطريقة الفعّالة في التّخطيط الاستراتيجي لنظام المعلومات وإجراءات تطوير نموذج المعلومات يعتمد على الأهداف المتغيرة المُتجدّدة، والتي تخدم الاحتياجات باستمرار أكثر من خدمتها لوظائف تقليدية[28].

فلا بد من تحديد العناصر الأساسيّة لنظم المعلومات مع تحديد طاقتها التشغيلية ومتطلباتها ولا بد من تحديد القرارات الإداريّة الرئيسة حول الأجهزة، الامتلاك، الاتصالات المركزيّة واللامركزيّة، السلطات، البيانات، البرمجيات، ومُتطلبات إدارة التغيير؛ لأن ذلك يُؤثّر على القوى البشرية وخطة التوظيف والتدريب اللازمة، والتأكّد من إمكانية توفرها، ويمكن تحديد ذلك من خلال مصفوفة الموارد.

6.5.2.8. السّياسات.

هي إرشادات عامة أو حدود معينة يسير على هديها متخذ القرار، وتهدف إلى ضمان إنجاز عملية التنفيذ بشكل يتماشى وصياغة الاستراتيجيّة، والتأكد من أن العاملين يأخذون قراراتهم وتصرفاتهم بشكل يُعزّز رسالة نظم المعلومات وأهدافها واستراتيجياتها والتي تنطلق أصلاً من الرسالة العامة للمنظمة، مع ملاحظة أن أيّ تغيير في إستراتيجية نظم المعلومات يجب أن يتبعه تغيير سريع في السّياسات المتعلقة بها، فالسّياسات هي آليات تنفيذ الاستراتيجيات.

3.8. التكامل بين استراتيجيات الأعمال والتّخطيط الاستراتيجي لنظم المعلومات.

إن التغيّرات البيئيّة الحاليّة المُتسارعة وانتشار المنافسة الحادّة في عالم المنظمات، جعل العديد من المنظمات تراجع استراتيجياتها المختلفة لتَتمكّن من بناء اقتدارات تكنولوجية تُؤدي إلى ميزة تنافسية تضمن لها التَميّز في عالم الأعمال.

تقوم نظم المعلومات بإعداد خطتها الاستراتيجيّة التي تُمكّنها من تنفيذ مهامها المختلفة في تقديم المعلومات المناسبة لإنتاج مُنتجات جديدة، تصاميم جديدة، أو التوجه نحو استقطاب أفراد جدد، أو دخول أسواق جديدة، ومن هنا لا بد لها من أن تَسترشد وتتفاعل مع الخطة الاستراتيجيّة العامة للمنظمة(29).

ويُبيّن الشّكل (8. 5.) التكامل بين استراتيجية الأعمال واستراتيجية نظم الأعمال.

الشّكل 8. 5. التّكامل بين استراتيجية الأعمال واستراتيجية نظم الأعمال

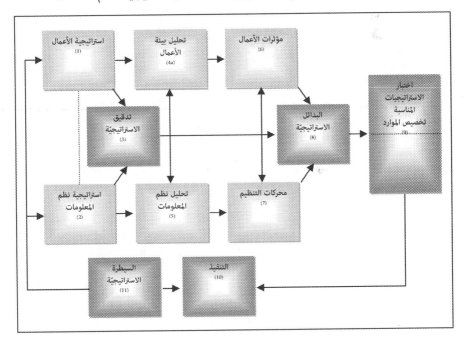

(3)

Source: Khalil, Tarek M. (2000). ***Management of Technology: The Key to Competitiveness and Wealth Creation.*** Singapore :McGraw-Hill Companies, Inc., p. 279. بتصرف

يُبيّن الشّكل (8. 5.) عملية التكامل بين التّخطيط الاستراتيجي للمنظمة والتّخطيط الاستراتيجي لنظم المعلومات، حيث يتبيّن أن استراتيجية الأعمال واستراتيجية نظم المعلومات ترتبطان معاً من حيث الغايات والأهداف التي تسعى المنظمة لتحقيقها.

ولكن يلاحظ أن كل منهما يتبع طريقة تطوير منفصلة مبدئياً قبل أن يتكاملا كلياً في النهاية[30].

ويكون الفصل المبدئي في جهود التّخطيط الاستراتيجي للأعمال ونظم المعلومات لعدة أسباب منها:

1. إن تحليل كُلّ منهما يحتاج إلى مُدخلات مختلفة.
2. إن التّخطيط للأعمال ونظم والمعلومات وجوانب التكنولوجيا المختلفة في الشركة يكون في الغالب في مستويات إدارية مختلفة في الشركة.
3. تأمين ثقافة مُؤسسيّة تُروّج للتكامل بين نظم المعلومات والأعمال في المنظمة، وعدم السماح لأحدهما بالسيطرة على الآخر.

إن التكامل بين استراتيجية الأعمال واستراتيجية نظم المعلومات تملك العديد من الخطوات وصولاً إلى اختيار الاستراتيجيّة المثلى، وتخصيص الموارد اللازمة، ثم التنفيذ، والسيطرة الاستراتيجيّة؛ للتأكد من أن الاستراتيجيات المُتّبعة تحقق الغايات والأهداف المحددة للمنظمة.

إن مفتاح المنافسة الحقيقية ليس في حجم المنظمة، ولكن في قُدرتها على بناء استراتيجية مُشاركة، وإيجاد طُرق أكثر إبداعية لتقديم المنتج والخدمة، إذ أن من أهم التحديات التي تواجهها المنظمات هي القُدرة على استخدام المهارات الجديدة، واستخدام نظم المعلومات المختلفة، وتوظيفها لخدمة العمل.

4.8. أسئلة للمراجعة/ الفصل الثامن.

أولاً: أجب عن الأسئلة التالية.

1. ما الفرق بين الاستراتيجيّة والتّخطيط الاستراتيجي؟
2. ناقش أهمية التّخطيط الاستراتيجي لنظم المعلومات؟
3. ما هي مراحل التّخطيط الاستراتيجي لنظم المعلومات؟
4. ناقش التكامل بين استراتيجيات الأعمال والتّخطيط الاستراتيجي لنظم المعلومات؟

ثانياً: أكمل العبارات التالية.

1. يُمكن أن يكون التّخطيط الاستراتيجي لنظم المعلومات تخطيط .... وتخطيط ....
2. تُمثّل إستراتيجية تكنولوجيا المعلومات الطريقة التي يُمكن أن تدعم بها ....
3. تُعتبر الخطة الاستراتيجيّة للمعلوماتية جزءاً من ....

ثالثاً: أكمل الجمل التالية:

1. **عناصر الإدارة الاستراتيجيّة هي:**

أ. ....

ب. ....

ج. ....

د. ....

2. **تتمثّل صياغة الاستراتيجيّة في المراحل التالية:**

أ. ....

ب. ....

ج. ....

د. ....

3. **تَتكوّن الاستراتيجيّة في المنظمة من ثلاث مستويات هي:**

أ. ....

ب. ....

ج. ....

4. تتمثّل مرحلة المسح البيئي في:

أ. ....

ب. ....

5. من أسباب الفصل المبدئي في جهود التّخطيط الاستراتيجي للأعمال ونظم المعلومات الاتي:

أ. ....

ب. ....

ج. ....

رابعاً: ضع دائرة حول الجواب الصحيح.

1. ان المرحلة التي يتم فيها تحديد العناصر الاساسيّة لنظم المعلومات مع تحديد طاقتها التشغيلية ومُتطلباتها هي مرحلة:

أ. تحديد الرّسالة.

ب. تحديد الاهداف.

ج. تقدير موارد نظم المعلومات.

د. السّياسات.

2. تَستخدم المنظمة .... من أجل التأكّد من أن العاملين لديها يأخـذون قراراتهم بشكـل يخدم أهداف المنظمة.

أ. التعليمات.

ب. الاجراءات.

ج. الاستراتيجيات.

د. السّياسات.

3. تَنطلق الرّسالة في التّخطيط الاستراتيجي لنظم المعلومات في العادة من:

أ. الرؤية.

ب. الاهداف.

ج. الاستراتيجيات.

د. السّياسات.

5.8. مراجع الفصل الثامن.

1. Digman, Lester A. (1990). ***Strategic management*: *Concepts, decisions, cases*** (2nd ed.). Boston: Richard D. Irwin, Inc., p.10.

2. ماهر، أحمد (1999). **الإدارة الاستراتيجية**. جمهورية مصر العربية، الإسكندرية: الدار الجامعية، ص. 20.

3. Barney, Jay B., & Hesterly, Williams S.(2006). ***Strategic management and competitive advantages*: *Concept and cases***. Upper Saddle River, New Jersey: Pearson Education, Inc., p.5.

4. عوض، محمد أحمد (1999). **الإدارة الاستراتيجية: الأصول والأسس العلمية**. جمهورية مصر العربية، الإسكندرية: الدار الجامعية، ص. 3.

5. أبو قحف، عبد السلام (2000). **الإدارة الإستراتيجي وتطبيقاتها**، جمهورية مصر العربية، الإسكندرية: الدار الجامعية، ص. 14.

6. خليل، نبيل مرسي (1994). **التخطيط الإستراتيجي**. جمهورية مصر العربية، الاسكندرية: دار المعرفة الجامعية، ص. 22.

7. Hunger, J. David, & Wheelen, Thomas L. (1997). ***Strategic management*** (6th ed.). An Imprint of Addison Wesley Longman, Inc., p. 10.

8. Kuehl, C. , & Lamping, P. (1990), ***Small business planning and management***. Forth Worth: The Dryden Press, p. 232.

9. Kotler, Philip (1997). ***Marketing management*: *Analysis, planning, implementation and control*** (9th ed.). Upper Saddle River, New Jersey: Prentice Hall International Inc., p. 64.

10. Hunger, J. David, & Wheelen, Thomas L. (1997). ***Op. Cit.***, p. 53.

11. Digman, Lester A. (1990). ***Op. Cit.***, p.94.

12. Higgins, James M. & Vinze, Jullian W. (1993). ***Strategic management*: *Text & cases*** (4th ed.). Dryden Press, pp.7 – 8.

13. Juach, Lawrence, & Glueek, William F. (1989). ***Business policy & strategic management***, New York: McGraw Hill Book Co., Inc., p. 85.

14. Mintzberg, Henry, & Quinn, J.B. (1996). ***The strategy process*: *Concepts, contexts, & cases***, New Jersey: Prentice Hall Inc., p. 23.

15. David, Fred R. (1995). **Strategic management** (5th ed.). Englewood Cliffs, New Jersy: Prentice Hall, Inc., p. 8.

16. Hunger, J. David, & Wheelen, Thomas L. (1997). *Op. Cit.*

17. عوض، محمد أحمد (1999). **مرجع سابق**، ص. 20.

18. السالم، مؤيد سعيد (2000، 18-20 تموز). التكامل بـين التّخطيـط الإسـتراتيجي والممارسـات الخاصـة بإدارة المـوارد البشريـة في مـنظمات الأعـمال العربيـة، **وقائـع مـؤتمر إدارة المـوارد البشريـة وتحديات القرن الجديد**، الاردن، اربد: جامعة اليرموك، ص. 20.

19. Hunger, J. David, & Wheelen, Thomas L. (1997). *Op. Cit.*, p.171.

20. السالم، مؤيد سعيد، والنجار، فايز جمعه (2002). العلاقـة بـين وضوح المفهـوم العلمـي للتخطيط الاستراتيجي ومستوى ممارسته في المنظمات الصناعية الصغيرة: دراسـة ميدانيـة في محافظـة اربد. **مجلة دراسات - العلوم الإدارية**، 29(2)، 347-371.

21. Salmela, Hannu, & Spil, Ton A. M. (2002). Dynamic and emergent information systems strategy formulation and implementation. *International Journal of Information Management*, 22(6), 441-461. (Abstract). Retrieved December 10, 2004, from

     http://www.search.epnet.com/direct.asp?an=8548112.

22. Fisher, Alan R. (2001). **A strategy for sharing corporate information**. Retrieved February 15, 2004, from http://www.FWS.gov/stand/site/WFWSStrat.htm/.

23. Wilson, T. D. (2002). Information management. In Feather, John, and Sturges, Paul. (Eds.). *International Encyclopedia of Information and Library Science* (2nd ed.). London, Routledge.

24. Due, Richard T. (1997). A strategic approach to IT investments. *Information Systems Management*, 14 (3), 73-77. Retrieved October 25, 2004, from http://www.search.epnet.com/direct.asp?an=9706205720.

25. Whleen, Thomas L., & Hunger, J. David. (2004). *Strategic management and business policy* (9th ed.). Upper Saddle River, New Jersey: Pearson Education, Inc., p.35.

26. MIT Information Systems (2002). *Information systems strategic plan*. Retrieved December 10, 2004, from http://www.mit.edu/is/org/themes.html.

27. الصباغ، عماد عبد الوهاب (1996). **الحاسـوب في إدارة الأعـمال: أنظمـة- تطبيقـات- إدارة**. الأردن، عمان: مكتبة دار الثقافة للنشر والتوزيع، ص.202.

28. Due, Richard T. (1997). *Op. Cit.*

29. الزعبي، ماجد راضي (2004). **التّخطيط الاستراتيجي وبناء منظمات متميزة تكنولوجيا: دراسة تطبيقية على منظمات صناعة الأدوية الأردنية**. أطروحة دكتوراه غير منشورة، جامعة عمان العربية للدراسات العليا، عمان، الأردن، ص. 35.

30. Khalil, Tarek M. (2000). ***Management of technology: The key to competitiveness and wealth creation***. Singapore: McGraw-Hill Companies, Inc., p. 279.

الفصل التاسع

منهجية تطوير نظم المعلومات
Information Systems
Development Methodology

الفصـل التاسع
منهجية تطوير نظم المعلومات
Information Systems Development Methodology

أهداف الفصل:

التعرّف إلى مفهوم تجزئة النظام.

التعرّف إلى بدائل طرق بناء النظام.

التعرّف إلى نماذج تطوير التطبيقات في الشركات الالكترونية.

التعرّف إلى المراحل العامة لدورة حياة النظم.

الفصـل التاسـع
منهجية تطوير نظم المعلومات
Information Systems Development Methodology

تعتمد فاعليّة النظم على مدى تطوّر أجهزة البرمجيات التـي تمتلكهـا المنشـأة، وعلى العناصـر البشرية القائمة عـلى تشـغيل وتطويـر هـذه البرمجيـات، تبعـاً للحاجـات المُتزايدة من المعلومات التي تُحقّق لها الميزة التنافسية.

إن القدرة على التحليل السليم وتصميم وتطبيق النظام، من الأسباب الرئيسـة التي تجعل عملية تطوير نظم المعلومات الإداريّة ناجحة. وقبـل البـدء في التعـرّف عـلى طُرق تطوير نظم المعلومات لا بد من التّعرّض إلى مفهـوم تجزئـة النظـام وهـو الأسـاس الذي تعتمد عليه عملية تحليل النظم.

9.1. تجزئة النظام System Fragmentation

تقوم فكرة تجزئة النظام على أسـاس أن أي نظـام مـا هـو إلا نظام فرعـي في نظام أكبر وصولاً إلى النظام الكوني، لذلك تقـوم الفكـرة عـلى تجـزيء نظام المنشـأة إلى نظم فرعيّة أصغر فأصغر وإلى عدّة مستويات، والوصول إلى الحدود البينيّة بـين النـظم الفرعيّة، إذ تُشكّل مُخرجات أي نظام فرعي مُدخلات لنظام فرعـي آخـر. والتـي تعتمـد على التحليل من أعلى إلى أسفل. كما يُبيّن الشّكل التالي:

الشّكل 9. 1. نموذج تجزئة النظام في نظام المعلومات الإداريّة

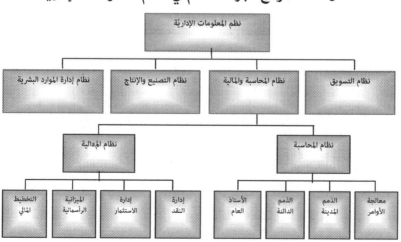

ويُلاحظ من الشّكل السّابق أن كل نظام من الأنظمة الأساسية، سواء كان نظم التسويق، نظم المحاسبة والمالية... يُمكن تجزئته إلى العديد من النظم الفرعيّة الأصغر.

2.9. طرق بناء نظام البدائل.
Alternative System - Building Approaches

يوجد العديد من أنواع الأنظمة، ولذلك فإن هناك بدائل مختلفة لبناء النظام منها:

- المنهج التقليدي لبناء النظام.
- النموذج التجريبي.
- تطبيقات الحُزم البرمجيّة.
- تطوير المستخدم النهائي.
- التزوّد من الخارج.

1.2.9. المنهج التقليدي في بناء النظام Traditional System Development

يعتمد المنهج التقليدي في تطوير النظام على دورة حياة المنظمة.

ويُبيّن الشّكل (9. 2.) المراحل المختلفة للمنهج التقليدي لبناء النظام.

الشكل 9. 2. المراحل المختلفة للمنهج التقليدي في بناء النظام

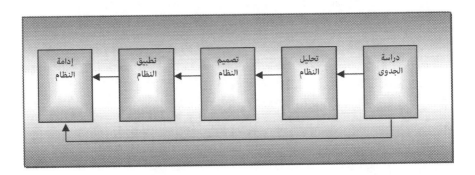

يتبيّن من الشّكل أن المراحل المختلفة للمنهج التقليدي لبناء النظام تتكوّن من المراحل التالية:

1.1.2.9. دراسة الجدوى Feasibility Study

هي جزء من عملية تحليل النظام والطريقة التي تحدّد فيما إذا الحل ممكن إنجازة ضمن موارد وقيود المنظمة. إذ تُحدّد دراسة الجدوى أهداف النظام ومبرراته، حيث يتم فيها دراسة البعد الفني، والبعد الاقتصادي، ودراسة جدوى التطبيق العملي.

ويَنتج عنها ما يُسمّى بوثيقة الجدوى، والتي تشمل في الغالب[1]:

1. اسم المشروع.
2. وصف المشكلة.
3. الافتراضات التي بُنيت عليها وثيقة الجدوى.
4. بيانات مُتطلبات أداء النظام.
5. وصف عام لحل النظام المُقترح.
6. تقييم جدوى النظام المُقترح.
7. الحلول البديلة المُمكنة.

2.1.2.9. تحليل النظام System Analysis

تحليل مشكلة تحاول المنظمة أن تحلّها بواسطة نظام المعلومات. إذ يعتمد تحليل النظام على مدخلات رئيسة، والتي تُمثّل نتيجة دراسات الجدوى التي تنطلق من احتياجات المستفيد المختلفة، دراسة متطلبات المستفيد، الموازنة، والجدول. حيث يتم تحديد أبعاد النظام المستخدم، وتحديد مُتطلبات التطوير، ويستعمل في تحليل النظام خرائط سير العمليات حيث التركيز على المدخلات والمعالجة والمخرجات. ويتم في مرحلة تحليل النظام:

- تحديد الاحتياجات المعلوماتية للمُستخدم النهائي.
- تطوير المتطلبات الوظائفيّة للنظام والتي تقابل احتياجات المستفيد.

3.1.2.9. تصميم النظام System Design

هي تفاصيل عن كيفيّة مقابلة النظام لمتطلبات المعلومات المحـدّدة مـن قبـل محلّلي الـنظم. وتشـمل دراسـة المواصـفات الوظيفيـة والماديّـة؛ للوصـول إلى مُتطلبـات المُكوّنات والأداء ودراسة الأجهزة من أجل إعداد التصـميم المنطقـي، والتصـميم المـادّي والبرامج واختبارها، وكذلك الأفراد الذين سيعملون في النظام، ثـم تحديـد النظـام الـذي بالإمكان استعماله في ترميز واختبار البرامج.

4.1.2.9. تطبيق النظام System Implementation

وضع النظام مَوضع التطبيق. حيـث يـتم وضـع النظـام في الخدمـة، وتحويـل العمل إلى النظام الجديد وكذلك تدريب المستخدمين على النظام.
وتشمل مرحلة تطبيق النظام على:

- تطوير الأجهزة والبرمجيات.
- اختيار النظام وتدريب الأفراد على عمله.
- التّحوّل إلى النظام الجديد.

5.1.2.9. إدامة النظام Systems Maintenance

هي المرحلـة التـي تـلي مرحلـة التطبيـق فبعـد أن يُشغّل النظـام لا بـد مـن تدقيقه، والعمل على ادامته ليكون النظام مصـاناً. وتُسـمّى هـذه المراحـل بـدورة حيـاة النظم، والتي تعتمد على منطوق الـنظم في التحليـل. وتشـمل هـذه المرحلـة: اسـتخدام رؤية ما بعد التنفيذ لمراقبة وتقييم وتكييف النظام حسب الاحتياج.

2.2.9. النموذج التجريبي Prototyping

عملية بناء سريعة لنظام تجريبي سريع قليل الكلفة، يزوّد المطوّرين والمستخدمين بأفكار عن شكل وعمل النظام النهائي، إذ أن المستخدم ونتيجة تفاعله مع النظام يُمكن أن يُعطي أفضل فكرة لاحتياجاته من المعلومات.

تعتمد عملية بناء التصميم الأولى للنموذج على التجربة (Trying)،
التنقية (Refining)، ثم التجربة مرة أخرى لبناء النظام، وفي كل إعادة للتجربة تعكس
الاحتياجات الحقيقيّة من المعلومات للمُستخدم بشكل أكبر.

تُستخدم هذه الطريقة عند صعوبة تحديد الاحتياجات المعلوماتيـة بشكل
مُسبق، ولهذا فإن المستخدمين هم الذين يُحدّدون احتياجاتهم ضمـن إمكانـات النظـام
ووظائفه. ويعتمد ذلك على حقيقة احتياجات المُستفيد مـن النظـام وإمكانيـة تعـديل
الاحتياج مع خطوات التطوير.

9.2.2.1. خطوات بناء النموذج التجريبي Steps In Prototyping
يُبيّن الشّكل (9. 3.) خطوات بناء النموذج التجريبي.

الشّكل 9. 3. خطوات بناء النموذج التجريبي

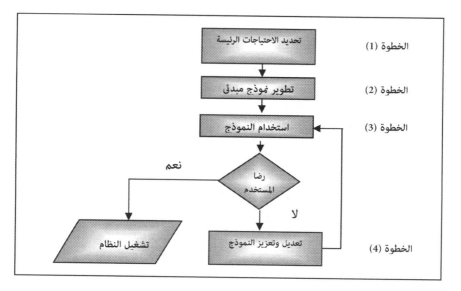

ource: Laudon, Kennth C., & Laudon, Jane P. (2006). *Management
Information Systems: Managing the Digital Firm* (9th ed.). Upper Saddle
River, New Jersey: Prentice-Hall International, Inc., p. 518.

يُبيّن الشّكل (9. 3.) أربعة خطوات لبناء النموذج التجريبي وهي:

1. تحديد الاحتياجات المعلوماتية الرئيسة للمستخدم حيث يعمل مُصممو النظم مع المستخدم وقتاً كافياً لتحديد الاحتياجات المعلوماتيّة اللازمة لهم.
2. تطوير نموذج مبدئي تجريبي استناداً إلى حاجات المستخدمين، حيث يعمل مُصمّمو النظم على تأمين نموذج سريع بواسطة البرمجيات والأدوات المساعدة.
3. استخدام النموذج وتجريبه لبيان التعديلات والتحسينات المطلوبة، والعمل على تشجيع استخدام النظام من قبل المُستخدم، لتحديد مدى مُقابلة النموذج لاحتياجاته المعلوماتيّة، ولجمع اقتراحات تحسين النموذج.
4. تعديل وتعزيز النموذج في ضوء ملاحظات المُستخدمين حيث يعمل مُصمّمو النظام على أخذ الاقتراحات والتغيّرات المطلوبة من المُستخدم على النموذج.

وبعد تَعديل وتَعزيز النموذج تعود عملية التطوير إلى الخطوة الثالثة وتُعاد الخطوة الثالثة والرابعة حتى الوصول إلى رضا المستخدم من النموذج. وعند الوصول إلى مُقابلة جميع احتياجات المستخدم من المعلومات يبدأ تشغيل النموذج.

2.2.2.9. جاذبيّة وأخطار النموذج التّجريبي[2].

The Attractive and Potential Pitfalls of Prototyping.

جاذبيّة النموذج التّجريبي The Attractive of Prototyping

إن كُلاً من المُستخدمين والمُطوّرين يُحبّذون النموذج التجريبي للاسباب التالية:

- تحسين الاتّصال بين المُطوّرين والمُستخدمين.
- يُمكن أن يعمل المُطوّر عمل أفضل لتصميم احتياجات المُستخدم.
- يلعب المستخدم دور أكثر نشاط في تطوير النظام.
- يقضي المُطورين والمُستخدمين وقتاً وجهداً أقل في تطوير النظام.
- سيكون التنفيذ أكثر سهولة لأن المُستخدم يعرف ما يمكن أن ينتج النظام.

أخطار النموذج التّجريبي Potential Pitfalls of Prototyping

إنّ النموذج التجريبي لا يخلو من الاخطار والتي تتضمّن:

- إنّ السّرعة في تقديم النموذج التجريبي قد تُؤدي إلى اختصار تعريف المشكلة، تقييم البدائل، والوثائق.
- يُمكن أن يُصبح المُستخدم ثائر حول النموذج التجريبي، وهذا يقود إلى توقعات غير واقعيّة من ناحية انتاج النظام.
- إنّ النموذج التطوري/ النشوئي قد لا يكون فعّال جداً.
- قد لا تعكس الواجهة البينيّة التي تزوّد بأدوات النموذج التجريبي اسلوب تصميم جيد.

3.2.9. تطبيقات الحُزَم البرمجيّة Application Software Packages

يُمكن بناء نظم المعلومات اعتماداً على تطبيقات الحُزَم البرمجيّة، وهي قواعد مكتوبة مسبقاً لتطبيقات عامة في جميع منظمات الأعمال مُتوفرة تجارياً للبيع أو الاستئجار، مثل: سجل الرواتب، الحسابات المدينة، الحسابات الدائنة، والمخزون.

تستطيع الشركة أن تُوفّر الوقت والمال باستخدام حُزَم برمجيّات مُصممة ومُختبرة مسبقاً، حيث إن مُوَردي الحُزَم البرمجيّة يعملون على إدامة تلك الحزم البرمجيّة ويُعزّزون الحفاظ على النظام فنياً ويعملون على تطوير الأعمال. فهي نظام عام قد يفي بمُتطلبات العديد من المنظمات.

أما في حالة وجود مُتطلبات خاصّة جوهرية للمنظمة فإنه باستطاعتها اللجوء إلى طلب تعديل للبرمجيّات (Customization) لمقابلة احتياجاتها الخاصّة دون تقويض تطبيقات الحُزَم البرمجيّة القائمة. أما إذا كانت التعديلات المطلوبة كبيرة فإن ذلك سيكون مكلفاً.

1.3.2.9. اختيار الحزم البرمجية Selecting Software Packages

يَقوم مُحللو النظم بتقييم الحُزَم البرمجيّة عند تطوير النظام عن طريق الحُزَم البرمجيّة. وإن من أهم معايير تقييم الحُزَم البرمجيّة هي في الوظائف التي يُمكن أن تُقدّمها

تلك الحُزَم، المرونة، الاستخدام الآمن، موارد البرمجيات والبرمجة، مُتطلبات قاعدة البيانات، جهود الإنشاء والصيانة، الوثائقيّة، نوعية المُورد، والكُلفة.

وتعتمد عملية تقييم الحزم البرمجية على مُتطلبات المُخطّط (Request for Proposal/REP) والتي تحوي قائمة تفصيلية من الأسئلة مُقدّمة إلى مُورّد الحُزَم البرمجيّة. وعند اعتماد الحُزَم البرمجيّة توضع في الاستخدام، ويَجري العمل على أيّ تكييف مطلوب في الإجراءات للتعامل مع الحُزَم البرمجيّة.

4.2.9. تطوير المُستخدم النّهائي End - User Development

يُمكن أن تُطوّر بعض نماذج نظم المعلومات بواسطة المُستخدم النهائي مُنفرداً أو بمساعدة قليلة من مُتخصّصين فنيين.

ويُبيّن الشّكل (9. 4.) طريقة تطوير المُستخدم النّهائي.

الشّكل 9. 4. طريقة تطوير المُستخدم النّهائي

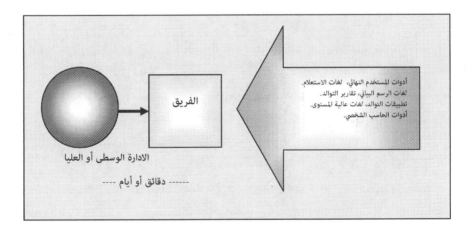

Source: Laudon, Kennth C., & Laudon, Jane P. (2004). ***Management Information Systems: Managing the Digital Firm*** (8th ed.). Upper Saddle River, New Jersey:: Prentice-Hall International, Inc., p. 398.

يتبيّن من الشّكل أن المُستخدم النّهائي يُمكن أن يطوّر النظام باستخدام بعض اللغات وأدوات البرمجيات المختلفة مثل:

- لغات الجيل الرابع Forth Generation Language

- لغات التمثيل البياني Graphics Language
- أدوات برمجيات الحاسوب الشخصي PC Software Tools

ويلاحظ أن المُستخدم الأخير يحتاج الوصول إلى البيانات، وإنشاء التقارير المختلفة، وإنشاء نظم قواعد بيانات صغيرة بحيث تُمثّل هذه البرامج حلولاً جزئيّة للمشاكل التي يعاني منها في نظم المعلومات، علماً أن العديد من نظم تطوير المستخدم الأخير يُمكن أن تنشأ بسرعة أكبر من دورة حياة النظم التقليدية.

1.4.2.9. ايجابيات ومُحدّدات تطوير المُستخدم النّهائي.

Benefits and Limitations of End - User Development.

- تشمل تضمين ورضا أعلى للمستخدم في النظام.
- لا زالت تطبيقات الجيل الرابع غير قادرة على إحلال أدوات مألوفة لبعض تطبيقات الأعمال؛ لعدم سهولة معالجة عدد كبير من تطبيقات المعاملات بمنطق إجرائي واسع لمقابلة المتطلبات المتجددة.
- يحمل تطوير المُستخدم النّهائي بعض المخاطر التنظيميّة لأن عملية التطوير تحدث خارج الآلية التقليدية.
- قد يكون التوثيق غير ملائم خاصة عندما ينشأ النظام سريعاً دون عملية التطوير الرسمي التكنولوجي والاختبار.
- يُمكن أن تفقد عملية التطوير السيطرة على البيانات خاصّة عند خروج النظام إلى الأقسام الخارجيّة.

2.4.2.9. إدارة تطوير المُستخدم النّهائي.

Managing End - User Development.

لا بد للإدارة من السيطرة على تطوير تطبيقات المُستخدم الأخير حتى تستطيع تعظيم الفوائد من تطوير تطبيقات المستخدم الأخير ويكون ذلك بواسطة:

- طلب مُبرر الكلفة من مشروع نظام معلومات المُستخدم الأخير.

- دعم وتدريب المُستخدم النّهائي وتزويده بالأدوات اللازمة، ونصائح الخبرة التي تعمل على زيادة إنتاجيته مثل: تأسيس أجهزة، برمجيات، معايير نمطية لتطبيقات المستخدم الأخير.

5.2.9. التزوّد من الخارج Outsourcing

يُمكن للمنشأة استئجار مُتخصّصين لتزويدها بالخدمات المختلفة من الخارج في حالة عدم رغبتها باستخدام الموارد الداخلية في بناء أو تشغيل نظم المعلومات. ويشمل التزود من الخارج استخدام عمليات مركز حاسوب، شبكات الاتصالات، وتطوير التطبيقات.

لقد انتشرت طريقة التزوّد من الخارج في بعض المنظمات لأن المنظمات بدأت تشعر بأن هذه الطريقة ذات فعاليّة أكبر من حيث الكُلفة، إذ أن المُورد الخارجي يتمتّع بدرجة اقتصاديّة أعلى حيث يخدم عدد أكبر من المنظمات ويمتلك خبرات مُتخصّصة.

ولكن لا تَجني جميع المنظمات الفوائد الكاملة عن طريق التزوّد من الخارج، إذ يُمكن أن يسبب التزود من الخارج سلسلة من المُشكلات للمنظمة إذا لم تفهم جيداً طريقة التزود من الخارج وإدارتها.

وفي النهاية لا بد للشركات من التقييم الصحيح للتزوّد من الخارج أو تشغيل التطبيقات بحيث تُعطي الشركة بعض المزايا التنافسيّة.

6.2.9. مقارنه بين ايجابيات وسلبيات طُرق تطوير النظم المختلفة.

ويُبيّن الجدول التالي مقارنه بين ايجابيات وسلبيات طُرق تطوير النظم المختلفة.

مقارنه بين ايجابيات وسلبيات طرق تطوير النظم المختلفة

الطريقة	الايجابيات	السلبيات والمحدّدات
دورة حياة النظم.	- ضرورية للنظم الكبيرة المعقّدة والمشروعات. - عدم تجاهل أي متطلب من متطلبات التحليل. - يكون العمل نظامياً من خلال الخطوات المتسلسلة.	- بطيئة ومكلفة. - وجود وثائق كثيرة جداً من جراء العمل الكتابي. - إدارة روتينية تأخذ وقتاً في الانتقال من الأفكار إلى نظام عمل حقيقي.
النموذج التجريبي.	- سريع التنفيذ ومعقول التكلفة. - مُفيد عندما تكون الاحتياجات غير مؤكدة. - مُفيد في حالة الواجهة البينية للمستخدم. - يُساعد على توضيح متطلبات المستخدم من خلال مشاركته في تطوير النظام.	- غير ملائم للنظم المعقدة الكبيرة. - يُمكن أن يسبب الاضطراب في التحليل والتوثيق والاختبار.
تطبيقات الحزم البرمجية.	- تقليل احتمالات التأخر في التصميم، البرمجة، الإنشاء، والإدامة. - يُمكن أن توفّر الوقت والكلفة عند تطوير تطبيقات أعمال عامة. - تُقلل من الاحتياجات لموارد نظم المعلومات الداخلية. - التوثيق المناسب الذي يمكن الحفاظ عليه.	- قد لا تُقابل متطلبات المنظمات الجوهرية. - قد لا تستطيع إتمام العديد من وظائف الأعمال. - يرفع الإنتاج حسب طلب المستفيد من كلف التطوير. - يتم ضبطها وإدامتها من قبل شركة أخرى.
تطوير المستخدم النهائي.	- بناء نظم مراقبة المستخدم توفّر من كلف وزمن التطوير. - تُقلل التطبيقات غير المنجزة.	- يُمكن أن تقود إلى تكاثر النظم والبيانات ليست تحت السيطرة. - لا تقابل النظم دائماً جودة ومعايير نمطية.
التزود من الخارج.	- يُمكن أن تقلّل من الكلفة والسيطرة عليها. - إنتاج نظم عندما تكون الموارد الداخلية غير متوفرة أو تكون التكنولوجيا ضعيفة. - يَضبط المُستخدم برامج التطبيق ويستطيع تغييرها عندما يتطلّب ذلك.	- تقلّل من السيطرة على وظائف نظم المعلومات، إذ أن البرمجة يقوم بها أناس خارجيون. - اعتماديّة على تقنية مباشرة حيث الرخاء الاقتصادي الخارجي للمورد. - يتطلّب تدريجياً الاستشارة والصيانة من قسم نظم المعلومات عند شراء العديد من الأنظمة.

3.9 . تطوير التطبيقات في الشّركات الرقميّة[3] .

Application Development for the Digital Firm.

تواجه الشّركات الرقميّة، التجارة الإلكترونيّة، والأعمال الإلكترونيّة بعض التحديات في بناء النظم لأن البيئة الإلكترونيّة تحتاج في الغالب إضافة، تعديل، وحذف للتكنولوجيا المُستخدمة وبشكل مُتسارع.

ومن هنا فإنّ الشركات الرقميّة لا بد أن تَتكيّف وفي وقت أسرع مع التغيّرات المُتسارعة التي تواجهها، بحيث تُعطي المعالجة حل أسرع دون أن تُؤثّر على نظم معالجة المعاملات الجوهرية وقواعد البيانات المستخدمة في الشركة، لذا فإن تلك الشركات اعتمدت على تقنية دورة حياة سريعة مثل: تصميم تطبيقات مُرتبطة (JAD)، النماذج التجريبية، مُكوّنات برمجيات معيارية، والتي تُشكّل مجموعة قواعد مُتكاملة لخدمة التجارة الإلكترونيّة.

أهم طُرق تطوير برمجيات الشركات الإلكترونيّة.

1.3.9. التّطوير المُوَجّه للكائنات Object - Oriented Development

طريقة لتطوير النظام حيث يُستخدم كائن (Object) كوحدات رئيسة لتحليل وتصميم النظام، والنظام مُنمذج كمجموعة من الكائنات (Objects) والعلاقات بينها، بحيث يُشكّل النموذج مجموعة من الكائنات والعلاقات بينها. إذ تُرتّب الكائنات في مجموعات تُسمّى أصناف وكل مجموعة من الكائنات تشترك في خصائص، وهذا يُتيح وجود أصناف تتشارك في خصائص الأصناف الموجودة. ويكون منطق المعالجة التعاون بين الكائنات وبعضها البعض لتشغيل النظام.

وهناك فكرة أساسيّة وراء الطريقة المُوَجّهة للكائنات وهي أن الكائنات تُرتّب في مجموعات تُسمّى أصناف (Classes) وكل مجموعة من الكائنات تشترك في خصائص، وهذا يُتيح وجود أصناف تتشارك في خصائص الأصناف الموجودة.
ويُبيّن الشّكل (9. 5.) مراحل تطوير الطريقة المُوَجّهة للكائنات.

الشّكل 9. 5. مراحل تطوير الطّريقة المُوَجّهة للكائنات

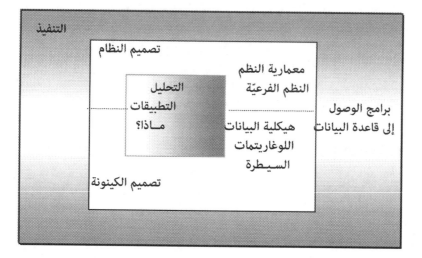

التنفيذ
تصميم النظام
معمارية النظم
النظم الفرعيّة
التحليل
التطبيقات
مـاذا؟
برامج الوصول
إلى قاعدة البيانات
هيكلية البيانات
اللوغاريتمات
السيـطرة
تصميم الكينونة

Source: Laudon, Kennth C., & Laudon, Jane P. (2004). ***Management Information Systems: Managing the Digital Firm*** (8th ed.). Upper Saddle River, New Jersey:: Prentice-Hall International, Inc., p. 401.

يُبيّن الشّكل (9. 5.) أن مراحل تطـوير الطريقـة المُوَجّهـة للكائنـات تتشـابه مـع تطـوير النظم المألوفة حيث تحوي التحليل، التصميم والتنفيذ.

يعتمد التحليل في الطريقة المُوَجّهة للكائنات عـلى التزايديّـة (Incremental) أكـثر مـن الطرق التقليديّة الأخرى حيث يُوثـّق مُصمّمي النظم مُتطلبات وأولويات الوظائف في النظـام، كـما يتم تحليل التفاعل بين النظام والمُستخدم لتحديد الكائنات التي تحوي البيانات والمُعالجات.

أما مرحلة التصميم في الطريقة المُوَجّهة للكائنات فإنها تصف كيفيـة تصرّف الكائنـات، وتفاعلها مع بعضها البعض: فهي نَمذجة سلوك الكيان واتصاله مع غيره من الكائنات.

وأخيراً يتم ترجمة التصميم إلى برامج في مرحلة التنفيذ، ويَتضمّن أيضـاً تـأمين قاعـدة بيانـات مُوَجّهة للكائنات، مع اختبار نتائج النظام وتقييمه.

تملك طريقة التّطوير المُوَجّهة للكائنـات طاقـة في تقليـل الوقـت والكُلفـة لأن الكائنات قابلة للتكرار، لذا يُمكن تأمين نظم جديدة باستخدام كائنات موجودة أو تغيير كائنات بأخرى، أو إضافة كائنات جديدة.

2.3.9. تطوير تَطبيقات مُتَسارعة.

Rapid Application Development/ RAD.

عملية تطوير نظم في فترة قصيرة بواسطة استخدام النماذج التجريبيّة، أدوات الجيل الرابع، العمل الجماعي بين المُستخدمين ومُتخصّصي النظم.

وتشـير تطـوير التطبيقـات المُتسـارعة إلى تطـوير دورة الحيـاة لانتـاج النظـام بسرعة دون التضحية بالجودة.

المُكوّنات الاساسيّة لتطوير تَطبيقات مُتَسارعة[4].

The Essential Ingredients of Rapid Application Development/ RAD

يتطلب تطوير تطبيقات مُتسارعة مُكوّنات أربعة أساسيّة هي:

1. **الادارة Management** ان الادارة وخصوصاً الادارة العليا يجب أن تكون على معرفـة بمن يُحبّ أن يعمل الأشياء بطريقة جديدة, أو يُكيّفها مبكراً, ومن يتعلّم بسرعة، كيـف يستخدم منهجية جديدة؟
2. **الناس People** إضافةً الى استخدام فريق مُتخصّص لإنجاز نشاطات (SDLC) فإن تطوير تطبيقات متسارعة (RAD) تُنظّم الفاعليّة التي يُمكن أن تتحقّق من خلال استخدام الفرق المُتخصّصة, علماً أن هذا الفريق يتطلّب العمل على منهجية مُوحدة، واستعمال أدوات لإعداد هذه المُهمّة الخاصّة.
3. **المنهجيّات Methodologies** هي التوصية بطريقة لعمل الاشياء وهنا فإن منهجيّة تطوير تطبيقات مُتسارعة (RAD) الاساسيّة هي دورة حياة تطبيقات مُتسارعة.
4. **الادوات Tools** تحوي أدوات تطوير تطبيقات مُتسارعة (RAD) بشكل أساسي لغات الجيل الرابع، وهندسة برمجيات المساعدة في الحاسب.

يُمكن أن يحوي تطوير التطبيقات المُتسارعة استخدام برمجيات مُتطوّرة، وأدوات أخرى لبناء الرسوم البيانيّة للواجهة البينيّة للمُستخدم مع مُلاحظة أن الأجزاء الرئيسة للتّطوير يُمكن أن تحدث بشكل متزامن.

وتُدعى هذه التقنية في بعض الأحيان بتصميم تطبيقات مُشتركة (Joint Application Design/ JAD) وهي معالجات لتسريع تكاثر متطلبات المعلومات بواسطة عمل المستخدمين النهائيين ومتخصّصي نظم المعلومات مجتمعين معاً في تصميم تفاعلي مؤكّد.

3.3.9. خدمات الشّبكة الإلكترونية Web Services

هي مُكوّنات برمجيات من خلال الإنترنت تستطيع ربط أحد التطبيقات مع تطبيق آخر دون الحاجة إلى ترجمة من خلال استخدام معمارية نَمطيّة تُسمّى (Plug and Play) والتي تعمل من خلال ثلاث بروتوكولات دوليّة بحيث تسمح للمعلومات الانسياب بسهولة بين تطبيقات مُختلفة مما يُسهّل التعاون بين الشّركات.

4.9. مراحل دورة حياة تطوير النظام.

The Stages of System Developed life Cycle.

لقد ظهرت دورة حياة تطوير النظم نتيجة لظهور النظريّة العامّة للتنظيم، والتي تُعتبر منهجاً يهدف إلى تشكيل مبادئ عامّة يُمكن تطبيقها على النظم أياً كان نوعها، وطبيعة العناصر والعلاقات المُكوّنة لها، والتي اعتبرت المنظمة مجموعة من النظم الفرعيّة تُشكّل مُكونات لنظام أكبر.

تمر المنظمة والنظم المختلفة بدورة حياة تبدأ من الولادة وصولاً إلى مرحلة التناقص، ولذلك لا بد من مُراجعة وتدقيق تلك النظم باستمرار تبعاً للحاجات المُتزايدة، والتي يُمكن أن تخلق العديد من المشاكل داخل المنظمة وصولاً إلى وضع الحلول المنطقيّة لها.

وتتمثّل المراحل العامّة لدورة حياة تطوير النظام في المراحل التالية:

1.4.9. مرحلة تحليل النظام[5] System Analysis Phase

1.1.4.9. مفهوم تحليل النظام The Concept of System Analysis

يُقصد بتحليل النظام، دراسة النظام الموجود من حيث البيانات والحقائق المُتعلّقة بالنظام وتحديد الكينونات والعلاقات المنطقية التي تربطها؛ من أجل إيجاد نظام جديد، أو تحسين النظام القائم.

2.1.4.9. مبرّرات تحليل النظام Reasons of System Analysis

تقوم دائرة النظم قبل البدء بتحليل النظام في التعرّف على الأسباب المُوجبة لتحليل النظام، ويُمكن التوصّل إلى ذلك عن طريق المُقابلات المختلفة مع المُستفيدين من النظام. **وتتمثّل أسباب تحليل النظام في الاتي:**

1. **النظام غير الفعّال:** قد يكون النظام الحالي ضعيفاً في تحقيق الأهداف المُتوخاة منه ممّا يُعيق عمل الإدارة، ويدعوها للتفكير في تحليل النظام للوصول إلى نقاط الضّعف والسيطرة عليها لتحقيق الفعاليّة في دعم الوظائف الإداريّة.
2. **ظهور مُتطلبات جديدة:** قد تظهر مُتطلبات جديدة في المنظمة يعجز النظام الحالي عن الإيفاء بها، لذا تقوم الإدارة بتحليل النظام للوصول إلى حل لهذه المشاكل حتى يُحقّق النظام الأهداف المرجُوّة.
3. **ظهور تكنولوجيا جديدة:** يدعو ظهور تكنولوجيا مُتقدّمة جديدة سواء في الأجهزة أو البرمجيات الإدارة إلى التفكير في الاستفادة من التكنولوجيا الجديدة للمساعدة في سرعة ودقّة تحقيق أهداف الإدارة.
4. **إجراء التحسينات الشاملة في النظم:** قد تسعى الإدارة إلى إجراء تحسينات شاملة سواء في تشغيل أو معالجة المعلومات والتي سبق أن أعدت في فترات سابقة، لذا لا بد من إجراء التحسينات عليها بشكل يجعلها تُواكب التطوّر السّريع الحاصل في مجال نظم المعلومات.

وفي مرحلة تحليل النظام فإن مُحلّلي النظم يعملـون باستمرار مـع المـديرين ومع لجنة توجيه نظم المعلومات الإداريّة لتحديد النقاط الهامّة والمصيريّة في النظام. ويُبيّن الشّكل (9. 6.) مرحلة تحليل النظام.

الشّكل 9. 6. مرحلة تحليل النظام

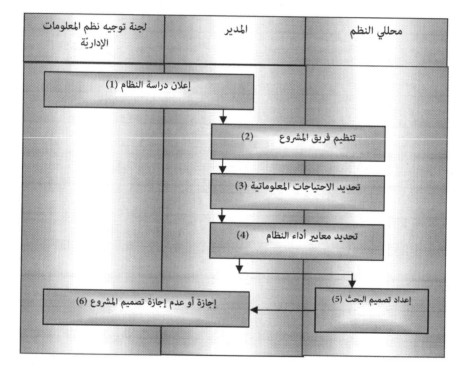

محللي النظم	المدير	لجنة توجيه نظم المعلومات الإداريّة

إعلان دراسة النظام (1)

تنظيم فريق المشروع (2)

تحديد الاحتياجات المعلوماتية (3)

تحديد معايير أداء النظام (4)

إعداد تصميم البحث (5)

إجازة أو عدم إجازة تصميم المشروع (6)

Source: McLeado, Jr., Raymond (1995). *Management Information Systems* (6th ed.).
Englewood Cliffs, New Jersey: Prentice-Hall International, Inc., p. 222.

9.4.1.3. خطوات تحليل النظام **The Steps of System Analysis**

1. الإعلان عن دراسة النظام Announce the System Study
عندما تستخدم المنشآت تطبيقات حاسوبية جديدة، يَتّخذ المديرون خطوات جديدة للتأكّد من تعاون الموظفين، والنقطة الأهم هي في شعور الموظفين والإجابة على تساؤلهم عن المدى الذي يُمكن أن تُؤثّر فيه النظم الجديدة على أعمالهم، لذا لا بُدّ من الاتصال مع

الموظفين لتوضيح: أسباب المشروع، والفوائد المُحتملة للمشروع على المنظمة وعلى الموظفين.

ويُمكن أن يتم الاتصال مع الموظفين من خلال مُقابلة المديرين للموظفين كأفراد أو مجموعات، أو يكون إعلان دراسة النظام عن طريق وسائط الاتصال المختلفة.

2. تنظيم فريق المشروع Organize the Project Team

يعمل فريق المشروع على دراسة النظام كمجموعة، وقد تعتمد بعض الشركات على سياسات المُستخدمين أكثر من مُتخصّصي النظم لتحقيق دراسة النظام بكفاءة، والعمل على نجاح المشروع.

3. تحديد الاحتياجات من المعلومات Define Information Needs

يعمل مُحللو النظم على تحديد الاحتياجات المعلوماتيّة عن طريق المُستخدمين.

ويُمكن تحديد الاحتياجات من المعلومات بعدّة طرق منها:

- المُلاحظة (Observation)
- المُقابلة (Interview)
- السّجلات والوثائق (Documents)
- الدراسات المسحيّة (Survey)
- دراسة البرامج (Programs)
- الإجراءات (Procedures)
- التقارير (Reports)

وتعتبر المُقابلات من الطّرق الهامّة في جمع المعلومات لتحديد الاحتياجات المعلوماتيّة للأسباب التالية:

أ. تؤمّن فُرص بمسارين للاتصالات.

ب. تخلق اندفاع نشيط للمشروع سواء من مُتخصّصي النظم أو المُستخدمين.

ج. تعمل على تأسيس الثقة بين المُستخدمين ومتخصّصي النظم.

د. تزيد من فُرص المشاركة حتى لو كانت وجهات نظر متعاكسة.

ويتم في مرحلة تحديد الاحتياجات المعلوماتيّة إعداد خرائط التدقيق وتشمل:

- **خرائط تدفق البيانات Data Flow Diagrams**

وتتكون خرائط تدفّق البيانات من أربعة عناصر هي[6]:

أ. المعالجة Processing هي المُهمّة التي يتم إنجازها لتحويل البيانات الداخلة إلى مخرجات، ويُعبّر عن العملية بدائرة يجب تسميتها قبل البدء بالعملية.

ب. مخزن البيانات Data Storage يُمثّل هذا العنصر المكان الذي تخزّن فيه البيانات بشكل دائم أو مؤقت، وتظهر هذه المخازن بأشكال مختلفة قد تكون على شكل ملفّات، أو وثائق، أو أشرطة مُمغنطة، وعادة ما يُرمز لها بشكل مستطيل مفتوح من أحد جوانبه.

ج. تدفق البيانات Data Flow وهي حُزمة أو دُفعة من البيانات يتم إرسالها من عملية لأخرى. ويُستخدم هذا العنصر لإظهار حركة البيانات بين عمليات النظام من جهة، وبين عمليات النظام والبيئة الخارجيّة من جهة أخرى، ويرمز لها بسهم يكتب اسمه فوقه.

د. الكينونة الخارجيّة External Entity يُستخدم هذا العنصر لتمثيل عناصر البيئة الخارجيّة التي يتبادل معها النظام البيانات، فالعلاقة هنا ذات اتجاهين إذ يُمكن أن تُعطي أو تأخذ البيانات، ويظهر هذا في مُخطّط تدفق البيانات بشكل مستطيل. كما يتم تحديد قاموس المشروع (Project Dictionary) والذي يُستخدم غالباً لوصف النظام.

هـ. تحديد معايير أداء النظام Define System Performance Criteria عند تحليل النظام لا بد من تحديد معايير الأداء المقبولة ومثال ذلك: أن مديري التسويق يحتاجون إلى تقارير مُحدّدة عن المصروفات الشهرية تحوي:

- أن يكون التقرير على نُسخة ورقية وبشكل واضح.
- تجهيز التقرير خلال ثلاث أيام من نهاية الشهر.
- إعداد تقرير مُقارن للدّخل والمصروفات بين المُخطّط والحقيقي.

4. إعداد مُقترح/ مُخطّط التصميم Prepare the Design Proposal

بعد أن يُقدم مُحلّلي النظم ما سبق من خطوات فإنهم يضعون ذلك تحت تصرّف المديرين لإجازة أو عدم إجازة الذّهاب نحو تصميمَ المشروع.

5. قبول أو رفض المشروع المُصمّم.

Approve or disapprove the Designd Project.

يقوم المديرون ولجنة توجيه نظم المعلومات الإداريّة بتقييم مُخطّط التصميم ويُحدّدون مدى الموافقة عليه، فإن تمّت الموافقة عليه يتحرّك المشروع بعد ذلك نحو مرحلة التصميم.

2.4.9. مرحلة التصميم (7) System Design Phase

بعد أن يتم تفهّم النظام الموجود/ ومُتطلبات النظام المرغوب فإن فريق المشروع يُمكن أن يُحدّد تصميم النظام الجديد.

1.2.4.9. مفهوم التصميم The Concept of Design Phase

هو تحديد المعالجات والبيانات المطلوبة من النظام الجديد، وتحديد الأنواع المُتخصّصة من التجهيزات والبرمجيات اللازمة للنظام الجديد.

الشّكل 9. 7. مرحلة تصميم النظام

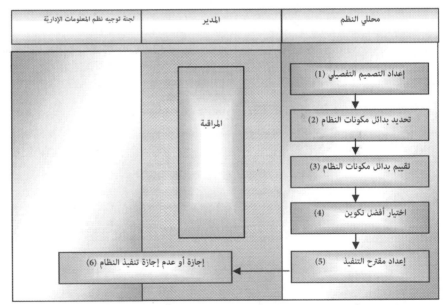

Source: McLeado, Jr., Raymond (1995). ***Management Information Systems*** (6th ed.). Englewood Cliffs, New Jersey: Prentice-Hall International, Inc., p. 224.

2.2.4.9. خطوات مرحلة تصميم النظام   The Steps of System Design

1. إعداد التصميم التفصيلي للنظام   Prepare the Detailed System Design

يعمل المحللون مع المستخدم على وثيقة تصميم النظام الجديد مع تحديـد الأدوات مـن النماذج التقنيّة لتنفيذ النموذج المادّي الجديد.

وتعتبر طريقة من الأعلى إلى الأسفل (Top-Down) صفة مُميّزة في تصميم الهيكل حيـث يتحرّك التصميم من مستوى النظام الكلّي إلى النظم الفرعيّة.

ويُبيّن الشّكلان (9. 8.) و (9. 9.) صورة معالجة من الأعلى إلى الأسفل، حيث يُبيّن الشّكل (9. 8.) مُخطّط تدفّق بيانات نظم معالجة فرعيّة مُرتبطة معاً بتدفّق البيانات.

الشّكل 9. 8. مُخطّط تدفق بيانات لنظم مُعالجة فرعيّة

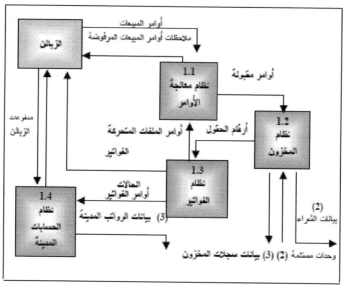

Source: McLeado, Jr., Raymond (1995). *Management Information Systems* (6th ed.). Englewood Cliffs, New Jersey: Prentice-Hall International, Inc., p. 225.

كما يُظهر الشّكل (9. 8.) مُخطّط تدفق البيانات لنظم معالجة فرعيّة حيث
يظهر ارتباط نظام معالجة الطلبية (Order entry)، والمخزون (Inventory)،
والفواتير (Billing)، والحسابات المدينة (Accounts Receivable) مع نظام الزبائن
(Customer System). أما الشّكل (9. 9.) فيظهر أن أحد النظم الفرعيّة مثل نظام
معالجة الأوامر يتّصل مع تفصيلات أكبر.

الشّكل 9. 9. مُخطّط تدفّق البيانات لنظام مُعالجة الأوامر

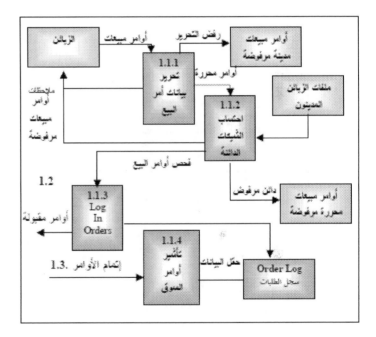

Source: McLeado, Jr., Raymond (1995). *Management Information
Systems* (6th ed.). Englewood Cliffs, New Jersey: Prentice-Hall
International, Inc., p. 226.

يتكوّن نظام معالجة الأوامر من أربعة نظم فرعيّة، وكل نظام فرعي منها يُمكن
أن يتّصل بنظم فرعيّة بمستوى أقل. وتُمثّل الأسهم تدفّق البيانات من نظام فرعي لآخر،

ويُمكن أن تكون مُوثّقة في قاموس البيانات الذي يُعبّر عن الوصف الرّسمي لمحتويات قاعدة البيانات، كما يُزوّد بلغة عامة لجميع مُطوّري النظم لاستخدامها في وصف موارد بيانات الشركة.

2. تحديد بدائل مكوّنات النظام.

Identify Alternative System Configurations.

يقوم المُحلّل بتحديد البدائل المختلفة لتكوين بُنية النظام من حيث البحث عن التجهيزات الأفضل في إتمام المُعالجات المطلوبة.

يُمثّل التحديد عملية تسلسلية تبدأ من تحديد مدى توافقية مجموع الأجزاء المختلفة وعلى مُحلّل النظم تقييم البدائل وتقليلها إلى الحد المقبول، ثم تقديم البدائل المُقترحة من التجهيزات لتكوين النظام في الدراسة التفصيليّة.

3. تقييم بدائل تكوينات النظام.

Evaluate Alternative System Configurations.

يعمل المُحلّل بالقرب من المدير لتقييم البدائل المُقترحة للوصول إلى البديل الأفضل للنظام الفرعي القادر على إيفاء معايير الأداء المطلوبة مع أخذ القيود المختلفة بعين الاعتبار. وبعد الوصول إلى النظام الفرعي الأول الذي يُحقّق المعايير المطلوبة، يتم تقييم النظم الفرعيّة الأخرى بنفس الطريقة.

4. اختيار أفضل تكوين **Select the Best Configuration**

يقوم المُحلّل بتقييم جميع تكوينات النظم الفرعيّة ويُقدّم نصيحة مُتكاملة إلى المدير كما لو كانت جميع الأنظمة الفرعيّة تنسجم في تكوين واحد لدراستها مع لجنة توجيه نظم المعلومات الإداريّة لإجازتها.

وأخيراً تكون نتيجة عملية التصميم تحديد تكوينات الأجهزة المختلفة ضمن مواصفات النّظام، والتي تقابل الأهداف والمعايير الموضوعة مع أخذ القيود المختلفة بعين الاعتبار.

5. إعداد مقترح التنفيذ — Prepare the Implementation Proposal

يُعد المُحلّل خطوط عريضة لمقترح التنفيذ تشمل الفوائد والتكاليف المتوقعـة، ويحوي مُقترح التنفيذ الخطوط العريضة التالية:

- ملخص تنفيذي.

- مقدمة.

- تعريف المشكلة.

- أهداف النظام والقيود.

- معايير الأداء.

- تصميم النظام
  - ملخص الوصف.
  - تكوين التجهيزات.

- توصيات تنفيذ المشروع.
  - مهام تنفيذ المشروع.
  - مطلوبات الموارد البشرية.
  - جدولة العمل.
  - حسابات التكاليف.

- الأثر المتوقع للنظام.
  - الأثر على هيكل المنظمة.
  - الأثر على العمليات.
  - الأثر على الموارد.

- خطة التنفيذ العامّة.

- ملخص.

6. قبول أو رفض تطبيق النظام.

Approve or disapprove the System Implementations.

تُقدّر الإدارة الفوائد والتكاليف المُتوقّعة من النظام، فإذا كانت الفوائد المُتوقّعة تفوق التكاليف المتوقّعة فإنها ستعتمد تنفيذ النظام، علماً بأن اتخاذ القرار باعتماد النظام والسير نحو مرحلة التنفيذ من أخطر القرارات وأهمها؛ لأنها ستزيد من عدد المشاركين في النظام ولا بد من أخذ ذلك بعين الاعتبار والتّهيئة له، وأخيراً بعد إجازة النظام من قبل المدير يَتّجه النظام نحو مرحلة تنفيذ.

3.4.9. مرحلة التنفيذ[8] Implementation Phase

1.3.4.9. مفهوم التنفيذ The Concept of Implementation Phase

هو امتلاك وتكامل الموارد المفاهيميّة والمادية والتي تُنتج نظام كامل.

2.3.4.9. خطوات مرحلة تنفيذ النظام.

The Steps of System Implementation Phase.

1. التخطيط للتنفيذ Plan the Implementation

قبل وضع أي نظام جديد موضع التنفيذ، فإن المديرين ومُتخصّصي- نظم المعلومات لا بد أن يَملكوا فهماً واضحاً لعمل النظام؛ حتى يُمكن استخدام هذه المعرفة لتطوير تفاصيل خطة التنفيذ.

2. الإعلان عن التنفيذ Announce the Implementation

لا بد من إعلان خطة التنفيذ كما في الدراسة، والهدف من هذا الإعلان تبليغ العاملين في اتخاذ القرار لتنفيذ النظام الجديد.

3. الحصول على موارد الأجهزة Obtain the Hardware Resources

يجعل تصميم النظام المُوردين جاهزين لتقديم التجهيزات والتقسيمات المختلفة للنظام، حيث يُقدّم كل مُورد عرض بالتجهيزات ضمن الوصف الوظيفي لها، كما يحدد الجدولة اللازمة لتوريد التجهيزات لتكون جاهزة للاستخدام في الوقت المناسب. وعندما تصل جميع العروض من الموردين يتم دراستها وتحليلها من قبل لجنة توجيه نظم

المعلومات الإداريّة حيث يَدعم مُتخصّصي النظم هذا الخيار بتقديم التوصيات المناسبة لتحديد العرض الأنسب.

4. الحصول على موارد البرمجيات Obtain the Software Resources

يستخدم المبرمجين وثيقة مُحلّلي النظم كنقطة أولى عندما تُقرّر الشركة إنشاء تطبيقات البرمجيات الخاصّة بها، وقد يُعدّ المُبرمجون وثيقة تفصيليّة لذلك مثل: خرائط تدفّق البرنامج، وإعداد الترميز واختبار البرامج.

5. تجهيزات قاعدة البيانات Prepare the Database

تُشكّل قاعدة البيانات جميع البيانات المتعلقة بالأنشطة، وهذا يتضمّن إعداد قاعدة البيانات حيث يتم جمع البيانات أو إعادة صياغة للمعلومات الموجودة. أما إذا كانت الشركة جاهزة لاستخدام نظم إدارة قواعد البيانات فإنها ستلعب دوراً في اختيار البرمجيات.

6. اعداد التسهيلات الماديّة Prepare the Physical Facilities

عندما لا تكون أجهزة النظام مُتوائمة مع التسهيلات الموجودة، فمن الضروري الاستحواذ على بناء نظام جديد أو إعادة النّمذَجة للنظام القائم.

7. تثقيف المُشاركين والمُستخدمين Educate the Participants and Users

سيُؤثّر النظام الجديد على الأفراد، حيث مُدخلو البيانات، كُتّاب الترميز، وبعض الإداريين الآخرين، وكذلك أشخاص آخرين سوف يستخدمون مُخرجات هذا النظام. لذا لابد من تثقيف هؤلاء جميعاً حول الأدوار التي سيؤدونها في النظام.

8. التّحوّل Conversion

هي عملية التغيير من نظام قديم إلى نظام جديد، وتُعتبر عملية التّحوّل جزءاً من دورة حياة التطوير، فإقناع العاملين والمستفيدين من النظام الجديد غاية في الأهمية، إذ يمكن أن يعتقد العاملين أن أيّ نظام جديد هو تهديد لاستقرارهم، ومثل هذا الاعتقاد قد يُؤدي لمقاومة النظام، لذا لا بُدّ من تذليل ذلك بإشراك الموظفين والمستفيدين بشكل فعّال في دورة حياة التطوير.

إن توضيح أثر النظام على العاملين سواء في المهام والواجبات أو الأثر على الهيكل التنظيمي والمناصب الإشرافية، والتخطيط المُتقن ضرورة في هذه المرحلة، وعلى المُحلّل أن يتوخى الدقة لضمان حصول النظام على المُدخلات المطلوبة، وتحضير الموقع وتحويل الملفات. وقبيل عملية التّحوّل ينبغي تكوين الملفات الرئيسة وقواعد البيانات للنظام ومراجعة قوائم الملفات الرئيسة الجديدة، فإذا لم تتم عملية التّحوّل بشكل سليم فلن يكون بالإمكان تشغيل النظام الجديد.

وفيما يلي طرق أداء التّحوّل الفعلي للنظام الكامل.

3.3.4.9. طرق أداء التّحوّل الفعلي للنظام الكامل[9].

أ. التّحوّل الاسترشادي/ الاستطلاعي Pilot Conversion يتضمّن التّحوّل الاسترشادي تطبيق النظام الجديد في جزء مُختار من حقل العمليات الكلية للتطبيق النهائي، كأن يكون في قسم معين، أو منطقة جغرافيّة محدّدة، وعند نجاح النظام الجديد والسيطرة على كافة المشكلات الناتجة عن التغيّرات والأجهزة والعاملين يتم تعميمه وتطبيقه بالكامل، علماً أنه بالإمكان وضع النظام موضع التنفيذ بشكل مُتزامن أو مُباشر أو طوري ضمن حدود المنطقة الجغرافيّة الاسترشاديّة. ويُمثّل الشّكل (9. 10.) عملية التّحوّل الاسترشادي/ الاستطلاعي.

الشّكل 9. 10. التّحوّل الاسترشادي/ الاستطلاعي

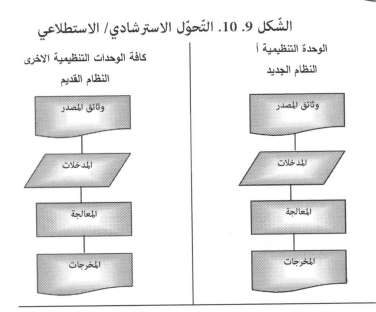

| كافة الوحدات التنظيمية الاخرى | الوحدة التنظيمية أ |
| النظام القديم | النظام الجديد |

المصدر: جيمس أو هكس، جونير (1987). **نظم المعلومـات الإداريّة: مـن وجهـة نظـر المستفيد.** تعريب: حسين علي الفلاحي. المملكة العربية السعودية، الرياض: معهـد الإدارة العامة، ص. 391.

ب. التّحوّل المباشر Immediate Conversion

يتضمّن التّحوّل المباشر إنهاء استعمال النظام القديم في نهاية عمـل يـوم واحـد وابتداء عمل النظام الجديد، وتُطبّق هذه الطريقـة في الغالـب في الشـركات الصـغيرة أو النظم الصغيرة. ويُبيّن الشّكل (9/ 11.) أسلوب التّحوّل المباشر.

الشّكل 9. 11. التّحوّل المباشر

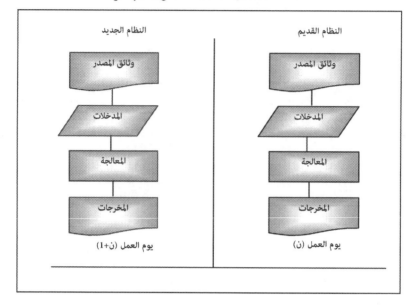

المصدر: جيمس أو هكس، جونير (1987). **نظم المعلومات الإداريّة: مـن وجهة نظـر المستفيد.** تعريب: حسـين عـلي الفلاحـي. المملكـة العربيـة السـعودية، الريـاض: معهـد الإدارة العامة، ص. 389.

ج. التّحوّل الطوري/ المرحلي Phased Conversion

يتضمّن التّحوّل الطّوري إخراج النظام القـديم تـدريجياً جـزءاً جـزءاً واستبداله بالنظام الجديد بذات الوقت. فمثلاً يُمكن البدء في مُعالجة الحسابات المدينة المفتوحـة حديثاً بالنظام الجديد، مع الاستمرار في مُعالجة الحسابات القديمة بالنظام القـديم، ثـم يحل النظام الجديد محـل النظـام القـديم عـن طريـق التـدويـر التـدريجي للحسـابات القديمة، أو التّحوّل الكامل في موقع جغرافي ثم يتبع موقع جغرافي آخر، وهذا النوع مـن التّحوّل شائع في النظم الكبيرة (Large- Scale Systems) ومن المُلاحظ ضرورة تشـغيل النظامين القديم والجديد معاً في أسلوب التّحوّل الطّوري مـع ربـط مخرجات النظامين للحصول على صورة كاملة.

ويُبيّن الشّكل (9. 12.) أسلوب التّحوّل الطّوري/ المرحلي.

الشّكل 9. 12. التّحوّل الطّوري/ المرحلي

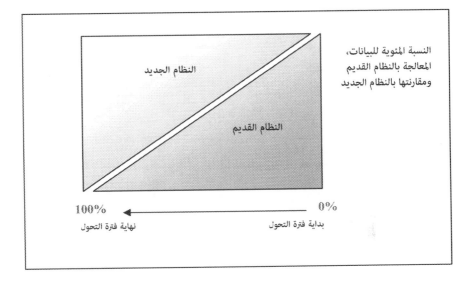

النسبة المئوية للبيانات، المعالجة بالنظام القديم ومقارنتها بالنظام الجديد

النظام الجديد

النظام القديم

100%   0%

نهاية فترة التحول   بداية فترة التحول

المصدر: جيمس أو هكس، جونير (1987). **نظم المعلومـات الإداريّـة: مـن وجهـة نظر المستفيد.** تعريب: حسـين عـلي الفلاحـي. المملكـة العربيـة السـعودية، الريـاض: معهـد الإدارة العامة، ص. 390.

د. التّحوّل المُتوازي Paralleled Conversion

يتضمّن التّحوّل المُتوازي تشغيل كُلاً من النظام القديم والجديد بشكل مُتزامن، وعند التأكّد من السيطرة على النظام الجديد يتم التّخلي عن النظام القـديم. ويتطلـب التّحوّل المُتوازي الكثير من جهد العاملين، إذ لا بد مـن تشـغيل النظامين معـاً ومقارنـة النتائج باستمرار والتي قد تستمر لبضعة اشهر.

ويُبيّن الشّكل (9. 13.) أسلوب التّحوّل المُتوازي.

الشّكل 9. 13. التّحوّل المُتوازي

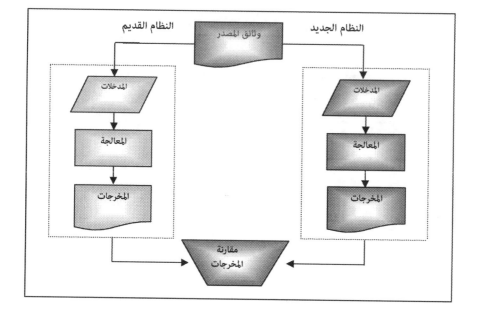

المصدر: جيمس أو هكس، جونير (1987). **نظم المعلومات الإداريّة: من وجهة نظر المستفيد.** تعريب: حسين علي الفلاحي. المملكة العربية السعودية، الرياض: معهد الإدارة العامة، ص. 389.

إن إشارات التّحوّل هي نهاية جزء التطوير من دورة حياة النظام حيث تبدأ مرحلة استخدام النظام.

4.4.9. مرحلة الاستخدام Use Phase

تُعتبر مرحلة استخدام النظام من المراحل الهامة التي تُحدّد مدى تحقيق النظام للأهداف الموضوعة. وتشمل مرحلة استخدام النظام الخطوات التالية:

1.4.4.9. خطوات مرحلة استخدام النظام[10] The Steps of Use Phase

يُبيّن الشّكل (9. 14.) خطوات مرحلة استخدام النظام.

الشّكل 9. 14. خطوات استخدام النظام

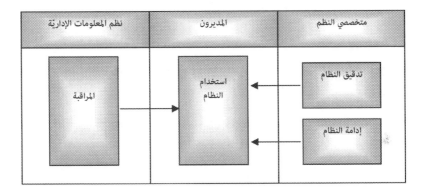

Source: McLeado, Jr., Raymond (1995). ***Management Information Systems*** (6th ed.). Englewood Cliffs, New Jersey: Prentice-Hall International, Inc., p. 234.

يتبيّن من الشّكل (9. 14.) الخطوات المختلفة لمرحلة استخدام النظام وهي:

1. استخدام النظام Use the System يستخدم المُستفيدون النظام لمقابلة أهدافهم المُحدّدة في مرحلة التخطيط.

2. تدقيق النظام Audit the System بعد أن يتم اعتماد النظام فإن دراسة رسمية توجيهية لا بد أن تتم لتحديد ماهية كفاية معايير الأداء، وهذه الدراسة تُدعى المراجعة بعد التنفيذ، وقد يقوم بهذه الدراسة خدمات النظم، أو مُدقّق داخلي، وقد تكون دراسة مُنفصلة. ثم تُقدّم نتائج دراسة التدقيق إلى (CIO, MIS)، وإلى المُستخدمين، ويُمكن أن تعاد هذه المُعالجة على قاعدة سنويّة خلال فترة استخدام النظام.

3. **إدامة النظام Maintain the System** تتضمّن إدامة النظام التعديلات التي تجري على النظام لإزالة أي أخطاء إضافيّة قد تحدث في بيئة النظام وتتطلّب تغيّرات في التصميم أو البرمجيات للإيفاء بالمُتطلّبات المُستَجدّة لمُعالجة البيانات. وتُدعى التعديلات التي تجري على النظام في هذه الحالة إدامة النظام.

يعمل مُستخدمو النظام على تحقيق أهدافهم المُحدّدة في مرحلة التخطيط، ولتحقيق ذلك لا بد من تدقيق النظام وتحديد معايير الأداء المختلفة له، والعمل على إدامة النظام لضمان إزالة أي أخطاء إضافية قد تحدث، والإيفاء بالمتطلبات المُستَجدّة لمُعالجة البيانات.

2.4.4.9. أسباب إدامة النظام Reasons of Maintaining the System

أ. **تصحيح الأخطاء Correct Errors** قد يحدث في النظام خطأ برمجيات (Software Buy) يسبب نتيجة خاطئة أو غير مناسبة لما هو مطلوب، أو يكون هناك ضعف غير مُكتشف في مرحلة التصميم، فلا بد عندئذ من تصحيح هذه الأخطاء.

ب. **الحفاظ على النظام صحيح Keep System Correct** قد تحدث تغيّرات خلال الزمن في بيئة النظام تتطلّب تغييرات وتعديلات في التصميم أو البرمجيات لضمان تدفّق النظام.

ج. **تحسين النظام Improve the System** قد يرى المديرون عند استخدام النظام حاجة للتحسين، وهذه الاقتراحات تَمرّ إلى مُتخصّصي النظم الذين يعملون على تعديلات النظام.

5.9. حالة دراسية/ الفصل التاسع.

تقوم الشركة المتحدة للاستشارات، وهـي شركة استشارات مُتخصّصة في نظم المعلومات الإداريّة بتصميم نظام لضبط المخزون للشركة الدوليّة للصناعات الغذائيّة والتي تقوم بتوزيع منتجاتها على مستوى عالمي.

يشعر رئيس الشركة الدولية للصناعات الغذائيّة أنه بالإمكان تقليل التكاليف إلى الحد الأدنى عن طريق استخدام أغلب الأجهزة والبرامج القائمة في النظام القديم عند تصميم النظام الجديد.

أما مدير الشركة المتحدة للاستشارات فيرى أنّ اتباع هـذه الطريقـة في تصميم النظام الجديد سيُؤدي إلى تقييد خيارات التصميم وإلى إخراج نظام غير كُفء.
بصفتك مُتخصصاً في نظم المعلومـات الإداريّـة فهـل تُؤيـد رأي رئـيس الشركة الدولية للصناعات الغذائية، أم رأي مدير الشركة المتحدة للاستشارات مـع تبريـر الـرأي الذي تُقدّمه.

6.9. أسئلة للمراجعة/ الفصل التاسع.

السؤال الأول: ناقش العبارات التالية.

1. طرق أداء التّحوّل الفعلي للنظام الكامل.
2. دورة حياة النظم والتي تعتمد على منطوق النظم في التحليل.
3. أسباب تحليل النظام.
4. خطوات بناء النموذج التجريبي.

السؤال الثاني: أكمل ما يلي.

1. تعتمد فكرة تجزئة النظام على أن النظام ما هو إلا عدّة ....

2. تعتبر المنظمة مجموعة من النظم الفرعيّة تُشكّل ....

3. يوجد العديد من بدائل طرق بناء النظام هي:

أ. ....

ب. ....

ج. ....

د. ....

هـ ....

4. تعتبر المُقابلات من الطرق الهامة في تحديد الاحتياجات من المعلومات حيث تعمل على:

أ. ....

ب. ....

ج. ....

د. ....

5. تتكوّن خرائط تدفق البيانات من:

أ. ....

ب. ....

ج. ....

د. ....

6. أن من أهم طرق تطوير برمجيات الشّركات الرقميّة:

أ. ....

ب. ....

ج. ....

7. تحوي مرحلة استخدام النظام على ثلاث خطوات هي:

أ. ....

ب. ....

ج. ....

8. يعني مفهوم تصميم النظام ....

9. يعني مفهوم تنفيذ النظام ....

10. إن الهدف من تنفيذ النظام هو ....

11. عندما لا تكون أجهزة النظام مُتوائمة مع التسهيلات الموجودة ، فمـن الضـروري الاستمرار على ....

7.9. مراجع الفصل التاسع.

1. جيمس أو هكس، جونير (1987). **نظم المعلومـات الإداريّـة: مـن وجهـة نظـر المستفيد**. تعريب: حسين علي الفلاحي. المملكة العربية السعودية، الرياض: معهد الإدارة العامة، ص. 341.

2. McLeado, Jr., Raymond, & Schell, George P. (2007). *Management information systems* (10th ed.). Upper Saddle River, New Jersey: Pearson Education, Inc., p. 158.

3. Laudon, Kennth C., & Laudon, Jane P. (2004). *Management information systems: Managing the digital firm* (8th ed.). Upper Saddle River, New Jersey: Prentice-Hall International, Inc., p. 400.

4. McLeado, Jr., Raymond, & Schell, George P. (2007). *Op. Cit.*, p. 160.

5. McLeado, Jr., Raymond (1995). *Management information systems* (6th ed.). Englewood Cliffs, New Jersey: Prentice-Hall International, Inc., p.220.

6. الكـيلاني، عـثمان؛ البيـاتي، هـلال، والسـالمي، عـلاء (2003). **المـدخل إلى نظـم المعلومات الإداريّة**. الأردن، عمان: دار المناهج للنشر والتوزيع، ص. 83.

7. McLeado, Jr., Raymond (1995). *Op. Cit.*, p. 223.

8. *Ibid.*, p. 230.

9. جيمس أو هكس، جونير (1987). **مرجع سابق**، ص. 391.

10. McLeado, Jr., Raymond (1995). *Op. Cit.*, p. 233.

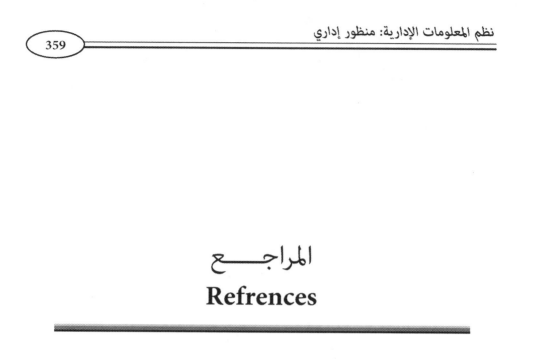

المراجـــــع

Refrences

10. المراجع References

1.10. المراجع العربية.

توفيق، جميل أحمد (1997). **إدارة الأعمال: مدخل وظيفي**. جمهورية مصر العربية، الإسكندرية: دار الجامعات المصرية.

الجداية، محمد نور (2004). **المنظمة الإلكترونية مع التركيز على عمليات الأعمال: دراسة تحليلية للشركات الصناعية الأردنية المساهمة العامة**. أطروحة دكتوراه غير منشورة، جامعة عمان العربية للدراسات العليا، عمان، الأردن.

جيمس أو هكس، جونير (1987). **نظم المعلومات الإداريّة: من وجهة نظر المستفيد**. تعريب: حسين علي الفلاحي. المملكة العربية السعودية، الرياض: معهد الإدارة العامة.

الحسني، جعفر صادق، وداود، سرحان سليمان (2004). **تكنولوجيا شبكات الحاسوب**. الأردن، عمان: دار وائل للطباعة والنشر.

الحسنيه، سليم إبراهيم (2002). **نظم المعلومات الإداريّة**. الأردن، عمان: مؤسسة الوراق للنشر والتوزيع.

الحميدي، نجم عبد الـلـه؛ السامرائي، سلوى أمين، والعبيد، عبد الرحمن (2005). **نظم المعلومات الإداريّة: مدخل معاصر**. الأردن، عمان: دار وائل للنشر.

الحوري، فالح عبد القادر (2004). **استراتيجيات تكنولوجيا ودورها في تعزيز الميزة التنافسيّة: تطوير نموذج في قطاع المصارف الاردنيّة**. أطروحة دكتوراه غير منشورة، جامعة عمان العربية للدراسات العليا، عمان، الأردن.

خليل، نبيل مرسي (1994). **التخطيط الإستراتيجي**. جمهورية مصر العربية، الإسكندرية: دار المعرفة الجامعية.

الزعبي، ماجد راضي (2004). **التخطيط الاستراتيجي وبناء منظمات متميزة تكنولوجيا: دراسة تطبيقية على منظمات صناعة الأدوية الأردنية**. أطروحة دكتوراه غير منشورة، جامعة عمان العربية للدراسات العليا، عمان، الأردن.

الزعبي، محمد بلال؛ الشرايعة، أحمد؛ قطيشات، منيب؛ فارس، سهير، والزعبي، خالده(1999)**الحاسوب والبرمجيات الجاهزة: مهارات الحاسوب** (ط3). الأردن، عمان: دار وائل للطباعة والنشر.

السالم، مؤيد سعيد (2000، 18-20 تموز). التكامل بين التخطيط الإستراتيجي والممارسات الخاصة بإدارة الموارد البشرية في منظمات الأعمال العربية، **مؤتمر إدارة الموارد البشرية وتحديات القرن الجديد**، الاردن، اربد: جامعة اليرموك.

السالم، مؤيد سعيد، والنجار، فايز جمعه (2002). العلاقة بين وضوح المفهوم العلمي للتخطيط الاستراتيجي ومستوى ممارسته في المنظمات الصناعية الصغيرة: دراسة ميدانية في محافظة اربد. **مجلة دراسات- العلوم الإداريّة**، الجامعة الأردنية، 29(2)، 347-371. عمان، الأردن.

السالمي، علاء عبد الرزاق، والنعيمي، محمد عبد العال (1999). **أتمتة المكاتب**. الأردن، عمان: دار المناهج للنشر والتوزيع.

السالمي، علاء عبد الرزاق، والدباغ، رياض حامد (2000). **تقنيات المعلومات الإداريّة**.الأردن، عمان: دار وائل للطباعة والنشر والتوزيع.

سلطان، إبراهيم (2000). **نظم المعلومات الإداريّة - مدخل النظم**. جمهورية مصر العربية، الإسكندرية: الدار الجامعية للطبع والنشر والتوزيع.

الشرمان، زياد محمد (2004). **مقدمة في نظم المعلومات الإداريّة**. الأردن، عمان: دار صفا للنشر والتوزيع.

الصباغ، عماد عبد الوهاب (1996). **الحاسوب في إدارة الأعمال: أنظمة- تطبيقات- إدارة**. الأردن، عمان: مكتبة دار الثقافة للنشر والتوزيع.

العتيبي، صبحي جبر (2005). **تطور الفكر والأساليب في الإدارة**. الأردن، عمان: دار الحامد للنشر والتوزيع.

عرب، يونس (2001، 20-22 أيار). الخصوصية وأمن المعلومات في الأعمال اللاسلكية بواسطة الهاتف الخلوي. **ورقة عمل**. منتدى العمل الإلكتروني بواسطة الهاتف الخلوي واتحاد المصارف العربية. الاردن، عمان: فندق الميريديان.

العلي، عبد الستار محمد (1985). **نظم المعلومات والحاسبة الإلكترونية**. العراق، البصرة: مطبوعات جامعة البصرة.

العلي، عبد الستار، وقنديلجي، عامر ابراهيم، والعمري، غسان (2006). **المدخل إلى ادارة المعرفة**. الاردن، عمان: دار المسيرة للنشر والتوزيع والطباعة.

عوض، محمد أحمد (1999). **الإدارة الإستراتيجية: الأصول والأسس العلمية**. جمهورية مصر العربية، الإسكندرية: الدار الجامعية.

أبو قحف، عبد السلام (2000). **الإدارة الإستراتيجية وتطبيقاتها** . جمهورية مصر العربية، الإسكندرية: الدار الجامعية.

قطيشات، منيب. (2005) **قواعد البيانات** (ط 2). الأردن، عمان: دار وائل للنشر والتوزيع.

قنديلجي، عامر ابراهيم، والجنابي، علاء الدين (2005). **نظم المعلومات الإداريّة وتكنولوجيا المعلومات**. الأردن، عمان: دار المسيرة للنشر والتوزيع والطباعة.

الكيلاني، عثمان؛ البياتي، هلال، والسالمي، علاء (2003). **المدخل إلى نظم المعلومات الإداريّة**. الأردن، عمان: دار المناهج للنشر والتوزيع.

ماهر، أحمد (1999). **الإدارة الإستراتيجية**. جمهورية مصر العربية، الإسكندرية: الدار الجامعية.

المبيضين، عقلة محمد، والعواودة، وليد مجلي (2004). **الإدارة الحديثة: التطور والمفاهيم والوظائف**. الأردن، المفرق: دار المسار للنشر والتوزيع.

مسلم، علي عبد الهادي (1994). **مذكرات في نظم المعلومات الإداريّة: المبادئ والتطبيقات**. جمهورية مصر العربية، جامعة الإسكندرية: مركز التنمية الإداريّة.

المغربي، كامل محمد (2000). **الأساسيات والمباديْ في الإدارة**. المملكة العربية السعودية، الرياض: دار الخريجي للنشر والتوزيع.

مكليود، راليموند (2000). **نظم المعلومات الإداريّة**. ترجمة: سرور علي سرور. المملكة العربية السعودية، الرياض: دار المريخ.

النجار، فايز جمعه (2004). **نظم المعلومات الإداريّة وأثرها على استراتيجية المنشأة**. أطروحة دكتوراه غير منشورة، جامعة عمان العربية للدراسات العليا، عمان، الأردن.

النجار، نبيل جمعه، والنجار، فايز، جمعه (2004). **مهارات الحاسوب**. الأردن، اربد: عالم الكتب الحديث.

ياسين، سعد غالب (2000). **تحليل وتصميم نظم المعلومات**. الأردن، عمان: دار المناهج للنشر والتوزيع.

ياسين، سعد غالب (2004). **نظم مساندة القرارات**. الأردن، عمان: دار المناهج للنشر والتوزيع.

يوئيل، إميل عقيل، والعلي، عبد الستار محمد (1998). نموذج تقييم أنظمة المعلومات الاستراتيجية كأداة تنافسيّة في المصارف - دراسة حالة. **مجلة الإدارة العامة**، 38(2). الرياض، المملكة العربية السعودية.

2.10. المراجع الأجنبية.

Alter, Steven (1999). *Information systems: A management perspective* (3rd ed.). Massachusetts: Addison-Wesley Educational Publishers, Inc.

Alter, Steven (2002). *Information systems: The foundation of e-business* (4th ed.). Upper Saddle River, New Jersey: Prentice-Hall, Inc.

Applegate, Lynda M. ; McFarlan, F. Warren, & Mckenny, James L. (1999).*Corporate information system management: Text and cases* (5th ed.). Singapore: McGraw- Hill Inc.

Ashill, N. J., & Jobber, D. (2001). Defining the information needs of senior marketing executive: An exploratory study .*Quantitative Market Research: An International Journal*, 4(1), 52- 61.

Awad, Elias M., & Chaziri, Hassan M. (2003). *Knowldge management*. Pearson Prentice-Hall.

Barney, Jay B., & Hesterly, Williams S.(2006). *Strategic management and competitive advantages: Concept and cases*. Upper Saddle River, New Jersey: Pearson Education, Inc.

Behling, Robert, & Wood, Wallace (1993). Successful planning for a changing MIS education. *Journal of Education for Business*, 68(6). Retrieved December 1, 2004, from http://www.search.epnet.com/direct.asp?an=08832323.

Bocij, Paul, Chaffey, Dave, Greasly, Andrew, & Hickie, Simon (2006). *Business information systems: Technology, development & management for the e-business* (3rd ed.). Harlow, England: Pearson Education Limited.

Brynjolfsson, Erik (1993). Information systems and the organization of modern enterprise. *Journal of Organizational Computing*, December (1993).

Chaffey, Dave, & Wood, Steve (2005). *Business information management: Improving performance using information systems*. Harlow, England: Pearson Education Limited.

Daft, Richard L (2000). *Management* (5th ed.). Forth Worth: Harcourt College Publishers.

David, Fred R. (1995). *Strategic management* (5th ed.). Englewood Cliffs, New Jersy: Prentice Hall, Inc.

Digman, Lester A. (1990). *Strategic management: Concepts, decisions, cases* (2nd ed.). Boston: Richard D., Inc.

Due, Richard T. (1997). A strategic approach to IT investments. *Information systems management*, 14 (3), 73-77. Retrieved October 25, 2004, from http://www.search.epnet.com/direct.asp?an=9706205720.

Elmasri, Ramez, & Navzthe, Shamkant B. (2004). *Fundamentals of database systems* (4th ed.). Massachusetts: Pearson Education, Inc.

Fisher, Alan R. (2001). *A strategy for sharing corporate information*. Retrieved February 15, 2004, from http://www.FWS.gov/stand/site/WFWSStrat.htm/.

Fulweiler, Rebecca D. (2001). The role of management information systems. *The Journal of Academic Libraianship* 27(5),   386-390.

Gordon, Judith R., & Gordon, Steven R. (1999). *Information Systems: A Management Approach* (2nd ed.). Fort Worth: Harcourt Brace College Publishers.

Green, Phillip L. (2003). Sound content management starts at the local level. *Information Today*, 20(6). Retrieved April 5, 2004, from http://www.search.epnet.com/direct.asp?an=87556286.

Gupta, A. K., & Govindarajan, V. (2001). Converting global presence into global competitive advantage. *Academy of Management Executive*, 15(2), 45-56.

Haag, Stephen; Cummings, Maeva, & Dawkins, James (2000). *Management information systems for the information age* (2nd ed.). Boston Burr Ridge: McGraw-Hill Companies, Inc.

Hale, Ron (2000). End - User computing control guidelines. In Brown, Carol V., & Topi, Heikki. (Eds.). *IS management handbook*   (7th ed., pp. 727-737). London: Auerbach Publications.

Harrison, Norma, & Samson, Danny (2002). *Technology management*. Wasto: McGraw-Hill Companies, Inc.

Hicks, Jr., James O. (1993). *Management information systems - a user Perspective* (3rd ed.). Paul: West Publishing Company.

Higgins, James M., & Vinze, Jullian W. (1993). *Strategic management: Text & cases* (4th ed., pp. 7-8). Dryden Press.

Hunger, J. David, & Wheelen, Thomas L. (1997). *Strategic management* (6th ed.). An Imprint of Addison Wesley Longman, Inc.

Juach, Lawrence, & Glueek, William F. (1989). *Business policy and strategic management*. New York: McGraw Hill.

Khalil, Tarek M. (2000). *Management of technology: The key to competitiveness and wealth creation*. Singapore :McGraw-Hill Companies, Inc.

Koonts, Harold, etal. (1980). *Management* (7th ed.). Tokyo: McGraw-Hill Companies, Inc.

Kotler, Philip (1984). *Marketing management: Analysis, planning and control* (5th ed.). New Jeresy: Prectice-Hall International, Inc.

Kotler, Philip (1997). *Marketing management: Analysis, planning, implementation and control* (9th ed.). Upper Saddle River, New Jersey: Prentice Hall International Inc.

Kotler, Philip (2000). *Marketing management* (Millennium ed.). Upper Saddle River, New Jersey: Prentice-Hall International, Inc.

Kovach, Kenneth A., & Cathcart, Jr., Charles E. (1999). Human resource information systems: Providing business with rapid data access, information exchange and strategic advantage. *Public Personnel Management*, 28 (1), 275-283. Retrieved January 14, 2004, from http://www.search.epnet.com/direct.asp?an=2004560.

Kroenke, D. M., & Dolan, K. A. (1988). *Business computer systems*   (3rd ed.). New York: McGraw-Hill Book Company.

Kroenke, David M. (2007).*Using MIS*. Upper Saddle River, New Jersey: Pearson Education, Inc.

Kuehl, C., & Lamping, P. (1990). *Small business planning and management*. Forth Worth :The Dryden Press.

Laudon, Kennth C., & Laudon, Jane P. (1999). *Management information systems: New approach to organization and technology* (5th ed.). New Jersey: Prentice-Hall, Inc.

Laudon, Kennth C., & Laudon, Jane P. (2004). *Management information systems: Managing the digital firm* (8th ed.). Upper Saddle River, New Jersey: Prentice-Hall International, Inc.

Laudon, Kennth C., & Laudon, Jane P. (2006). *Management information systems: Managing the digital firm* (9th ed.). New Jersey: Prentice-Hall International, Inc.

Manual of the american psychological association (5th ed.) (2003).Washington, DC: American
Psychological Association.

Martin, E. Wainright; Brown, Carol V.; Dehayes, Daniel W.; Hoffer, Jeffrey A., & Perkins, William
C. (2002). *Managing information technology* (4th ed.). Upper Saddle River,   New Jersey:
Pearson Education, Inc.

McLeado, Jr., Raymond (1995). *Management information systems*   (6th ed.). Englewood Cliffs,
New Jersey: Prentice-Hall International, Inc.

McLeado, Jr., Raymond, & Schell, George P. (2007). *Management information systems* (10th ed.).
Upper Saddle River, New Jersey: Pearson Education, Inc., p. 9.

Mintzberg, Henry, & Quinn, J. B. (1996). *The strategy process: Concepts, contexts, and cases*. New
Jersey: Prentice Hall Inc.

MIT Information Systems (2002). *Information systems strategic plan*. Retrieved December 10, 2004,
from http://www.mit.edu/is/org/themes.html.

O'Brien, James A. (1999). *Management information systems: Managing information technology in
the work enterprise* (4th ed.). Irwin: McGraw-Hill Companies, Inc.

O'Brien, James A. (2002). *Management information systems: Managing information technology in
the e-business enterprise* (5th ed.). Irwin: McGraw-Hill Companies, Inc.

O'Brien, James A. (2003). *Introduction to management information systems: Essential for the e-
business enterprise* (11th ed.). Irwin: McGraw-Hill Companies, Inc.

Ritchie, Bob, & Brindley, Clare (2001). The information - risk conundrum. *Marketing Intelligence
and Planning*, 19(1), 29-37.

Robbins, Stephen, & Cloulter, Mary (1998). *Management* (5th ed.). New Delhi: Prentice Hall.

Salmela, Hannu, & Spil, Ton A. M. (2002). Dynamic and emergent information systems strategy
formulation and implementation. *International Journal of Information Management*, 22(6),
441-461. (Abstract). Retrieved December 10, 2004, from
http://www.search.epnet.com/direct.asp?an=8548112.

Schermerhorn, John, Jr. (1999). *Management*. New York: John Wiley & Sons, Inc.

Stalling, William (2004). *Cryptography and network security: Principles and practices* (3rd ed.).

Tanenbaum, Andrew S. (2003). *Computer networks* (4th ed.). Upper Saddle River, New Jersey: Pearson Education, Inc.

Tractinsky, Noam, & Jarvenpaa, Sirkaa L. (1995). Information systems design decisions in a global versus domestic context. *MIS Quarterly*, 19(4). Retrieved January 20, 2004, from http://www.search.epnet.com/direct.asp?an=2004560.

Turban, Efraim; McLean, Ephraim, & Wetherbe, James (1999). *Information technology for management: Making connections for strategic advantage* (2nd ed.). New York: John Wiley & Sons, Inc.

Turban, Efraim; McLean, Ephraim, & Wetherbe, James (2002). *Information technology for management: Transforming business in the digital firm* (3rd ed.). New York: John Wiley & Sons, Inc.

Turban, Efraim; Rainer, Kelly, & Potter, Richard (2003). *Introduction to information technology* (2nd ed.). New York: John Wiley & Sons Corporation.

Waston, Hugh J.; Houdeshel, George, & Rainer, Jr., Rex Kelly (1997). *Building executive information systems: And other decision support applications*. New York: John Wiley & Sons, Inc.

Whleen, Thomas L., & Hunger, J. David (2004). *Strategic management and business policy* (9th ed.). Upper Saddle River, New Jersey: Pearson Education, Inc.

Wilson, T. D. (2002). Information management. In Feather, John, & Sturges, Paul. (Eds.). *International encyclopedia of information and library science* (2nd ed.). London, Routledge.

Winterman, V.; Smith C.H., & Abell, A. (1998). Impact of information on decision-making in government departments. *Library Management*, 19(2), 110-132.

Zimmer, Michael (2000). Data conversion fundamentals. In Brown, Carol V., & Topi Heikki. (Eds.). *IS management handbook* (7th ed., pp. 339-354). London: Auerbach Publications.

مسرد المصطلحات

Glossary

11. مسرد المصطلحات

Abstract Systems

النظم المجردة

هي النظم التي لا يمكن لمسها، وإنما يمكن تصورها عقلياً. مثل: نظام العد، المعادلات الجبرية، والنظرية النسبية.

Access Control

ضبط الدخول

تحديد السياسات والاجراءات والصلاحيات، وتحديد مناطق الاستخدام المسموحة لكل مُستخدم وأوقاته؛ لمنع دخول من لا يملك حق شرعي الى نظام المعلومات سواء من الداخل أو الخارج.

Accountability

المحاسبيّة والقابليّة للتفسير

هي مُكوّن للنظم والمؤسسات المجتمعية وتعني الآلية في اختيار المكان؛ لتحديد مسؤولية الفرد عن عمله.

Accounting Information Systems/ AIS

نظم المعلومات المحاسبية

نظم معلومات تنتج المعلومات المرتبطة بالانشطة المحاسبيّة، فهي نظم تُستخدم لتأمين إنتاج التقارير حول تـدفق النقد في المنظمة على قاعدة تاريخية فهي تُسجّل وتتابع التقارير حول مبادلات الأعمال والأحداث الاقتصادية لإخراج الموازنات المختلفة.

Accounts Payable Systems

نظم الذمم الدائنة

نظم معلومـات تنتـج المعلومـات المرتبطة بالـذمم الدائنـة فتُسـاعد عـلى تتبع المعلومـات الخاصة بالمشتريات والمدفوعات، والمحافظة على علاقة جيدة مع الموردين، وتزويد الإدارة بالمعلومات التي تحتاجها لتحليل المدفوعات، تكاليف الشراء، حسابات العمال، والمطلوبات النقدية.

Accounts Receivable Systems

نظم الذمم المدينة

نظم معلومات تنتج المعلومات المرتبطة بالذمم المدينة فتساعد على الاحتفاظ بسجلات حـول مشتريات العمـلاء ومدفوعاتهم، كما تُصدر فواتير سجلات العملاء، وتُساعد في مراقبة عدد العملاء المدينين وحجم المديونية عليهم.

Accuracy

الدقة

خلو المعلومات من الأخطاء.

Actuality

الواقعية

هي أن تُمثّل المعلومات الواقع وأن تكون مرتبطة باحتياجات المستفيدين.

ad hoc networking

شبكة ad hoc

شبكة تعمل مع عدم وجود محطة أساسية (Absence of a Base Station)، وفي هـذه الحالـة فـإن الحواسـيب المختلفة تستطيع أن تتراسل فيما بينها مباشرةً لاسلكياً دون الحاجة إلى وجود محطة أساسية.

الرقابة الإداريّة **Administrative Controls**

معايير رسميّة، قوانين وإجراءات؛ للتأكد من أن مُراقبة التطبيقات والمراقبة العامة هي مُعدّة ومُطبّقة بشكل صحيح.

البوّابة **A gateway**

مُعالج إتصالات يُمكن أن يربط شبكات غير مُتشابه عن طريق ترجمة مجموعة قواعد بروتوكولات من مجموعة إلى مجموعة أخرى، كما يستخدم كمُنقّب بحث من خلال مجموعة شبكات المناطق المحليّة إلى شبكات المناطق الواسعة.

الرقابة على التطبيقات **Applications Control**

سيطرة خاصّة جوهريّة لكل تطبيقات الحاسب تمثّل إجراءات يدوية أو مُؤتمتة للتأكّد من أن البيانات المُصرّح بها هي تامّة ومُعالجة بدقة، والعمل على إدامة جودة وأمن المدخلات والمعالجة والمخرجات.

برمجيات التطبيقات **Applications Software**

برامج مكتوبة لتطبيقات خاصّة تُشغّل وتُعالج مباشرة بيانات المنظمة في الوظائف المختلفة.

تطبيقات الحُزَم البرمجيّة **Applications Software Packages**

قواعد مكتوبة مسبقاً لتطبيقات عامة في جميع منظمات الأعمال مُتوفرة تجارياً للبيع أو الاستئجار

الذكاء الاصطناعي **Artificial Intelligence/ AI**

جهود لتطوير النظم المبنية على الحاسب لإعطائه القدرة على القيام بوظائف تحاكي ما يقوم به العقل الإنساني من حيث تعلّم اللغات، اتمام المهام الاداريّة، القدرة على التفكير، التّعلم، الفهم، وتطبيق المعنى.

الإرسال غير المُتزامن **Asynchronous Transmission**

عندما يرسل المشتركون رسائل أو بيانات على شكل رموز، رمزاً تلو الآخر بحيث يكون كُلّ رمز منفصل عن الآخر، وتكون الفترة بين إرسال الرمز والذي يليه غير منتظمة وتعتبر هذه الطريقة مُناسبة لإرسال البيانات من خلال خطوط الهاتف على سرعات منخفضة لأنها أقل كلفة.

صفة **Attribute**

جزء من المعلومات يصف كينونة محدّدة، وتُمثّل أصغر وحدة بيانات يُمكن تخزينها في قاعدة البيانات. مثل: اسم الطالب، تاريخ الميلاد، المعدّل.

المؤتمرات الصّوتيّة **Audio Conferecing**

مؤتمرات تعتمد على التجهيز التلفزيوني الخاص بالصوت، إذ تتيح للمشاركين إرسال الصوت واستقباله، ويُمكن أن يُتيح ذلك اجتماعات غير مهيكله بين أعضاء متواجدين في أماكن متباعدة.

الإثبات **Authentication**

القدرة على إثبات شخصيّة الطرف الآخر على الشّبكة، وإثبات شخصيّة الموقع.

الوَفرة/ توفّر المعلومة **Availability** التأكد من توفّر المعلومة واستمرار عمل نظام المعلومات، وتقديم الخدمة لمواقع المعلوماتية، وضمان استمرار وحماية النظام من أنشطة التعطيل، وعدم منع المُستخدم من استخدام المعلومات أو الدخول إليها.

العلاقات الثنائية **Binary Relational** هي العلاقات من الدرجة الثانية والتي تحوي على كينونتين ترتبطان بعلاقة.

البت **Bit**
عدد ثنائي يُمثّل أصغر وحدة في نظام الحاسب لا يحمل معنى، يأخذ أحد حالتين ويتمثّل في العدد الثنائي (0، أو 1)

محرّك الاعمال **Business Driver** قوّة في البيئة تجعل الاعمال تتجاوب وتتأثّر في توجيه الاعمال.

استخبارات الأعمال **Business Intelligence/ BI**
هي تطبيقات وتكنولوجيا تُركّز على: تجميع، تخزين، تحليل، وزيادة إمكانية الوصول إلى المعلومات المرتبطة بالمشكلة المحددة؛ لمساعدة المستخدمين في صنع قرارات أعمال أفضل.

استراتيجيّة الاعمال **Business Strtegy**
مجموعة من النشاطات والقرارات تحدّد المنتجات والخدمات التي تنتجها المنظمة، والصناعات التي تنافس فيها الشركة، وكذلك منافسي الشركة، المزودين، الزبائن، وغايات الشركة طويلة الاجل.

الشّبكة الخطيّة (الناقل) **Bus Network**
طريقة في ربط الشبكات تربط عدد من الحواسيب عن طريق دائرة منفردة حيث تستخدم الشّبكة خطاً رئيسياً واحداً يمر بين الأجهزة المختلفة المرتبطة بالشّبكة.

البايت **Byte**
مجموعة من البتات (Bits) وتكون عادة (8 بت)، تستخدم لخزن عدد واحد أو حرف في نظام الحاسب.

الهواتف النقّالة **Cellular Telephones**
جهاز يقوم بارسال الصوت والبيانات باستخدام الامواج الراديووية المبثوثة عبر مناطق جغرافية مُحدّدة.

القنوات **Channels**
ممر في اتجاهين يعمل على ربط بيانات أو صوت منقول بين نقطتين مرسل ومستقبل في الشبكة حيث تمر عبرها حركة تفاعل النظام مع عناصره.

الوضوح **Clarity**
تقديم معلومات خالية من الغموض بطريقة وشكل يسهل فهمها من قبل المستخدم.

المستفيد **Client**
مستخدم نقطة دخول لاتمام متطلبات وظيفة معيّنة في شبكة الخادم/ المستفيد.

شبكة الخادم/ المُستفيد **Client/ Server Network**
مجموعة من أجهزة الحاسب يُطلق على أحدها اسم خادم الشّبكة بينما يُطلق على البقية محطات العمل، أو المستفيدين ويؤدي الحاسب في هذا النوع من الشّبكات أحد دورين إما خادم أو مُستفيد.

النظم المغلقة **Closed Systems**
النظم المفصولة عن البيئة المحيطة ولا توجد بينهما أي حدود مشتركة.

الكوابل المحوريّة **Coaxial Cable**
موصل واحد مُغطّى بغلاف معدني مَجدول بشبكة من الأسلاك مغطاة بغطاء خارجي، وقد تكون مُزدوجة الأغلفة، أو ثلاثية الأغلفة، كما أنها قد تكون محوريّة رفيعة، أو غليظة، وتستخدم في نقل الإشارات الكهربائية وكيبل التلفزيون، ويمكن أن تنقل كميّة كبيرة من البيانات.

تطبيقات العلم الادراكي **Cognitive Science Applications**
تطبيقات تحاكي طريقة إدراك الإنسان لتقدير القيم وما يرتبط بها من مرجعيات من خلال بيانات غير تامة، إذ يعتمد في ذلك على عدّة تصنيفات احتمالية.

الإتّصال **Communication**
عملية لإرسال واستقبال الرموز بين الأشخاص بهدف توصيل معاني أو رموز ذات دلالة ومعنى.

قنوات الإتصال **Communications Channels**
الوسيلة التي تنقل البيانات من إحدى المعدّات في شبكة إلى معدّة في شبكة أخرى فهي الممرات التي تُرسل البيانات عن طريقها.

وسائط الإتصالات **Communications Media**
الوسيلة التي يتم من خلالها مرور البيانات من مكان لآخر.

مُعالجة الإتصالات **Communications Process**
الأجهزة التي تدعم إرسال واستقبال البيانات في شبكة الإتصالات مثل: المودِيوم، المُركّز، المُجمّعات، المُختار، والمُراقب.

أمن الاتصالات **Communications Security**
حماية المعلومات خلال عملية تبادل البيانات من نظام إلى آخر.

برمجيات الإتصالات **Communications Software**
البرمجيات التي تقوم بإدارة وظائف الشّبكة والتي تتحكّم في نشاطات الإدخال والإخراج، وغالباً ما توجد هذه البرمجيات في الحاسوب المركزي وفي معالجات الإتصال الأخرى.

الشركة **Company**
نظم العمل التي تعمل معاً لتنتج المنتجات أو الخدمات للمستهلك الخارجي في بيئة العمل والتي تتضمّن الشركة نفسها، والمنافسين، والمزودين، والمستهلكين.. .

الميزة التنافسيّة **Competitive advantade**

استخدام المعلومات لزيادة الحصّة السوقيّة.

الشمولية **Completeness**

قدرة المعلومات على إعطاء صورة كاملة عن المشكلة أو عن حقائق الظاهرة مع تقديم بدائل الحلول المختلفة لها؛ حتى تتمكّن الإدارة من تأدية وظائفها المختلفة.

التصميم بمساعدة الحاسب **Computer-Aided Design/ CAD**

عبارة عن تزوّد تفاعلي، الرسم البياني والصور التي تساعد في تطوير المنتج والخدمة، والربط مع قاعدة البيانات التي تسمح باسترجاع التصميم وتطويره باستمرار.

Computer - Aided Manufacturing Systems / CAMs.

نظم التصنيع بمساعدة الحاسوب.

نظم تعني استخدام الحاسب في العملية التصنيعية، طريقة ترتيب آلات التصنيع لضمان الإنتاج حسب المواصفات المحددة في برنامج التصميم بواسطة الحاسب (CAD)، حيث تتواصل العملية الإنتاجية بسرعة ودقة متناهية.

Computer Integrated Manufacturing Systems/ CIMs.

نظم التصنيع المتكاملة بالحاسب.

نظم تعمل على تبسيط أساليب وطرق التصنيع، وأتمتة عمليات التصنيع من خلال تكامل استخدام التكنولوجيا للوصول إلى نظم عمل مُوتمتة.

المستوى المفاهيمي /المنطقي **Conceptual/ Logic Level**

المرحلة الوسيطة بين المستوى الخارجي والداخلي في قاعدة البيانات والذي تتم به عمليات فكريّة ومنطقية من قبل المستخدم، ويصف البنية المنطقيّة لمخطط البيانات المُخزّنة في قاعدة البيانات، ويحوي المعلومات ذات المعنى الخاص بمُخطط البيانات، إجراءات الحفاظ على سلامة البيانات، وقوانين الحفاظ على سريّة المعلومات وإدامتها.

الإيجاز **Conciseness**

تقديم المعلومات اللازمة لكل مستوى إداري بما يتناسب ومتطلباته من المعلومات.

الرقـــابة **Control**

جميع الطرق والسياسات والاجراءات؛ للتأكد من حماية اصول المنظمة، والموثوقيّة في السجلات وتنفيذ العمليات والتأكد من أنّ كل شيء يتم وفقاً للخطة الموضوعة والتعليمات الصادرة والمبادئ المعمول بها في المنظمة.

التّحوّل **Conversion**

عملية التغيير من نظام قديم إلى نظام جديد.

القنوات الخفيّة **Covert Channels**

صورة من صور اعتداءات التّخزين، وقد تكون تمهيداً لهجوم لاحق أو تغطية اقتحام سابق أو مجرّد تخزين لمُعطيات غير مشروعة.

التداول والحداثة **Currently**

أن تكون المعلومات مُجدّدة وحديثة للاستفادة منها عند تقديمها وتداولها في المنشأة.

Customer - Relationship Management Systems /CRMs.

نظم إدارة علاقات الزبون.

نظم معلومات تتتبّع أثر كلّ الطرق التي تؤدّي إلى تفاعل الشركة مع زبائنها، وتحليل ذلك التفاعل؛ لتعظيم قيمة العلاقة التي تؤدّي إلى رضا وإدامة المستهلك، وتعظيم الدخل والربحيّة.

نظم خدمات الزبون **Customer Service Systems**

نظم معلومات تتضمّن القواعد الرئيسة في خدمة الزبون لمعرفة مدى إدراك أوضاع الزبون، والقدرة على التفاعل معه، والاستجابة على تساؤلاته المختلفة، وأخذ ملاحظاته ومقترحاته المختلفة بعين الاعتبار لتقديم الخدمات المطلوبة بسرعة وفاعليّة.

البيانات **Data**

الشكل الظاهري لمجموعة حقائق غير منظمة، قد تكون حقائق أو تصورات في شكل أرقام، كلمات، صور أو رموز لا علاقة بين بعضها البعض، ولا تعطي معنى وهي منفردة. إنها قياسات بدون محتوى أو تنظيم.

ادارة البيانات **Data Administration**

وظيفة تنظيميّة خاصّة لادارة موارد البيالنات كمورد تنظيمي، تركز على تخطيط البيانات ووضع الاستراتيجيات والسياسات والإجراءات وادامة قاموس البيانات ومعايير جودة البيانات.

سلامة البيانات والرسائل **Data and Message Integrity**

الوسائل المُناط بها ضمان عدم تعديل أو تدمير مُحتوى المُعطيات من قبل جهة غير مخوّلة بذلك خلال عمليات إدخالها أو مُعالجتها أو نقلها.

قواعد البيانات **Databases**

تنظيم منطقي لمجموعة من الملفات المترابطة.

نظام إدارة قاعدة البيانات **Database Management System/ DBMS**

مجموعة متكاملة من برمجيات التطبيقات تخزن هيكل قاعدة البيانات، والبيانات نفسها، والعلاقات بين البيانات في قاعدة البيانات، كما تُزوّد المستخدم بأدوات سهلة تُمكّنه من التعامل مع قاعدة البيانات مثل: إضافة، حذف، إدامة، إخفاء، طبع، بحث، اختيار، تخزين، وتحديث البيانات، بهدف المساعدة في التخطيط واتخاذ القرارات.

قاموس البيانات Data Dictionary

أداة يدوية أو مؤتمتة لتخزين وتنظيم المعلومات، وإدامة البيانات في قاعدة البيانات، وتدار بواسطة نظام ادارة قواعد البيانات.

العبث بالبيانات Data Diddling

تغيير البيانات أو إنشاء بيانات وهميّة في مراحل الإدخال أو الإخراج.

نظم دعم القرارات الموجهة بالبيانات Data - Driven Decision Support Systems

نظام يدعم عملية اتخاذ القرار بالسماح للمستخدمين باستقصاء، وتحليل المعلومات المفيدة التي تكون مُخزّنة في قاعدة بيانات ضخمة.

تدفق البيانات Data Flow

حُزمة أو دُفعة من البيانات يتم إرسالها من عملية لأخرى.

التنقيب عن البيانات Data mining

أدوات تعمل على تحليل كميّة مجمّعة من البيانات لايجاد علاقات بين بيانات غير معروفة للمستخدم؛ لايجاد نماذج وقواعد تستخدم كدليل لاتخاذ القرار والتنبؤ بالسلوك المستقبلي.

الرقابة على أمن البيانات Data Security Controls

التأكد من أن ملفات البيانات سواء على القرص أو الشريط المغناطيسي لا يستطيع الشّخص غير المخّول الوصول إليها، أو تغييرها أو إتلافها سواء كانت خلال الاستخدام أو التخزين.

مخزن البيانات Data Storage

المكان الذي تخزن فيه البيانات بشكل دائم أو مؤقت، وتظهر بأشكال مختلفة فقد تكون على شكل ملفّات، أو وثائق، أو أشرطة مُمغنطة.

اللامركزيّة في المعلومات Decentralization in Information

دمج معلومات المنظمة في قاعدة بيانات مركزية تسمح للأفراد في المنظمة المشاركة في المعلومات والحصول عليها عندما يحتاجونها.

القرار Decision

الاختيار القائم على الوعي والتدبير بين البدائل المتاحة في موقف معين.

حجرة القرار Decision Room

حُجرة مُجهزة بالتّسهيلات الفنية والحاسوبية يجتمع فيها مجموعة صغيرة من المشاركين في قاعة واحدة وجهاً لوجه، وفي مركز القاعة يكون مُسهّل الاجتماع وهو الذي يُنظّم الاجتماع، ويكون لكل مشترك جهاز خاص لعرض الأفكار، وتلخيص نتائج البيانات وعرضها على المشاركين.

نظم دعم القرار **Decision Support Systems/ DSS**

نظم معلومات على مستوى ادارة المنظمة يساعد مـدير منفـرد أو مجموعـة صـغيرة مـن المـديرين لحـل مشـكلة نوعية، إنّه نظام يمزج البيانات ويقدم نماذج تحليلات رفيعة المستوى، ويدمج عدة نماذج لتكوين نمـوذج مُتكامـل، وتقديم برامج إدارة وإنتاج الحوار للسماح لصانع القرار بالتفاعل مع النظام والتخاطب المباشر معه؛ لـدعم اتخـاذ القرارات غير المهيكلة وشبه المهيكلة.

قاعدة بيانات نظم دعم القرار **Decision Support Systems Database**

مجموعة من البيانات الحالية أو التاريخية المتراكمة المستمدة من عدد من التطبيقـات أو المجموعـات، ويمكـن أن تكون قاعدة بيانات حاسوب شخصي (PC) أو قاعدة بيانات ضخمة وتتجدّد باستمرار من نظم معالجة المعاملات، أو من البيانات الخارجية التي يُمكن الحصول عليها.

نظام برمجية نظم دعم القرار. **Decision Support Systems Software System**

هي مجموعة مـن الحـزم البرمجيـة الجـاهزة أو نمـاذج تحليليـة ورياضيّة تسـتخدم لتحليـل البيانات،مثـل أدوات (OLAP) أو أدوات التنقيب عن البيانات.

درجة العلاقة **Degree of Relationship**

عدد الكينونات التي توجد في نموذج العلاقة.

نظم التوصيل/ التسليم **Delivery Systems**

نظم مسؤولة عن نقل المواد إلى المناطق التي تحتاجها.

إنكار أو إلغاء الخدمة **Denial or Degradation of Service**

الإضرار المادّي بالنظام لمنع تقديم الخدمة، أو ضخ الرسائل البريدية الإلكترونية دفعة واحدة لتعطيل النظام.

مرحلة التصميم **Design Phase**

تحديد المعالجات والبيانات المطلوبة من النظام الجديد، وتحديد الأنـواع المُتخصّصـة مـن التجهيـزات والبرمجيـات اللازمة للنظام الجديد.

التفاصيل **Detail**

مدى احتواء المعلومة للمستوى المناسب من التفاصيل لمقابلة احتياجات من يطلبها.

التوجيه **Direction**

وظيفة مركبة تتضمّن العديد من الأنشطة التي صُمّمت لتشجيع المرؤوسين على العمـل بكفـاءة في المـدى القصـير وطويل الأجل.

التلخيص التنازلي **Drill Down**

القدرة على التحرك من بيانات ملخّصة إلى بيانات أقل تلخيص، للوصول إلى حد أدنى من التفاصيل.

إدارة القضايا **Due Process**

مُكوّن القوانين الحكومية المجتمعية، لذا لا بد من الاستئناس برأي السلطات للتأكد من أن القوانين التي نُطبّقها صحيحة.

التّفتيش في المُخلفّات **Dumpster Diving**

قيام المهاجم بالبحث في مُخلفّات تقنية المؤسسة بحثاً عن أي شيء يُساعده على اختراق النظام.

التوازن الحركي **Dynamic Equilibrium**

ايجاد توازن جديد يختلف عن التوازن السابق الذي كان سائداً قبل حدوث الاضطراب.

التجارة الالكترونيّة **Electronic Commerce/ e-commerce**

مبادلات تجاريّة تستخدم مدخل الشبكة، نظم معتمدة على الحاسب، السطح البيني للشبكة العنكبوتيّة

المستخدم النهائي **End User**

الفرد الذي يستفيد من مخرجات نظام المعلومات، وهذا يتطلب توفير وسيلة تخاطب سهلة معهم .

تطوير المُستخدم النّهائي **End - User Development**

تطوير بعض نماذج نظم المعلومات بواسطة المُستخدم النهائي مُنفرداً أو بمساعدة قليلة من مُتخصّصين فنيين.

الكينونة **Entity**

الشيء الذي يمكن أن يوصف فقد يكون نشاط (Activity) أو كيان (Object) ممثل في النموذج ويجب على المعلومات أن تقييدها مثل: شخص، مكان، أشياء، أو أحداث.

مرحلة المسح البيئي **Environmental Scanning**

التعرّف على البيئة الداخلية (القوّة والضّعف) لتحديد كفاءة المنظمة، وقدراتها المُتميّزة، وتحليل البيئة الخارجيّة للوقوف على (الفُرص والتهديدات) التي يُمكن أن تُواجه المنظمة مُستقبلاً لتفاديها والتعرّف على الموقف التنافسي- والحصّة السوقيّة مقارنة مع باقي المنظمات.

السلوك الاخلاقي **Ethics**

مجموعة من المبادىء، المعتقدات الارشاديّة القياديّة، المعايير، أو قدوة انتشرت بين الافراد أوالمجموعات أو جمهور من الناس لبيات السلوك الصحيح والخطأ كعوامل سلوك أخلاقي حُرّة لتحديد الاختيارات التي تحدّد السلوك.

نظم دعم المديرين التنفيذيين **Executive Support Systems/ ESS**

نظام يزوّد المعلومات للمديرين في الادارة العليا، وتساعد في مراقبة أداء المنظمة، تعقّب نشاطات المنافسين، تحديد مواقع المشاكل، تحديد الفرص، والتنبؤ بالاتجاهات. ودعم حل المشاكل غير المهيكلة، والتي يُمكن أن تحدث في المستوى الاستراتيجي للمنظمة بتزويدها بالمعلومات سواء من المصادر الخارجية أو الداخلية.

النظم الخبيرة **Expert Systems**

نظام مبني على المعرفة مُصمّم لنمذجة قُدرة الخبير الإنساني على حل المشكلات، وشكلاً متطوراً من أشكال الذكاء الاصطناعي والتي استندت في بناء النظم على مبدأ شبيه بمنطق التفكير الإنساني.

مُستخدم خبير **Expert User**

المستخدم الذي لدية خبرة طويلة في التعامل مع أنظمة قواعد البيانات.

الكينونة الخارجيّة **External Entity**

عنصر يُستخدم لتمثيل عناصر البيئة الخارجيّة التي يتبادل معها النظام البيانات، فالعلاقة هنا ذات اتجاهين إذ يُمكن أن تُعطي أو تأخذ البيانات.

مسح البيئة الخارجية **External Environmental Scanning**

جميع العوامل التي تحيط بالمنظمة، والتي تُؤثر بشكل مباشر، أو غير مباشر في اتخاذ القرارات.

المستوى الخارجي **External Level**

مستوى في قاعدة البيانات يستطيع فيه المستخدمون التخاطب والاتصال، واسترجاع البيانات والمعلومات من خلال برامج تطبيقية، أو طرق مباشرة من خلال لغة الاستعلام المهيكلة، أو من خلال نماذج الاسترجاع، أو من خلال مخطط قاعدة البيانات الخارجي.

إكسترانت **Extranet**

عبارة عن انترانت توسّع ليشمل مستخدمين من خارج الشركة.

الدبلجة **Fabrication**

قيام مُرسل ثالث بفبركة رسالة ثم يقوم بإرسالها بحيث ينظر إليها وكأنها من المصدر الشرعي.

المُسهّل **Faciliator**

الشخص الذي يقود ويتابع مهمّة المحافظة على تسلسل مناقشة الجماعة.

الممارسة العادلة للمعلومات **Fair Information Practice (FIP)**

مجموعة من المبادئ تحكم جمع واستخدام المعلومات عن الأفراد، وتُبنى على أسس المنافع المتبادلة بين مالكي السّجلات والمعلومات والأفراد المعنيين أنفسهم.

دراسة الجدوى **Feasibility Study**

هي جزء من عملية تحليل النظام والطريقة التي تحدّد فيما إذا الحل ممكن إنجازة ضمن موارد وقيود المنظمة.

كوابل الألياف الضوئيّة **Fiber Optic Cable**

وسائط إرسال سريعة ومتينة تتكوّن من ألياف ضوئية/ زجاجية حيث تتعامل الألياف الضوئية مع النبضات الضوئية بدلاً من الإشارات الكهربائية من خلال الألياف الزجاجية.

الحقل **Field**

مجموعة من البيانات تُمثّل كلمة أو مجموعة من الكلمات كوحدة متكاملة، أو عدد كامل مثل: عمر الشخص أو اسمه، وهوأدنى عنصر في البيانات يُمكن أن يُعطي معنى.

ملف **File**

مجموعة سجلات مرتبطة.

نظم معلومات الماليّة والمحاسبة **Finance and Accouting Information Systems**

نظم معلومات تستخدم لتعقب سجلات الاصول الماليّة للشركة والتدفق النقدي فيها.

نظم معلومات الإدارة المالية **Financial Management Information Systems**

نظام معلومات ينتج معلومات مرتبطة بالانشطة الماليّة للشركة، ويمثّل مجموعة من الطرق والإجراءات تدعم المديرين الماليين في اتخاذ القرارات المالية، وتخصيص ومراقبة الموارد المالية في الأعمال.

النظم الثابتة **Fixed Systems**

نظم تعمل ضمن آليات محددة سلفاً وبشكل شبة مطلق، ويمكن التنبؤ بدقة بسلوكها مستقبلاً.

المرونة **Flexibility**

قابلية المعلومات على التكيّف لأكثر من مستخدم وأكثر من تطبيق.

التواتر والتكرار **Frequency**

مدى تكرار الحاجة إلى المعلومات المتواجدة، لأن المعلومات يجب أن تقدم طالما نحتاجها.

الإرسال باتجاهين في الوقت نفسه **Full- Duplex Transmission**

هو إرسال البيانات من الطرفين وفي نفس الوقت، حيث يُمكن لكل طرف استقبال البيانات وإرسالها في وقت واحد كما هو الحال عند استخدام الهاتف.

الاستراتيجيات الوظيفية **Functional Strategies**

الطريقة أو الأسلوب التي تقوم بموجبها وظيفية معينة بالمساهمة في تحقيق أهداف واستراتيجيات المنظمة ووحداتها الإداريّة عن طريق تعظيم إنتاجية الموارد المتاحة فيها.

الرقابة العامّة **General Controls**

هي الرقابة الاجماليّة والتي تؤسس هيكل لمراقبة التصميم الامن واستخدام برامج الحاسب من خلال المنظمة.

نظم دفتر الأستاذ العام **General Ledger Systems**

نظم تعمل على تماسك البيانات المستقبليّة من المدفوعات والمقبوضات النقديّة، سجل الرواتب، والتي تقفل في نهاية السنة لإخراج الميزانية العمومية.

نظام المعلومات الجغرافي **Geographic Information System/ GIS**

نظام مع برمجيات يُمكنه تحليل ونشر بيانات تستخدم في تحليل الخرائط لتعزيز التخطيط واتخاذ القرار.

التعاون التنافسي العالمي   Global Collaboration

التعاون على مستوى الاقتصاد العالمي للمشاركة في نقل المعرفة والخبرات لتصل سريعاً وتنظّم دعـم جهـود الأفـراد والمجموعات رغم تنافسها. خاصة في عمليات المقاصة العالميّة بين الدول المختلفة.

ثقافة عالميّة   Global Culture

تطوير توقعات عالميّة، وسلوك أخلاقي اجتماعي مشترك بين أفراد وثقافات مختلفة.

الزبائن العالميين   Global Customers

الأفراد الذين يتجوّلون في كل مكان في العالم أو شركات ذات عمليات عالميّة.

نظام معلومات عالمي   Global Information System/ GIS

نظام معلومات يستخدم من قبل منشآت متعددة الجنسيات.

العمليات العالميّة   Global Operations

أجزاء من المنتج وعمليات التجميع التي تتم في الوحدات التّابعة من مناطق العالم المختلفة اعتماداً على التغيّرات الاقتصادية أو ظروف أخرى.

المنتجات العالميّة   Global Products

منتج عالمي يُسوّق على مستوى العالم.

الموارد العالميّة   Global Resource

استخدام الكُلف العامّة من تجهيزات وتسهيلات وأفراد تَتشارك بواسطة الوحدات التّابعة من الشركات العالميّة للمشاركة في الموارد المختلفة عبر أقطار العالم.

النماذج البيانية   Graphic Models

النموذج الذي يعرض الواقع بالرسوم أو الصور والخرائط والأشكال.

نظم دعم القرار الجماعي   Group Decision - Support Systems/ GDSS

نظام تفاعلي مبني على الحاسب يدعم مجموعة مـن النّاس يتشاركون في مهمّة واحـدة، فيعملـون مـع بعضهـم البعض كفريق لتسهيل حل المشاكل غير المهيكلة.

برمجيات دعم جماعيّة   Groupware

برمجيات تستخدم لدعم المجموعات في حل المشاكل.

وسائط الإرسال الموجّهة   Guided Transmission Media

وسائط الإرسال التي تستخدم نظام كيبلات يقوم بتوجيه الإشارات عبر مسار مُحدّد.

الإرسال باتجاهين في أوقات مختلفة/ المزدوج النصفي   Half- Duplex Transmission

هي إرسال البيانات باتجاهين، لكنه لا يسمح بالإرسال من الطرفين في وقت واحد، وهذا يعني أنه إذا كانت النهاية الطرفية في حالة ارسال إلى الحاسب المركزي فيكون الحاسب المركزي مستقبلاً فقط، ولا يستطيع أن يُرسل حتّى تتوقف النهاية الطرفية عن الإرسال.

التحرش والإزعاج **Harassment**

توجيه رسائل الإزعاج والتحرّش وربما التهديد والابتزاز عبر الشّبكة والبريد الإلكتروني.

الأجهــزة **Hardware**

كافّة المعدّات والأدوات المادّية التي تتكون منها النظم، كالشاشات والطابعات ومُكوّناتها الداخليّة ووسائط التخزين المادّية وغيرها.

الرقابة المادّية **Hardware Control**

تُمثّل الرقابة المادّية الأمان المادّي الذي يهدف إلى حماية الأجزاء المادّية، والتجهيزات الحاسوبية، والتأكد من تَوفّر النظم التي تمنع من توسّع السلطات للمعلومات والوظائف.

الموارد المادية **Hardware Resources**

الأجهزة والمكونات المادية والمواد المستخدمة في معالجة البيانات.

نظم ادارة قواعد البيانات الهرمية **Hierarchical DBMS**

نوع من نموذج قواعد البيانات المنطقيّة والذي ينظم البيانات في بنية شجرية على شكل مجموعات بيانات كمجموعات فرعيّة ومجموعات فرعيّة أخرى حيث يكون السّجل جزء فرعي (Subdivided) في قسم (Segment) والذي يتّصل بعلاقة واحد لمتعدد.

نظم معلومات الموارد البشرية **Human Resources Information Systems/ HRIS**

نظام معلومات ينتج المعلومات المرتبطة بأنشطة الموارد البشريّة، فهو مجموعة من الطرق والإجراءات تعمل على إدامة سجلات الموظفين والأشراف على مهاراتهم، الأداء الوظيفي، تدريب ودعم تعويضات العمال، وتطوير المسار الوظيفي.

الشّبكات المُهجّنة **Hybrid Networks**

الشبكات التي تضم الشّبكات اللاسلكيّة مُقترنة مع الشّبكات السلكية.

النظم الفكرية **Ideological Systems**

نظم تكون جميع عناصرها من المفاهيم كالنظم الفلسفية السائدة.

التّحوّل المباشر **Immediate Conversion**

هو إنهاء استعمال النظام القديم في نهاية عمل يوم واحد، وبدء عمل النظام الجديد.

الرقابة على التنفيذ **Implementation Control**

بيان عملية تطوير النظام في مختلف النقاط للتّأكد من أن العملية مُعدّة ومُدارة وتحت السيطرة.

مرحلة التنفيذ **Implementation Phase**

هو امتلاك وتكامل الموارد المفاهيميّة والمادية والتي تُنتج نظام كامل.

المعلومات **Information**

بيانات تمت معالجتها إذ تم تصنيفها وتحليلها وتنظيمها وتلخيصها بشكل يسمح باستخدامها والاستفادة منها حيث أصبحت مفيدة وذات معنى.

سياسة المعلومات **Information Policy**

قواعد رسميّة سائدة في ادامة وتوزيع واستخدام المعلومات في المنظمة.

جودة المعلومات **Information Quality**

الدرجة التي تُقدّم بها المعلومات قيمة إلى الذين يستخدمونها، وإلى المنظمة بشكل عام.

موارد المعلومات **Information Resource**

المكونات المادية، البرمجيات، متخصّصي نظم المعلومات، المستخدمين، التسهيلات، وقواعد البيانات والمعلومات.

أمن المعلومات **Information Security**

حماية التجهيزات الحاسوبية وغير الحاسوبية والتسهيلات والبيانات والمعلومات من الاخطار، فهي مجموعة الإجراءات والتدابير الوقائيّة التي تستخدمها المنظمة للمحافظة على المعلومات وسرّيتها سواء من الأخطار الداخلية أو الخارجية.

ادارة أمن المعلومات **Information Security Management/ ISM**

هي نشاط ادارة والمحافظة على موارد المعلومات في أمان.

سياسة أمن المعلومات **Information Security Policy**

مجموعة القواعد التي يُطبّقها الأشخاص لدى التعامل مع التقنية ومع المعلومات داخل المنشأة.

متخصّصي النظم **Information Specialist**

الاشخاص الذين يقضون وقتاً كاملاً في تطوير و/ أو تشغيل نظم المعلومات.

نظام المعلومات **Information System**

نظام لانتاج المعلومات التي تستخدم لدعم نشاطات المديرين والعمال الاخرين، إنه مجموعة المكونات المتداخلة والإجراءات النمطية التي تعمل معاً لتجميع وتشغيل وتخزين وتوزيع ونشر واسترجاع المعلومات التي تحتاجها المنظمة بهدف تدعيم اتخاذ القرار والتعاون والتحليل والتصوّر والرقابة داخل المنظمة.

الرقابة على نظم المعلومات **Information Systems Control**

هي الطّرق والسّياسات والإجراءات المتبعة للتأكد من توفّر الحماية لأصول المنظمة والدّقة والموثوقية في تقاريرها والتطبيقات العملياتية للإدارة.

استراتيجية نظم المعلومات **Information Systems Strategy**

الاستراتيجيّة التي تُحدّد النظم التي تحتاجها المنظمة؛ لاستكمال احتياجات المعلومات لديها.

تكنولوجيا المعلومات **Information Technology/ IT**

الأجهزة والبرمجيات والأدوات والوسائل والطرق ونظم البرمجة التي تحتاجها المنظمة لتحقيق أهدافها وتساعدها في تدوين وتسجيل وتخزين ومعالجة واستخدام واسترجاع المعلومات التي تستخدم من قبل نظم المعلومات.

استراتيجية تكنولوجيا المعلومات **Information Technology Strategy**

الطريقة التي يُمكن للتكنولوجيا أن تدعم بها استراتيجية النظم.

الرقابة على المُدخلات **Input Control**

إجراءات فحص مُدخلات النظام لضمان الدقّة والثبات في البيانات عند دخول النظام.

السّلامة **Integrity**

التأكد من أنّ مُحتوى المعلومات لم يتم تعديله أو العبث به، ولن يتم تدمير المحتوى أو تغيره أو العبث به في أية مرحلة من مراحل المعالجة أو التبادل، سواء في مرحلة التعامل الداخلي مع المعلومات، أو عن طريق تدخل غير مشروع. والتأكد من أن المعلومات التي أرسلت هي نفسها التي يتم تلقيها من الطرف الآخر.

التّصدي **Interception**

التصدّى للرسالة بطريقة غير شرعية من قبل مُستمع بالتّنصت واستراق السّمع على المُحادثة عندما تُرسل الرّسالة من المُرسل إلى المُستقبل.

محرك الاستدلال **Interface Engine**

برمجية للبحث في قاعدة المعرفة في سياق وتسلسل دقيق، تقوم بمزج ومقاربة الحقائق التي توجد في الذاكرة عند الاستشارة في مسألة ما، ومقارنه المسألة المعروضة ونقلها من خلال وحدة الحوار، وربطها مع قواعد المعرفة المُخزّنة لديه لتوليد حل للمشكلة واختيار النصيحة المناسبة.

مسح البيئة الداخلية **Internal Environmental Scanning**

التعرّف على نقاط الضّعف والقوّة والتي تُشكّل مصادر قوّة وفيرة للمنظمة.

المستوى الداخلي/ المادي **Internal Level**

مستوى في قاعدة البيانات يمثل النموذج المادّي للبيانات دون النظر إلى معناها المنطقي، إذ تتم به عمليات رقميّة وحسابيّة لتحويل الشكل المنطقي إلى الشكل المادّي فيكون الاهتمام بالبيانات الخاصة بأجهزة ووسائل الخزن، وينصب الاهتمام في هذه المرحلة أيضاً على تخزين البيانات، ومعالجتها واستدعائها.

الانترنت **Internet**

شبكة دوليّة من مجموعة شبكات والتي تجمع مئات الالاف من الشبكات الخاصّة والعامّة.

خداع بروتوكول الإنترنت **Internet Protocol Spoofing/ IP Spoofing**

وسيلة تقنيّة بحتة، بحيث يقوم المُهاجم عبر هذه الوسيلة بتزوير العنوان المُرفق مع حُزمة البيانات المُرسلة بحيث يظهر للنظام على أنه عنوان صحيح مُرسل من داخل الشبكة، بحيث يسمح النظام لحُزمة البيانات بالمرور باعتبارها حُزمة مشروعة.

النظم التنظيميّة المتداخلة **Interorganizational Systems**

نظم معلومات تُؤتمت المعلومات عبر الحدود التنظيميّة وتربط الشركات مع زبائنها وموزعيها ومورديها.

الانقطاع **Interruption**

عدم وصول الرسالة المرسلة إلى المُستقبل وقد يكون السّبب في (Router) المسيّر أو الموجّه.

الانترانت **Intranet**

شبكة داخليّة تستخدم نفس بروتوكولات الانترنت والشبكة العنقوديّة العالميّة، ولكنّها محدودة الموصوليّة الى موارد الحاسب وإلى مجموعات مختارة من الاشخاص في المنظمة.

نظم مراقبة المخزون **Inventory Control Systems**

نظم تعكس التغيّرات في عدد وحدات المخزون المختلفة، لتحديد الوقت المناسب لتنفيذ الطلبية، مما يُسهم في تقديم خدمة بجودة عالية للعملاء، مع الاحتفاظ بالحد الأدنى للمخزون بأقل كلف تخزينية.

القضايا الأخلاقيّة **Issues Ethical**

هي الخُصوصيّة الأخلاقيّة، أو الحريّة الفرديّة التي تَخص سرّية المعلومات الشخصيّة.

تصميم تطبيقات مرتبطة **Joint Application Design/ JAD**

معالجات لتسريع تكاثر متطلبات المعلومات بواسطة عمل المستخدمين النهائيين ومتخصّصي نظم المعلومات مجتمعين معاً في تصميم تفاعلي مؤكّد.

التوريد الآني/ الفوري **Just-in-time**

نظام جدولة لتخفيض المخزون بواسطة ضبط وصول المكونات في اللحظة التي نحتاجها تماماً، وشحن البضائع الجاهزة بمجرّد مغادرتها خط العمل.

المعرفة **Knowledge**

توافق خبرات الافراد والمعلومات التي يملكونها، إنها معلومات، مفاهيم، خبرات، نباهة، تزوّد هيكل لتأمين وتقييم واستخدام المعلومات كأصول ثمينة يمكن استخدامها لمساعدة متخذ القرار.

برنامج الوصول للمعرفة **Knowledge Accession Program**

أدوات برمجيات لتطوير قاعدة المعرفة، والتي تستخدم لتطوير النظام الخبير، حيث أن الغرض منه استمرار تحديث قاعدة المعرفة.

قاعدة المعرفة **Knowledge Base**

نموذج معرفة انسانيّة وجزء من النظام الخبير يعتمد على الحقلئق ممثلة بمجموعة تعريفات، فرضيات، معايير، واحتمالات تصف منطقة المشكلة، وعلى اسلوب تمثيل المعرفة ممثلا بمجموعة من القواعد والافتراضات المنطقية والرياضية والتي تصف كيف أنّ الحقائق مناسبة معاً وفي حالة منطقيّة.

إدارة المعرفة **Knowledge Management/ KM**

مجموعة معالجات مطوّرة في المنظمة لتأمين وجمع وتخزين وإدامة نشر المعرفة واستخدامها من قبل متخذ القرار، إنها إدراك المنظمة إلى الكيفيّة التي تجعل تطبيقات المعرفة مفتاحاً في إضافة قيمة وتمييز للمنتجات والخدمات في المنظمة.

الحماية المعرفية **Knowledge Security**

السيطرة على إعادة إنتاج المعلومات، وعلى عملية إتلاف مصادر المعلومات الحسّاسة عند اتخاذ القرار بعدم استخدامها.

عاملي المعرفة **Knowledge Workers**

مجموعة من الافراد مثل المهندسين والمعماريين الذين يصممون المنتجات أو الخدمات، ويؤمنون المعرفة للمنظمة.

القوانين **Laws**

مباديء وقواعد قانونيّة تحكم التصرف بسلطة رسميّة مثل الحكومة وتكون موجبة التنفيذ على الموضوع أو على المواطنين.

القيادة **Leadership**

القدرة التي يملكها الشخص في التأثير على سلوك وأفكار ومشاعر العاملين من خلال حفزهم على تحقيق أهداف المنظمة.

الاجتماع المشترك **Legislative Session**

استفادة المجموعات الكبيرة من تقنيات الاتّصالات والفيديو في تنفيذ الاجتماع. ويمكن استخدام شبكة المناطق المحليّة أو شبكة المناطق الواسعة للتنفيذ ويعتمد ذلك على مدى تباعد المسافات، ومدى تباعد المجموعة عن بعضها البعض.

الالتزامات **Liability**

مُكوّن للنظم السياسيّة السّائدة في موقع ما، مع تعهد بتغطية الأضرار التي قد تصيبهم من جراء قرار ما في ذلك المجتمع.

شبكة قرار المناطق المحليّة **Local Area Decision Network**

اجتماع المشاركون عندما يكونوا موزّعين في أماكن مختلفة باستخدام شبكة المناطق المحلية إذ يبقى الأفراد المشتركون في هذه الحالة كُلّ في مكانه، ويتفاعل مع بقية المشتركين من خلال محطة عمل مع

وجود حاسب مركزي تتوافر به قواعد البيانـات، والـنماذج، والبرمجيات بحيـث يُمكـن لأي مشـترك أن يـرى بقيّـة الاعضاء عن طريق الشّاشة.

شبكة المناطق المحليّة **Local Area Network/ LAN**

شبكة إتّصال تتطلّب ملكية خاصة لقنوات مُخصّصة تستطيع الإنجاز ضمن مسافة محدودة، حيث تخـدم بالعـادة مبنى واحد أو عدة مباني مُتجاورة ضمن مساحة (1000) متر مربّع.

مراقبة المُستخدمين **Logging and Monitoring**

التقنيات التي تستخدم لمراقبة العاملين على النظام أثناء الاستخدام لتحديد الشخص الـذي قـام بالعمـل المُعيّن في وقت مُحدّد، وتشمل كافة أنواع البرمجيات والسّجلات الإلكترونية التي تُحدّد الاستخدام.

إدامة النظام **Maintain the System**

هي التعديلات التي تجري على النظام لإزالة أي أخطـاء إضـافيّة قـد تحـدث في بيئـة النظـام وتتطلّـب تغيّرات في التصميم أو البرمجيات للإيفاء بالمُتطلّبات المُستَجدّة لمُعالجة البيانات.

الشيفرات الخبيثة **Malicious Code**

برامج كاملة أو قسم من شيفرة يمكن أن تكتسح وتغزو النظام وتُعدّ وظائف ليست مقصودة من مالكي النظام تُستثمر للقيام بمهام غير مشروعة كإنجاز احتيال أو غش في النظام.

الادارة **Management**

هي تحقيق الغايات التنظيمية بفاعلية وكفاءة من خلال التخطيط، والتنظيم، والتوجيه، ومراقبة الموارد التنظيمية، إنها القدرة على تحقيق الأهداف بواسطة الآخرين.

الرقابة الاداريّة **Management Controls**

تتمثّل في مراقبة كيفيّة ضبط استخدام الموارد بفاعليّة وكفاءة، ومدى انجاز الوحدات التشغيليّة لأعمالها.

وظائف الادارة **Management Function**

أيّ من الانشطة التي يمارسها المديرون: التخطيط، التنظيم، التوجيه، والرّقلبة.

نظم المعلومات الإداريّة **Management Information Systems/ MIS**

نظـام منهجـي محوسـب قـادر عـلى تكامـل البيانـات مـن مصـادر مختلفـة بقصـد تـوفير المعلومـات الضرـورية للمستخدمين ذو الاحتياجات المتشابهة. أمّـا دراسـة نظـم المعلومـات الاداريّـة فتركـز عـلى اسـتخداماتها في الادارة والاعمال.

نظم مستوى الإدارة **Management - Level systems**

نظم معلومات على مستوى مراقبة الإدارة تعمل عـلى دعـم مراقبـة ومراجعـة واتخـاذ القـرار، وإدارة الأنشـطة في الإدارة الوسطى.

الحماية الإداريّة **Management Security**

سيطرة الإدارة على إدارة نظم المعلومات وقواعدها مثل: التّحكّم بالبرمجيات الخارجية أو الأجنبية عن المنشأة، ومسائل التحقيق باخلالات الأمن، ومسائل الإشراف والمتابعة لأنشطة الرقابة، إضافة إلى القيام بأنشطة الرقابة ضمن المستويات العليا.

نظم معلومات التصنيع والإنتاج **Manufacturing & Production Information Systems**

نظام معلومات ينتج المعلومات المرتبطة بالانشطة التصنيعيّة بالشركة، خاصّة فيما تتعلق بالتخطيط، التطوير، إنتاج المنتجات والخدمات، وكذلك تدفّق المنتجات على خط الإنتاج.

النظم الصناعيّة **Manufacturing Systems**

نظم تكون من ابتكار الإنسان مثل: نظم الحاسوب، وأنظمة المعلومات الإداريّة.

علاقة متعدد لمتعدد **Many- to Many Relationship**

ارتباط جدولين بحيث يقابل السّجل الواحد في كلا الجدولين أكثر من سجل في الجدول الثاني.

التسويق **Marketing**

العملية التي يتم من خلالها حصول الافراد والجماعات على حاجاتهم ورغباتهم عن طريق تأمين ومبادلة السلع والقيمة.

نظم معلومات التسويق والمبيعات **Marketing and Sales Information Systems**

نظام معلومات ينتج المعلومات المرتبطة بالانشطة التسويقيّة والبيعيّة بالشركة، والتي تُؤمّن تخطيط وتحليل وعرض للمعلومات الضرورية للقرارات في مجال التسويق، وتحديد احتياجات المستهلكين من المنتجات والخدمات وتطويرها لمقابلة احتياجات المستهلكين، وتطوير دعم المستهلك باستمرار.

نظم المعلومات التسويقية **Marketing Information Systems/ MKIS.**

نظام معلومات ينتج المعلومات المرتبطة بالانشطة التسويقيّة بالشركة.

التّخفي **Masquerading**

انتحال صلاحيات شخص مُفوّض للدخول إلى النظام عبر استخدام وسائل التعريف العائدة له، كاستغلال كلمة سرّ أحد المُستخدمين واسم هذا المُستخدم، أو عبر استغلال نطاق صلاحيات المُستخدم الشرعي.

النماذج الرياضية **Mathematical Models**

النماذج الاكثر تجريداً والتي تعتمد على مبدأ اختصار الحقائق إلى رموز رياضية، ووصفها بصيغة رياضية معينة.

الوسائط **Media**

الوسيلة التي يُمكن أن تُقدّم بها المعلومات، سواء كانت على ورق مطبوع أو فيديو أو أي وسيلة.

المنهجيّة **Methodology**

التوصية بطريقة ما لعمل الاشياء.

شبكة المتروبوليت/ الإقليميّة أو الكُبرى **Metropolitan Area Network/ MAN.**

شبكة إتّصال تنتشر في مدينة أو عاصمة أو اقليم إذ تكون مُقيّدة بمنطقة جغرافية أقل، والمجال الجغرافي التي تغطيه بالعادة يكون بين شبكة المناطق المحليّة وشبكة المناطق العالميّة وفي حدود ثلاثين ميل.

الرّسالة **Mission**

هي غاية المنظمة وسبب وجودها، فهي التي تُخبرنا بالغرض الأساسي الذي وُجدت المنظمة من أجله، إنها فلسفة المنظمة في تعاملها مع الآخرين حاضراً ومستقبلاً، إنها تُحدّد بالكلمات ما هي الشركة الآن؟ وماذا تريد أن تكون؟ وعادة ما تشمل الرسالة وصفاً للمنتجات والخدمات التي تقدمها المنظمة.

نظم دعم القرارات الموجهة بالنماذج **Model - Driven DSS**

نظام يستخدم بعض أنواع النماذج لاعداد لعبة ماذا لو؟ وأنواع أخرى من التحليلات.

التعديل **Modification**

ذهاب الرسالة عند ارسالها من المُرسل إلى المُستقبل إلى مُستمع ثالث يجري تعديل عليها ثم يُكمل إرسالها مُعدّلة.

برمجية خدمة تفسير الاستدلال **Module Explanation**

برمجيّة تعمل من خلال عرض حقائق وقواعد المعرفة التي استخدمها النظام الخبير للتوصّل إلى النصيحة المقدمة.

الاخلاق **Morals**

معتقدات تقليديّة حول الصّحيح والخطأ.

النماذج القصصيّة **Narrative Models**

النماذج التي تنقل الواقع بالطريقة الكتابية أو اللفظية حيث تصف الكينونات المختلفة لفظاً وكتابةً.

العلاقات من الدرجة (ن) **(n-ary) Relational**

هي علاقة من الدرجة (ن) تربط (ن) من الكينونات بعلاقة واحدة.

النظم الطبيعية **Natural Systems**

نظم موجودة أصلاً في الطبيعة مثل: نظام دوران الأرض، والفصول الاربعة.

قواعد البيانات الشّبكيّة **Network DBMS**

من أقدم نماذج قواعد البيانات المنطقيّة وهي مفيدة في تصوير ورسم علاقة متعدد لمتعدد.

عدم الإنكار **Non-Repudiation**

ضمان عدم إنكار الشخص الذي قام بتصرّف ما مُتّصل بالمعلومات أو مواقعها بأنه هو الذي قام بهذا التصرف، بحيث تتوفّر قُدرة إثبات أن تصرفاً ما قد تَمّ من قبل شخص ما في وقت مُحدّد.

الأهداف **Objectives**

النتيجة النهائية لنشاط مُخطّط خلال فترة معينة، حيث تُحدّد ماذا يجب إنجازه، ومتى يُمكن إنجازه؟ ويجب أن يُؤدي تحقيق الأهداف إلى تحقيق المنشأة لرسالتها.

التطوير المُوجّهة للكائنات **Object - Oriented Development**

طريقة لتطوير النظام حيث يُستخدم كائن (Object) كوحدات رئيسة لتحليل وتصميم النظام، والنظام مُنمذج كمجموعة من الكائنات (Objects) والعلاقات بينها، بحيث يُشكّل النموذج مجموعة من الكائنات والعلاقات بينها. إذ تُرتّب الكائنات في مجموعات تُسمّى أصناف وكل مجموعة من الكائنات تشترك في خصائص، وهذا يُتيح وجود أصناف تتشارك في خصائص الأصناف الموجودة.

نظم ادارة قواعد البيانات العلائقيّة المُوجّهة للكائنات **Object-Relational DBMS**

نظام ادارة قاعدة بيانات يعمل على توافق قُدرات نظام ادارة قاعدة البيانات العلائقيّة من أجل تخزين المعلومات التقليديّة، وقُدرات نظام ادارة قاعدة البيانات المُوجّهة للكائنات لتخزين الصّور والوسائط المُتعدّدة.

علاقة واحد لمتعدد، أو متعدد لواحد **One-to-Many or Many-to One Relationship**

إنها ارتباط جدولين بحيث يقابل السّجل الواحد في الجدول الأول أكثر من سجل في الجدول الثاني.

علاقة واحد لواحد **One-to One Relationship**

ارتباط جدولين بحيث يقابل السّجل الواحد في الجدول الأول سجلاً واحداً في الجدول الثاني.

المعالجة التحليليّة الفوريّة **On-Line Analytical Processing/OLAP**

طريقة تجعل المستخدم قادر على الاتصال مع مستودع البيانات من خلال أيّ من واجهة المستخدم البيانيّة أو واجهة الشبكة العنكبوتيّة، وهي قادرة على تحليل كميّة كبيرة من البيانات من خلال عدّة مناظير وانتاج البيانات بأشكال متنوعة ومنها البيانيّة.

النظم المفتوحة **Open Systems**

النظم التي تتفاعل مع البيئة المحيطة تتأثّر وتُؤثّر بها.

نظام التشغيل **Operating System**

نظام برمجيات يدير ويسيطر على نشاطات الحاسب.

نظم المستوى التشغيلي **Operational Level Systems**

نظم تشغيلية تعمل على مراقبة النشاطات المختلفة والمعاملات التجارية في المنظمة.

الرقابة على التّشغيل **Operation Control**

مُراقبة وفحص عمل قسم الحاسب للتأكد من أن إجراءات المُبرمج والبرمجة مُترابطة، وأن هناك تطبيقات سليمة في التخزين ومعالجة البيانات.

Operators

المشغّلين

الأفراد الذين يقومون بإدخال البيانات والمعلومات الى الحاسب ويعملون على تشغيل النظام.

Orderly

الترتيب

تقديم المعلومات بترتيب صحيح وطريقة متناسقة ضمن معايير موحدة.

Order Processing Systems

نظم معالجة الطلبية

نظم تتابع أوامر العملاء، بيانات الإنتاج التي نحتاجها لتحقيق البيع، ومراقبة وتحليل المخزون. كما تتابع العديد من الشركات أوامر العملاء حتى تسليم البضاعة.

Organization As Sociotechnical Systems

المنظمة كنظم فنيّة اجتماعية

تجمّع أفراد يعملون ويتفاعلون مع بعضهم البعض وتربطهم علاقات يمكن وصفها بالاستمرارية. إنها مكوّنات متفاعلة من الأفراد والمهمات والثقافة والهيكل والتكنولوجيا متفاعلة معاً ومرتبطة بعلاقات متبادلة.

Organization As Systems

المنظمة كنظام

نظام مفتوح تتشكّل عناصره من مجموعة مدخلات (موارد)، وآلية عمل في نظام التشغيل والإدارة (العمليات/ المعالجة)، من أجل تحقيق أهداف معينة (مخرجات).

Organization: Behavioral Definition

المنظمة: التعريف السلوكي

هياكل اجتماعية تؤكد على علاقات المجموعات غير الرسمية، القيم، والهياكل، فهي مجموعة من الحقوق، الامتيازات، التعهدات، والمسؤوليات التي تتوازن مباشرة خلال فترة من الزمن من خلال التضارب وحلّ التضارب.

Organization: Technical Microeconomic Definition.

المنظمة: التعريف الفني الاقتصادي.

ثابت متوازن، وهياكل اجتماعية رسمية، تأخذ الموارد من البيئة وتُعالجها لإنتاج المخرجات.

Output Control

الرقابة على المخرجات

التأكد من أن النتائج التي نحصل عليها من المعالجة صحيحة ودقيقة وتامّة، ومُوزّعة بالضّبط للأشخاص المعنيين.

Outsourcing

التزوّد من الخارج

استئجار مُتخصصين لتزويد المنشأة بالخدمات المختلفة من الخارج، ويشمل التّزود من الخارج استخدام عمليات مركز حاسوب، شبكات الاتصالات، وتطوير التطبيقات.

Packet Switching

التّبادل الرّزمي

شبكات تعمل على تجميع البيانات من عدّة مُستخدمين، وتُقسّم التكنولوجيا البيانات إلى رُزم صغيرة (Packet)، وتُحوّل هذه الرّزم عبر قنوات إتصال مُتعدّدة بشكل مُستقل من خلال الشبكة.

التّحوّل المُتوازي **Paralleled Conversion**

هو تشغيل كُلاً من النظام القديم والجديد بشكل مُتزامن، وعند التأكّد من السيطرة على النظام الجديد يتم التّخلي عن النظام القديم. ويتطلب التّحوّل المُتوازي تشغيل النظامين معاً ومقارنة النتائج باستمرار والتي قد تستمر لبضعة اشهر.

تخمين كلمة السرّ **Password Sniffing**

تخمين كلمات السّر مُستفيدا من ضعف الكلمات عموماً، حيث تُجمع المعلومات الجزئية ويعاد تحليلها وربطها معاً، كما يقوم البرنامج بإخفاء أنشطة الالتقاط بعد قيامها بمهمتها.

نظم سجل الرواتب **Payroll Systems**

نظم تعمل على استدامة البيانات حول دوام العمال، سجلات الموظفين، وإصدار الشيكات للعمال بمستحقاتهم، والمتطلبات الأخرى سواء للحكومة أو للمؤسسات الأخرى بدقّة.

الشّبكة التناظريّة **Peer - to - Peer Network**

شبكة تعطي جميع الحواسيب قوّة متكافئة إذ تلعب جميع الحواسيب فيها دور الخادم والمُستفيد في آن واحد، حيث يُوفّر كل منهم الخدمة للآخرين، كما يَطلب الخدمة من الآخرين عندما يحتاجها.

الأداء **Performance**

قدرة المعلومات في الكشف عن الأداء.

المساعد الرّقمي الشّخصي **Personal Digital Assistant**

جهاز حاسوب صغير جداً ذي بنية إتصالات لاسلكيّة قادر على اتمام عملية التراسل الرّقمي.

الحماية الشخصيّة **Personal Security**

توفير وسائل التعريف الخاصة بالموظفين العاملين على النظام التقني المعنين وتحقيق التدريب والتأهيل للمُتعاملين بوسائل الأمن.

التّحوّل الطوري/ المرحلي **Phased Conversion**

إخراج النظام القديم تدريجياً جزءاً جزءاً واستبداله بالنظام الجديد بذات الوقت، مع الاستمرار في المُعالجة بالنظام القديم، ثم يحل النظام الجديد محل النظام القديم عن طريق التدوير التدريجي، أو التّحوّل الكامل في موقع جغرافي ثم يتبع موقع جغرافي آخر مع ضرورة تشغيل النظامين القديم والجديد معاً مع ربط مخرجات النظامين للحصول على صورة كاملة.

النماذج المادية **Physical Models**

نماذج مصممة من ثلاثة أبعاد تمثّل أبعاد الكينونة المختلفة.

الحماية المادّية **Physical Security**

كافة وسائل الحماية المادّية التي تمنع الوصول إلى نظم المعلومات وقواعدها كالأقفال والحواجز والغرف المحصّنة والأجهزة الحسّاسة.

النظام المادّي **Physical System**

نظام يتكوّن من موارد ماديّة، مواد أشخاص، آلات، و/ أو أموال.

التّحوّل الاسترشادي/ الاستطلاعي **Pilot Conversion**

تطبيق النظام الجديد في جزء مُختار من حقل العمليات الكلية للتطبيق النهائي، كأن يكون في قسم معين، أو منطقة جغرافيّة محدّدة، وعند نجاح النظام الجديد يتم تعميمه وتطبيقه بالكامل.

التخطيط **Planning**

عملية تحديد غايات المنظمة والوسائل التي تعمل على تحقيقها.

نقاط البيع **Point - of- Sale/ POS**

نظم تعمل على تتبع العلاقة بين المستهلك والمنتج فتعمل على تتبع فواتير العملاء، وجمع المعلومات عن المبادلات التجارية المتعلقة بالمشتريات والمخزون، كما تقدم بيانات تجميعية لكل عنصر يتكرر شراءه من قبل المستهلك في المخازن.

السّياسات **Policies**

هي التوجّهات العامّة والقواعد الاساسيّة التي يتعيّن أن يأخذ بها العاملين قراراتهم وتصرفاتهم والتي يتم داخلها اتخاذ القرارات التي تربط صياغة الاستراتيجيّة بتنفيذها.

القضايا السياسية **Political Issues**

هي االحالة التي تحكم العلاقة بين الجهات الرسمية التي تملك سجلات الأفراد، والأفراد أنفسهم.

العمل بوجود محطة أساسية **Presence of a Base Station**

مرور جميع الإتصالات عبر المحطة الأساسية لاسلكياً، ولكن المحطة الأساسية تكون مرتبطة سلكياً بالأصل (Wired).

التقديم **Presentation**

طريقة تقديم المعلومات بشكل مناسب فتكون بشكل مختصر أو تفصيلي، وبشكل كمي أو وصفي.

الخصوصيّة **Privacy**

إدّعاء بأن يترك الافراد لوحدهم بدون مراقبة أو تشويش من قبل أفراد أو منظمات أو حكومات أخرى. والتأكد من أن المعلومات التي يستخدمونها سرّية ولا يَطّلع عليها أحد دون إذن أو تخويل، كما تشمل حماية البيانات المُستخدمة من الأقسام.

الرقابة على الإجراءات **Procedures Controls**

متابعة الإجراءات المعياريّة التي لا بد من اتباعها عند الدخول إلى النظام، وكذلك الوثائق وسلطات الإدخال والتدقيق.

القيمة المضافة الناتجة عن المعالجة **Processes Value Added**

تُمثّل مقدار القيمة التي تُؤمّن إلى المستهلك الداخلي أو الخارجي.

المعالجة **Processing**

المُهمّة التي يتم من خلالها تحوّل مدخلات خام إلى مخرجات ذات شكل له معنى.

الرقابة على المعالجة **Processing Control**

التأكد من أن البيانات تامّة ودقيقة خلال تجديدها ومُعالجتها.

إدارة الانتاج **Producton Management**

مجموعة النظم والقواعد التي تُطبّق في قاعات الانتاج ومراكز الخدمات.

المبرمجين **Programmers**

متخصّصي معلومات يستخدمون الوثائق التي يقدّمها محلّلو النظم لترميزها على برامج الحاسب وجعلها على شكل برامج وحلول فنية.

النموذج التجريبي **Prototyping**

عملية بناء سريعة لنظام تجريبي سريع قليل الكلفة، يزوّد المطوّرين والمستخدمين بأفكار عن شكل وعمل النظام النهائي، إذ أن المستخدم ونتيجة تفاعله مع النظام يُمكن أن يُعطي أفضل فكرة لاحتياجاته من المعلومات.

تطوير تَطبيقات مُتسارعة **Rapid Application Development/ RAD**

عملية تطوير نظم في فترة قصيرة بواسطة استخدام النماذج التجريبيّة، أدوات الجيل الرابع، العمل الجماعي بين المُستخدمين ومُتخصّصي النظم دون التضحية بالجودة.

السجل **Record**

مجموعة من حقول بيانات مرتبطة.

ارتباط الكينونة مع نفسها **Recursive Relationship**

تكون العلاقة هنا دائريّة، أي مرتبطة بنفس الكينونة من الجهتين.

نظم ادارة قواعد البيانات العلائقيّة **Relational DBMS**

نوع من نموذج قواعد البيانات المنطقيّة والتي تعامل البيانات وكأنّها مخزّنة على جداول ذي بعدين، ويمكن أن تربط البيانات في أحد الجداول مع بيانات في جدول آخر بشرط أن يتشارك الجدولين في عناصر بيانات هامّة تشكل صفة مفتاحيّة.

الملائمة **Relevancy**

هي أن تكون المعلومات ملائمة ووثيقة الصلة ومفيدة في تحسين اتخاذ القرار، ومُوجّهه خصيصاً للمشكلة التي تُدرس ومُرتبطة باحتياجات المستخدم.

المسؤوليّة **Responsibility**

هي مُكوّن للأفراد وعنصر أساسي للفعل الأخلاقي، وتعني قبول التكاليف والتبعات المتعلّقة باتخاذ قرار أو عمل معين يتخذه الفرد.

الشّبكة الحلقيّة **Ring Network**

طريقة من طرق ربط الحواسيب إذ ترتبط جميع الحواسيب بواسطة دائرة مُغلقة مع بعضها البعض مُباشرة على شكل حلقة من حاسوب إلى آخر دون الحاجة إلى وجود حاسب مركزي.

نظم أتمته قوى المبيعات **Sales Force Automation Systems/ SFA.**

نظم تعمل على معالجة واسترجاع البيانات المتعلقة بعملية الجدولة الشخصية لقوى المبيعات، وتسهيل اتصالات الإدارة مع بعضها البعض وتقاسم المعلومات والملاحظات.

الستلايت / القمر الصناعي **Satellite**

وسائط إرسال بيانات باستخدام أقمار مدارية تعمل كمحطات لإرسال الإشارات الميكروية عبر مسافات بعيدة جداً وتستوعب عدة مُتلقين في آن واحد يستقبل كل منهم حصة من طيف الإشارات.

المسح **Scanning**

برنامج احتمالات يقوم على فكرة تغيير التركيب أو تبديل احتمالات المعلومة، فهو أسلوب تقني يعتمد واسطة تقنيّة/ برنامج بدلاً من الاعتماد على التخمين البشري.

المخطط المنطقي لقواعد البيانات **Schema**

المُخطط الذي يتم فيه تحديد السجلات المنطقية، وإظهار العلاقات، وتحديد المفاتيح الرئيسة والثانوية.

المدى **Scope**

كون المعلومات واسعة أو ضيقة، أو بتركيز داخلي أو خارجي، ويتحدد مدى المعلومات بمدى شموليتها، لذا لا بد أن تُمثّل المعلومات المدى المطلوب وأن تكون الحاجة إليها قائمة فعلاً وبشدة.

أمن **Security**

سياسات واجراءات وقياسات تقنيّة تستخدم لمنع دخول من ليس له سلطة لتعديل أو تغيير أو سرقة أو سطو أو تدمير مادّي لنظم المعلومات.

القرارات شبة المهيكلة **Semi Structured Decisions**

قرارات يكون فيها جزء من المشكلة واضح والإجراءات شبة مُحدّدة إذ تكون الإجراءات مُحدّدة ولكنها غير كافية لاتخاذ القرار وتحتاج إلى جمع بعض المعلومات حول المشكلة.

اختلاس المعلومة **Session Hijacking**

استغلال الشخص استخداماً مشروعاً من قبل غيره لنظام ما، فيسترق النظر أو يستخدم النظام عندما تُتاح له الفرصة دون علم المُستخدم، فيطّلع على المعلومات، أو يُجري أية عملية في النظام بقصد الاستيلاء على بيانات أو معلومات تُستخدم في اختراق أو اعتداء لاحق.

الإرسال البسيط **Simplex Transmission**

نقل البيانات باتجاه واحد فقط من الحاسب المركزي (CPU) إلى نهاية طرفية، أو من النهاية الطرفية إلى الحاسب المركزي ولا يُمكن البث باتجاهين.

الهواتف الذكية **Smart Telephones**

الهواتف التي تعمل بدون اسلاك، ولها القدرة على التعامل مع الصّوت والنّصوص والانترنت.

الهندسة الاجتماعية **Social Engineering**

خداع الافراد ومعرفة أرقامهم السّريّة بواسطة إدّعاء شخص بأنّه مستخدم شرعي أو عضو في الشركة أو أحد عناصر النظام يحتاج إلى معلومات وذلك من خلال استغلال علاقات اجتماعية.

القضايا الاجتماعية **Social Issues**

هي توقّعات الحرية الشخصية وقواعدها، بالإضافة إلى المواقف العامة، حيث تشجيع الأفراد بأن يُفكروا بأنهم في مَنطقة خاصّة.

النظم الاجتماعية **Social Systems**

النظم التي تربط السلوك الانساني بالجماعة.

الرقابة على البرامج **Software Control**

مراقبة استخدام برامج النظام، ومنع من لا يملكون السلطة من الوصول إلى برامج جاهزة وبرمجيات النظم.

قرصنة البرمجيات **Software Piracy**

نسخ الأقراص دون تصريح، أو استغلالها على نحو مادّي دون تخويل بهذا الاستغلال، أو تقليدها ومُحاكاتها والانتفاع المادّي بها على نحو يخلّ بحقوق المُؤلف.

موارد البرمجيات **Software Resources**

الأنظمة والبرامج التي تُشغّل الأجهزة من البيانات والمعلومات والمعارف وتُحدّد العمليات التي ستؤديها الأجهزة.

شبكة النجمة **Star Network**

وجود حاسب مركزي رئيسي- يُطلق عليه الخادم (Server)، يعمل كناقل تَحكّم (Control Traffic) بعملية الإتصال مع الحواسيب الأخرى في الشّبكة من حواسيب شخصية صغيرة (PCs) أو محطات طرفية (Terminal) وتأخذ هذه الشّبكة شكل النجمة، حيث يكون الحاسب المركزي في الغالب في مقر المنشأة.

النصوص/ الاجراءات **Statements**

مجموعة الخطوات والتوجيهات التي يجب أن يتبعها الأفراد الذين يستخدمون المعلومات.

التوازن الثّابت **Stationary Equilibrium**

عودة النظام إلى حالة التوازن السابق لحدوث الاضطراب.

الاستراتيجيّة **Strategic**

خطة شاملة رئيسة تهتم بوضع وتطوير مجموعة من البدائل الاستراتيجيّة تُحدّد من خلالها كيف تُحقّق المنظمة كُلّاً من رسالتها وأهدافها من خلال الميزة التنافسية التي تملكها مُعتمدة على المتغيّرات البيئيّة الداخليّة والخارجيّة للمنظمة. إنّها من الجانب النظري، كيف تحصل المنظمة على ميزة تنافسيّة؟

نظام المعلومات الاستراتيجي **Strategic Information Systems/ SIS**

هي نظم حاسب في أيّ مستوى في المنظمة تعمل على تغيير الغايات، العمليات، المنتجات، الخدمات، أو العلاقات البيئيّة لمساعدة المنظمة في الحصول على ميزة تنافسيّة. فهو النظام الذي ينقل المنظمة من حالة إلى حالة أخرى.

نظم المستوى الاستراتيجي **Strategic - Level Systems**

نظم معلومات تدعم نشاطات التخطيط طويل الأجل والاستراتيجي للادارة العليا في المنظمة.

الإدارة الاستراتيجيّة **Strategic Management**

العمليّة التي يتم من خلالها تحديد وصياغة العلاقة بين المنظمة والبيئة التي تعمل فيها من خلال تنمية غايات، وأهداف، واستراتيجيات النمو، وتحديد محفظة الأعمال لكل العمليات والأنشطة التي تمارسها المنظمة. وهو بذلك يشمل مراحل التخطيط الاستراتيجي والتطبيق والتقييم.

التّخطيط الاستراتيجي **Strategic Planning**

تنمية وتكوين الخطط طويلة الأجل للتعامل بفعاليّة مع الفُرص والتّهديدات الموجودة في البيئة الخارجية المُحيطة بالمنظمة في ضوء مصادر القُوّة والضّعف للموارد التي تملكها المنظمة في بيئتها الداخلية، أنه عمليّة ذهنيّة تحليليّة لاختيار الموقع المستقبلي للمنظمة تبعاً للتغيّرات الحاصلة في البيئة الخارجيّة، ومدى تكييف المنظمة معها. ويتضمّن التخطيط الاستراتيجي صياغة الاستراتيجيّة، وتقييم الاستراتيجيات، واختيار أفضل استراتيجية، وتطوير الخطط لوضع الاستراتيجيّة موضع التنفيذ.

القرارات المهيكلة **Structured Decisions**

هي القرارات الروتينية المتكررة التي تكون فيها إجراءات اتخاذ القرار واضحة المعالم ومُحدّدة بشكل مُسبق وفق معايير مُبرمجة.

لغة الاستعلام المهيكلة **Structured Query Language/ SQL**

لغة معالجة بيانات معياريّة في نظم ادارة قواعد البيانات العلائقية.

سلسلة التزويد **Supply Chain**

شبكة من المنظمات ومعالجات الاعمال لتأمين المواد الخام، تحويل المواد الخام إلى مواد وسيطة ونهائيّة، وتوزيع المنتجات النهائيّة إلى الزبائن.

نظم إدارة سلسلة التزويد **Supply Chain Management Systems/ SCM systems**

نظم معلومات تعمل على أتمتة تدفّق المعلومات بين الشركة ومزوديها لتعظيم التخطيط والمرجعية والتصنيع وتوصيل المنتجات إلى الزبائن.

الإرسال المُتزامن **Synchronous Transmission**

ارسال البيانات على شكل كتل (Blocks) إذ تُجمع مجموعة من الرّموز وتُرسل على شكل كتلة (Block) واحدة، وكل كتلة لها بيانات في البداية وبيانات في النهاية لتعريفها.

النظام **System**

مجموعة من العناصر أو الأجزاء المترابطة التي تعمل بتنسيق تام وتفاعل، تحكمها علاقات وآلية عمل معينة في نطاق محدّد؛ لتحقيق غايات مشتركة وهدف عام.

تحليل النظم **Systems Analysis**

تحليل مشكلة تحاول المنظمة أن تحلّها بواسطة نظام المعلومات.

محللي النظم **Systems Analysts**

أفراد متخصّصون يدرسون مشاكل الاعمال ومتطلبات المعلومات والنظم، ويعملون مع المستخدم في تطوير وتحسين نظم المعلومات.

تصميم النظم **Systems Design**

هي تفاصيل عن كيفيّة مقابلة النظام لمتطلبات المعلومات المحدّدة من قبل محلّلي النظم. وتشمل دراسة المواصفات الوظيفية والماديّة؛ للوصول إلى مُتطلبات المُكوّنات والأداء ودراسة الأجهزة من أجل إعداد التصميم المنطقي، والتصميم المادّي والبرامج واختبارها، وكذلك الأفراد الذين سيعملون في النظام، ثم تحديد النظام الذي بالإمكان استعماله في ترميز واختبار البرامج.

تطبيق النظام **System Implementation**

وضع النظام مَوضع التطبيق. حيث يتم وضع النظام في الخدمة، وتحويل العمل إلى النظام الجديد وكذلك تدريب المستخدمين على النظام.

إدامة النظام **Systems Maintenance**

تدقيق النظام، والعمل على ادامته ليكون النظام مصاناً.

أمن النظام **Systems Security**

حماية مصادر معلومات المنشأة من السّرِقة أو الاستخدامات غير الصحيحة.

النظم المحسوسة **Tactile Systems**

نظم تتكون عناصرها من مجموعة من العناصر الطبيعية أو الصناعية المحسوسة.

الإتصالات **Telecommunications**

الوسائط الإلكترونية التي تعمل على إيصال المعلومات عبر المسافات بين أجهزة في مواقع مختلفة.

نظام الإتصالات السلكيّة واللاسلكية   **Telecommunications System**

مجموعة من الأجهزة والبرمجيات المتوافقة مُرتّبة لإيصال المعلومات من موقع لآخر.

المؤتمرات السمعيّة   **Teleconferencing**

القدرة على المحادثة والتشاور بين مجموعة من الافراد بالتزامن رغم تواجدهم في أماكن متباعدة باستخدام الهاتف أو برمجيات البريد الإلكتروني الجماعي.

المحطات الطرفية   **Terminals**

أدوات لا تملك التخزين أو المعالجات بل تعمل كوسائط مدخلات/ مخرجات تستقبل وتُرسل البيانات.

العلاقات الثلاثية   **Ternary Relational**

علاقة من الدرجة الثالثة تربط بين ثلاث كينونات بعلاقة واحدة.

الأمواج المُصغّرة/ الميكرويّة   **Terrestrial Microwave**

وسائط إرسال بين نقاط متباعدة حيث يتم إرسال إشارات راديو ذات تردّد مُرتفع خلال طبقات الغلاف الجوي من محطة إرسال أرضية إلى محطة إرسال أخرى.

التوقيت   **Timelines**

توفر المعلومات زمانياً.

الفترة الزمنية   **Time Period**

الفترة التي تقدم بها المعلومات بحيث يستطيع المدير الحصول على المعلومات عن ما يحدث الآن، وعن ما حـدث في الماضي، وعن ما هو متوقع حدوثه في المستقبل.

الهجمات الوقتية   **Timing Attacks**

هجمات تتم بطرق تقنية مُعقّدة للوصول غير المُصرّح به إلى البرامج أو المُعطيات، وتقوم جميعها على فكرة استغلال وقت تنفيذ الهجمة مُتزامناً مع فواصل الوقت التي تفصل العمليات في النظام.

تحليل الازدحام   **Traffic Analysis**

دراسة أثر الازدحام على أداء النظام في مرحلة التعامل، ومتابعة ما يتم فيه من اتصالات وارتباطات بحيث يُستفاد منها في تحديد مَسلكيات المُستخدمين وتحديد نقاط الضّعف ووقت الهجوم المناسب بغرض تسهيل الهجوم على النظام.

نظم معالجة المعاملات   **Transaction Processing Systems (TPS)**

نظام معلومات محوسب يعالج ويسجل البيانات الناتجة عن أحداث مبادلات الأعمال الروتينية اليوميّة الضروريّة لادارة الاعمال، وتخدم المستوى التشغيلي في المنظمة بجعل المعلومات متوفرة للمستخدمين داخل وخارج المنظمـة حين طلبها على شكل تقارير للمستخدم.

أبواب المصائد **Trap Doors**

برنامج يُتيح للمُخترق الوصول من خلاله إلى النظام، إنه ببساطة مدخل مفتوح تماماً كالباب الخلفي للمنزل الذي يَنفذ منه السّارق.

التلاعب بنقل المُعطيات عبر أنفاق النقل **Tunneling**

استخدام حُزَم المُعطيات المشروعة لنقل معطيات غير مشروعة.

الكوابل المَجدُولة **Twisted Wire**

ناقل يتكوّن من زوج أو أكثر من الأسلاك النحاسيّة بسماكة (1mm) المعزولة والمجدولة حول بعضها البعض، لزيادة قدرة الكيبل على مقاومة التداخلات وتلاشي تأثيرها، وتستخدم لنقل اشارات الهاتف والبيانات.

طرق وصل الشبكات **Tyopology**

الطريقة التي تُوصل بها مُكوّنات الشّبكة.

العلاقات الاحادية **Unary Relational**

تُمثّل كينونة واحدة مرتبطة بعلاقة مع نفسها كأن يكون لدينا جدول واحد للموظفين.

النّسخ غير المُصرّح به **Unauthorized Copying**

الاستيلاء عن طريق النّسخ على كافة أنواع المُعطيات وتشمل البيانات والمعلومات والأوامر والبرمجيات وغيرها.

وسائط الإرسال غير المُوجّهة **Unguided Transmission Media**

وسائط ارسال تعمل على إتمام عمليتي الإرسال والاستقبال اللاسلكي عن طريق هوائي.

القرارات غير المهيكلة **Unstructured Decisions**

هي قرارات غير روتينيّة تكون فيها الإجراءات غير مُحدّدة، وتتخذ في ظروف عدم التأكد.

واجهة المستخدم **User Interface**

جزء من نظام المعلومات تمثّل اجهزة ومجموعة أوامر على الشاشة تمكّن المستخدم من التعامل والتفاعل مع النظام.

برامج واجهة المستخدم **User Interface Programs**

برمجيات تُسهّل للمستخدم التفاعل مع النظام الخبير والتخاطب معه، إذ يستطيع المستخدم من خلالها إدخال المعلومات والتعليمات إلى النظام وتوجيه الأسئلة وتلقي الإجابات.

الصدق والثبات **Validity & Reliability**

إعطاء المعلومات لنفس النتائج التي أعطتها التجربة السابقة، وأن تكون المعلومات المُتجمّعة صادقة وشرعيّة وصحيحة وتتطابق مع مُعطيات الواقع شكلاً ومضموناً وتوجّهاً.

شبكات القيمة المُضافة **Value-Added Networks/ VAN**

شبكات خاصة مُتعدّدة المسارات تُستخدم لتراسل البيانات، وتكون إدارتها من قبل مُؤسّسة مُستقلّة تعمل كطرف ثالث، تستخدمها منظمات متعدّدة على قاعدة الاشتراكات.

نموذج سلسلة القيمة **Value Chain Model**

نموذج يؤكّد ويدعم الانشطة الاوليّة التي تضيف هامش القيمة لمنتجات الشركة أو خدماتها حيث أنّ نظم المعلومات أفضل من ينفّذها لتحقيق الميزة التنافسيّة.

المتغيرات **Variables**

بيانات كمية، أو وصفية يقوم النظام باستقبالها عن طريق المدخلات، ويعالجها لتعطي المخرجات.

النظم المتغيرة **Variable Systems**

نظم تعمل وفق آلية معينة ثابتة وبشكل مستمر، ولا يمكن التنبؤ بسلوكها مستقبلاً بشكل حتمي.

المؤتمرات المرئية **Videoconferencing**

مؤتمرات تعتمد على إمكانية رؤية المشتركين لبعضهم البعض على الشاشات المتلفزه وذلك باستخدام شبكة المناطق الواسعة.

المنظمة الافتراضيّة **Virtual Organization**

منظمة تستخدم الشبكات لربط الافراد والاصول والافكار لتأمين وتوزيع المنتجات والخدمات دون التقيّد بالحدود التنظيميّة التقليديّة المحدودة أو مواقع ماديّة محدّدة.

الرّؤية **Vission**

طموحات المنظمة وآمالها وحُلمها المُستقبلي، والتي لا يمكن تحقيقها في ظل الموارد الحالية، وإن كان من المُمكن الوصول إليها في الأمد الطويل، وضمن أفق زمني أوسع.

استراق الأمواج **Waves Dropping on Emanations**

استخدام لواقط تقنية لتجميع الموجات المُنبعثة من النظم باختلاف أنواعها كالتقاط موجات شاشات الكمبيوتر الضوئية أو التقاط الموجات الصوتية من أجهزة الاتصال.

خدمات الشّبكة الإلكترونية **Web Services**

مُكوّنات برمجيات من خلال الإنترنت تستطيع ربط أحد التطبيقات مع تطبيق آخر دون الحاجة إلى ترجمة من خلال استخدام معمارية نَمطيّة تُسمّى (Plug and Play) والتي تعمل من خلال ثلاث بروتوكولات دوليّة بحيث تسمح للمعلومات الانسياب بسهولة بين تطبيقات مُختلفة مما يُسهّل التعاون بين الشّركات.

لعبة ماذا - لو **What-if Game**

استخدام نموذج رياضي لانجاز عمليات متكررة لمحاولة ايجاد بدائل مخرجات قرار.

شبكة المناطق الواسعة **Wide Area Network/ WAN**

شبكة اتصالات تغطي مناطق جغرافيّة واسعة تشمل مُدن وأقطار وقارات مختلفة تربط حواسيب مختلفة ومحطات طرفية متباعدة جغرافياً، وتتكوّن من كوابل متنوّعة، ستالايت، وتكنولوجيا موجات قصيرة.

الشّبكات اللاسلكيّة **Wireless Networks**

احدى وسائل الارسال غير الملموسة تعتمد على الامواج الراديووية والهوائيات، وتعني أن الشّبكة خالية من الكوابل.

الالتقاط السّلكي **Wiretapping**

يُمثّل التوصل السّلكي المادّي مع الشّبكة أو توصيلات النظام لجهة استراق السمع أو الاستيلاء على المُعطيات المتبادلة عبر الأسلاك.

الحكمة **Wisdom**

هي تراكم المعارف، وجمع خبرات الافراد لتزويد معرفة لحل مشكلة ما.

محطة عمل **Workstation**

سطح المكتب مع قوّة رسوم بيانيّة وقدرات رياضيّة، والقدرة على انجاز عدّة مهام متشابكة فوراً.

نظم العمل **Work Systems**

نظم بها مشاركة إنسانية، و/ أو آلات تباشر لإعداد معالجة الأعمال باستخدام المعلومات والتكنولوجيا وموارد أخرى؛ لإنتاج المخرجات سواء للمستهلك الداخلي أو الخارجي.

بسم الله الرحمن الرحيم

AL-ISRA PRIVATE UNIVERSITY
AMMAN - JORDAN

جامعة الإسراء الخاصة
عمان - الأردن
عمادة البحث العلمي والدراسات العليا

Ref. : ....
Date : ....

الرقم : ٤ع/ع٧/ع١ - ٢٠٠١
التاريخ : ٩/٥/٢٠٠٦

د. فايز جمعة النجار المحترم
قسم نظم المعلومات الإدارية
كلية العلوم الإدارية والمالية

م/ تقييم كتاب منهجي

تحية طيبة وبعد،

يسرنا إبلاغكم بأن نتيجة كتابكم الموسوم "نظم المعلومات الإدارية" قد جاءت إيجابية وبتقدير جيد جداً من الناحية العلمية والمنهجية، وعليه يتم اعتماده كتاباً منهجياً لمادة نظم المعلومات الإدارية، المدخل إلى نظم المعلومات الإدارية، أنظمة المعلومات الإدارية ،

أ.د. محمود أبو شعلة
عميد البحث العلمي
والدراسات العليا

AL - ISRA PRIV. UNIV.
جامعة الإسراء الأهلية
عمادة البحث العلمي

م.ش/س.س

P.O.Box 22 , 33 AL-ISRA, UNIVERSITY P.O. 11622
TEL. 4711710 - 4711830 - 4711581
FAX. 4711505
e-mail : info@isra.edu.jo
www.isra.edu.jo

ص . ب ٣٣ و ٢٢ مكتب بريد جامعة الإسراء ١١٦٢٢
هاتف : ٤٧١١٧١٠ - ٤٧١١٨٣٠ - ٤٧١١٥٨١
فاكس : ٤٧١١٥٠٥

T0110801

Printed in the United States
By Bookmasters